해심밀경소 제3 심의식상품
제4 일체법상품

解深密經疏 心意識相品第三
一切法相品第四

동국대학교 불교기록문화유산아카이브사업단(ABC)
본서는 문화체육관광부 지원으로 동국대학교 불교학술원에서 간행하였습니다.

한글본 한국불교전서 신라 6
해심밀경소 제3 심의식상품
　　　　　　제4 일체법상품

2013년 6월 25일 초판 1쇄 발행
2017년 5월 19일 초판 2쇄 발행

지은이 원측
옮긴이 백진순
펴낸이 한태식
펴낸곳 동국대학교출판부

주소 04620 서울시 중구 필동로 1길 30
전화 02-2260-3483~4
팩스 02-2268-7851
Homepage http://www.dgpress.co.kr
E-mail book@dongguk.edu
출판등록 제2-163(1973. 6. 28)
편집디자인 꽃살무늬
인쇄처 보명C&I

© 2013, 동국대학교(불교학술원)

ISBN 978-89-7801-382-6 93220

값 20,000원

이 책의 무단 전재나 복제 행위는 저작권법 제98조에 따라 처벌받게 됩니다.

한글본 한국불교전서 신라 6

해심밀경소 제3 심의식상품
제4 일체법상품

解深密經疏 心意識相品第三
一切法相品第四

원측圓測
백진순 옮김

동국대학교출판부

해심밀경소解深密經疏 해제

백 진 순
동국대학교 불교학술원 조교수

1. 원측의 생애와 저서

1) 생애

원측圓測(613~696) 스님은 7세기 동아시아에서 활동했던 신라 출신의 위대한 유식학자 중 한 사람이다. 어린 나이에 입당入唐해서 일생을 중국에서 보냈는데, 그가 활동했던 시대는 중국과 신라의 정치적 격변기에 해당하고, 또 현장玄奘(600~664)이 가져온 많은 유식학 경론들이 새로 번역됨으로써 법상종法相宗이 형성되었던 중국 유식학의 전성기였다. 그는 규기窺基(632~682)와 더불어 법상종 양대 학파의 시조가 되었는데, 그를 따르던 도증道證·승장勝莊·자선慈善 등 신라 출신의 학자들을 그가 주로 주석하던 서명사西明寺의 이름을 따서 '서명파'라고 부른다.

원측의 행적을 알 수 있는 자료로는, 최치원崔致遠(857~?)이 찬한「고번경증의대덕원측화상휘일문故翻經證義大德圓測和尙諱日文」(李能和의『朝鮮佛敎

通史』에 수록, 이하 「휘일문」이라 약칭), 찬녕贊寧(919~1001)의 『송고승전宋高僧傳』에 실린 「당경사서명사원측법사전唐京師西明寺圓測法師傳」(T50, 727b4), 송복宋復(?~1115?)의 「대주서명사고대덕원측법사불사리탑명병서大周西明寺故大德圓測法師佛舍利塔銘并序」(『玄奘三藏師資傳叢書』권2(X88, 384b9)에 수록, 이하 「탑명병서」라 약칭), 담악曇噩(1285~1373)의 「신수과분육학승전新脩科分六學僧傳」권23(X77, 274a21) 등이 있다. 이 중에서 찬녕과 담악의 자료에는 '원측이 현장의 강의를 훔쳐 들었다'는 설 외에는 구체적 정보가 없고, 많은 학자들이 여러 이유를 들어 도청설을 비판해 왔으므로 여기서는 더 이상 언급하지 않겠다.[1] 근래에는 주로 송복의 「탑명병서」와 최치원의 「휘일문」에 의거해서 원측의 생애 및 저술·역경 활동 등을 연구하는 추세다.

먼저 비교적 객관적이고 상세한 정보를 담고 있는 송복의 「탑명병서」에 의거해서 원측의 생애를 재구성해 보면 다음과 같다.

스님의 휘諱는 문아文雅, 자字는 원측圓測이며, 신라 왕손이다. 그는 3세에 출가해서 15세(627년)에 중국 유학길에 올랐다. 처음에는 경사京師의 법상法常(567~645)과 승변僧辯(568~642) 두 법사에게 강론을 들으며 구舊유식의 주요 경론을 배웠다.[2] 정관 연간正觀年間(627~649)에 대종문황제大宗文皇帝가 도첩을 내려 승려로 삼았다. 원측은 장안의 원법사元法寺에 머물며 『비담론毗曇論』·『성실론成實論』·『구사론俱舍論』·『대비바사론大毘婆沙論』 및 고금의 장소章疏를 열람하였는데, 모르는 게 없어 명성이 자자했다고 한다. 이후 현장이 인도에서 귀환해 그에게 『유가사지론瑜伽師地論』·『성유식론成唯識論』 등의 논과 이미 번역되었던 대소승의 경론을 주자 이에 대

---

1 조명기趙明基, 『신라불교의 이념과 역사』(서울: 경서원, 1982), p.159; 박종홍朴鍾鴻, 『한국사상사—불교사상편』(서울: 서문당, 1974), p.63 참조.
2 두 법사 중에서 법상은 섭론종攝論宗과 지론종地論宗을 두루 섭렵한 사람으로서, 왕후의 조칙을 받아 공관사空觀寺의 상좌上座가 되어 『華嚴經』·『成實論』·『毗曇論』·『攝大乘論』·『十地經論』 등을 강의하였다. 승변은 『攝大乘論』을 널리 퍼뜨린 사람으로서, 또한 조칙을 받아 홍복사弘福寺에 머물면서 『攝大乘論』·『俱舍論』 등의 주석서를 저술하였다.

해서도 금방 통달하였다. 이처럼 원측은 법상·승변 등에게서 구舊유식을 두루 배웠을 뿐만 아니라 현장의 도움으로 신역 경론에도 통달하였기 때문에 신·구 유식학 경론에 대한 포괄적 지식을 갖게 되었다.

그 뒤에 원측은 왕의 칙명을 받고 서명사의 대덕이 되었다. 이때부터 본격적 저술 활동에 들어가서, 『성유식론소成唯識論疏』 10권, 『해심밀경소解深密經疏』 10권, 『인왕경소仁王經疏』 3권, 『금강반야金剛般若』·『관소연론觀所緣論』·『반야심경般若心經』·『무량의경無量義經』 등의 소疏를 찬술하였다. 이뿐만 아니라 『대인명론기大因明論記』(『인명정리문론因明正理門論』의 주석서)와 같은 논리학(因明) 주석서도 찬술하였다. 원측은 성품이 산수山水를 좋아해서 종남산終南山 운제사雲際寺에 가서 의지하였고, 또 그 절에서 30여 리 떨어진 한적한 곳에서 8년간 은둔하기도 하였다. 이 시기는 나당羅唐 전쟁이 일어났던 시기(671~676)와 거의 일치한다. 전쟁이 끝난 후에 원측은 서명사 승도들의 요청으로 다시 돌아와 『성유식론』 등을 강의하였다. 당唐 고종高宗 말기(측천무후 초기) 중천축中天竺 출신의 일조 삼장日照三藏(Ⓢ Divākara : 613~687)이 장안에 와서 칙명을 받들어 대덕 다섯 사람을 뽑아 함께 『밀엄경密嚴經』 등을 번역할 때는 법시기 그 수장이 되었다. 또 무후가 실차난타實叉難陀(Ⓢ Śikṣānanda : 652~710) 삼장을 모셔다 동도東都인 낙양洛陽에서 신역 『화엄경』 80권을 번역하게 했을 때 증의證義를 맡았는데, 미처 마치지 못한 채 낙양洛陽의 불수기사佛授記寺에서 생을 마감하였다. 이때가 만세통천萬歲通天 원년(696) 7월 22일이었고, 춘추春秋 84세였다.[3]

그런데 이러한 원측의 생애와 학문 활동에 대해 한번 생각해 볼 점이 있다. 원측은 신라 출신 승려이지만 평생을 중국에서 활동하였고, 게다가 중국 불교적 색채가 그다지 강하지 않은 '법상유식法相唯識'이라는 교학을 연구한 사람이다. 우리는 그가 신라 출신의 유식학자라는 이유만으로 그

---

[3] 송복宋復의 「大周西明寺故大德圓測法師佛舍利塔銘(幷序)」(X88, 384b12) 참조.

를 '신라 유식학'의 대변자처럼 간주하지만, 이와는 조금 다른 시각을 최치원의 「휘일문」에서 발견할 수 있다. 이 글은 문학적 미사여구가 많고 또 사료로서의 가치에 대해 논란이 있기는 해도 여기에는 원측을 좀 더 넓은 시야에서 바라볼 수 있게 해 주는 중요한 평가가 나온다.

우선 「휘일문」에서 눈에 띄는 대목은 원측의 선조에 대해 "풍향의 사족(馮鄕士族)이고 연국의 왕손(燕國王孫)"이라고 한 것이다. 여기서 말한 '풍향'에 대해 북연北燕의 집권 세력이었던 풍씨馮氏 일가가 모여 살던 지역을 가리킨다고 하는데, 말하자면 원측의 선조는 '연'에서 한반도로 망명해 온 지배층이었다는 것이다.[4] 원측은 마치 원류를 찾아가듯 어린 나이에 당唐으로 유학길에 올랐다. 그는 특히 6개 국어를 통달할 정도로 어학에 소질이 있어 마침내 천축어로 말을 하면 되풀이해서 중국어로 말할 수 있을 정도였다. 그는 측천무후 시대에 왕성하게 활동하면서 무후의 극진한 대접과 존경을 받았다. 측천무후의 수공垂拱 연간(685~688)에 신라 신문왕神文王이 법사를 사모하여 여러 번 표문表文을 올려 환국을 요청하였으나 무후가 정중하게 거절하였으므로 끝내 돌아오지 못하였다.[5] 「휘일문」에서는 이러한 원측의 일생에 대해 평하기를, "그 온 것은 진을 피해 나온 현명한 후손이고(避秦之賢胤) 그 간 것은 한을 돕는 자비로운 영혼(輔漢之慈靈)"이라고 하였다. 말하자면 불법을 선양하면서 평생 이역 땅에서 보낸 원측의 생애에 대해 '중국에서 망명해 왔던 어진 후예가 다시 중국을 돕는 자비로운 영혼이 되어 돌아간 것'이라 평한 것이다. 이러한 평가는 얼핏 사대주의적 발상의 일면으로 여겨질 수도 있지만, 법상학자 원측이 특정 지역

---

4 남무희, 『신라 원측의 유식사상 연구』(서울: 민족사, 2009), pp.42~50 참조.
5 원측의 귀국 여부와 관련해서, 이능화는 『三國遺事』의 "효소왕대孝昭王代(692~702)에 원측 법사는 해동의 고덕이었는데 모량리牟梁里 사람이었기 때문에 승직을 제수하지 않았다."는 문구에 의거해서 원측이 잠시 귀국했었지만 대우를 받지 못하자 다시 당에 돌아가서 임종했다고 추측하기도 하였다. 이능화李能和, 『朝鮮佛敎通史』 下編(서울: 寶蓮閣, 1972), p.166 참조.

에 한정되지 않고 동아시아라는 넓은 지평에서 활동했던 위대한 사상가였음을 새삼스럽게 일깨워 준다.[6]

2) 저서

원측은 규기와 더불어 법상종의 두 학파를 만들어 낸 장본인인 만큼 그가 찬술한 주석서들도 많다. 영초永超의 『동역전등목록東域傳燈目錄』(1094)과 의천義天(1055~1101)의 『신편제종교장총록新編諸宗敎藏總錄』 등에 의거해서 원측이 찬술한 문헌들의 목록을 정리해 보면 다음과 같다.

- 『인왕경소仁王經疏』 3권
- 『반야바라밀다심경찬般若波羅蜜多心經贊』 1권
- 『해심밀경소解深密經疏』 10권
- 『무량의경소無量義經疏』 3권
- 『백법론소百法論疏』 1권
- 『이십유식론소二十唯識論疏』 2권
- 『성유식론소成唯識論疏』 10권과 『별장別章』 3권
- 『육십이견장六十二見章』 1권
- 『아미타경소阿彌陀經疏』 1권
- 『관소연연론소觀所緣緣論疏』 2권
- 『광백론소廣百論疏』 10권
- 『대인명론기大因明論記』 2권(『理門論疏』라고도 함.)

---

[6] 이상의 설명은 최치원의 「휘일문」을 참고한 것이다. 이 「휘일문」은 이능화李能和의 『朝鮮佛敎通史』 下篇(서울: 寶蓮閣, 1972), pp.167~168에 실려 있다.

이 외에도 송복의 「탑명병서」에는 '금강반야金剛般若에 대한 소疏'도 언급되었는데, 현존하는 목록들에는 나오지 않는다.[7] 위 목록에 열거된 문헌 중에 현재 전해지는 것은 『인왕경소』와 『반야심경찬』과 『해심밀경소』이고 모두 『한국불교전서韓國佛教全書』 제1책에 실려 있다. 그런데 산실된 것으로 알려진 『무량의경소』와 관련해서, 『천태종전서天台宗全書』 제19권에 수록되어 있는 연소憐昭 기記 『무량의경소』 3권이 원측의 저술이라는 주장이 일본 학자들에 의해 제기되었다.[8] 또 『성유식론측소成唯識論測疏』라는 표제가 붙은 집일본이 국내에 유통되고 있는데, 이 집일본은 혜소惠沼의 『성유식론요의등成唯識論了義燈』 등에 인용된 원측의 『성유식론소』 문장들을 뽑아서 엮은 것이다.

2. 『해심밀경解深密經』의 이역본과 주석서들

1) 네 종류 이역본

『해심밀경解深密經[S] Saṃdhinirmocana-sūtra)』은 유가행파瑜伽行派의 소의

---

[7] 원측이 『金剛般若疏』를 찬술했다면, 그것은 아마도 『金剛般若經』이나 무착無著의 『金剛般若論』이나 천친天親(세친)의 『金剛般若波羅蜜經論』에 대한 주석서였을 것이다.
[8] 이 주장을 맨 처음 제기한 것은 다이라 료쇼(平了照)의 「四祖門下憐昭 記 「無量義經疏」에 대해서」(福井康順 編, 『慈覺大師研究』, 天台學會 發行, 1964년 4월, pp.423~438)이고, 다시 그 논지를 더욱 상세하게 보완해서 기츠카와 도모아키(橘川智昭)가 근래에 「圓測新資料·完本 『無量義經疏』とその思想」(『불교학리뷰』 4, 금강대학교 불교문화연구소, 2008, pp.66~108)이라는 논문을 발표하였다. 필자가 판단하기에도 현담의 내용과 경문 해석의 문체 그리고 인용된 문헌의 종류 등이 『解深密經疏』와 거의 일치하는 점으로 보아 원측의 저술이 분명한 듯한데, 이에 대해 차후에 더 많은 연구가 필요하다.

경전所依經典으로서 유식唯識 사상의 근간을 이루는 기본 교설들이 설해져 있다. 원측 소에 따르면, 『해심밀경』에는 광본廣本과 약본略本 두 종류가 있었다고 한다. 전자는 십만 송으로 되어 있고, 후자는 천오백 송으로 되어 있다. 이 『해심밀경』은 약본이고, 약본의 범본梵本은 한 종류인데, 중국에서 다른 역자들에 의해 네 차례 번역되었고 그에 따라 경문의 차이가 생겼다.

첫째, 남조南朝 송宋대 원가元嘉 연간(424~453)에 중인도 승려 구나발타라求那跋陀羅(Ⓢ Guṇabhadra : 394~468)가 윤주潤州 강녕현江寧縣 동안사東安寺에서 번역한 『상속해탈경相續解脫經』 1권이다. 이 한 권에는 두 개의 제목이 있는데, 앞부분은 『상속해탈지바라밀요의경相續解脫地波羅蜜了義經』이라 하고, 뒷부분은 『상속해탈여래소작수순처요의경相續解脫如來所作隨順處了義經』이라 하며, 차례대로 현장 역 『해심밀경』의 일곱 번째 「지바라밀다품」과 여덟 번째 「여래성소작사품」에 해당한다.

둘째, 후위後魏 연창延昌 2년(513)에 북인도 승려 보리유지菩提留支(Ⓢ Bodhiruci)가 낙양의 숭산嵩山 소림사少林寺에서 번역한 『심밀해탈경深密解脫經』 5권이다. 이 경에는 11품이 있는데, 여기서는 제4품(현장 역 『해심밀경』의 「승의제상품」)을 네 개의 품으로 나누었다.

셋째, 진조陳朝의 보정保定 연간(561~565)에 서인도 우선니국優禪尼國 삼장 법사인 구라나타拘羅那陀(Ⓢ Kulanātha, 진제眞諦 : 499~569)가 서경의 사천왕사四天王寺에서 번역한 『해절경解節經』 1권이다. 이 경에는 4품이 있는데, 현장 역 『해심밀경』의 「서품」과 「승의제상품」에 해당한다.

넷째, 대당大唐 정관貞觀 21년(647) 삼장 법사 현장玄奘이 서경의 홍복사弘福寺에서 번역한 『해심밀경』 5권이다. 이 경은 8품으로 되어 있는데, 「서품」·「승의제상품」·「심의식상품」·「일체법상품」·「무자성상품」·「분별유가품」·「지바라밀다품」·「여래성소작사품」이다.

이상의 네 본 중에서, 현장 역 『해심밀경』은 「서품」을 제외하고 나머지

7품이 『유가사지론瑜伽師地論』(T30) 제75권~제78권에 수록되어 있다. 또 다른 세 개의 본을 현장 역 『해심밀경』과 비교했을 때, 『해절경』에는 단지 맨 앞의 2품만 있고 뒤의 6품은 빠져 있고,[9] 『상속해탈경』은 맨 뒤의 2품에 해당하고 앞의 6품이 빠져 있으며, 『심밀해탈경』에 나온 11품 중에서 4품은 현장 역 「승의제상품」을 네 개로 세분한 것이다.[10] 다른 이역본에 비해 현장 역 『해심밀경』이 비교적 문의文義가 잘 갖추어져 있기 때문에 중국 법상학자들은 대개 이에 의거해서 주석하였다.

2) 원측의 『해심밀경소』

『해심밀경』의 주석서는 중국에서 여러 스님들에 의해 저술되었다. 앞서 언급되었듯, 진제眞諦(구라나타)는 『해절경』 1권을 번역하고 직접 『의소義疏』 4권을 지었는데,[11] 이것은 오래전에 산실되었으며 단지 원측의 인용을 통해 일부의 내용만 간접적으로 확인해 볼 수 있다. 또 현장 역 『해심밀경』에 대한 주석서로는 원측의 『해심밀경소』 10권이 있고, 이외에도 영인令因의 소疏 11권, 현범玄範의 소 10권, 원효元曉의 소 3권, 그리고 경흥璟興의 소도 있었다고 하는데,[12] 현재는 원측의 소만 전해진다.

---

9 『解節經』의 내용은 현장 역 『解深密經』의 「序品」과 「勝義諦相品」에 해당하는데, '서품'의 명칭을 빼고 그 내용을 '승의제상품' 서두에 배치시킨 다음 다시 「勝義諦相品」을 네 개로 세분한 것이다.
10 『深密解脫經』의 제2 「聖者善問菩薩問品」, 제3 「聖者曇無竭菩薩問品」, 제4 「聖者善淸淨慧菩薩問品」, 제5 「慧命須菩提問品」은 모두 현장 역 「勝義諦相品」을 네 개로 구분한 것이다. 이 품에서는 승의제의 오상五相을 논하는데, 처음의 두 가지 상(離言·無二의 상)과 나머지 세 가지 상을 설할 때마다 각기 다른 보살들이 등장하여 세존 등에게 청문請問하기 때문에 별도의 네 품으로 나눈 것이다.
11 앞서 언급되었듯 이 『解節經』은 현장 역 『解深密經』의 네 번째 「勝義諦相品」만 추려서 번역하여 증의證義를 본 다음 직접 소를 지은 것이다.
12 『法相宗章疏』 권1(T55, 1138b8); 『東域傳燈目錄』 권1(T55, 1153a22) 참조.

원측의 『해심밀경소』는 『한국불교전서』 제1책에 실려 있는데, 이는 『만속장경卍續藏經』 제34책~제35책을 저본으로 하여 편찬된 것이다. 이 책은 총 10권이고 본래 한문으로 찬술된 것인데, 그 중에 제8권의 서두 일부와 제10권 전부가 산실되었다. 이 산실된 부분을 법성法成(Ⓣ Chos grub：775~849)의 티베트 역(『影印北京版西藏大藏經』 제106책에 수록)에 의거해서 일본 학자 이나바 쇼쥬(稻葉正就)가 다시 한문으로 복원하였고,[13] 이 복원문은 『한국불교전서』 제1책에 함께 수록되어 있다. 또 1980년대 관공觀空이 다시 서장西藏의 『단주장丹珠藏(Ⓣ Bstan-ḥyur)』에 실린 법성 역 『해심밀경소』에 의거해서 산실되었던 제10권(金陵刻經處刻本에서는 제35권~제40권에 해당)을 환역還譯하였고,[14] 이 환역본은 『한국불교전서』 제11책에 수록되어 있다.

　원측의 『해심밀경소』의 찬술 연대에 대해 측천무후가 주周를 건국한 690년 이전이라는 데는 이견이 없는 듯하다. 그 이유는 『해심밀경소』에서는 '대당 삼장大唐三藏'이라는 칭호를 여전히 쓰고 있는 데 반해 측천무후 시대에는 현장을 대당 삼장이라 하지 않고 '자은 삼장慈恩三藏'이라고 칭하기 때문이다. 따라서 원측의 소는 늦어도 689년까지는 찬술되었어야 한다. 그런데 그 상한선에 대해서는, 원측의 소에서 "지파가라(日照三藏)가 신도新都에서 번역할 때……"라는 문구 등을 근거로 해서 지파가라가 장안에 온 681년 이후라고 보는 학자도 있고,[15] 원측의 소에서 동도東都인 낙양을 신도新都라고 칭하고 있음을 근거로 해서 당唐 고종이 죽은 이듬해인 684년 이후라고 보는 학자도 있다.[16] 요컨대 빠르면 681년이나 684

13　이나바 쇼쥬(稻葉正就), 「圓測・解深密經疏散逸部分の研究」, 『大谷大學研究年報』 第二十四集, 昭和 47.
14　관공觀空 역, 『解深密經疏』, 中國佛敎協會.
15　남무희, 앞의 책, p.120 참조.
16　조경철, 「『해심밀경소』 승의제상품의 사상사적 연구」, 이종철 외, 『원측의 『해심밀경소』의 승의제상품 연구』(한국학중앙연구원출판부, 2013), pp.167~168 참조.

년에서 늦게는 689년까지 찬술되었을 것으로 추정된다.

3. 『해심밀경소解深密經疏』의 특징과 내용

1) 원측 소의 주석학적 특징

원측은 경전의 문구를 철저하게 교상教相 혹은 법상法相에 의거해서 해석하는 전형적 주석가다. 그는 '삼승의 학설이 모두 궁극의 해탈에 이르는 하나의 유가도瑜伽道를 이룬다'는 관점에서 각 학파들의 다양한 교설들에 의거해서 경문을 해석한다.[17] 그의 사상을 흔히 '일승적' 혹은 '융화적'이라고 간주하는 일차적 이유를 여기서 찾을 수 있다. 이러한 원측의 태도는 『해심밀경소』에 가장 두드러지게 나타나는데, 그 특징을 몇 가지로 정리하면 다음과 같다.

먼저 원측의 해석에서 가장 두드러진 특징은 정교하고 세분화된 과목표에 의거해서 경문을 해석한다는 것이다. 경전 해석에서는 과목의 세부적 설계 자체가 그 주석가의 원전에 대한 독창적 해석이라 볼 수 있다. 왜냐하면 어떤 주석가가 경전의 문구를 어떤 단위로 분절하는가에 따라 그 경문의 해석이 달라지기 때문이다. 원측의 과목 설계는 삼분과경三分科經의 학설에 따라 경문 전체를 크게 세 부분으로 나누는 데서 시작된다.[18]

---

17 원측의 경전 주석학에서 나타나는 종합의 원리는 유가행파의 '유가瑜伽의 이념'에 이미 내재되어 있다. 이에 대해서는 졸고 「원측의 『인왕경소』에 나타난 경전 해석의 원리와 방법」, 『불교학보』 제56호(동국대학교 불교문화연구원, 2010), pp.151~153 참조.
18 삼분과경三分科經에 대해서는 뒤의 '2) 경문 해석의 구조 및 주요 내용'(p.17)에서 다시

맨 먼저 삼분의 큰 틀 안에서 다시 계속해서 그 하위의 세부 과목들로 나누어 가면 하나의 세밀하게 짜여진 과목 표가 만들어진다. 원측이 설계한 『해심밀경소』의 과목 표만 따로 재구성해 보면 다른 주석서의 그것과 비교할 때 타의 추종을 불허할 정도로 정교하게 세분화되어 있고, 또한 그 과목들 간의 관계가 매우 정합적이고 체계적이다. 이 과목 표에 의거해서 경문들을 읽어 가면, 마치 하나의 경전이 본래부터 그러한 정교한 체계와 구도에 따라 설해진 것처럼 보인다.

원측 소의 또 다른 특징은 그의 주석서가 방대한 백과사전적 형태를 띤다는 점이다. 그는 정교한 과목 설계에 맞춰서 모든 경문을 세분하고 그 각 문구에 대한 축자적 해석을 시도한다. 이러한 해석 방식을 거치면 하나의 주석서는 다양한 불교 개념들의 변천사를 일목요연하게 보여주는 불교 교리서로 재탄생한다. 이 과정에서 문답의 형식으로 얼핏 상충되는 것처럼 보이는 문구와 주장들의 조화를 모색하는데, 간혹 특정한 설을 지지하거나 비판하기도 하지만 대개는 삼승의 모든 학설들이 각기 일리가 있으므로 상위되는 것이 아니라고 결론짓는다. 그는 언제나 다양한 학파의 해석이 근거하고 있는 나름의 논리를 이해하려고 하였다. 이런 학문적 태도를 갖고, 한편으로 하나의 경문에 대한 대소승의 다양한 해석들 간의 갈등·긴장 관계를 보여주고, 다른 한편으로 적절한 원리와 방법을 동원해서 그것들을 체계적 구조 안에 정리하고 종합해 놓는다.

또 마지막으로 언급될 중요한 특징의 하나는 그 주석서의 정교함과 방대함이 수많은 경론의 인용문들에 의해 이루어졌다는 점이다. 원측 소에서 문헌적 전거가 없이 자의적으로 해석하는 경우는 거의 없다고 해도 과언이 아니다. 우선 눈에 띄는 것은 『해심밀경』의 경문을 그 경의 이역본인 『심밀해탈경深密解脫經』·『상속해탈경相續解脫經』·『해절경解節經』의 문구와

후술된다.

일일이 대조해서 그 차이를 밝힌 점이다. 또 그는 유식학자이기는 하지만 '유식唯識'의 교의에 국한하지 않고 대소승의 여러 학파나 경론들의 학설과 정의正義에 의거해서 그 경문의 의미를 총체적으로 보여주고자 한다. 그는 여러 해석들을 종파별로 혹은 경론별로 나열하기도 하고, 때로는 서방 논사와 중국 논사의 해석을 대비시키기도 하고, 때로는 진제 삼장眞諦三藏의 해석을 길게 인용한 뒤 '지금의 해석(今解)'이나 '대당 삼장' 또는 '호법종護法宗' 등의 해석을 진술함으로써 구舊유식과 신新유식을 대비시키기도 한다.

원측 소에서 인용되는 문헌들의 범위와 수는 매우 광범위하고 방대해서 그 모든 인용 문헌의 명칭을 일일이 열거할 수 없을 정도다. 그러나 원측은 주로 종파별로 해석을 나열하되 그 종을 대표하는 논에서 주요 문장을 발췌하는데, 특히 소승의 살바다종薩婆多宗(설일체유부), 경부經部(경량부), 대승의 용맹종龍猛宗(중관학파), 미륵종彌勒宗(유식학파) 등 네 종파를 중심으로 기술하였다. 원측 소의 인용문을 살펴보면, 거의 대부분 직접 인용의 형태를 띠지만 때로는 원문을 요약·정리해서 인용하기도 하는데, 후자의 경우 간혹 문장을 구분하는 글자나 묻고 답하는 자를 명시하는 문구를 보완하기도 한다.

원측 소에서 각 종파의 견해를 대변하는 논서로 빈번하게 인용된 것은 다음과 같다. 먼저 살바다종의 학설은 『대비바사론大毘婆沙論』·『잡아비담심론雜阿毘曇心論』·『구사론俱舍論』·『순정리론順正理論』 등에서, 경부종의 학설은 『성실론成實論』에서, 용맹종의 학설은 『대지도론大智度論』에서 주로 인용된다. 이에 비해 미륵종의 견해는 상대적으로 광범위한데, 대표적인 것은 『유가사지론瑜伽師地論』·『현양성교론顯揚聖敎論』·『집론集論』·『잡집론雜集論』·『변중변론辯中邊論』·『대승장엄경론大乘莊嚴經論』, 그리고 다섯 종류 『섭론攝論』(무착의 『섭대승론』과 그 밖의 세친·무성의 『섭대승론석』 이역본들)·『유식이십론唯識二十論』·『성유식론成唯識論』·『대승광백론석론大乘廣百論釋論』·

『불지경론佛地經論』 등이다. 이 외에도 자주 인용되는 경은 『묘법연화경妙法蓮華經』·『대반열반경大般涅槃經』·『대반야바라밀다경大般若波羅蜜多經』(『대반야경大般若經』)·『십지경十地經』 등이다.

2) 경문 해석의 구조 및 주요 내용

원측의 경문 해석은 법상학자들이 일반적으로 수용하는 삼분과경三分科經에서 시작된다. 삼분과경이란 하나의 경전을 서분序分·정종분正宗分·유통분流通分 등으로 나누는 것을 말하는데, 이는 동진東晉의 도안道安 이후로 경전 해석의 기본 원칙이 되었다. 중국 법상종 학자들은 이 삼분을 특히 『불지경론佛地經論』에 의거해서 교기인연분敎起因緣分·성교정설분聖敎正說分·의교봉행분依敎奉行分이라고 칭한다. '교기인연분'은 가르침을 설하게 된 계기와 이유 등을 밝힌 곳으로서 경전 맨 앞의 「서품」에 해당하고, '의교봉행분'은 그 당시 대중들이 부처님의 설법을 듣고 나서 수지하고 봉행했음을 설한 곳으로서 내개 경의 끝부분에 붙은 짧은 문장에 해당하며, 그 밖의 대부분의 경문은 모두 설하고자 했던 교법을 본격적으로 진술한 '성교정설분'에 해당한다.

그런데 이 삼분과경의 관점에 볼 때, 이 경의 구조에 대해 이견들이 있다. 그것은 이 경의 각 품 말미에 따로따로 봉행분들이 달려 있고 이 한 부部 전체에 해당하는 봉행분은 없기 때문이다.[19] 이런 이유로 '이 경에는 교기인연분과 성교정설분만 있고 마지막 의교봉행분은 없다'는 해석이

---

19 이 『解深密經』은 특이하게 「無自性相品」, 「分別瑜伽品」, 「地波羅蜜多品」, 「如來成所作事品」 등의 끝부분에 각각의 봉행분奉行分이 있고, 이에는 "이 승의요의의 가르침(此勝義了義之敎)을 너희들은 받들어 지녀야 한다."라거나 또는 "이 유가요의의 가르침(此瑜伽了義之敎)을 너희들은 받들어 지녀야 한다."는 등의 문구가 진술된다.

있고, 마지막의 봉행분을 한 부 전체의 봉행분으로 간주하면 '삼분을 모두 갖춘다'는 해석도 가능하다. 원측은 우선 '두 개의 분만 있다'는 전자의 해석을 더 타당한 설로 받아들였다.

교기인연분은 다시 증신서證信序(통서通序)와 발기서發起序(별서別序)로 구분된다. 증신서에서는 경전의 신빙성을 증명하기 위해 몇 가지 사항을 밝히는데, 이를 흔히 육성취六成就라고 한다. 원측은 『불지경론』에 의거해서 '총현이문總顯已聞·시時·주主·처處·중衆' 등 5사五事로 나누어 해석하였다.[20] 발기서란 정설을 일으키기 전에 '여래께서 빛을 놓거나 땅을 진동시키는' 등의 상서를 나타냈음을 기록한 것이다. 『해심밀경』에서 교기인연분은 「서품」에 해당하는데, 이 품에는 증신서만 있고 발기서는 없다.

성교정설분은 「서품」을 제외한 나머지 일곱 개의 품에 해당한다. 원측에 따르면, 이 성교정설분은 경境·행行·과果라는 삼무등三無等을 설하기 때문에 일곱 개의 품도 크게 세 부분으로 나뉜다.[21] 「승의제상품勝義諦相品」·「심의식상품心意識相品」·「일체법상품一切法相品」·「무자성상품無自性相品」 등 네 개의 품은 관해지는 경계(所觀境), 즉 무등의 경계(無等境)를 밝힌 것이다. 다음에 「분별유가품分別瑜伽品」·「지바라밀다품地波羅蜜多品」 등 두 개의 품은 관하는 행(能觀行), 즉 무등의 행(無等行)을 밝힌 것이다. 마지막의 「여래성소작사품如來成所作事品」은 앞의 경·행에 의해 획득되는 과(所得果), 즉 무등의 과(無等果)를 밝힌 것이다.

---

20 『佛地經論』 권1(T26, 291c3) 참조. 중국 법상종에서는 흔히 이 논에 의거해 통서通序를 다섯으로 나누어서, ① 총현이문總顯已聞, ② 설교시說敎時, ③ 설교주說敎主, ④ 소화처所化處, ⑤ 소피기所被機라고 하는 경우가 있다. 이 중에서 '총현이문'은 육성취 중에서 '여시如是'와 '아문我聞'을 합한 것이다.

21 『解深密經』의 내용을 유식의 경境·행行·과果의 구조로 나누는 것은 유식학파의 전형적인 사고방식이다. 여기서 '경境(Ⓢ viṣaya)'은 보살들이 배우고 알아야 할 대상·이치 등을 가리키고, '행行(Ⓢ pratipatti)'은 그 경에 수순해서 실천하고 익히는 것을 말하며, '과果(Ⓢ phala)'는 앞의 두 가지로 인해 획득되는 결과로서 해탈과 보리를 가리킨다. 이 세 가지는 다른 것과 비교될 수 없을 만큼 수승한 것이므로 삼무등이라 한다.

이상의 세 가지 경·행·과 중에서, 먼저 관찰되는 경계를 설한 네 개의 품은 다시 크게 두 종류로 나뉜다. 앞의 두 품은 진眞·속俗의 경계를 밝힌 것이다. 그 중에 「승의제상품」은 진제를 밝힌 것이고,「심의식상품」은 속제를 밝힌 것이다. 또 뒤의 두 품은 유성有性·무성無性의 경계를 밝힌 것이다. 그 중에 「일체법상품」은 삼성三性의 경계를 밝힌 것이고,「무자성상품」은 삼무성三無性의 경계를 밝힌 것이다.

다음에 관찰하는 행을 설한 두 개의 품도 차별이 있다. 앞의 「분별유가품」은 지止·관觀의 행문行門을 설명한 것이고, 다음의 「지바라밀다품」은 십지十地와 십도十度(십바라밀)를 설명한 것이다. 지·관의 행문은 총괄적이고 간략하기 때문에 먼저 설하고, 십지에서 행하는 십바라밀은 개별적이고 자세하기 때문에 나중에 설하였다.

마지막으로 획득되는 과를 설한 「여래성소작사품」에서는 여래가 짓는 사업에 대해 설명한다. 이치(경境)에 의거해서 행을 일으키고 행으로 인해 과를 획득하기 때문에 이 품이 맨 마지막에 놓였는데, 여기서는 불과佛果를 획득한 여래께서 화신化身의 사업 등을 완전하게 성취시키는 것에 대해 설한 것이다.

이상의 해석을 도표로 나타내면 다음과 같다.

三分科經	三無等	품 명	내 용	
教起因緣分		「序品」		
聖教正說分	無等境 (所觀境)	「勝義諦相品」	眞諦	眞·俗의 경계
		「心意識相品」	俗諦	
		「一切法相品」	三性	有性·無性의 경계
		「無自性相品」	三無性	
	無等行 (能觀行)	「分別瑜伽品」	止觀의 行門	總相門
		「地波羅蜜多品」	十地의 十度	別相門
	無等果 (所得果)	「如來成所作事品」	境·行에 의해 획득되는 果	
依教奉行分			없음	

「해심밀경소」 품별 해제

심의식상품心意識相品 해제[1]

1. 『해심밀경소』에 나타난 식識과 몸의 밀의密意

1) 심의식의 비밀(心意識秘密)의 철학적 의의

『해심밀경』「심의식상품」에서는 '심의식의 비밀(心意識秘密)'에 대해 설하는데, 우선 눈에 띄는 것은 '심의식'에 대해 이례적으로 '비밀秘密'이라는 표현을 쓴 것이다. 여기서 '비밀'이라는 표현을 쓴 것은 이 경의 성격에 비추어 볼 때 매우 독특한 것이다. 원측의 해석에 따르면, 이 경은 설해야 할 이치를 은밀하게 감춰 놓은(秘密) 것이 아니라 드러내서 명료하게(顯了) 설했다는 점에서 '요의경了義經'이라고 불린다.[2] 실제로 이 경의 각 품을 조

---

[1] 이하의 글은 졸고「'몸'의 밀의密意·불가지성不可知性에 대한 법상종의 해석」,『철학』제 96집, 한국철학회, 2008, pp.1~27) 그리고『해심밀경解深密經』에 나타난 심의식의 비밀(心意識秘密)에 대한 고찰」,『불교학보』제64집, 동국대학교 불교문화연구원, 2013, pp.35~60)의 내용을 수정·보완한 것이다.

사해 보면, 삼성三性의 이치나 유가瑜伽(Ⓢ yoga)의 의미 등에 대해서는 분명하게 알 수 있도록 긴 지면을 할애하여 자세히 설하고, 마지막에 '이러한 요의의 가르침을 받들어 지니라'는 세존의 권고를 덧붙인다.[3] 이와는 대조적으로 '심의식'에 대해서는 매우 간략히 설하고, 마지막 중송重頌에서 '이러한 식에 대해 아무에게나 설하기가 꺼려진다'는 세존의 우려를 덧붙인다.[4] 여기서 짐작할 수 있듯 '비밀'이란 '현료'와는 대비되는 말로서, '심의식의 비밀'이라 한 것은 심의식에 대해서는 여전히 드러내 놓고 말하지 못한 것이 있음을 나타낸다.

이 「심의식상품」은 하나의 개체가 죽고 나서 다시 최초로 생을 받는(受生) 단계에서 일체종자식一切種子識이 수행하는 작용을 설한 것이다. 그런데 유식唯識의 교의를 따르더라도 '식識'에 대해 말하기가 조심스러운 대목은 바로 윤회설과 결합되는 경우다. 심의식의 비밀과 생사윤회의 비밀은 마치 동전의 양면과 같다. 왜냐하면 식이 생사윤회의 주체로서 이해될 때는 필연적으로 영원한 자아에 대한 관념을 수반하기 때문이다. 불교도의 관점에서 가장 우려되는 상황은 '하나의 영혼이 여러 개의 육신의 옷을 갈아입으며 이리저리 옮겨 다닌다'는 집착을 일으키는 것이다. 이런 이유로 이 「심의식상품」에서는 윤회의 주체로서의 일체종자식의 의미를 여전히 비밀로 남겨 둔 채 자세히 설명하지는 않았고, 또 마지막 중송에

---

[2] 요의了義·불요의不了義의 구분에 대해 다양한 해석들이 있지만, 그 중에서도 원측은 호법의 해석을 따랐다. 그에 따르면, 그 두 가지는 어떤 이치·의미를 분명하게 나타내서(顯了) 설했느냐 혹은 은밀하게 숨겨놓고(秘密) 설했느냐를 기준으로 구분되는 것이지, 이치의 깊고 얕음(深淺)을 말하는 것은 아니다.
[3] 이 경전의 「無自性相品」과 「分別瑜伽品」과 「地波羅蜜多品」과 「如來成所作事品」 등의 끝부분에 별도의 봉행분들이 붙어 있는데, 각 봉행분마다 "이……요의의 가르침(此……了義之敎)을 너희들은 받들어 지녀야 한다."는 문구가 진술된다.
[4] 『解深密經』「心意識相品」의 마지막 게송에서는 "아타나식阿陀那識은 매우 깊고 미세하며 일체종자식一切種子識은 마치 폭류와 같네. 나는 범우凡愚에게는 설해 주지 않으니 그들이 분별하여 '아'라고 집착할까 염려해서네."라고 하였다.

서는 범부 내지는 성문들에게조차 아타나식阿陀那識(일체종자식)에 대해 설해 주지 않는다고 덧붙인 것이다.

이처럼 은밀하게 감춰 둔(秘密) 의미들을 명료하게 드러내려고(顯了) 할 때 원측의 해석은 더욱 빛을 발하게 된다. 그는 이전과 마찬가지로 소승·대승의 경론들의 다양한 해석들에 의거해서 경문의 숨겨진 의미를 자세히 해석하였다. 이에 관한 원측의 해석은 '일체종자식'을 윤회의 주체로서 다루었던 초기 유식불교의 전통을 따르는 것이지만, 유식학을 연구하는 사람들이 종종 잊기 쉬운 사실을 명료하게 환기시켰다는 점에 그 의의가 있다. 먼저 이「심의식상품」의 경문과 원측의 해석이 일깨워 준 신성하고 불가해한 일은 우리로 하여금 '업력業力의 인과'를 다시 분명히 자각하게 만드는 것이다. 인간은 다른 피조물들과는 달리 죽음을 의식하는 존재이지만, 자신의 본질을 업력의 담지자로서 이해한다면, 죽음이 자신의 '생' 자체를 근원적으로 무화시키는 것이 아님을 알게 된다.

그런데 이보다 더 중요한 것이 있다면, 원측의 해석에서 '식과 육체의 관계'에 대한 유식학의 가장 기본적이고 중요한 관점들이 명료하게 드러난다는 것이다. 그에 따르면, 이 '식'은 자기로서는 알 수 없었던 새로운 육체의 출현과 성장의 내적 동인動因일 뿐만 아니라 그 육체를 언제나 살아 있는 실체로 직관하면서 세계 안에서의 자기 안위安危를 감지하는 내적 토대로 의지하고 있다. 이러한 기본 관점은 '유식唯識'의 교의를 따르는 자들의 '마음'에 대한 유별난 강조로 인해 종종 잊혀지기 쉬운 어떤 것의 의미를 새삼 일깨워 준다. 그것은 바로 우리의 '몸'이다. 유식학자들이 중생을 '오직 순수한 식만 있고 몸통은 없는 존재들'로 이해한 것은 아니고, 오히려 그들에 의해 몸의 가장 비밀스러운 의미(密意) 혹은 불가지성不可知性이 체계적으로 해명된다. 말하자면 '식'의 불가해한 측면을 드러내는 과정에서 육체의 비밀스런 의미도 동시에 알려지는 것이다.

이상과 같은 의미들은 원측의 해석에서 인용된 번쇄한 학설과 개념들의 숲에 가려서 잘 드러나지 않는다. 따라서 이하에서는 두 가지 문제를 좀 더 자세히 논하고자 한다. 하나는 업력으로서 이해된 식의 본성에 대한 것이고, 다른 하나는 식과 몸 간의 비밀스런 관계에 대한 것이다. 이 논의의 결론을 참고로 하여 이후의 경문 해석을 읽어 간다면, 이 「심의식상품」의 경문과 원측의 해석이 갖는 철학적 의의를 좀 더 분명히 알 수 있을 것이다.

2) 업력의 담지자로서의 식識

이 「심의식상품」의 설법은 윤회의 주체인 일체종자식의 기능에 관한 것이다. 이 식은 무엇보다도 업력의 담지자로 간주되기 때문에 이 식의 본성을 알기 위해서는 먼저 '업'의 본질을 알 필요가 있다. 불교적 전통에서 학파를 불문하고 이 세계가 '끊임없는 업의 연속적 동요'로 이루어져 있음을 부정하지 않을 것이다. 불교도들에게 업의 세계는 시작 없는 때부터 언제나 있었고 또 앞으로도 언제나 있을 어떤 것으로서 지금 여기에 있다. 그러므로 문제는 어떻게 그것이 존재하게 되었는지를 알아내는 것이 아니라, 그 안에서 무슨 일이 발생하고 있고 그 결과 그것이 어떤 것으로 드러나는지를 이해하는 것이다.

우선 업이란 단순히 행위를 뜻하는 것이 아니고, 무엇인가를 함으로써 어떤 것으로 되어 가는 의지(思) 활동 자체이기 때문에 그에 대한 과보가 꼬리를 물고 연쇄적으로 뒤따른다. 다시 말하면 업이란 본질적으로 '업력業力'으로 이해되는 어떤 것이다. 그런데 이 업력의 인과가 관철되는 세계에서 가장 이해하기 힘든 것은 행위(業)는 있어도 행위자는 없다는 것이다. 불교 내에서는 업의 담지자로서 아뢰야식阿賴耶識(일체종자식)을 내세웠던 유식학자들이 이론적으로는 더 철두철미하게 업을 짓고 과보를 받는 주체로서의 '자아'를 부정한다. 예를 들어 『성유식론』에서는 외도들이 말하는 다양한 종류의 실아實我를 모두 논파하는데,[5] 논파 과정은 번쇄해도 그 요지는 다음과 같다. 〈영원한 자아란 그 자체가 불변이기 때문에, 모든 변화의 진행에 무심한 방관자는 될지언정, 어떤 순간에 이전과 다른 의도를 갖는다거나 그 의도에 따라 움직인다는 것은 있을 수 없다. 또 그것은 생사윤회의 과정에서 처하게 된 곳(신체)에 의해 제약되는 성질의 것이 아니기 때문에 왜 각각의 유정들이 각기 다른 업을 짓고 각기 다른 과보를 받는지를 설명해 줄 수가 없다.〉

그러므로 일체종자식이 업력의 담지자라고는 해도 그것은 '영원한 자아'와는 다른 것이다. 이러한 일체종자식의 성격을 알기 위해서는 업력 자체에 대한 불교도들의 사유를 살펴볼 필요가 있다. 불교 내에는 언젠가 과보를 이끌어 낼 업의 힘, 즉 '보이지 않는 행위의 잔영'을 가리키는 다양한 개념들이 존재하는데,[6] 유식학에서는 종자種子(S bīja) 또는 습기習氣(S vāsanā)라는 개념으로 구체화되었다. 세친世親의 『대승성업론大乘成業論』은 이 '종자'라는 비유적 표현이 어떤 맥락에서 사용되는지를 잘 보여준다. 세친은 초기 불교에서 업력의 실체로서 제시된 '증장增長'이나 '부실괴不失壞' 등의 개념을 비판하고 나서, 과보를 불러들이는 선하거나 불선한 행동

---

[5] 『成唯識論』에서는 외도들이 말하는 실아實我를 크게 ① 승론勝論과 수론數論, ② 무참無慚 외도, ③ 수주獸主・변출遍出 등이 주장한 세 종류 '아'로 구분하고, 그것은 업을 짓는 자(作者)도 과보를 받는 자(受者)도 될 수 없음을 논증하였다. 이에 관한 자세한 내용은 『成唯識論』 권1(T31, 1b), 『成唯識論述記』 권1(T43, 244c~245a) 참조.

[6] 소승의 설일체유부에서는 그것을 무표업無表業이라고 하였다. 이 학파에 따르면, 신업身業은 신체적 동작의 형태가 변화하는 것이므로 그것의 본질은 모양을 나타내는 형색形色(색법의 일종)이고, 어업語業은 음성을 발화하는 것이므로 그것의 본질은 성聲이다. 이 신체적 동작과 음성의 발화로 인해 형성된 '보이지 않는 무형의 힘'은 별개의 독립적 실재이고, 또 몸 안의 지・수・화・풍이라는 사대의 물질에 의해 생겨난 것이기 때문에 그것도 색법의 일종으로 간주된다. 이러한 해석의 특징은 의업意業을 제외하고 우리의 신체적・언어적 활동과 그것의 잔영을 모두 물질로 간주했다는 점이다. 이에 대한 자세한 설명은 『俱舍論』 권13(T29, 67c) 참조.

의 본질은 의지(思)에 따라 결정된다고 주장한다.[7] 이러한 차별적 의지 작용이 상속하는 마음에 어떤 잠재적 인상을 남김으로써 특수한 힘(功能)들이 생겨나는데, 세친은 그 힘의 본질을 설명하기 위해 경량부의 '상속전변차별相續轉變差別' 이론을 수용하였다.[8] 말하자면 전후로 상속하면서 변화하다가 어느 순간 차별적 상태를 내는 종자란 결국 '어떤 특수한 결과를 낳을 수 있는 힘(功能差別)'이다. 또 그 논에서 세친은 그런 잠재적 힘을 담지하는 근원적 토대로서 아뢰야식을 거론하였다.[9]

여기서 짐작할 수 있듯, '종자'에 대한 사유는 필연적으로 '그것의 담지자'를 생각하게 만든다. 많은 유식학 경론들에는 종자와 그것을 담지한 '식'에 대한 다양한 분류와 해석들이 나오지만, 여기서는 그것들을 일일이 검토하기보다는 '식'의 본성과 연관된 몇 가지 요점만 생각해 보겠다. '종자를 담지하는 식'이라는 말은 어떤 실체를 연상시킬 수 있지만, '식'이란 그와는 다른 것이고 이해하기 훨씬 힘든 것이다. 그 이유는 그것이 실재의 근원적 구조 속에 더 깊이 감추어져 있기 때문이다. '자아'라는 말은 하나의 명사로서 어떤 실체를 가리키는 말이다. 그러나 '모든 식의 자성은 허망분별虛妄分別이다'[10]라는 문구에서 드러나듯 '식'이란 동사적인 것이다. 업이 단순한 행위가 아니라 '어떤 것으로 되어 가는 의지 활동 자체'를 뜻하는 것처럼, '식'이란 일체법을 산출해 내는 무한한 공능功能(종자)을 가진 근원적 활동을 가리키는 말이다. 원측도 이와 유사한 맥락에서 '종자식'의 이중적 용법을 언급하였다. 그에 따르면, '종자식'이라는 단어는 식에 담지된 '종자'를 뜻하기도 하고 종자를 담지한 '식'을 뜻하기도 하는데,

---

7 이상은 『大乘成業論』 권1(T31, 783b21) 참조.
8 '종자의 상속전변차별'에 대한 자세한 설명은 권오민, 『유부아비달마와 경량부철학의 연구』(서울: 경서원, 1994), pp.239~247 참조.
9 이상은 『大乘成業論』 권1(T31, 783b~785c) 참조.
10 이에 대해서는 무착無著의 『攝大乘論』 권2(T31, 137c29), 세친世親의 『攝大乘論釋』 권4(T31, 338a11) 참조.

이 『해심밀경』에서는 결생상속結生相續할 때 그 소의所依(몸)와 종자를 담지하는 것을 가리키므로 후자에 해당한다.[11] 말하자면 생명체를 출현시키는 내적 본질이 교학적 설명의 대상이 될 때는 '어떤 실체'처럼 표현된다 해도 그것은 언제나 강력한 힘이자 근원적 활동으로 이해되는 것이다. 또 '유식唯識'의 교의에서 보면, 이 식은 그 밖의 존재들보다도 더 현실적으로 존재하는 활동이고 또 일체법이 그로부터 생겨 나오는 근원적인 힘의 세계이기 때문에, 이 식과 분리된 그 밖의 실체나 섭리가 없이도 자체 안에서 언제나 현실적이거나 가능적인 모든 존재들을 산출해 내고 또 그것을 인식할 수 있어야 한다.

이런 맥락에서 세친의 『유식이십론唯識二十論』에서는 "만약 업력으로 인해 상이한 대종들이 생겨나고 (그 업력이) 이와 같은 전변을 일으킨다고 인정한다면, 식識에서 (그 전변이 일어남을) 어째서 인정하지 않는가?"[12] 라는 질문을 던지고 나서, 업의 전변을 식의 전변으로 전환시켰다. 유식의 지평에서 보면, 업이란 '식'과 동일하다. 그 식의 본성은 허망분별이다. 마치 업이 사라져도 업의 힘은 사라지지 않듯 그 분별도 일어났다 사라지지만 그 분별의 힘은 남는다. 이처럼 과거 모든 분별의 흔적들이 어딘가에 저장되어 무르익다가 언젠가 또 다른 분별의 상으로 재출현하는 것을 포괄하는 용어가 식전변識轉變이다.

이러한 식전변의 심층 영역으로 들어가면, 종자에 대한 유식학적 담론의 특징이 드러난다. 그것은 바로 '언어'를 생사윤회의 동인動因과 결부시킨 것이다. 언어는 찰나마다 인연생기하는 식전변의 세계 위에 언어적으로 분절된 세계를 만들어 낸다. 지금 '식'에 언어적으로 분절된 제법의 상相들이 현현하는 것은 과거에 오랫동안 언어를 매개로 이것과 저것을 분

---

11 『解深密經疏』권3(X21, 242b14). "其種子識。自有二種。一識所持種。名種子識。二能持種識。名爲種識。雖有二種。今此正明能持種識。身分生時。執持所依及種子故."
12 『唯識二十論』권1(T31, 75a27). "若許由業力。有異大種生。起如是轉變。於識何不許."

별해 왔던 결과이자 미래에 언젠가 현현될 상들의 원인이다. 이러한 허망분별의 세계가 바로 제법이 인과적으로 발생하는 곳이고 업력의 인과응보가 관철되는 곳이다. 그리고 그 모든 인과를 이끌어 가는 힘들을 '일체종자'라고 하고, 후술되는 「심의식상품」에서는 '상相·명名·분별分別의 언설희론습기言說戲論習氣'라고 하였다.

3) 식과 몸의 비밀스런 관계

유식학자들이 식과 몸의 관계를 다루는 전형적 방식은 아뢰야식阿賴耶識(일체종자식)의 인식 대상(所緣)으로서 몸의 의미를 고찰하는 것이다. 이것은 유식학의 소의 경전인 『해심밀경』에서부터 유식설을 집대성한 최후의 논서인 『성유식론』에 이르기까지 일관되게 나타난다. 유식의 교리에 따르면, 아뢰야식의 인식 대상은 세 가지다. 첫째는 감각 기능을 가진 몸(有根身)이고, 둘째는 과거에 지은 업의 결과이자 미래에 일어날 행동의 원인이기도 한 종자種子이며, 셋째는 사기가 의시하는 기세간器世間이다. 이 중에서 몸과 종자는 아뢰야식의 내적인 인식 대상이고 기세간은 외적인 인식 대상이다.

그런데 몸·종자와 기세간이 모두 아뢰야식의 인식 대상이라고는 해도, 우리는 가령 자기 식이 바위나 나무와 같은 외계의 사물을 인식하는 것과 자기 몸을 내적으로 인식하는 것은 전혀 다른 종류의 인식이라는 것을 안다. 따라서 이 식은 몸과 종자에 대해서는 '집수執受하는' 관계에 있고 기세간에 대해서는 '요별了別하는' 관계에 있다고 한다. 여기서 짐작할 수 있듯, 식과 몸의 비밀스런 관계는 이 '집수'라는 말의 의미가 무엇인지를 이해함으로써 드러나는 것이다.

유식의 교리 내에서, 아뢰야식은 무엇보다도 업력業力의 담지자로서 이

해되기 때문에 이 식의 세 가지 대상도 일차적으로는 생사윤회의 세계에서 이전에 지은 업의 총체적 과보(總報)로서 주어지는 것이다. 따라서 '아뢰야식이 자기만의 과보로서 수용하게 되는 몸'에 초점을 맞출 때 식과 몸의 관계에 대한 유식학자들의 가장 기본적이고 중요한 관점이 드러나게 된다. 『해심밀경』「심의식상품」에서 그것을 단적으로 표현한 것이 바로 '식이 몸과 종자를 집수한다'는 것이다.

이에 대한 원측의 해석은 이 경의 기본 관점을 좀 더 명료하게 드러내는 데 기여한다. 그는 일체종자식을 무엇보다도 새로운 몸을 출현시키고 성장시키는 생명의 원리로서 간주하였기 때문에 그 밖의 문구에 대한 해석에 있어서도 모두 이러한 관점을 유지하였다. 그에 따르면, 이 식은 부모의 정혈이 뭉치는 순간 거기에 깃듦으로써 무정無情의 정혈을 유정有情의 몸으로 전환시키고, 다시 그 몸을 물리적으로 유지시키고 증장시킨다. 이 식이 생명의 원리로 작용할 수 있는 것은, 바로 몸과 종자를 집수하여 자기의 의지처(所依)로 삼기 때문이다.

여기서 식이 '종자를 집수한다'는 것은 곧 이 식이 생과 생을 이어 가는 업력의 담지자로서 내외의 모든 법들을 산출해 낼 동인動因을 내포하고 있음을 말한다. 그리고 중생들의 아뢰야식에 자기만의 과보로서 몸이 주어질 때 그 각각의 차이를 결정하는 것이 바로 종자다. 개별적 아뢰야식에 의해 내적으로 집수되는 '감각 기능을 가진 몸'은 개별적이고 특수한 것이기 때문에 자기만의 특수한(不共相) 종자가 무르익어서 변현해 낸 것이다. 또 식이 '몸을 집수한다'는 것은 이 식이 그러한 감각 기능을 가진 몸(有根身)의 실질적 작용까지 완전히 수용하고 있음을 뜻한다. 따라서 이 식은 자기 몸의 작용·상태 등을 단편적으로가 아니라 언제나 '살아 있는 실체'로서 전체적으로 감지하면서 다시 그 몸을 내적 토대로 삼아 자기에게 어긋나거나(違) 따르는(順) 경계에 대해서 자기의 안온과 위험을 알아차린다. 이로 인해 이 식의 지평에는 두 종류 층위의 세계가 주어진다. 즉 그 식과 일체가 되어 살아 움직이는 내적 세계, 그와는 달리 그 식에 단지 영상影像으로서 나타나는 외적 세계다.

마지막으로 「심의식상품」의 경문과 원측의 해석에 나타난 기본 관점들이 그 밖의 어떤 논의들로 확대될 수 있는지를 간단히 언급해 보겠다. 유식학자들은 이와 같은 식과 몸의 특수한 관계로부터 또 다른 밀의密意들을 들춰내는데, 예를 들어 『성유식론』 등에서는 인식 작용(行相)과 인식 대상(所緣)이라는 인식론적 지평에서 아뢰야식과 몸의 관계를 다루면서 흥미로운 통찰을 이끌어 낸다. 그것은 바로 자기 식에 나타난 자기의 몸(自身)과 타인의 몸(他身) 간의 차이다. 그에 따르면, 자기 몸은 자기 식에 의해 내적으로 집수되는 경계이므로 자기 식에 대해서는 결코 객체가 아니다. 그러나 자기 몸은 타인의 식에 대해서는 객체화되지 않는 부분(실질적 감각 기능)과 객체화되는 부분(물리적 토대)이 존재한다. 이것은 타인의 몸인 경우에도 똑같이 적용된다. 다시 말하면, 자기의 식은 그 실질적 감각 기능까지 완전히 수용하고 있는 자기 신체를 내적 토대로 삼아 세계 안에서 자기의 위험과 안온을 알아차리지만, 타인의 몸에 대해서는 그럴 수 없다. 또한 타인의 식도 나의 몸에 대해 그러하다. 이로 인해 '자기 식에 나타난 자기 몸'은 자기 식에 직접적으로 알려진 살아 있는 실체로 경험되지만, '자기 식에 나타난 타인의 몸'은 단지 자기 식에 나타난 객관적 표상에 불과하다. 나아가 이 식은 스스로를 개별적인 것으로 감지하고 '나'와 '타인'의 차이에 관념을 일으키게 된다.[13]

---

13 자타의 몸에 대한 유식학자들의 고찰은 가장 흥미로운 주제들 중의 하나다. 그러나 이 논의에는 공상종자共相種子와 불공상종자不共相種子 등을 비롯한 많은 전문 용어들이 동원되고, 또 감각 기능을 가진 몸이 자타의 식에 알려질 수 있는가 아닌가에 대해서도 유식학자들 간에 논쟁이 있었기 때문에 상당히 난해한 주제다. 이에 관한 자세한 논의는 졸고 「몸의 밀의密意·불가지성不可知性에 대한 법상종의 해석」, 『철학』 제96집 (서울: 한국철학회, 2008), pp.20~24 참조.

2. 경문 해석의 주요 내용

이 「심의식상품」은 삼분과경三分科經에서는 성교정설분의 두 번째 품이고, 무등無等의 경境·행行·과果 중에서는 무등의 경에 해당하며, 진眞·속俗의 경계 중에서는 속제俗諦에 해당한다.[14] 이 품은 유가행자들이 관찰해야 할 경계 중에서 두 번째로 '심의식의 비밀(心意識秘密)'에 대해 간략히 설한 것이다. 원측에 따르면, 제명에서 '심의식'이라 한 것은 통명通名으로서 제8식(일체종자식)을 가리키고, 이 품의 주요 내용은 그 식이 수생위受生位에서 수행하는 비밀스런 작용이다.

1) 여덟 가지 식의 차이를 설명함

[진제의 구식설九識說과 그에 대한 비판] 원측은 본격적 경문 해석에 앞서 '식識'에 대한 각 종파나 학자들의 다양한 견해들을 소개하고 몇 가지 쟁점들을 회통시킨다. '식'과 연관된 주요 쟁점은 이 식의 개수에 대한 것이다. 이에 관한 해석에서 주목할 부분은 원측이 미륵종彌勒宗의 대표적 견해로서 구舊유식을 대변하는 진제眞諦의 학설을 자세히 소개하고, 그것을 조목조목 비판하는 대목이다. 진제는 아홉 종류의 식을 건립한 것으로 알려져 있는데, 그 중에서도 원측이 이론적으로 오류가 많다고 여긴 것은 제7식·제8식·제9식에 대한 학설이다.

먼저 진제는 제7식을 아타나식阿陀那識이라 명명하고 이에는 성불成佛의 의미가 없다고 하였다. 이에 대해 원측은 아타나식은 제8식의 다른 이

---

14 이상은 '해심밀경소 해제'의 끝 부분에 나온 도표 참조.

름이고, 제7식도 전의轉依했을 때는 사지四智의 하나인 평등성지平等聖智로 전환된다고 반론하였다.

그 다음에 진제는 제8아리야식阿梨耶識을 해성解性·과보果報·염오染汙라는 세 가지 차원으로 나누고, 해성의 아리야식으로서는 성불의 의미가 있고, 구역『중변분별론』의 게송에서 '본식本識이 생할 때 근根·진塵·아我·식識과 유사하게 변현된다'고 한 것에 근거해서 과보의 아리야식은 십팔계를 소연으로 삼는다고 하였으며, 또 염오의 아리야식이 진여를 대상으로 사방四謗(증익增益·손감損減·상위相違·희론戲論 등 네 가지 비방)을 일으킨다고 하였다. 그 중에서 과보와 염오의 아리야식에 대한 학설이 비판의 대상이 되었다. 원측은 신역『변중변론』에 근거해서 그 게송의 의미를 재해석하였다. 그에 따르면, 그 게송은 제8식의 소연인 오근五根과 오진五塵(의義에 해당함)이 현현하고, 제7식의 소연인 '아我'의 상이 현현하며, 거친 요별了別을 본성으로 하는 여섯 가지 식이 현현되는 것을 말한다. 따라서 제8식은 십팔계 중에 심心 등을 소연으로 삼지 않는다. 또 법집法執을 일으키는 것은 제8식이 아닌 제6식 등이기 때문에 아뢰야식이 진여를 대상으로 해서 사방(법집)을 일으킨다는 것도 교리적으로 어긋난다.

진제에 따르면, 제9아마라식阿摩羅識의 체는 진여인데, 소연所緣으로서는 진여 등이라 하고 능연能緣으로서는 무구식無垢識 혹은 본각本覺이라 한다. 원측은 제9식을 별도로 건립한 것에 대해 '무구식'이란 제8아뢰야식의 정분淨分을 가리킬 뿐 별도의 체는 없고, 또 이 능연의 무구식을 '본각'이라 한 것에 대해 '아마라식이 자체를 관조한다'는 것은 교리적인 근거가 없다고 비판하였다.

[팔식의 소의所依**·소연**所緣**·상응법]** 이상으로 원측은 식의 개수를 여덟 가지로 정립한 다음, 그 여덟 가지 식들의 소의와 소연과 상응하는 심소법들에 의거해서 그 차이를 설명한다. '소의'란 초기 불교에서는 대개 근根을 가리키는 것이지만, 유식학자들은 이것을 인연의因緣依와 개도의開

導依와 구유의俱有依로 나누어 설명한다. 인연의란 팔식을 직접 발생시키는 종자種子를 가리키며, 이는 모든 식에 공통되는 근본 소의다. 개도의란 전 찰나의 식들이 다음 찰나의 식들에 대해 길을 열어 주는 역할을 하는 것을 말하며, 이는 전후 자류自類의 식들 간에 성립한다. 구유의란 동시에 구기俱起해서 그 식의 소의가 되어 주는 것을 말하며, 이는 식마다 다르다. 오식은 각각의 오근五根과 제6의식意識과 제7말나식과 제8아뢰야식 등 네 개, 제6의식은 제7식과 제8식, 제7식과 제8식은 각기 서로를 구유의로 삼는다.

'소연'이란 인식 대상을 말한다. 유루의 오식은 각각에 해당하는 색色 등의 오경五境 중의 하나를 소연으로 삼지만, 여래의 무루의 오식(成所作智)은 개별적 경계에 국한되지 않고 하나의 식이 오경을 모두 인식할 수 있다. 유루의 의식은 십팔계를 소연으로 삼고, 무루의 의식(妙觀察智)은 모든 법의 자상自相·공상共相을 다 인식할 수 있다. 유루의 제7식은 제8식의 견분見分을 대상으로 '아我'라고 헤아리며, 무루의 말나식(平等性智)의 소연에 대해서는 제8식의 정식淨識 혹은 진여 혹은 진제·속제를 두루 소연의 경계로 삼는다는 세 가지 설이 있다. 유루의 제8식의 소연에 대해서는 내적인 몸·종자와 외적인 기세간을 소연으로 삼는다는 해석과 거기에 법처의 실색을 추가한 해석이 있고, 무루의 제8식(大圓鏡智)의 소연에 대해서는 진여 혹은 일체법을 소연으로 삼는다는 두 가지 해석이 있다.

'상응법'이란 식과 상응해서 일어나는 심소법들을 말한다. 각 논서마다 개수에 출입은 있지만, 호법護法의 정의에 따르면 총 51개 심소가 있다. 유루의 오식五識은 각기 34개, 즉 변행심소遍行心所 다섯 개와 별경심소別境心所 다섯 개와 선심소善心所 11개와 근본혹根本惑(탐·진·치) 세 개와 수혹隨惑 열 개와 상응한다. 유루의 의식은 51개 모두와 상응할 수 있다. 유루의 말나식은 18개, 즉 변행심소 다섯 개와 아치我癡·아견我見·아만我慢·아애我愛, 여덟 개의 수번뇌와 별경심소 중의 혜慧와 상응한다. 유루의 아뢰야식은 변행심소 다섯 개와 상응한다. 무루의 여덟 가지 식들은 모두 21개, 즉 변행심소 다섯 개와 별경심소 다섯 개, 선심소 11개와 상응한다.

2) 심의식의 비밀스런 의미

이 『해심밀경』「심의식상품」에서는 이례적으로 '어느 정도 되어야 심의식의 비밀에 정통한 보살이라 할 수 있습니까'라는 취지의 질문을 중복해서 던지고 나서 그 주제에 관한 간략한 설법이 이어진다. 이후의 설법은 모두 심의식의 비밀에 정통한 보살이라면 마땅히 알아야 할 의미들을 밝힌 것이다. 앞서 말했듯, 이 품에서 '심의식'이라 한 것은 여덟 가지 식 중에서 제8식을 가리키며, 특히 수생의 단계(受生位)에서 종자식의 기능을 밝히는 데 초점이 맞추어져 있다.

(1) 제8식의 이명異名들에 대한 해석

이 품에서는 제8식의 네 가지 이명異名에 의거해서 그 식에 내재된 비밀스런 작용을 차례대로 드러낸다. 네 가지 이명이란 첫째는 종자식種子識이고, 둘째는 아타나阿陀那이며, 셋째는 아뢰야阿賴耶이고, 넷째는 심心이다.

[**종자**種子**의 의미**] 원측은 '종자식'이라 한 것에서 '종자'의 의미를 『성유식론』에 의거해서 자세히 설명하였다. 그에 따르면, 종자란 명언습기名言習氣·아집습기我執習氣·유지습기有支習氣(업) 등 세 종류 습기를 총칭한 말이다. 이 세 종류는 근원적으로는 모두 언어적 분별 활동에서 비롯된 것이지만, 어떤 특수한 측면을 부각시켜 각기 다른 이름을 부여한 것

이다. 이 중에 명언습기란 유위법 각각의 직접적 종자(親種)를 말하고, 아집습기란 '나(我)'와 '나의 것(我所)'에 집착하는 종자를 말하며, 유지습기란 삼계의 이숙업을 초감하는 종자를 말한다. 일체종자식은 이 세 종류 습기를 담지하고 있기 때문에 이 생과 저 생을 잇고 이후로도 상속하게 하는 것이다.

[육체의 출현과 성장의 원리] 새로운 생을 받는 단계에서 행하는 종자식의 첫 번째 비밀스런 작용은 바로 새로운 생명체(유정의 몸)를 출현시키고 성장시키는 것이다. 그것을 경문에서는 다음과 같이 총괄적으로 표현하였다.

① 육취六趣의 생사에서 저 각각의 유정들은 저 각각의 유정 무리 가운데 떨어져서, 어떤 것은 난생卵生으로 어떤 것은 태생胎生으로 어떤 것은 습생濕生으로 어떤 것은 화생化生으로 신분身分(몸)이 생기한다. ② ㉠ 이 중에서 맨 먼저 일체종자심식이 성숙하고, ㉡ 전전하여 화합하며, ㉢ 증장하고 광대해진다.[15]

원측에 따르면, 경문 ①은 육취六趣와 사생四生의 장에서 어떤 하나의 유정의 몸이 버려지고 또 다른 유정의 몸을 받는다는 것을 총괄해서 설한 것이다. 경문 ②는 종자식이 육체의 출현과 성장을 주도하는 원리임을 나타낸 것이다. 그 중에서 경문 ㉠은 전생과 후생이 교차하는 최초의 순간을 종자식과 결부시켜 논한 것이다. 이와 관련해서 원측은 대부분『유가사지론』과 5종『섭론攝論』등 유식학 논서들에 의거해서 해석하는데, 그 논서들의 설명에서 두드러진 특징은 죽음과 탄생의 중간 단계인 중유中有

---

15 『解深密經』권1(T16, 692b8). "於六趣生死。彼彼有情。墮彼彼有情衆中。或在卵生。或在胎生。或在濕生。或在化生身分生起。於中最初一切種子心識成熟。展轉和合。增長廣大。"

로까지 거슬러 올라가 생명의 기원을 설명한다는 점이다. 중국 법상학자들은 중유 또한 생지生支(십이연기의 한 지)의 한 부류로서 탄생 이전에 예비적으로 거치는 방편생方便生으로 간주하였다. 이 중유가 소멸하고 새로운 생명이 탄생하는 순간은 그 부모의 정혈精血이 한 덩어리로 합해질 때이며, 또한 그 순간에 곧바로 종자식이 거기에 화합하여 의탁한다. 말하자면 종자식이 정혈과 화합하게 되면, 이 종자의 공능으로 인해 안근眼根 등의 미세한 감각 기관(勝義根) 및 그것을 이루는 사대의 물질(大種)이 생겨나고, 또 그 감각 기관을 떠받치는 사대의 물질(扶塵四大) 등이 생겨난다. 그 정혈은 종자식이 깃들기 이전까지는 무정물이었지만 종자식이 깃든 이후에는 유정의 범주에 들어간다. 이때가 바로 전생에서 후생으로 이어지는 '결생結生'의 순간이고, 또 하나의 생명체가 태동되는 '갈라람위羯羅藍位'다. 그런데 무정에게 유정의 생명을 불어 넣고 또 그 육체를 이루는 물질을 발생시키는 '종자의 공능'이란 '전생의 업의 공능(宿業功能)'에 다름 아니다.

경문 ㉡, ㉢은 종자식과 갈라람이 서로 안온과 위험을 함께하는 관계(安危同一)에서 미세한 감각 기관들과 육체를 이루는 물질들이 변화하면서 점점 커지는 것을 말한다. 원측의 해석에 따르면, '선선하여 화합한다(展轉和合)'는 것은 오직 종자식은 연緣이 될 뿐이고 생명체의 물리적 요소들이 전전하여 화합한다는 말일 수도 있고, 식과 갈라람 두 가지가 전전하여 화합한다는 말일 수도 있다. 또 '증장하고 광대해진다'는 것은 이전의 화합의 힘으로 인해 갈라람 등이 점차로 커지고 감각 기관의 대종 등이 골고루 증장해서 신체가 완전하게 이루어짐(依止圓滿)을 밝힌 것이다.

원측은 수생의 차별적 단계를 설명하기 위해 『오왕경』과 『유가사지론』과 『대집경』 또는 대당 삼장과 진제 삼장 등의 문헌들에서 태장팔위胎藏八位나 태내오위胎內五位의 교설을 인용하였다. 이러한 설명들은 불교적 윤회설과 현대 과학의 발생학적 설명이 결합된 듯한 흥미로운 내용들로서, 경론이나 학자에 따라 약간의 차이는 있지만 대개 중유의 방편생과 갈라람위 등의 태장팔위를 거치는 과정에서 생사의 고통을 돌파하고 있는 업력의 담지자에 대한 애상적 묘사들이 주를 이루고 있다.

[몸과 종자의 집수執受] 이전의 경문에서는 종자식이 새로운 육체를 출현시키고 증장시키는 측면을 강조했다면, 그와는 달리 이후의 경문에서는 식이 유정의 근 등에 깃들어 그것에 의지하는 측면을 논한다. 경에서는 다음과 같이 간략히 설하였다.

> (이 종자식은) 두 가지 집수에 의지하니, ① 첫째는 유색의 모든 근들(有色諸根)과 그 소의所依를 집수하는 것이고, ② 둘째는 상相·명名·분별分別의 언설희론습기를 집수하는 것이다.[16]

이 경문을 한마디로 요약하자면, '식識이 몸과 종자(습기)를 집수한다'는 것이다.[17] 우선 주목할 것은 '집수'라는 용어다. 원측은 대소승의 여러 문헌들에서 '집수'라는 단어의 쓰임을 상세하게 분석하는데, 그 단어의 기원은 소승의 논서에서 말한 '유집수有執受'까지 거슬러 올라간다. 예를 들어 『구사론』 등에서 '유집수'란 감각 작용이 있는 물질을 가리키며, 그 대표적인 것이 유정의 신체와 같은 것이다. 이와 같은 물질의 특징은, 심법·심소법에 의해 집지執持되어 손해와 이익을 함께한다는 것이다.[18] 또 원측은

---

16 『解深密經』 권1(T16, 692b12). "依二執受。一者有色諸根及所依執受。二相名分別言說戲論習氣執受。"
17 이것은 '일체종자식'에 대한 유식학자들의 가장 기본적인 관점에 해당한다. 예를 들어 『成唯識論』에서도 제8아뢰야식의 소연所緣을 설하면서 '집수執受와 처處'라고 하는데, 이때 '집수'란 아뢰야식에 의해 내적으로 집수되는 대상, 즉 몸과 종자를 가리킨다.
18 심법 등은 감각 능력이 있는 유정의 몸을 포섭해서 의지처로 삼는데, 가령 심법 등이 우고憂苦를 일으켜서 손상되면 의지처(신체)도 손상되고 심법 등이 희락喜樂을 일으켜서 이익되면 의지처도 이익되며, 이와 반대로 의지처가 좋은 음식 등으로 이익되면 심법 등도 이익되고 나쁜 음식 등으로 손상되면 심법 등도 손상되는 유기적 관계에 있다. 『俱舍論』 권2(T29, 8b), 『俱舍論記』 권2(T41, 39c) 참조.

『순정리론』 등의 여러 논사의 견해를 분석하면서, '집수'의 두 가지 중요한 의미를 이끌어 낸다. 첫째는 자기의 체體(의지처)라고 집착되는 것이고, 둘째는 고苦·낙樂의 느낌을 발생시키는 것이다. 집수가 특히 감각을 가진 유정의 신체를 가리킬 경우, 두 가지 의미 중에 어느 쪽을 강조하느냐의 차이는 있지만 대승의 논서들의 설명도 그와 크게 다르지 않다.

그런데 집수의 의미를 단지 심법과 감각 능력이 있는 육체와의 관계를 넘어서서 그 심층에 놓인 일체종자식과 그것의 내적 경계와의 관계에서 고찰할 경우, 그 의미는 더욱 확대된다. 원측에 따르면, '집수'로 한역된 용어는 어원적으로 두 가지를 뜻할 수 있다. 첫째는 '능집수能執受'로서 '집수한다'는 동사적 의미를 가질 경우, 이는 아뢰야식이 몸과 종자를 감각적 직관의 형태로 붙잡고 있는 작용을 가리킨다. 둘째는 '소집수所執受'로서 '집수된 대상'을 뜻할 경우, 이는 아뢰야식에 의해 집수된 신체와 종자를 가리킨다. 위의 경문에서는 '집수한다'는 동사적 의미로 쓰였는데, 즉 종자식이 육체와 종자를 집수하여 손상되거나 파괴되지 않게 하면서 자기의 의지처로 삼는 것을 뜻한다. 말하자면 일체종자식은 몸과 종자를 집수해서 그에 의탁히고 있기 때문에 하나의 생명체와 안위安危를 함께하면서 그것을 유지·성장시키는 것이다.

경문에서는 일체종자식에 집수되는 몸과 종자를 다음과 같이 표현하였다. ① '유색의 모든 근들과 그 소의'란 감각 기능을 가진 유정의 몸(有根身)을 말한다. 여기서 '감각 기관'이란 신근身根을 비롯한 승의勝義의 오근五根, 즉 신경 조직처럼 눈에 보이지 않지만 실질적 작용을 하는 정미한 기관들을 가리킨다. 또 '그 소의'란 그 정미한 기관들을 떠받치고 있는 물리적 토대, 즉 부진근扶塵根으로서의 눈·코·입·귀·몸을 이루는 사대四大(지·수·화·풍) 물질을 가리킨다. 따라서 '몸'이라 할 때 이 두 가지 측면을 가진 하나의 전체로서의 몸을 가리키며, 식이 몸을 집수한다는 것은 감각 기능을 가진 몸 전체를 하나의 살아 있는 실체로 직관하고 있음을 뜻한다. ② '상相·명名·분별分別의 언설희론습기'란 종자種子의 다른 이름이다. 현상 세계의 모든 차별적 상相에는 그에 해당하는 이름(名)이 결합되어 있고, 그 둘의 결합 관계에 의거해 '분별'을 일으킨다. 이러한 분별 활동에 의해 일체종자식에 어떤 흔적이 남겨진 것을 '습기'라고 한다. 모든 습기는 실제로 강력한 선악의 의지(思)가 반영된 모든 몸짓·말·생각들로 인해 형성되는 것이지만, 이 모든 행위의 본질은 '언어적 분별'이다. 따라서 식이 종자를 집수한다는 것은, 그러한 언어적 분별의 습기를 자기의 현실적·가능적 육체의 성장과 변화를 이끌어 내는 내적인 원리로서 담지하고 있음을 말한다.

[그 밖의 이명異名에 대한 해석] 이 경에서는 종자식의 이름을 해석하고 나서, 다시 그 밖의 아타나阿陀那(Ⓢ ādāna)·아뢰야阿賴耶(Ⓢ ālaya)·심心(Ⓢ citta)이라는 이명들의 의미를 어원적으로 분석한다. 이 이름들은 '집수'의 특수한 작용을 암시하는데, 그것은 집지執持, 섭수攝受·은장隱藏 그리고 적집積集 등으로 표현되었다. 먼저 '아타나'는 어원적으로 '집지'를 뜻한다. 이는 식이 몸을 따라다니면서 감각 기관들을 유지시키고 파괴되지 않게 하는 측면을 강조한 것이다. 다음에 '아뢰야'는 '장藏'을 뜻하는데, 이 경에서는 '섭수와 은장'으로 표현했다. 이 두 단어에 대한 이설들이 있지만, 원측의 해석은 매우 분명하고 일관적이다. 이것은 아뢰야식이 몸을 유지시키면서(攝受) 몸에 숨어 있는(隱藏) 것을 의미한다. 아뢰야란 특히 몸 안에 숨어 있는 측면을 강조한 것인데, 이것이 '안온과 위험을 함께한다는 의미(同安危義)'와 밀접하게 연관된다. 이 식이 몸에 머물면서 완전히 일체가 되어 있기 때문에 어느 한쪽이 안온하거나 위험한 상태가 되면 다른 한쪽도 마찬가지가 된다. 마지막으로 '심'은 '쌓다'에서 유래한 이름이다. 이것은 '제법의 종자가 적집된다' 또는 '외적인 물리적 경계들이 적집된다'는 해석이 가능하지만, 이 경에서는 후자의 의미로 사용되었다. 말하자면 '심'의 공능으로 인해 신체를 이루는 색·성·향·미·촉 등의 물질

들이 쌓이고 자라는 것을 뜻한다. 이러한 어원 분석에서도 나타나듯, 원측은 집수의 기능을 한결같이 몸의 물리적 측면들을 유지시키고 확장시키는 것과 연관시킨다. 세 가지 이름에 나타난 식의 기능은 다름 아닌 일체종자식이 수생위에서 수행했던 역할과 거의 유사한 것이다. 말하자면 일체종자식의 이명들은 이 식이 신체의 감각 기관과 그 외의 미세한 부분들을 이루는 사대의 물질들을 쌓고 화합시켜 완전한 몸이 이루어지게 하고, 다시 그 몸과 더불어 신명身命을 함께한다는 것을 공통적으로 나타내고 있다.

원측은 경문에 나온 네 가지 이름 외에도 『성유식론』 등에 의거해서 소지의所知依·이숙식異熟識·무구식無垢識이라는 이름에 대해서도 간략히 해석하였다. 제8식은 모든 잡염법·청정법의 의지처가 되므로 소지의라고 하고, 생사의 선업·불선업의 이숙과異熟果를 이끌어 내기 때문에 이숙식이라 하며, 묘각위妙覺位에서는 청정한 지혜와 선정 등 모든 무루의 도법道法의 의지처가 되기 때문에 무구식이라 한다.

(2) 여러 식들의 구전俱轉

지금까지는 이 일체종자식이 수생受生의 단계에서 수행하는 기능을 설하였고, 이하에서는 이 식을 근거로 해서 건립된 여섯 가지 현행식現行識들의 구전俱轉(함께 일어나는 것)에 대해 설한다. 경문에서는 다음과 같이 간략히 설한다.

① 아타나식을 의지依止로 삼아 건립하였기 때문에 여섯 가지 식들이 일어나니, 안식·이식·비식·설식·신식·의식을 말한다. ② 이 중에서 '식이 있는 안과 색(有識眼色)'을 연으로 하여 안식이 발생하고, 안식과 구전하여 따라다니는 동시同時·동경同境의 유분별의식有分別意識이

일어난다. '식이 있는 이耳·비鼻·설舌·신身 및 성聲·향香·미味·촉觸'을 연으로 하여 이식·비식·설식·신식이 발생하고, 이식·비식·설식·신식과 구전하여 따라다니는 동시·동경의 유분별의식이 일어난다.[19]

경문 ①은 아타나식(일체종자식)에 근거해서 여섯 가지 식들을 건립하였고 그것과 함께 식들이 전전하는 것임을 총괄해서 표명한 것이다. 경문 ②는 다시 난점難點을 따라서 식들의 구전을 설한 것이다. 여기서 난점이란 '식이 있는 안과 색'이라는 문구를 가리키며, 이는 자기의 작용을 일으키고 있는 근根과 경境을 뜻하는 말이다. 이 경문의 취지를 말하면, 안식을 비롯해서 그 밖의 네 가지 식은 자기의 작용을 일으키는 근과 경을 연으로 해서 생기하고, 또 오식이 생기할 때는 반드시 분별分別의 토대가 되는 제6의식도 함께 일어난다는 것이다.

여기에서 원측은 교리적으로 다소 난해한 문제를 내포하는 '식이 있는 안과 색' 등에 대해 많은 지면을 할애하여 설명하였다. 이 문구는 소승·대승의 아비달마 논서들에서는 동분同分과 피동분彼同分의 범주를 통해 다루어진다.

[**동분**同分**과 피동분**彼同分] 살바다종의 『구사론』 등에서는 자신의 작용(自業)을 일으킨 것인가 아닌가를 기준으로 십팔계의 심법과 색법을 동분·피동분으로 구분한다. '식이 있는 안(有識眼)'이란 동분안同分眼, 즉 볼 수 있는 색을 이미 보았거나 지금 보고 있거나 앞으로 보게 될 눈을 가리킨다. 그와는 반대로 색을 보지 않은 채 이미 멸하였거나 바로 지금 멸하고 있거나 미래에 멸하게 될 눈은 피동분이다. 『구사론』에 따르면, 법계

---

19 『解深密經』 권1(T16, 692b20). "阿陀那識。爲依止爲建立故。六識身轉。謂眼識耳鼻舌身意識。此中有識眼及色爲緣。生眼識。與眼識俱轉隨行。同時同境有分別意識轉。有識耳鼻舌身及聲香味觸爲緣。生耳鼻舌身識。與耳鼻舌身識俱隨行。同時同境有分別意識轉。"

이외의 17계는 모두 동분과 피동분이 있고, 법계는 오직 동분만 있다. 법계의 경우 일체법의 무아를 관하는 성자들의 지(無我觀智)에 있어서는 법계의 모든 법들은 이미 자기 작용을 일으키고 있기 때문이다. 그런데 살바다종에서 근과 색에 대해 모두 두 범주를 설정했던 것과는 달리, 대승의 논서에서는 그것을 오직 내처內處, 즉 오근五根에 의거해서 관찰한다. 『잡집론』 등에 따르면, 식과 상응할 때의 오근과 식과 상응하지 않을 때의 오근은 다른 존재 방식을 갖는다. 오근과 식이 동시에 일어날 때는 식에 경계의 영상이 현현하기 때문에 식은 경계와 유사해진 상태로 상속하여 생기하고, '식과 결합된 동분의 근'도 식과 유사하게 전전한다. 그러나 '식과 결합되지 않은 피동분의 근'은 오직 근 자체와 유사하게 상속하여 생기한다. 이때 '동분'이란 '근이 경계와 유사하게 상속한다'는 의미이고, '피동분'이란 '근이 그 자체와 유사하게 상속한다'는 의미다.

그 밖에도 원측은 대소승의 논서들에 의거해서 '색을 보는 눈'이 유정 자신에게 동분이라면 그 밖의 유정에게는 어떠한가라는 질문 등을 설정하여 동분·피동분의 문제를 더욱 미세하게 파고드는데, 그 논의들이 매우 번쇄하다. 여기서 중요한 것은 왜 이러한 범주들을 관찰하는가 하는 것이다. 원측의 해석에서는 명시되지 않았지만, 앞서 예를 들었던 『잡집론』 등에서는 이에 대해 분명하게 답한다. 그에 따르면, "식과 상응하는 아我나 상응하지 않는 아에 대한 집착을 버리도록 하기 위해 동분과 피동분을 관찰한다."[20] 말하자면 외적인 오경五境과는 달리 내적인 오근은 '아'라고 여겨질 수 있기 때문에 '식이 있는 오근'과 '식이 없는 오근'을 관찰하고, 이러한 관찰을 통해 오근으로 대변되는 신체(有根身)에서 하나의 자아로서 집착될 만한 요소가 없음을 각인시키는 것이다.

---

20 『大乘阿毘達磨雜集論』 권5(T31, 716a4). "爲捨執著與識相應不相應我故。觀察同分彼同分。"

(3) 비밀선교秘密善巧의 궁극적 의미

이 품의 설법은 서두에서 '어느 정도 되어야 심의식의 비밀을 잘 아는 것인가'라는 두 번의 유사한 질문을 던지면서 시작되었기 때문에 마지막에 보살이라면 마땅히 알아야 할 궁극적 의미를 설함으로써 종결된다. 이상에서 설했던 심의식의 여러 가지 의미들도 마땅히 보살들이 알아야 할 '비밀스러운 선교(교법)'에 해당하지만, 이보다 더 중요한 것은 이처럼 비밀스런 기능을 수행하는 식을 '어떤 정신적 실체'와 혼동해서는 안 된다는 것이다. 따라서 「심의식상품」의 마지막 경문에서는 심의식의 비밀을 여실하게 이해한 보살이라면 '아타나阿陀那와 아타나식阿陀那識, 아뢰야阿賴耶와 아뢰야식阿賴耶識, 적집積集과 심心을 보지 말아야 한다'고 설파한다. 여기서 '아타나와 아뢰야와 적집'이라는 용어는 제8식의 특수한 작용(用)들을 나타내고, 그 특수한 작용들에 의거해서 각기 아타나식과 아뢰야식과 심 등이라 달리 부르지만 실제로는 모두 제8식에 해당한다. 보살들이 궁극적으로는 이러한 세 가지 의미를 보지 않을 때 비로소 심의식의 비밀에 통달한 '선교보살善巧菩薩'이라 불릴 수 있다.

「해심밀경소」 품별 해제

일체법상품 一切法相品 해제

1. 「일체법상품」에 나타난 삼성설의 특징

　유식의 교리에서 가장 독특한 것 중의 하나는 삼성설三性說과 삼무성설三無性說일 것이다. 이 『해심밀경』에서는 「일체법상품」이 삼성을 다룬 것이고 「무자성상품」이 삼무성을 다룬 것이다. 그런데 삼성에 대한 설법은 궁극적으로 삼무성을 설하기 위한 예비적 논의이고 또 삼무성에 대한 논의에서 다시 삼성이 언급되기 때문에 「일체법상품」의 경문은 비교적 간략하다. 이 경은 유식학 경론 중에서는 초기의 경전에 속하기 때문에 삼성설의 가장 원형적 형태가 설해져 있다. 삼성이란 일체법의 변계소집성遍計所執性·의타기성依他起性·원성실성圓成實性 등 세 가지 자성을 말하며, 이는 유가행자들이 관찰해야 할 일체법의 세 가지 측면을 구분한 것이다. 그런데 경론과 학자들에 따라 이에 대한 해석이 다양하기 때문에 이 삼성이 어떤 차이에 의거해서 구분된 것인지를 정확히 이해하기는 쉽지 않다.
　먼저 이러한 삼성의 의미를 이해하는 데 지침이 될 만한 설명을 찾아보면, 우선 눈에 띄는 것이 둔륜遁倫의 『유가론기瑜伽論記』이다. 여기서 둔륜은 삼성의 의미를 모두 일곱 가지 문(七門)으로 나누어 설명하는데, 이 중에 앞의 세 가지 문은 섭론종攝論宗 계열의 장흋 법사의 『삼성의장三性義章』의 학설을 인용한 것이다. 둔륜은 삼성의 의미에 대해 예로부터 대덕들의 많은 해석들이 있었지만 이 해석이 가장 명확해서 좋다고 평하였다.[1] 이는 원측의 경문 해석에서 인용되는 많은 경론의 삼성설을 이해하는 데도 도움이 되므로 그것을 간략히 소개하고자 한다. 그에 따르면, ① 정情·사事·이理 혹은 ② 진塵·식識·이理 혹은 ③ 염染·정淨·통通 등 세 가지 문에서 삼성을 건립할 수 있다. 첫 번째 문에 따르면, 범부의 정情 속에서 인人·법法의 경계가 있다고 집착하는 것을 변계소집이라 하고, 인연으로 생한 사事를 의타기라고 하며, 무상無相 등의 이치를 원성실이라고 한다. 두 번째 문에 따르면, 경계(塵)를 변계소집이라 하고, 식識을 의타기라고 하며, 경계에서의 상이 없음(無相)과 식에서의 생이 없음(無生)을 원성실이라 한다. 세 번째 문에 따르면, 잡염법을 변계소집이라 하고, 청정법을 원성실이라 하며, 의타기의 식은 전자를 인식 대상으로 삼으면 잡염이 되고 후자를 인식 대상으로 삼으면 청정이 되므로 염·정에 통한다.

한편, 원측의 『해심밀경소』에서도 두 가지 문을 제시하여 각 경론에서 설한 삼성의 의미를 조망하였다. 두 가지 문이란 ① 소집所執·잡염雜染·부도不倒의 문, ② 소집所執·연생緣生·불변不變의 문이다. 첫 번째 문은 어떤 법이 집착된 것인가, 잡염된 것인가, 전도되지 않은 것인가를 기준으로 삼성을 구분한 것이다. 두 번째 문은 어떤 법이 집착된 것인가, 연으로 생긴 것인가, 변함없는 것인가를 기준으로 삼성을 구분한 것이다. 이 두 문에 의거해서 『해심밀경』의 삼성설을 판정해 보면, 오직 진여만 원성실성이라고 했다는 점에서는 두 번째 문에 해당하고,[2] 오직 잡염법만 의타

---

1 『瑜伽論記』 권19(T42, 758c8) 참조.
2 '전도되지 않음(不倒)'이라는 관점에서 원성실성을 말한다면, 무위에 속하는 진여뿐만 아니라 유위에 속하는 무루無漏의 성도聖道 등과 같이 모든 청정한 무루의 선법들이 원

기라고 설했다는 점에서는 첫 번째 문에 해당하며,[3] 혹은 통틀어 두 가지 문 모두에 의거해서 설했다고 볼 수도 있다.

원측의 해석에 따르면, 이 『해심밀경』에서는 모든 집착된 것(所執)은 다 변계소집성이라 하였고, 연으로 생긴(緣生) 모든 잡염법·청정법들 중에서 오직 잡염분만을 의타기성이라 하였으며, 전도되지 않은(不倒) 모든 무위·유위의 청정법들 중에서 오직 무위의 진여만을 원성실성이라 하였다. 그리고 이와 같은 삼성을 설한 의도는 관찰해야 할 경계(所觀境)로서의 '일체법'을 '집착된 것과 연생하는 잡염법과 청정한 진여'라는 세 가지 차원에서 관찰함으로써 무엇이 거짓이고 무엇이 진실인지를 여실하게 알아서 잡염을 끊어 버리고 청정을 증득하게 하려는 데 있다.

이와 관련된 경문에는 다소 난해한 표현들이 많이 보이는데, 원측의 해석에 의거해서 그 경문들의 요지를 설명하면 다음과 같다. 〈변계소집성이란 명名과 상相의 결합 관계에 의해 알려지고 다시 명·상을 매개로 집착되는 세계이다. 의타기성이란 그러한 집착이 일어나는 실질적 근거(所依)이면서 그 자체는 연생緣生하는 세계이다. 원성실성이란 그러한 집착이 없음에 의해 현현되는 진여의 세계다. 만약 보살이 그 집착된 상들이 이름만 있고 실체가 없음(無相)을 알면, 상집相執(변계소집상에 대한 집착)의 훈습 종자로부터 의타기의 잡염법(식識)이 생하는 일도 없어지고, 잡염법이 생하지 않으면 청정한 진여가 드러나게 된다.〉 이러한 기본 취지를 염두에 두고 경문을 따라간다면, 「일체법상품」의 다소 난해한 문장들의 의미가 좀 더 명료해질 것이다.

성실성에 속한다. 그러나 '불변不變'의 관점에서 원성실성을 말한다면, 오직 진여를 가리킨다.

3 연으로 생긴 법(緣生法)들은 모두 유위법이고, 이 유위법 중에는 번뇌煩惱·업業·생생 등과 같은 잡염법도 있고 무루의 성스런 도道와 지智 등과 같은 청정법도 있다. 이 잡염·청정의 유위법 중에서 특히 '잡염법'만을 의타기성이라 했으므로 첫 번째 문에 의거했다는 것이다.

2. 경문 해석의 주요 내용

이 「일체법상품」은 삼분과경三分科經에서는 성교정설분의 세 번째 품이고, 무등無等의 경境·행行·과果 중에서는 무등의 경이며, 유성有性·무성無性의 경계 중에서는 유성의 경계에 해당한다.[4] 이 품에서도 이전과 마찬가지로 보살이 두 번에 걸쳐 '제법의 상을 어느 정도 알아야 선교보살이라 하는가'라는 유사한 질문을 던지는데, 그에 대한 답으로서 유가행자들이 관찰해야 할 경계인 삼성, 즉 변계소집성·의타기성·원성실성을 설한다. 원측의 해석에 따르면, 이 품의 경문은 크게 두 가지로 구분된다. 첫째는 관찰해야 할 경계(所觀境)로서의 세 가지 상을 설한 것이고, 둘째는 관찰하는 사람(能觀人)으로서의 선교보살에 대해 밝힌 것이다.

1) 관찰해야 할 경계로서의 세 가지 상(三相)

(1) 삼상의 이름에 대한 해석

먼저 삼상의 의미는 일차적으로 그 이름의 해석을 통해 밝혀질 수 있다. 원측은 신역 유식학 경론들 중에서 주요 논서인 무착無著의 『섭대승론攝大乘論』과 세친世親·무성無性의 두 종류 『섭대승론석攝大乘論釋』(이하 모두 『섭론』이라 약칭), 그리고 호법護法 등의 『성유식론成唯識論』을 일일이 대조해 가면서 삼상의 이름을 해석하였다.

[**변계소집상**遍計所執相] 첫 번째 상에 대한 해석에서는 '변계'와 '소집'

---

4 이상은 '해심밀경소 해제'의 끝 부분에 나온 도표 참조.

의 의미가 관건이 된다.『섭론』의 해석에 따르면, '변계'란 의식 자체를 가리키고 그 의식에 의해 두루 계탁되는 경계의 상들을 '변계소집상'이라 한다. 원측의 협주에 따르면, 그 경계의 상들 중에서 아我·법法 같은 상을 의타기라고 보는 해석과 '변계소집'이라고 보는 해석의 차이가 있다. 또 경계의 상(변계소집)이 변계하는 의식(의타기)을 일으킨다고 보는 해석, 그와는 반대로 전도된 변계에 의해 경계의 상이 생겨난다는 해석의 차이가 있다. 한편『성유식론』에서는 이 변계소집상을 능변계能遍計와 소변계所遍計로 나누어 정의하였다. '능변계'란 두루 계탁하는 식識, 즉 '허망분별'을 가리키고, '소변계'란 그 허망분별에 의해 계탁되는 모든 대상들을 가리킨다. 이와 관련해서는 여덟 가지 식과 심소법이 모두 능변계라고 보는 해석(안혜安慧), 제8식·전前오식을 제외한 제6식과 제7식만을 능변계라고 보는 해석(호법)의 차이가 있다.

  [**의타기상**依他起相] 두 번째 상에 대한 해석에서는 '타에 의존한다(依他)'는 말의 의미가 관건이 된다. 무착의『섭론』에 따르면, ① 자기의 훈습 종자로부터 생겨나고, 타자(他)로서의 연緣에 의지해서 일어난 것이기 때문에 '의타기'라고 하고, ② 생겨난 후에 한 찰나도 스스로 머무는 공능은 없기 때문에 '의타기'라고 한다. 여기서 ① '자기 종자에서 생겨난다(自種所生)'는 것이 바로 '타자로서의 연에 의지해서 일어난다(依他緣起)'는 뜻이다. 변계소집의 훈습 종자는 그 의타기의 식을 발생시키는 인因이고 이 인은 식 자체에 대해서는 '타'이기 때문에 의타기라고 한다.(무성) ② 또 생겨나면 잠시도 스스로 머무는 공능은 없고 반드시 타에 의지해서 머물 수 있기 때문에 '의타기'라고 한다.(세친·무성) 한편 호법의『성유식론』에 따르면, 타자로서의 많은 연들에 의지해야 생기할 수 있으므로 의타기라고 한다.

  [**원성실상**圓成實相] 세 번째 상은 ① 궁극의 진여와 ② 무루의 유위법(무루의 도제道諦 등)을 모두 뜻할 수 있다.『섭론』에서는 '무변이성無變異性과 청정소연성淸淨所緣性, 혹은 모든 선법의 가장 수승한 자성(一切善法最勝性)이

기 때문에 원성실이라 이름한다'고 총괄해서 해석하였다. 한편 『성유식론』에는 두 가지 해석이 있다. ① 궁극의 진여는 이공二空(아공·법공)에 의해 현현되는 '원만圓滿하게 성취成就된 제법의 실성(諸法實性)'이라는 세 가지 의미를 갖추고 있으므로 원성실성이라 한다. 여기서 '원만'이란 모든 것에 편만遍滿함을 뜻하고, '성취'란 영원함(常)을 뜻하며, '제법의 실성'이란 공허하지 않음(非虛誑)을 나타낸 것이다. ② 무루의 유위법은 전도를 떠났고,(離倒) 궁극적인 것이며(究竟) 뛰어난 작용이 두루 미치기(勝用周遍) 때문에 원성실성이라 한다. 그런데 원측의 해석에 따르면, 이 경문에서는 전자(무위의 진여)를 말한 것이지 후자(무루의 유위법)를 말한 것은 아니다.

(2) 삼상의 체사體事를 나타냄

「일체법상품」의 설법은 삼성이 구체적으로 어떤 것을 가리키고, 관행자들은 그것들을 어떤 것으로 이해하고 받아들여야 하는가에 초점이 맞춰져 있다. 먼저 경에서는 삼성을 다음과 같이 정의한다.

> ① 제법의 변계소집상이란 무엇인가? 일체법의 명가名假로서 자성自性과 차별差別을 안립하고, 내지는 그에 따라 언설을 일으키게 하는 것을 말한다. ② 제법의 의타기상이란 무엇인가? 일체법의 연생하는 자성을 말한다. 즉 이것이 있으므로 저것이 있고 이것이 생하므로 저것이 생하는 것이니, (예를 들면) 무명無明은 행의 연이 되고 나아가서는 순전한 큰 고온苦蘊을 불러내어 쌓는 것을 말한다. ③ 제법의 원성실상이란 무엇인가? 일체법의 평등한 진여를 말한다.[5]

---

5 『解深密經』 권2(T16, 693a17). "云何諸法遍計所執相. 謂一切法名假安立自性差別. 乃至爲令隨起言說. 云何諸法依他起相. 謂一切法緣生自性. 則此有故彼有. 此生故彼生. 謂無明緣行. 乃至招集純大苦蘊. 云何諸法圓成實相. 謂一切法平等眞如."

[**일체법의 명가**名假] 경문 ①에 따르면, 제법의 변계소집상이란 '명가 名假로서 안립된 자성과 차별'을 말한다. 유가행자들이 관찰해야 할 일체법의 한 측면은 각각의 법마다 자성과 차별을 가리키는 이름이 있다는 것이다. 여기서 자성·차별이란 바로 변계소집의 언어로서 시설된 개념을 가리키는데, 그 중에 자성이란 어떤 사물의 체성體性을 가리키고, 차별이란 그것에 부여된 차별적 의미(義)를 가리킨다. 예를 들어 '색色'이나 '성聲'처럼 법의 자성을 가리키는 이름, 나아가서는 '보이는 색(可見色)'이나 '보이지 않는 색(不可見色)'처럼 그 색의 차별적 상을 가리키는 이름, 혹은 '듣기 좋은 소리(可意聲)'나 '듣기 싫은 소리(不可意聲)' 등처럼 그 성의 차별적 상을 가리키는 이름들이 있다. 이러한 이름들은 범부들의 허망한 정情을 따라서 가립되기는 했지만, 그것들은 실체는 없고 가립된 이름만 있기 때문에 '명가'라고 한다.

[**일체법의 연생자성**緣生自性] 경문 ②에 따르면, 제법의 의타기상이란 '연생하는 자성(緣生自性)'을 말한다. 유가행자들이 관찰해야 할 일체법의 또 다른 측면은 인연을 따라 생긴다는 것이다. 예를 들어 연을 따라 발생하는 모든 번뇌煩惱·입업入業·생生 등의 잡염법雜染法들은 타他로서의 뭇 연들에 의존해서 생기하므로 '의타기'라고 한다.

이 『해심밀경』에서는 의타기의 사事 중에서 하나의 대표적 사례로 십이연기十二緣起를 들었다. 원측은 『구사론』과 『잡집론』 등에 의거해서 이 문구를 자세히 해석하였다. 먼저 『구사론』에 따르면, 이 문구는 십이연기가 결정적인 것이고, 무명·행 등의 모든 지支들이 삼세에 걸쳐 서로 의지해서 연속적으로 생하며, 서로 친연親緣(직접적인 연)이나 전연傳緣(간접적인 연)이 되어 줌을 나타낸 것이다.[6] 또는 무인론無因論이나 상인론常因論을 논파

---

6 무명지無明支가 다음의 행지行支를 무간無間으로 생기시켰다면 전자는 후자에 대해 직접적인 연(親緣)이 되지만, 만약 무명지가 중간의 간격을 두고 그 다음의 것을 전전展轉해서 생기시켰다면 전자는 후자에 대해 간접적인 연(傳緣)이 된다.

하고 다시 인과가 끊어지지 않고 생겨난다는 것을 보여주는 것이다. 『유가사지론』과 『잡집론』 등에 따르면, 이 문구는 무작연無作緣·무상연無常緣·세용연勢用緣 등의 연으로 생하는 모습을 나타낸 것이다. 말하자면 비록 연이 있으므로 과법果法도 있을 수 있지만 그 연에 실체적 작용이 있어서 과법을 발생시키는 것은 아니고, 또 영원한 무위법이 아닌 무상한 유위법들이 연이 되어 생겨나며, 또 어떤 것이 일체의 과를 내는 것이 아니라 무명의 힘(勢用)이 행을 일으키고 행의 힘이 식識을 일으키며 이와 같이 세력이 연속적으로 작용해서 나아가서는 생生의 힘이 노사老死를 낸다는 것이다.

또 유식의 관점에서 보면, 의타기의 사란 바로 '식識' 자체를 가리킨다. 원측은 이와 관련해서 무착의 『섭론』에 나온 열한 가지 식을 소개하고, 세친과 무성의 『섭론』을 대조해 가며 해석하였다. 그에 따르면, 논에서 '신身·신자身者·수자受者의 식識'이라 한 것을 차례대로 설명하면, '신'이란 신체를 이루는 안·이·비·설·신 등의 오근을 말하고, '신자'란 염오의染汚意(제7말나식 : 세친) 혹은 오식의 소의所依(제8아뢰야식 : 무성)를 뜻하고, '수자'란 의계意界(제8아뢰야식 : 세친) 혹은 제6의식의 소의(제7말나식 : 무성)를 뜻한다. '피소수식彼所受識'이란 저 육식에 의해 수용되는 외적 세계, 즉 색·성·향·미·촉·법 등의 육경六境에 해당한다. '피능수식彼能受識'이란 저 육경을 수용하는 작용, 즉 안식 등의 육식을 말한다. '세식世識'이란 과거·현재·미래라고 하는 시간에 대한 영상을 말하고, '수식數識'이란 '1' 등과 같이 셈하는 수에 대한 영상을 말하며, 처식處識은 마을·정원 등과 같은 공간에 대한 영상을 말한다. '언설식言說識'이란 견·문·각·지에 의거해서 일으킨 언어적 표상을 말하고, 자타차별식自他差別識이란 자타의 의지依止(신체)의 차이에 대한 영상을 말하고, '선취악취사생식善趣惡趣死生識'이란 천·인·아수라·축생·아귀·지옥의 중생들의 나고 죽음에 대한 영상을 말한다. 그런데 이 열한 가지 식 중에서 신자식身者識과 수자식受者識

에 대한 해석에서 세친과 무성의 차이가 있다. 원측에 따르면, 신자식에 대해 무성이 '오식의 소의'라고 한 것은 아뢰야식을 말하고, 세친이 '염오의'라고 한 것은 제7말나식을 말한다. 또 수자식에 대해 무성이 '제6의식의 소의'라고 한 것은 말나식을 말하고, 세친이 '의계'라 한 것은 아뢰야식을 말한다.

[일체법의 평등진여平等眞如**]** 경문 ③에 따르면, 제법의 원성실상이란 '일체법의 평등한 진여'를 말한다. 유가행자들이 관찰해야 할 일체법의 또 다른 측면은 바로 모든 법에 편재하는 일미一味의 진여이다. 이 『해심밀경』에서는 오직 진여만을 원성실상이라 했지만, 그 밖의 경론들에는 이에 대한 여러 가지 해석이 있다. 『변중변론』에 따르면, 이러한 원성실상에는 유위와 무위 두 종류가 있다. 전자는 무루의 모든 성도聖道를 말하고 후자는 진여·열반을 말한다. 『섭론』에 따르면, 그에 네 종류가 있다. 첫째는 자성自性의 청정함이니, 진여眞如·공空·실제實際 등으로 불리는 승의勝義는 자성 그 자체가 변함없이 본래 청정하다. 둘째는 더러움을 떠난(離垢) 청정함이니, 저 진여가 번뇌장과 소지장 등 모든 장애를 떠나 있는 것을 말힌다. 셋째는 자성·이구의 청정을 증득하는 도道의 청정함이니, 모든 보리분법菩提分法과 십바라밀다 등을 말한다. 넷째는 이 도를 발생시키는 경계의 청정함이니, 모든 대승의 오묘한 정법의 가르침을 말한다. 이와 같은 네 가지 청정이 모든 청정한 법을 다 포함하기 때문에 모두 원성실성이라 한다.

2) 관찰하는 사람으로서의 선교보살

이상은 관찰해야 할 삼성의 경계에 대해 설명한 것이고, 이하는 관하는 주체의 입장에서 그 삼성의 경계를 어떤 방식으로 관해야 하는가를 설명한 것이다. 여기서 삼성의 관문觀門이 진술되는데, 즉 변계소집·의타기·원성실 등 세 가지 자성自性을 관하여 차례대로 무상無相이고 잡염상雜染相이며 청정상淸淨相이라는 것을 여실하게 아는 것이다. 그 경문을 소개하면 다음과 같다.

① 상相·명名의 상응相應을 연으로 해서 변계소집상을 알 수 있고, ② 의타기에서 변계소집상에 집착한 것을 연으로 해서 의타기상을 알 수 있으며, ③ 의타기상에서 변계소집상에 대한 집착 없음을 연으로 해서 원성실상을 알 수 있다.[7]

[삼성에 대한 관찰(三性觀)] 경문 ①에서는 '상·명의 상응을 연으로 해서 변계소집상을 알 수 있다'고 하였다. 말하자면 대상의 차별적 형상(相)과 그것을 가리키는 이름(名)의 상응 관계에 의거해서 어떤 것을 이해하게 되지만, 그러한 상응 관계를 계기로 해서 허망하게 집착된 상들은 모두 변계소집상에 불과하다. 이처럼 변계에 의해 집착된 대상들은 단지 이름만 있고 실체는 없다. 원측은 이것을 증명하기 위해 『삼무성론三無性論』의 논증을 인용한다. 이 논증을 통해 이름과 대상의 결합 관계에 의거해서 집착된 대상이란 실체가 없으며 오직 그것을 분별하는 식識만 존재한다는 것을 보여준다. 이 논에서는 그 이유로 세 가지를 제시하였다. ㉠ 이름을 알기 전에는 지智가 생기지 않는다. 따라서 '지'란 무엇보다 이름과 관련된 것이지 대상 자체에 대한 것이 아니다. ㉡ 만약 이름과 대상이 일치한다면, 하나의 대상을 가리키는 이름들이 여러 개일 경우 각각의 이름들에 해당하는 별개의 대상들이 존재해야 하는 모순이 생기고, ㉢ 반대

---

[7] 『解深密經』 권2(T16, 693b21). "復次德本。相名相應以爲緣故。遍計所執相而可了知。依他起相上遍計所執相。執以爲緣故。依他起相而可了知。依他起相上遍計所執相。無執以爲緣故。圓成實相而可了知。"

로 하나의 이름이 여러 대상을 가리키는 경우 하나의 이름에 해당하는 여러 대상들의 혼합체가 존재해야 하는 모순이 생긴다. 이러한 『삼무성론』의 논증은 『섭대승론』에서 이름과 대상은 상호 간에 객客의 관계에 있음을 논증했던 것과 동일하다.[8]

경문 ②에서는 '의타기상에서 변계소집상에 집착한 것을 연으로 해서 의타기상을 알 수 있다'고 하였다. 말하자면 변계소집상에 집착함으로 인해 상집相執의 종자種子가 훈습되면 다시 그 종자가 인因이 되어 의타기의 식을 발생시킨다. 따라서 '의타기에서 변계소집상에 집착하는 것'에 대해 관찰함으로써 의타기상을 알 수 있다고 하였다. 여기에서는 의타기의 청정분(무루의 성도聖道나 지혜)이 아니라 잡염분(번뇌·업·생의 잡염)을 설한 것이다.

경문 ③에서는 '의타기상에서 변계소집상에 대한 집착 없음(無執)을 연으로 해서 원성실상을 알 수 있다'고 하였다. 이에 대해 원측은 『유가사지론』 제73권의 두 가지 해석과 『불성론』의 해석을 소개하고, 후자는 번역의 오류로서 교리적으로 어긋난다고 평하였다. 『유가사지론』에는 '상相'에 의거하거나 '도道'에 의거해서 해석한다. 먼저 '상'에 의거해 해석하자면, '의타기상에서의 변계소집상의 무無'를 통해서 드러나는 진실이 바로 원성실상이다. 따라서 경문에서 '집착 없음'이라 한 것은 '변계소집상의 무'를 가리킨다. 다음에 '도'에 의거해서 해석하자면, 무루의 성도聖道가 연이 되어 증득되는 것이 원성실상이다. 따라서 경문에서 '집착 없음'이라 한 것은 '무루의 성도'를 가리킨다.

[삼상에 대한 관찰(三相觀)] 보살은 이상과 같이 세 가지 자성에 대해 알게 되면, 다시 그 자성들에서 차례대로 무상無相과 잡염상雜染相과 청정상淸淨相을 여실하게 알게 된다.

---

[8] 『攝大乘論本』 권2(T31, 140a14) 참조.

'무상임을 안다'는 것은 변계소집의 이름(名)·상(相)은 가립된 것일 뿐 실체가 없음을 아는 것이다. '잡염상임을 안다'는 것은 의타기의 식(識)은 상집(相執)(변계소집상에 대한 집착)으로 인해 생기한 것이므로 그것이 잡염상의 법임을 아는 것이다. '청정상임을 안다'는 것은 원성실의 진여는 '변계소집상에 대한 집착 없음(無執)'에 의해 현현되는 것이므로 그것이 청정상의 법임을 아는 것이다.

이처럼 세 가지 상을 여실하게 알게 되면 다시 염법을 끊고 정법을 증득할 수 있다. 이것을 경문에서는 '의타기상에서 여실하게 무상(無相)의 법을 앎으로써 잡염상의 법들을 끊어 버릴 수 있고 잡염상의 법을 끊어 버리면 청정상의 법을 증득할 수 있다'고 하였다. 원측의 해석에 따르면, 여기서 말한 '무상'에 대해 세 가지 해석이 가능하다. 첫째는 변계소집의 상이 본래 없다는 의미에서 무상이라 하였고, 이처럼 집착된 것(所執)이 없으므로 의타기의 잡염상의 법도 생기지 않는다는 것이다.(『유가사지론』 제74권) 둘째는 변계소집의 무에 의해 현현되는 진여를 무상이라 하였고, 이 진여무상을 알기 때문에 의타기의 잡염상의 법을 끊을 수 있다는 것이다.(『광백론』) 셋째, 앞의 두 가지 의미를 모두 뜻하는 경우다.(『유가사지론』 제74권) 이 삼상관 중에 변계소집상과 의타기상에 대한 관찰은 초지 이전의 가행위(加行位)에서 사심사관(四尋思觀)·사여실지(四如實智)를 닦는 것이고, 원성실상에 대한 관찰은 초지 이상의 지위에서 하는 것이다.

[선교보살에 대한 정의] 이 「일체법상품」은 '제법의 상을 어느 정도 알아야 선교보살이라 불릴 수 있는가'라는 취지의 질문을 중복해서 던지면서 시작되었는데, 마지막으로 그 질문에 답함으로써 종결된다. 말하자면 보살은 삼성을 알기 때문에 삼상을 알고, 삼상을 알기 때문에 염법을 끊고 정법을 증득할 수 있으니, 성교(聖敎)에서는 이와 같이 삼성에 통달한 보살들에 의거해서 '선교보살'이라는 교(敎)를 시설한 것이다. 그런데 원측의 해석에 따르면, 선교보살의 지위에 대해서 십신(十信) 이상이라고 하거나,

사심사·사여실지를 일으키는 십회향十迴向 중의 열 번째 회향이라고 하거나, 청정한 진여와 세속적 상에 대해 통달하는 초지 이상이라고 하는 견해의 차이가 있다.

차례

해심밀경소解深密經疏 해제 / 5
심의식상품心意識相品 해제 / 20
일체법상품一切法相品 해제 / 43
일러두기 / 62

제3편 심의식상품心意識相品

제1장 품의 이름을 해석함 64

제2장 경문을 바로 해석함 66
  1. 장행으로 자세히 해석함 66
   1) 질문 67
    (1) 질문하려는 교를 듦 67
    (2) 교에 의거해 질문함 68
   2) 대답 70
    (1) 질문을 칭찬하며 설법을 허락함 70
     ① 그가 질문한 것을 칭찬함 70
      가. 총괄적 칭찬 71
      나. 개별적 칭찬 72
       가) 승의에 대해 물은 것을 칭찬함 72
       나) 질문의 유익함을 칭찬함 72
     ② 잘 들으라고 하면서 설법을 허락함 76
    (2) 질문에 대해 바로 대답함 77
     ① 여덟 가지 식의 차별을 설명함 78
      가. 식의 종류 수가 몇 개인지를 밝힘 78
      나. 이름을 해석함 87
      다. 체성을 나타냄 88
      라. 소의근所依根을 밝힘 90

마. 소연경所緣境을 밝힘 94
　　바. 심소의 상응을 밝힘 101
　② 심의식의 의미를 해석함 105
　　가. 심의식의 비밀스런 의미를 밝힘 105
　　　가) 제8식의 여러 이름들의 차별을 밝힘 105
　　　　(가) 종자식에 대해 해석함 106
　　　　　㉮ 육취·사생에 의거해 몸의 생기를 간략히 밝힘 116
　　　　　㉯ 종자식에 의거해 수생의 차별에 대해 자세히 밝힘 124
　　　　　　a. 수생의 분위의 차별을 밝힘 125
　　　　　　b. 종자식이 두 가지 집수에 의지함을 밝힘 141
　　　　　　　a) 표장으로서 수를 듦 141
　　　　　　　b) 수에 의거해 이름을 나열함 142
　　　　　　　c) 계에 의거해 분별함 151
　　　　(나) 아타나식에 대해 설명함 152
　　　　(다) 아뢰야식에 대해 밝힘 154
　　　　(라) 심이라는 이름을 나타냄 157
　　　나) 여러 식들의 구전의 차별을 밝힘 162
　　　　(가) 법法 163
　　　　　㉮ 아나나식과 육식의 구전을 밝힘 163
　　　　　　a. 구전함을 총괄해서 표시함 163
　　　　　　b. 난점을 따라가며 거듭 해석함 164
　　　　　　　a) 안식은 반드시 의식과 구전함을 밝힘 164
　　　　　　　b) 네 가지 식이 의식과 구전함을 밝힘 182
　　　　　㉯ 의식을 오식과 대응시켜 구전하는 개수를 밝힘 183
　　　　　　a. 의식이 안식과 구전함을 밝힘 183
　　　　　　b. 의식이 소연 경계에 따라서 몇 개의 연과 합하는지를~ 183
　　　　(나) 비유(喩) 184
　　　　　㉮ 물과 파랑의 개수로 비유함 189
　　　　　　a. 하나의 연과 하나의 파랑으로 비유함 189
　　　　　　b. 여러 개의 연과 여러 개의 파랑으로 비유함 190
　　　　　　c. 자기 부류가 단절되지 않음을 비유함 190

㉯ 거울과 영상의 개수로 비유함 191
                    a. 하나의 연과 하나의 영상으로 비유함 192
                    b. 여러 개의 연과 여러 개의 영상으로 비유함 192
                    c. 수용에 다함이 없음을 비유함 193
                (다) 결합(合) 195
                    ㉮ 하나의 연으로 하나의 식이 일어남을 밝힘 196
                    ㉯ 여러 개의 연으로 여러 개의 식이 일어남을 밝힘 196
        나. 비밀선교에 대해 설명하면서 이전의 두 질문에 답함 196
            가) 물음에 의거해 바로 해석함 197
                (가) 초지 이전은 부처님이 설했던 대상이 아님을 밝힘 197
                (나) 초지 이상이 부처님이 설했던 대상임을 밝힘 200
                    ㉮ 두 질문에 총괄해서 답함 201
                        a. 제8식의 세 가지 이름에 의거해 여실지를 설명함 201
                        b. 십팔계에 의거해 여실지를 밝힘 204
                    ㉯ 두 질문에 따로따로 답함 204
            나) 이전의 물음에 대해 결론지어 답함 205
    2. 게송으로 간략히 설함 206
        1) 송문을 발기함 206
        2) 게송으로 간략히 설함 206

제4편 일체법상품一切法相品

제1장 품명 해석 212

제2장 경문 해석 215
    1. 보살의 청문 216
        1) 물으려는 교를 듦 216
        2) 교에 의거해 질문함 217
    2. 세존의 대답 219
        1) 질문을 칭찬하며 설법을 허락함 219

(1) 묻는 자와 답한 자를 표시함 219
(2) 질문의 유익함을 칭찬함 220
(3) 잘 들으라고 권하면서 설법을 허락함 220
2) 질문에 대해 바로 설해 줌 221
(1) 관해지는 경계에 의거해 제법의 상을 설명함 221
　① 법法 222
　　가. 표장으로서 개수를 듦 222
　　나. 문답으로 이름을 열거함 223
　　　가) 질문 223
　　　나) 열거 223
　　다. 차례대로 따로따로 해석함 235
　　　가) 변계소집상遍計所執相을 해석함 236
　　　　(가) 질문 236
　　　　(나) 대답 236
　　　나) 의타기상依他起相을 설명함 238
　　　　(가) 질문 238
　　　　(나) 대답 239
　　　　　㉮ 총상으로 체를 나타냄 239
　　　　　㉯ 시를 가리켜 따로 해석함 240
　　　다) 원성실상圓成實相을 해석함 252
　　　　(가) 질문 252
　　　　(나) 대답 252
　　　　　㉮ 체를 바로 나타냄 253
　　　　　㉯ 뛰어난 작용을 나타냄 258
　② 비유 264
　　가. 예안과 정안의 경계로 삼상의 비유를 밝힘 265
　　　가) 침침하고 어른거리는 눈의 과환으로 비유함 265
　　　나) 침침하고 어른거리는 눈의 여러 형상으로 비유함 269
　　　다) 청정한 눈의 본래 경계로 비유함 270
　　나. 파지가의 네 가지 사事로 비유를 듦 271
　　　가) 네 가지 색의 비유를 자세히 설명함 272

(가) 파란색과 상응하는 경우의 비유 ……… 272
           (나) 붉은색과 상응하는 경우의 비유 ……… 276
           (다) 녹색과 상응하는 경우의 비유 ……… 277
           (라) 노란색과 상응하는 경우의 비유 ……… 278
         나) 법동유法同喩를 듦 ……… 278
           (가) 종자와 결합시켜 말함 ……… 279
           (나) 상집相執과 결합시켜 말함 ……… 280
           (다) 의타기와 결합시켜 말함 ……… 281
           (라) 원성실과 결합시켜 말함 ……… 281
             ㉮ 앞의 비유를 거듭해서 듦 ……… 282
             ㉯ 법동유를 해석함 ……… 282
 (2) 관하는 사람에 의거해 선교보살에 대해 설명함 ……… 292
   ① 장행으로 자세히 해석함 ……… 293
     가. 관문을 바로 설명함 ……… 293
       가) 보살이 삼성을 아는 것에 대해 설명함 ……… 293
         (가) 변계소집성遍計所執性을 아는 것에 대해 해석함 ……… 294
         (나) 의타기성依他起性을 아는 것에 대해 해석함 ……… 296
         (다) 원성실성圓成實性을 아는 것에 대해 해석함 ……… 298
       나) 삼성을 알기 때문에 삼상도 앎 ……… 300
         (가) 소집성을 알기 때문에 무상을 앎 ……… 301
         (나) 의타기성을 알기 때문에 잡염상을 앎 ……… 301
         (다) 원성실성을 알기 때문에 청정상을 앎 ……… 303
       다) 삼상을 알기 때문에 염법을 끊고 정법을 증득함 ……… 303
         (가) 무상을 알기 때문에 잡염법을 끊음 ……… 304
         (나) 잡염법을 끊기 때문에 청정법을 증득함 ……… 306
     나. 앞의 관문을 거듭 표시해 놓고 앞의 질문에 답함 ……… 310
       가) 관문을 거듭 표시함 ……… 311
         (가) 삼성을 알기 때문에 삼상을 안다는 것을 표시해 놓음 ……… 311
         (나) 삼상을 알기 때문에 염법을 끊고 정법을 증득함을 표시해~ ……… 312
       나) 두 가지 질문에 바로 답함 ……… 312
   ② 게송으로 간략히 설함 ……… 313

가. 송문을 발기함 314
　　　나. 게송으로 간략히 설함 314
　　　　가) 무상을 알지 못함에 따른 과실을 바로 읊음 316
　　　　나) 온갖 행을 관하지 못함에 따른 과실을 거듭 해석함 316

찾아보기 / 319

일러두기

1 '한글본 한국불교전서'는 문화체육관광부의 지원을 받아 동국대학교 불교학술원에서 수행하고 있는 '불교기록문화유산아카이브사업(ABC)'의 결과물을 출간한 것이다.
2 이 책의 번역은 『한국불교전서』(동국대학교출판부 간행) 제1책의 『해심밀경소解深密經疏』를 저본으로 하였다.
3 본 역서의 차례는 저자 원측圓測의 과목 분류에 의거해서 역자가 임의로 넣은 것이다.
4 본 역서에서는 시각적 효과를 고려하여 『해심밀경』 본문과 원측의 해석을 경 과 석 으로 구분하였다. 다시 원측의 해석에 나온 '問曰'은 문 으로, '答曰'은 답 으로, '解云과 又解云'은 해 로, '論曰'은 논 으로, '頌曰'은 송 등으로 처리하였다.
5 원문의 협주夾註는 【 】로 표시하였다.
6 『해심밀경』의 경문을 가리키거나 혹은 다른 경론의 문장을 그대로 직접 인용한 경우는 " "로 처리하였고, 그 밖에 출전의 문장을 요약·정리해서 인용하거나 출처가 확인되지 않는 학설을 진술한 경우는 ' '나 〈 〉로 묶어 주었다.
7 인용문에 나오는 '乃至廣說'이나 '乃至'가 문장의 생략을 뜻하는 경우, 인용문의 중간에 있으면 '……중간 생략……'으로, 문장의 끝에 있으면 '……이하 생략……'으로 처리하였다.
8 음역어는 현재의 한문 발음대로 표기하였다.
9 번역문에 이어 원문을 병기하였다. 원문은 『한국불교전서』를 저본으로 했으며, 띄어쓰기를 표시하기 위해 온점(。)을 사용하였다.
10 본 역서에서는 『해심밀경소』의 모든 인용문들에 대해 출전을 찾아서 확인·대조해서 원문 아래 별도의 교감주를 달았다. 원은 『한국불교전서』에 이미 교감된 내용이고, 역은 역주자가 새로 교감한 것이다.
   1) 원문을 그대로 직접 인용하였고 그 출전이 현존하는 경우, 원전과 대조해서 글자의 출입이 있거나 오탈자와 잉자剩字로 확인되면 원문 교감주에 표기하였다.
   2) 요약·정리된 인용문들이나 저자의 해석문 중에 전후 문맥상 오탈자나 잉자라고 여겨지면 교감주에 표시하였다.
   3) 『한국불교전서』의 교감주에서 발견되는 오류도 역자 교감주에 따로 표시하였다.
11 역주에서 소개한 출전은 약호로 표기하였다. T는 『대정신수대장경大正新脩大藏經』, X는 『신찬대일본속장경新纂大日本續藏經』, A는 『금장金藏』의 약자이다.

제3편
심의식상품
心意識相品

해심밀경 심의식상품 제3

解深密經心意識相品第三

이 품을 해석하면 대략 두 가지 내용이 있다. 첫째는 품의 이름을 해석한 것이고, 둘째는 경문을 바로 해석한 것이다.

將釋此品。略有二義。一釋品名。二正釋文。

제1장 품의 이름을 해석함

"심의식상품心意識相品"이라 한 것에서, '심의식'이라는 이름은 통명通名이 있고 별명別名이 있다. 예를 들면 『성유식론』 제5권에서는 다음과 같이 말한다. "박가범은 경전 곳곳에서 심·의·식의 세 가지 개별적 의미를 설하였다. 집기集起하는 것을 심이라 하고, 사량思量하는 것을 의라고 하며, 요별了別하는 것을 식이라 하니, 이것이 세 가지 개별적 의미다. 이와 같은 세 가지 의미는 여덟 가지 식에 공통되지만 뛰어나게 두드러진 점을 따라서 말하면, 제8식을 '심心'이라 하니, 제법의 종자를 적집하여 제법을 일으키기 때문이다. 제7식을 '의意'라고 하니, 장식藏識(제8식) 등을 소연으로 삼아 항상 깊이 사량하면서 '나(我)' 따위라고 여기기 때문이다. 그 밖의 여섯 가지 식을 '식識'이라 하니, 여섯 가지 개별적 경계에서 거칠게 움직이고 중간에 끊기기도 하면서 요별을 일으키기 때문이다."[1] '상'이란 체상體相 혹은 상상相狀을 말한다. '품'의 의미는 이전에 설명한 것과 같다.

비록 두 가지 문이 있지만 이 품은 통명의 세 가지 의미를 밝히는 것을 종지로 삼은 것이고, 이 중에서 뛰어난 점에 의거해 제8식을 설한 것이다.[2] 혹은 이 품에서 별명의 세 가지 의미를 밝혔다고 할 수도 있다. 비록

---

1 『成唯識論』 권5(T31, 24c9).
2 이 견해에 따르면, 『解深密經』 「心意識相品」에서 '심의식'이라는 단어는 모든 식들에 공통적으로 적용되는 이름으로서 사용된 것이다. 다만 특별히 그 식의 두드러진 활동에 초점을 맞추면 '심'은 제8식을 가리키고 '의'는 제7식을 가리키며 '식'은 여섯 가지 식을 가리키지만, 모든 식들은 집기와 사량과 요별의 활동이 있다는 점에서 심의식이라는 통명으로 지칭할 수 있다. 이 경에서는 그런 통명으로서 '심의식'의 밀의密意를 설한 것인데, 이 밀의란 특별히 제8아뢰야식에 대한 것이라는 말이다.

두 가지 해석이 있지만 앞의 설이 뛰어나다. (전자의 의미에 따르기) 때문에 제목을 '심의식상품'이라고 한 것이다.

言心意識相品者。心意識名。有通有別。如成唯識第五卷云。謂薄伽梵。處處經中。說心意識三種別義。集起名心。思量名意。了別名識。是三別義。如是三義。雖通八識。而隨勝顯。第八名心。集諸法種。起諸法故。第七名意。緣第八[1]識。[2] 恒審思量。爲我等故。餘六名識。於六別境。麤動間斷。了別轉故。相謂體相。或是相狀。品義如前。雖有二門。此品宗明通名三義。於中就勝。故說第八。或可此中別名三義。雖有兩釋。前說爲勝。是故題云。心意識相品。

1) ㉠『成唯識論』권5(T31, 24c13)에는 '第八'은 '藏'으로 되어 있는데, 의미는 다르지 않다. 2) ㉠『成唯識論』권5(T31, 24c13)에는 '識' 다음에 '等'이 있다.

제2장 경문을 바로 해석함

경 이때 광혜보살마하살이 부처님께 말하였다. "세존이시여, 가령 세존께서는 심의식의 비밀을 (잘 아는) 선교보살에 대해 설하셨는데,

爾時。廣慧菩薩摩訶薩。白佛言。世尊。如世尊說於心意識秘密善巧菩薩。

석 관찰되는 경계(所觀境)에 가면 본래 두 종류가 있다. 첫째는 승의제이고, 둘째는 세속제이다. 이상으로 승의제에 대한 해석을 끝냈고, 이하부터는 두 번째로 세속제를 설명한다. 이 중에 두 가지가 있다. 처음은 장행으로 자세히 해석한 것이고, 나중은 게송으로 간략히 설한 것이다.

釋曰。就所觀境。自有二種。一者勝義。二者世俗。上來已釋勝義諦訖。自下第二辨世俗諦。於中有二。初長行廣釋。後以頌略說。

1. 장행으로 자세히 해석함

전자 중에 두 가지가 있다. 앞은 질문이고, 뒤는 대답이다.

前中有二。先問。後答。

1) 질문

질문 중에 두 가지가 있다. 처음은 질문하려는 교를 든 것이고, 나중은 교에 의거해 질문한 것이다.

問中有二。初擧所問敎。後依敎發問。

(1) 질문하려는 교를 듦

이것은 처음에 해당한다.

"광혜보살廣慧菩薩"이란 혜慧를 따라서 이름을 세운 것이다. 진제의 『기記』에서는 다음과 같이 말한다. 〈광혜는 부처님의 설법을 대면해서 들은 사람이다. 모든 보살들은 이 '광대한 지혜(廣慧)'라는 덕을 갖추지 않음이 없지만, 단지 이 보살만 광대한 지혜의 법문을 따라서 이름을 세웠다.〉

『불지경론』에서는 "깊고 넓고 원만하게 잘 통달하기 때문에 광혜라고 이름한다."[1]고 하였고, 『대지도론』에서는 도속道俗의 갖가지 경서의 논의들을 알지 못하는 것이 없기 때문에 광혜라고 이름한다고 하였으며,[2] 『유가사지론』에서는 "말하자면 이 지혜의 한량없고 끝없는 소행所行[3]의 경계

---

1 『佛地經論』 권2(T26, 299a22).
2 『大智度論』 권83(T25, 641a29) 참조.
3 소행所行[S] gocara : go는 '소', cara는 '걸어 다닌다'는 뜻으로, 즉 소가 걸어 다니는 목초지牧草地를 뜻한다. 이 단어는 인식론적으로는 감각 기관이나 지智에 의해 인식되는 '영역' 혹은 '범위'를 뜻한다.

때문에"⁴ 광혜라고 이름한다고 하였다.⁵

세존께서 설하신 심의식의 비밀스런 의미를 여실하게 잘 알므로 "선교보살"이라 이름한다.⁶

此卽初也。言廣慧菩薩者。從慧立名。眞諦記云。廣慧對佛說法之人。一切菩薩。無不具此廣慧之德。但此中。¹⁾ 從廣慧法門立名。佛地論云。深廣圓滿善通達故。名爲廣慧。智度論云。道俗種種經書論議。無不悉知。名爲廣慧。瑜伽論云。謂卽此慧無量無邊所行境故。名爲廣慧。謂世尊說。於心意識秘密義中。如實了知。名善巧菩薩。

1) ㉠ '中'은 다른 판본에는 '菩薩'로 되어 있다. ㉡ '菩薩'로 수정해야 문장의 의미가 분명해진다.

(2) 교에 의거해 질문함

경 '심의식의 비밀을 (잘 아는) 선교보살'이란, 어느 정도 되어야 심의식의 비밀을 (잘 아는) 선교보살이라 합니까? 여래께서는 어느 정도 되어야 그를 심의식의 비밀을 (잘 아는) 선교보살이라고 시설하십니까?" 이와 같이 말하고 나자,

---

4 『瑜伽師地論』 권83(T30, 761a27).
5 『佛地經論』과 『大智度論』의 해석에 의하면 보살의 지혜 자체가 심오하고 광대하다는 뜻에서 '광혜'라고 이름한 것이라면, 이 『瑜伽師地論』의 해석에 의하면 지혜의 경계 자체가 한량없이 광대하기 때문에 '광혜'라고 이름한 것이다.
6 여기서 '선교善巧'란 특히 세존께서 교화하기 위해 시설해 놓은 선교방편, 즉 교법들을 말하고, 선교보살이란 그러한 교법에 통달한 보살을 가리킨다. 그런데 특히 '심의식의 비밀'에 관한 교법에 통달한 보살이라면 '심의식의 비밀을 잘 아는 선교보살(於心意識秘密善巧菩薩)'이라 하고, 모든 법상(諸法相)에 관한 교법에 통달한 자라면 '모든 법상을 잘 아는 선교보살(於諸法相善巧菩薩)'이라고 한다.

於心意識秘密善巧菩薩者。齊何名爲於心意識秘密善巧菩薩。如來齊何施
設彼爲於心意識秘密善巧菩薩。說是語已。

석 이것은 두 번째로 교설에 의거해 질문한 것이다. 경문에 두 개의 구절이 있다. 처음은 질문하려는 교를 표제로 내건 것이고, 나중의 "어느 정도 되어야" 이하는 묻는 말을 바로 진술한 것이다.

질문에는 두 가지 뜻이 있다.[7] 처음에 "어느 정도 되어야 심의식의 비밀을 (잘 아는) 선교보살이라 합니까."라고 한 것은 보살의 지위를 물은 것이니, 즉 교에 의해 설해진 대상에 해당한다. 나중의 "여래께서는 어느 정도 되어야 그를 심의식의 비밀을 (잘 아는) 선교보살이라고 시설하십니까."라고 한 것은 여래께서 어떤 보살에 의거해서 그런 교를 시설하셨는지를 물은 것이다. '시설'은 '선설宣說'의 뜻이다.

釋曰。此卽第二依敎發問。文有二節。初牒所問敎。後齊何下。正設問辭。
問有二意。初齊何名爲於心意識秘密善巧菩薩者。問菩薩位。卽是敎所說
義。後如來齊何施設彼爲於心意識秘密善巧菩薩者。問如來依何菩薩施設
彼敎[1])施設彼敎。施設卽是宣說之義。

---
1) ㉯ '施設彼敎'는 잉문인 듯하다.

---

[7] 이하에서 원측은 위의 경문에 유사한 질문이 두 번 나온 이유를 설명했는데, 두 질문의 차이가 분명하게 이해되지 않는다. 따라서 후반부에 제시된 대답에 의거해서 역으로 이 두 질문의 차이를 설명해 보겠다. 그에 따르면, 지전地前보살들도 '심의식의 비밀을 잘 아는 선교보살'이라 불리는 경우가 있고, 또한 성교聖敎에서는 특별히 지상地上보살들만을 '심의식의 비밀을 잘 아는 선교보살'이라고 시설施設하는 경우도 있다. 따라서 이 경에서는 교에서 시설된 '선교보살'이라는 말의 의미를 명확히 하기 위해 두 번의 유사한 질문을 던지고, 여래께서는 지전보살이 이해하는 수준이 아니라 지상보살이 이해하는 정도는 되어야 '심의식의 비밀을 잘 아는 선교보살'이라고 시설한다고 대답하였다. 이에 대한 자세한 설명은 장행長行의 마지막 부분에 진술된 대답 참조.

2) 대답

경 이때 세존께서 광혜보살마하살에게 말씀하셨다. "훌륭하다, 훌륭하다.

爾時世尊。告廣慧菩薩摩訶薩曰。善哉善哉。

석 이하는 두 번째로 질문에 의거해 바로 대답한 것이다. 이 중에 두 가지가 있다. 처음은 질문을 칭찬하면서 설법을 허락하신 것이다. 나중의 "광혜여, 마땅히 알라." 이하는 질문에 대해 바로 대답한 것이다.

釋曰。此下第二依問正答。於中有二。初讚問許說。後廣慧當知下。對問正答。

(1) 질문을 칭찬하며 설법을 허락함

전자 중에 두 가지가 있다. 처음에는 그가 질문한 것을 칭찬하였고, 나중에는 잘 들으라고 하면서 설법을 허락하였다.

前中有二。初讚其所問。後勅聽許說。

① 그가 질문한 것을 칭찬함

전자에도 두 가지가 있다. 앞은 총괄적으로 칭찬한 것이고, 뒤는 따로따로 칭찬한 것이다.

前中有二。先總。後別。

가. 총괄적 칭찬

이것은 처음에 해당한다. 질문의 심오한 의미는 유익한 데다가 또 광대한 것이다. 그러므로 거듭해서 "훌륭하다, 훌륭하다."고 칭찬하였다.

『십지경론』에서는 "'훌륭하다'는 것은 설해진 교법에 훌륭한 점(善)이 갖추어져 있기 때문이다."[8]라고 하였다. 『유가사지론』제83권에서는 "'훌륭하다'고 한 것은 모든 현성들이 칭찬할 만한 일이기 때문이다."[9]라고 하였고, 제98권에서도 똑같이 말한다. 『대지도론』제41권에 따르면, '훌륭하다, 훌륭하다'고 한 것은 덕의 장점을 칭찬하신 것이다.[10] 또 『대지도론』제66권에 따르면, 말이란 반드시 믿을 만해야 하는데, 부처님께 질문하여 대중들의 의심을 끊어 주고 큰 이익을 줄 수 있기 때문에 '훌륭하다'고 한 것이다.[11] 『무상의경』제1권에서는 "내게 만약 번뇌가 있어도 더럽히거나 달라붙지 못한다면 이것을 '훌륭하다'고 한다."[12]고 하였다.

此卽初也。所問深義。能益復廣。是故重讚善哉善哉。十地論第一云。善哉者。所說法中善具足故。瑜伽八十三云。善[1]哉者。是諸賢聖[2]所稱讚[3]故。九十八小同。大智度論四十一云。善哉善哉者。讚德之美也。又智度論六十六云。言必可信。能問於佛。斷大衆疑。能大利益。故言善哉。無上依經第一卷云。若[4]有煩惱不能染著。是名善哉。

---

1) ㉠『瑜伽師地論』 권83(T30, 762b3)에는 '善' 앞에 '言'이 있다. 2) ㉠『瑜伽師地論』 권83(T30, 762b3)에는 '賢聖'이 '聖賢'으로 되어 있는데, 의미상 차이는 없다. 3) ㉠『瑜伽師地論』 권83(T30, 762b3)에는 '所稱讚'이 '稱讚事'로 되어 있는데, 후자를 따라 번역하였다. 4) ㉠『無上依經』 권1(T16, 469c8)에는 '若' 앞에 '我'가 있다.

---

8 『十地經論』 권1(T26, 130c3).
9 『瑜伽師地論』 권83(T30, 762b3).
10 『大智度論』 권41(T25, 361b5) 참조.
11 『大智度論』 권66(T25, 524a17) 참조.
12 『無上依經』 권1(T16, 469c8).

나. 개별적 칭찬

경 광혜여, 그대는 이제 여래에게 이와 같은 심오한 의미를 청하여 물을 수 있으니,

廣慧。汝今乃能請問如來如是深義。

석 이하는 따로따로 칭찬한 것이다. 이 중에 두 가지가 있다. 처음은 승의勝義에 대해 물은 것을 칭찬한 것이고, 나중은 질문의 유익함을 칭찬한 것이다.

釋曰。自下別讚。於中有二。初讚問勝義。後讚問有益。

가) 승의에 대해 물은 것을 칭찬함
이것은 처음에 해당한다.

此卽初也。

나) 질문의 유익함을 칭찬함

경 그대는 지금 무량한 중생들에게 이익과 안락을 주려고, 세간 및 모든 천·인·아소락 등을 가엾게 여겨 이익(義利)과 안락을 획득하게 하기 위해, 이런 질문을 하였다.

汝今爲欲利益安樂無量衆生。哀愍世間及諸天人阿素落[1]等。爲令獲得義利安樂。故發斯問。

1) ㉑『解深密經』권2(T16, 693a13)에는 '落'이 '洛'으로 되어 있다.

석 이하는 두 번째로 질문의 유익함을 칭찬한 것이다. 경문에는 두 개의 구절이 있다. 처음은 전체적 이익을 밝힌 것이고, 다음의 "(세간 및 ……) 가엾게 여겨" 이하는 개별적 이익을 밝힌 것이다.

"이익과 안락"이라 한 것은, 예를 들어『불지경론』제1권에서 다음과 같이 말한다. 〈현재의 이익을 '낙樂'이라 하고 미래의 이익을 '이利'라고 한다. 세간적인 것은 '낙'이라 하고 출세간적인 것은 '이'라고 한다. 악을 떠난 것을 '낙'이라 하고 선을 거두는 것을 '이'라고 한다. 복덕을 '낙'이라 하고 지혜를 '이'라고 한다.〉[13] 무성無性의『섭대승론석』제7권에도 일곱 가지로 대비시킨 것이 있는데,『불지경론』제1권과 거의 동일하다.

『불지경론』제7권에는 다섯 가지로 대비시킨 것이 있으니, 그 논에서는 다음과 같이 말한다. "청정한 법계 및 네 가지 오묘한 지혜[14]로 모든 중생들의 이익과 안락을 모두 안립할 수 있다. 선한 인(善因)을 닦도록 하는 것을 이익이라 하고, 즐거운 과(樂果)를 얻도록 하는 것을 안락이라 한다. 또

---

13 여기에 인용된『佛地經論』의 문장은 본래 '의리義利'라는 단어를 해석한 것으로서, 원문은 "現益名義. 當益名利. 世間名義. 出世名利. 離惡名義. 攝善名利. 福德名義. 智慧名利."이다.(『佛地經論』권1(T26, 295a19))『佛地經論』원문에는 '낙樂'이 모두 '의義'로 되어 있다. 그런데 위의『解深密經』경문에서도 '의리'와 '안락'은 '이익과 안락'과 거의 같은 의미로 쓰인 것처럼, '의리'라는 단어는 '이익'과 같은 뜻이다. 마찬가지로『佛地經論』에서 '의리'는 이익에 대한 총괄적 표현이고, 이 이익의 차별을 설명하기 위해 '의'와 '리'를 각기 현재의 것과 미래의 것 등에 배당시켜 설명한 것이다. 그런데 원측의 소에서는, '의義'를 '낙樂'으로 대체시켜 '의리' 자체가 '안락과 이익'을 뜻하는 것처럼 해석하였는데, 이는『佛地經論』의 설명과는 다소 차이가 있다. 이하 원측 자신의 풀이(**해**)에서도 '이익과 안락에 대한 제1권과 제7권의 설명이 서로 어긋난다'고 했는데, 여기에서 뭔가 착오가 생겼기 때문인 듯하다.
14 네 가지 오묘한 지혜 : 전의轉依를 이루고 불과佛果를 획득했을 때 획득하는 네 가지 지혜를 말한다. 유식종에 의하면, 제8식과 제7식과 제6식과 전오식前五識이 각기 순서대로 대원경지大圓鏡智, 평등성지平等性智, 묘관찰지妙觀察智, 성소작지成所作智 등 네 종류 무루지無漏智로 전환된다.

악을 떠나도록 하는 것을 이익이라 하고, 그 선을 거두게 하는 것을 안락이라 한다. 또 그에게 고를 뽑아내 주는 것을 이익이라 하고, 그에게 즐거움을 베풀어 주는 것을 안락이라 한다. 이번 세(世)와 다른 세, 세간과 출세간 등에서도 이와 같음을 알아야 한다.[15]"[16]

해 이익과 안락은 제1권에서 설한 것과는 서로 어긋남을 알아야 한다.[17]

釋曰。自下第二讚問有益。文有兩節。初明總益。後哀愍下明別利益。言利益安樂者。如佛地論第一卷云。現益名樂。當益名利。世間名樂。出世名利。離惡名樂。攝善名利。福德名樂。智慧名利。無性攝論第七。亦有七對。大同佛地第一。若依佛地第七。有其五對。故彼論云。謂淨法界及[1)]妙智。皆能安立一切衆生利益安樂。令脩善因。名爲利益。令得樂果。名爲安樂。又令離惡。名爲利益。令其攝善。名爲安樂。又拔其苦。名爲利益。施與其樂。名爲安樂。此世他世世出世等。應知亦爾。解云。利益安樂。與第一卷。相違應知。

1) ㉠『佛地經論』권7(T26, 324c21)에 따르면, '及' 다음에 '四'가 누락되었다.

"(세간 및……) 가엾게 여겨" 등이라 한 것은 그 이익을 밝힌 것이니, 이에 본래 두 가지가 있다. '세간(世間)'이란 오온의 세간으로서 '사람을 이루는 법'을 말하고, '인(人)·천(天)' 등이란 오온으로 이루어진 사람, 즉 오온에서 가립된 자를 말한다.[18] 『대지도론』에 의하면 세 종류 세간이 있으니,

---

15 이번 세(此世)의 것을 '이익'이라 하고 다른 세(他世)의 것을 '안락'이라 하며, 세간적인 것을 '이익'이라 하고 출세간적인 것을 '안락'이라 한다는 말이다.
16 『佛地經論』 권7(T26, 324c21).
17 『佛地經論』 제7권에서 말한 이익과 안락은 제1권의 설명과는 다르다. 제1권에서는 현재 얻는 이익을 '안락'이라 하고 미래에 얻을 이익을 '이익'이라 했는데, 이 7권에서는 현재의 선한 인을 닦는 행위를 '이익'이라 하고 그로 인해 얻어질 미래의 결과를 '안락'이라 한 것 등을 말한다.
18 이 해석에 따르면 본문의 "세간(世間)"이라는 말은 '오온세간(五蘊世間)'을 가리키며, 이 오

첫째는 기세간이고, 둘째는 오온세간이며, 셋째는 중생세간이다.[19] 지금 여기에서는 교법에 의해 이익 받는 대상을 밝힌 것이기 때문에 다만 오온세간과 중생세간을 설한 것이다. 혹은 이익 받는 모든 대중을 가리켜 '세간'이라 하였고, 영해領解[20]하는 대중의 우두머리를 '천·인' 등이라 한 것일 수도 있다.

문 게송에서는 "나는 범우凡愚에게는 설하지 않으니"라고 하지 않았는가? 어째서 여기서는 "세간 및 천·인 등을 가엾게 여겨……"라고 했는가?[21]

답 교를 설해 준 대상(所爲)이라는 것에는 여러 가지 의미가 있다. 악을 떠나 선을 닦게 하기 위해서라면, 통틀어 종성이 있는 자와 종성이 없는 자를 위해 설한 것이다. 무상정등보리로 나아가기 위해서라면, 다만 보살 종성과 종성이 결정되지 않은 자를 위해 설한 것이다.

言哀愍等者。明其利益。自有二種。言世間者。五蘊世間。成人之法。人天等者。蘊所成人。謂五蘊假者。依智度論。有三世間。一器世間。二五蘊世

　　온은 인人 등과 같은 복합물을 이루는 요소에 해당하므로 '사람을 이루는 법(成人之法)'이라 하였고, '인人·천天' 등의 중생은 오온의 적취積聚와 상속相續에 의거해서 가립된 것이므로 '오온에서 가립된 자(五蘊假者)'라고 하였다.
19 『大智度論』 권47(T25, 402a23)에서는 '세간'을 중생세간衆生世間·주처세간住處世間·오중세간五衆世間 등으로 나누어 설명하는데, 일반적으로 '세간'이라 할 때는 이 세 가지를 모두 가리킬 수 있다. 이 중에서 중생세간이란 세상의 중생들을 가리킨다. 주처세간은 기세간이라고도 하며, 그 중생들이 머무는 장소를 가리킨다. 오중세간이란 오음세간五陰世間 또는 오온세간五蘊世間이라고도 하며, 중생 등을 이루는 법들, 즉 그것의 색色·수受·상想·행行·식識 등의 오온을 가리킨다.
20 영해領解 : 타인의 가르침을 이해하고 가르쳐 준 그대로 깨닫는 것을 말한다.
21 「心意識相品」 마지막 게송에서는 "아타나식은 매우 깊고 미세하며 일체종자식은 마치 폭류와 같네. 나는 범우凡愚에게는 설해 주지 않으니, 그들이 '아'라고 분별하고 집착할까 염려해서네.(阿陀那識甚深細。一切種子如瀑流。我於凡愚不開演。恐彼分別執爲我。)"라고 하였는데, 어째서 이 경문에서는 세간 및 천·인 등을 가엾게 여겨 이익과 안락을 주려고 '심의식의 비밀'을 설했다고 하는가라고 반문하였다.

間。三衆生世間。今於此中辨敎所益。是故但說五蘊衆生。或可所益諸衆。名爲世間。領解衆首。名天人等。問。豈不頌言我於凡愚不開演。如何此云哀愍世間及天人等。答。說敎所爲。有其多義。若爲令離惡脩善。通爲有性無性故說。若爲趣無上正等菩提。但爲菩薩種姓不定者說。

② 잘 들으라고 하면서 설법을 허락함

경 그대는 자세히 들어야 한다. 내가 그대를 위해 심의식의 비밀스런 의미를 설해 줄 것이다.

汝應諦聽。吾當爲汝說心意識秘密之義。

석 이것은 두 번째로 자세히 들으라고 하면서 설법을 허락하신 것이다.

'자세히 들으라(諦聽)'고 한 것에 대해, 『공덕시반야론』[22]에서는 "'자세히 들으라'는 것은 마음을 오로지 하나의 경계에 두는 것"[23]이라 하였고, 『유가사지론』 제83권에서는 "'자세히 들으라'는 것은 이와 같은 상의 법[24]을 자세히 들으라고 권한 것이다."[25]라고 하였다.

釋曰。此卽第二勅聽許說。言諦聽者。依功德施波若論云。諦聽者。心專一

---

22 『공덕시반야론功德施波若論』: 공덕시보살功德施菩薩이 짓고 당唐 지파가라地婆訶羅 등이 번역한 『金剛般若波羅蜜經破取著不壞假名論』을 가리킨다.
23 『金剛般若波羅蜜經破取著不壞假名論』 권1(T25, 887b20).
24 '이와 같은 상의 법'이라 한 것은 이 인용문 바로 앞에서 설명된 네 종류 오묘한 상, 즉 '순일純一·원만圓滿·청정淸淨·선백鮮白'의 상을 가리킨다. 이 논에 따르면 팔지성도는 이 네 가지 상에 의해 현시되는 것이다. 『瑜伽師地論』 권83(T30, 763b16) 참조.
25 『瑜伽師地論』 권83(T30, 763b20).

境。瑜伽八十三云。言諦聽者。謂[1]如是相法。勸令審聽。

---
1) ㉢『瑜伽師地論』권83(T30, 763b20)에 따르면, '謂' 다음에 '於'가 누락되었다.

(2) 질문에 대해 바로 대답함

경 광혜여, 마땅히 알라. 육취[26]의 생사에서 저 각각의 유정은 저 각각의 유정 무리 가운데 떨어져서,[27] 어떤 것은 난생으로 어떤 것은 태생으로 어떤 것은 습생으로 어떤 것은 화생으로 신분身分(몸)이 생겨난다.

廣慧當知。於六趣生死。彼彼有情。衆[1]中。或在卵生。或在胎生。或在濕生。或在化生。身分生起。

---
1) ㉢『解深密經』권1(T16, 692b9)에 따르면, '衆' 앞에 '墮彼彼有情'이 누락되었다.

석 이하는 두 번째로 질문에 대해 바로 대답한 것이다. 이 심의식은 곧 여덟 가지 식이기 때문에, 지금 먼저 여덟 가지 식의 차별을 설명하고, 이후에 심의식의 의미를 바로 해석하겠다.

釋曰。自下第二對問正答。此心意識。卽是八識故。今先辨八識差別。後方正釋心意識義。

---

26 육취六趣 : 육도六道와 같은 말이다. 중생들이 자기가 지은 업에 의해 가고 오는 세계를 여섯 가지로 나눈 것이다. 즉 지옥地獄·아귀餓鬼·축생畜生·인人·아수라阿修羅·천天을 말한다. 이 육도에서 아수라는 천취天趣 또는 귀취鬼趣 또는 축생畜生에 속한다는 설도 있기 때문에 아수라를 빼고 오도 또는 오취를 말하기도 한다.

27 이후에 진술되는 원측의 해석에 따르면, 이 문장은 육취의 생사에서 새로운 생을 받을 때 버리는 몸과 받는 몸을 표현한 것이다. 말하자면, 앞의 "육취의 생사에서 저 각각의 유정"이란 새로운 생을 받는 단계에서 버려지는 몸(所捨身)을 가리키고 뒤의 "저 각각의 유정 무리 가운데 떨어져서"라고 한 것은 받게 되는 몸(所受身)을 가리킨다.

① 여덟 가지 식의 차별을 설명함

여덟 가지 식의 차별은 대략 여섯 가지 내용으로 설명하겠다. 첫째로 (식의) 종류 수가 몇 개인지를 밝히고, 둘째로 이름을 해석하며, 셋째로 체성을 나타내고, 넷째로 소의근所依根을 밝히며, 다섯째로 소연경所緣境을 나타내고, 여섯째로 심소의 상응을 밝힌다.

> 八識差別。略辨六義。一種數多少。二釋名字。三出體性。四所依根。五所緣境。六心所相應。

가. 식의 종류 수가 몇 개인지를 밝힘
종류 수라고 한 것은, 다음과 같다.
모든 성문장에서는 단지 여섯 가지 식만 설하고 제7식과 제8식은 설하지 않는다. 구체적인 것은 여러 교에서 설한 것과 같다.

> 言種數者。諸聲聞藏。但說六識。而無七八。具如諸教。

이제 대승에 따르면 본래 두 가지 해석이 있다.
첫 번째, 용맹 등은 단지 여섯 가지 식만 설한다. 그러므로 청변清辨[28]보살이 지은 『중관심론』「입진감로품」에서는 다음과 같이 말한다. 〈여섯 가지 식 이외에 별도의 아뢰야식은 없다. 안식 등의 여섯 가지 식에 속하지 않기 때문이다. 마치 허공 꽃과 같다.〉[29] 따라서 그 종에서는 오직 여섯

---

[28] 청변清辨(S Bhāvaviveka) : 6세기경 남인도 대승불교의 중관학파中觀學派의 논사다. 유식종의 호법護法보살이 마갈타국에서 아뢰야 연기론을 주창한 데 대항하여, 용수와 제바가 주장하던 일체개공一切皆空의 학설을 선양하는 데 힘쓴 사람이다. 저서로는 『大乘掌珍論』 2권, 『般若燈論』 15권, 『中觀心論頌』 등이 있다.

가지 식만 세웠음을 알 수 있다.

> 今依大乘。自有兩釋。一龍猛等。但說六識。是故淸辨菩薩所造。中觀心論入眞甘露品云。離六識外。無別阿賴耶識。眼等六識所不攝故。猶如空華。故知彼宗唯立六識。

두 번째, 미륵종은 『금광명경』 등에서 여덟 가지 식을 모두 세운다. 그런데 이 종의 서방 논사들에 의하면 그에 대해 세 가지 설이 있다.
첫째로 보리유지의 『유식론』에 따르면, 두 종류 마음을 안립한다. 첫째는 법성심法性心이니, 진여를 체로 삼는 것이다. 이것은 진여에 해당하니, 심의 자성이기 때문에 심이라 이름했지만 능연能緣은 아니다.[30] 둘째는 상응심相應心이니, 신信·탐貪 등의 심소와 상응하는 것이다.

해 오직 의意의 자성이기 때문에, 식識의 자성이기 때문에, 또한 '의·식'이라 한다고 해석해도 이치에 어긋나는 것은 없다.

> 彌勒宗。依金光明等。具立八識。然依此宗四[1]方諸師。有其三說。一菩

---

[29] 청변의 『中觀心論頌』과 그 주석서는 북경판北京版 서장대장경西藏大藏經 제96책에 수록되어 있다. 따라서 문장의 자세한 의미는 알 수 없지만, 어쨌든 이것은 인명因明의 삼지작법三支作法에 의거해서 다음과 같이 논증식(立量)을 세운 것이다. 〈주장명제(宗) : 여섯 가지 식 이외에 별도의 아뢰야식은 없다. 이유(因) : 안식 등의 여섯 가지 식에 속하지 않기 때문이다. 실례(喩) : 허공 꽃처럼.〉 이 논증식에서 청변은 '별도의 아뢰야식이 존재하지 않는다'는 주장의 근거로서 '여섯 가지 식에 속하지 않기 때문'이라 하였다. 여기서 '여섯 가지 식에 속하지 않기 때문'이라고 한 것은, 인명의 규칙에 주장의 근거(因)는 무릇 입론자와 대적자 쌍방이 인정하는 것이어야 한다는 조건 때문이다. 따라서 청변은 가령 십팔계十八界의 교설처럼 중관학자나 유식학자 모두가 기본적으로 인정하는(自許) 교리에 의거해서, 아뢰야식은 육식계六識界 중의 어디에도 포함되지 않기 때문에 마치 허공 꽃처럼 별도로 존재하는 식이 아니라고 한 것이다.
[30] 진여는 심의 자성이기 때문에 '법성심法性心'이라고 명명하기는 했지만, 진여가 소연所緣 경계를 인식하는 능연能緣의 마음은 아니라는 것이다.

提留支唯識論云。立二種心。一法性心。眞如爲體。此卽眞如。心之性故。名之爲心。而非能緣。二相應心。與信貪等心所相應。解云。唯釋意之性故。識之性故。亦名意識。於理無違。

---

1) ㉑ '四'는 '西'의 오기다. 본래 『解深密經疏』 권3(X21, 240b16)에는 '西'로 되어 있는데, 『韓國佛敎全書』 편집 과정에서 오류가 생긴 듯하다.

둘째로 진제 삼장은 『결정장론』[31]에 의거해서 아홉 가지 식의 의미를 세웠으니, 예를 들면 「구식품九識品」의 설과 같다.[32]

'아홉 가지 식'이라 한 것에서, 안식 등의 여섯 가지 식은 「유식론」과 거의 동일하다.

제7아타나식阿陀那識은 여기 말로 '집지執持'라고 하니, 제8식을 붙잡고 있으면서 '아'나 '아소'라고 여긴다. (이 식은) 오직 번뇌장만 있고 법집法執은 없으며, 결정코 성불하지 못한다.[33]

제8아리야식阿梨耶識은 본래 세 가지 (의미가) 있다. 첫째는 해성解性의 아리야이니, 성불의 의미가 있다.[34] 둘째는 과보果報의 아리야이

---

31 진제가 말한 『決定藏論』이란 『瑜伽師地論』 「攝決擇分」 중의 '五識身相應地意地品'의 이역본이다.
32 원측이 뒤에서 "구체적인 것은 「九識章」에서 『決定藏論』 「九識品」을 인용해서 설명한 것과 같다."고 한 데서 알 수 있듯, 이 9식설은 진제의 「九識章」에 의거해서 진술된 것이다. 이하에서는 먼저 진제의 학설을 소개하고, 그 다음에는 이 학설에 대해 교리적 비판뿐만 아니라 문헌학적 비판도 제시하였다.
33 현장 이후의 신역에서는 아타나식阿陀那識은 제8아뢰야식의 다른 이름으로 간주하는데 이 경전도 마찬가지다. 그런데 진제를 포함하여 중국의 초기 구유식가들은 아타나식을 제7식으로 구분하고 이것을 무해식無解識이라고 불렀다. 이 제7식은 제8식에 해성解性이 있는 것과는 달리, 항상 무명과 상응하는 어리석은 마음이기 때문에 '무해無解'라고 불린다. 예를 들어 중국 지론종地論宗의 혜원慧遠은 『大乘義章』 권3(T44, 524c7)에서 "아타나란 이 지역의 말로 정확히 번역하면 무해라고 하니, 그 체는 무명에 싸인 어리석고 어두운 마음이기 때문이다.(阿陀那者。此方正翻名爲無解。體是無明癡闇心故。)"라고 하였다.

니, 십팔계를 소연으로 삼는 것이다.[35] 따라서 『중변분별론』의 게송에서는 "근根·진塵·아我·식識識이란 본식이 그것들과 유사하게 생한 것이다.[36]"[37]라고 하였으니, 그 논 등의 설명에 따르면 제8식은 십팔계를 소연으로 삼는다. 셋째는 염오染汙의 아리야이니, 진여의 경계를 소연으로 삼아 네 종류 비방[38]을 일으키는 것이다. 이는 곧 법집法執에 해당하지 인집人執은 아니다.

안혜종安慧宗에서는 다음과 같이 설한다. 〈제9아마라식阿摩羅識은 여기 말로 무구식無垢識이라 하니, 진여를 체로 삼는다. 하나의 진여에 두 가지 의미가 있다. 첫째, 소연 경계(所緣境: 인식 대상)로서는 진여 및 실제實際 등이라 이름한다. 둘째, 능연能緣(인식하는 마음)이라는 의미에서는

---

[34] 아리야식에 내포된 여러 가지 의미 중에서 '깨달아 아는 성질'을 가리켜 '해성解性의 아리야'라고 하였는데, 이러한 '해성' 때문에 성불할 수 있다는 것이다.

[35] 아리야식에 내포된 다양한 의미들 중에서 또 다른 중요한 의미는 이 식은 업業의 담지자라는 것이다. 말하자면 중생들은 각자의 아리야식의 전변에 의해 자기만의 세계를 그 과보로서 수용하는데, 이것을 일컬어 '십팔계를 소연으로 삼는다'고 하였다. 다음의 『中邊分別論』의 인용문에서 '이 식의 전변에 의해 육근과 육경과 의意와 육식 등이 현현한다'고 한 것과 같다.

[36] 이 게송은 『中邊分別論』의 제3송에 해당한다. 이 논의 장행에 따르면, 아직 공성空性을 깨닫지 못한 중생의 경우에는 아뢰야식이 근根·진塵·아我·식識의 네 가지로 변현한다고 한다. '근'이란 자신과 타인의 신체를 이루는 오근五根이고, '진'은 여섯 가지 경계(六境)를 말한다. '아'란 아견 등을 동반하는 '의意 Ⓢ manas)'라는 식, 혹은 이것을 감각 기관의 하나로 간주할 때는 여섯 번째 의근意根을 뜻한다. '식'이란 안식 등의 육식을 말한다. 아뢰야식이 변현할 때, 소취所取의 경계로서는 육경·오근처럼 나타나고 능취能取의 식으로서는 '의'와 육식처럼 나타난다. 그런데 이 소취와 능취는 '참으로 실재하는 것이 아닌데도 마치 X가 실재하는 것처럼 나타난다'는 의미에서 'X와 유사하게 나타난다'고 하였다.

[37] 『中邊分別論』 권상(T31, 451b7).

[38] 네 종류 비방: 흔히 사방四謗이라고 하며, 대승의 이치를 훼손시키는 네 종류 그릇된 주장, 즉 증익방增益謗과 손감방損減謗과 상위방相違謗과 희론방戲論謗을 말한다. 증익방이란 없는 것을 있다고 주장하는 것이고, 손감방이란 있는 것을 없다고 주장하는 것이다. 상위방이란 있기도 하고 없기도 하다고 하면서 모순된 주장에 집착하는 것이고, 희론방이란 있는 것도 아니고 없는 것도 아니라고 하면서 무의미한 말장난을 하는 것이다.

무구식이라 하고 또한 본각本覺이라고 한다.〉

구체적인 것은 「구식장九識章」에서 『결정장론』「구식품」을 인용해서 설명한 것과 같다.

二眞諦三藏。依決定藏論。立九識義。如九識品說。言九識者。眼等六識。大同識論。第七阿陀那。此云執持。執持第八爲我我所。唯煩惱障。而無法執。定不成佛。第八阿梨耶識。自有三種。一解性梨耶。有成佛義。二果報梨耶。緣十八界。故中邊分別偈云。根塵[1)]我及識。本識生似彼。依彼論等說。第八識緣十八界。二[2)]染汙阿梨耶。緣眞如境。起四種謗。卽是法執。而非人執。依安慧宗。作如是說。第九阿摩羅識。此云無垢識。眞如爲體。於一眞如。有其二義。一所緣境。名爲眞如及實際等。二能緣義。名無垢識。亦名本覺。具如九識章引決定藏論九識品中說。

1) ㉷『中邊分別論』 권1(T31, 451b7)에는 '根塵'이 '塵根'으로 되어 있다. 2) ㉷ '二'는 '三'의 오기다.

셋째, 대당 삼장은 『능가경』 등 및 호법종護法宗에 의거해서 오직 여덟 가지 식을 세우고 제9식은 설하지 않았다. 그는 청변을 논파하면서 다음과 같이 말한다. 〈논증을 세우는 가운데 곧 자교상위自敎相違의 과실이 있으니, 『능가경』 등에서 모두 제8아뢰야식을 설하기 때문이다.〉[39]

---

[39] 인명因明(불교논리학)에 따르면, 하나의 주장(宗)이 성립하려면 이유(因)와 실례(喩)가 타당해야 하지만 그 이전에 주장 자체가 성립하지 않는 오류들이 있다. 그것들은 아홉 개의 사이비 주장(似宗)으로 분류되는데, 그 중에 '자교상위自敎相違'란 자종自宗을 받드는 사람이 자종의 교리와 위배되는 주장을 세우는 것을 말한다. 예를 들면 말(聲)의 무상함을 인정하는 승론勝論의 학자가 '말은 영원하다(聲是常)'고 주장하는 경우 이유를 따지기에 앞서 주장 자체가 성립하지 않는 것이다. 마찬가지로 불교 경전인 『楞伽經』 등에서는 '장식藏識(아뢰야식)' 등을 설하고 있기 때문에 용맹종의 청변이 앞의 『中觀心論』에서 '여섯 가지 식 이외에 별도의 아뢰야식은 없다'고 한 것은 자교상위自敎相

🅛 그렇다면 어째서 『대품경』 등에서는 오직 여섯 가지 식만 설했는가?

(🅛) 호법이 회통시켜 해석하였는데, 예를 들면 『성유식론』 제5권에서 다음과 같이 말한다. "그런데 어떤 경에서 '여섯 가지 식'만 설하였으니, 그것은 수전리문隨轉理門[40]임을 알아야 한다. 혹은 소의인 육근에 근거해서 여섯 가지라고 설하였지만, 식의 종류를 구별하면 실제로 여덟 종류가 있다."[41]

🅛 어찌 용맹이 오직 여섯 가지 식만 건립한 것이 아니겠는가?

🅗 실제로는 용맹 등은 제7식과 제8식이 있다고 믿었으니, 지위가 극희지極喜地[42]에 있는 대보살이기 때문이다. 그런데 그 논에서 '여섯 가지 식'이라 설한 것은 『대품경』 등의 뜻을 서술한 것이니, 따라서 서로 어긋나는 것은 아니다.

三大唐三藏。依楞伽等及護法宗。唯立八識。不說第九。破淸辨云。所立量中。便有自教相違之失。楞伽等經。皆說第八阿賴耶故。問。若爾。如何大品經等。唯說六識。護法曾釋。如成唯識第五卷說。然有經中說六識者。應知彼是隨轉理門。或隨所依六根說六。而識類別。實有八種。問。豈不龍猛唯立六耶。解云。據實龍猛等。信有七八。位在極喜大菩薩故。而彼論中說六識者。述大品經等意。故不相違。

違의 과실에 해당한다고 하였다.
40 수전리문隨轉理門 : 교화 대상의 근기가 어느 정도인지에 따라서 방편으로 설한 교법을 가리킨다.
41 『成唯識論』 권5(T31, 26a9).
42 극희지極喜地 : 보살의 십지十地 중에서 최초의 지위로서, 또한 환희지歡喜地라고도 한다. 대승의 보살은 이 지위에 들면 견도見道의 성자聖者가 된다. 아공我空·법공法空 두 가지를 증득하고 자리와 이타를 할 수 있어서 마음에 큰 기쁨이 생기므로 환희지라고 한다.

● 진제의 해석에 대한 원측의 비판

진제 스님이 설했던 아홉 가지 식 가운데 나중의 세 가지 식에 대한 해석은 모두 과실이 많다.

우선 예를 들어 제7식의 해석에서 두 종류 과실이 있다.

첫째, '아타나'란 제8식의 다른 이름이지 제7식은 아니다. 따라서 이 경 등에서 '제8식을 아타나라고 이름한다'고 설한 것이다.[43]

둘째, 의미가 서로 어긋난다. 이른바 '(제7식은) 오직 번뇌장만 있다'고 한 것은 곧 이 경에서 팔지八地 이상도 염오의 말나末那가 있다고 한 것과 어긋난다.[44] 혹은 '성불하지 못한다'고 한 것은 『장엄경론』 등에서 여덟 가지 식을 전환시켜 사지四智[45]를 이룬다고 하는 의미와도 어긋난다.

> 眞諦師說九種識中。後之三識。皆有多失。且如第七。有二種失。一阿陀那者。第八異名。而非第七。故此經等。說第八識。名阿陀那。二義相違。所謂唯煩惱障。便違此經八地已上有染末那。或不成佛。違莊嚴論等轉八識成四智義也。

제8아뢰야식이 능히 법집을 일으킨다거나, 혹은 '십팔계를 소연으로

---

43 이 『解深密經』 「心意識相品」에서는 제8식의 이명異名을 설하면서, 종자식種子識과 아타나阿陀那와 아뢰야阿賴耶와 심心 등의 네 가지 이름을 거론하였다.
44 『解深密經』 권4 「地波羅蜜多品」(T16, 707c18)에서는 제8지의 미세수면微細隨眠에 대해 설명하면서 "제8지 이상부터는 일체의 번뇌가 다시 현행하지 않고, 오직 소지장所知障만 있어서 의지依止가 되어 주기 때문이다."라고 하였다. 말하자면 제8지 이상에서는 모든 번뇌가 다 현행하지 않기 때문에 오직 말나식末那識과 함께하는 미세한 소지장만이 유루법有漏法의 의지처가 되어 준다고 한다. 따라서 진제가 '제7식(말나식)에는 오직 번뇌장만 있다'고 한 것은, 이 『解深密經』에서 '말나식과 구기俱起한 미세한 소지장이 있다'고 한 것과는 의미상으로 어긋난다고 하였다.
45 사지四智 : 전의轉依를 이루고 불과佛果를 획득했을 때 제8식과 제7식과 제6식과 전오식前五識을 전환시켜 각기 순서대로 대원경지大圓鏡智, 평등성지平等性智, 묘관찰지妙觀察智, 성소작지成所作智 등을 얻는다.

삼는다'고 하는 것은 모두 이치에 맞지 않는다.

심소법 가운데 무명, 즉 무명수無明數(무명 심소)가 어떻게 법집과 더불어 구기俱起할 수 있겠는가?[46]

또 신역『변중변론』에서는 "송 식이 생겨날 때, 의義·유정有情·아我·요了로 변사變似하네. 이 경계들은 실제로 있지 않으니, 경계가 없으므로 식도 없다네."[47]라고 하였다. 장행에서는 다음과 같이 해석한다. "논 '의義로 변사한다'는 것은 색 등의 모든 경계(境性)와 유사하게 현현하는 것을 말한다. '유정으로 변사한다'는 것은 자·타의 몸의 다섯 가지 감각 기관(五根性)과 유사하게 현현하는 것을 말한다. '아我로 변사한다'는 것은 염오의 말나가 아치我癡 등과 항상 상응하기 때문이다. '요了로 변사한다'는 것은 그 밖의 육식은 요별의 상이 거칠기 때문이다."[48] 자세한 설명은 그 논과 같다. 따라서 제8식은 심 등을 소연으로 삼지 않는다는 것을 알 수 있다.[49] 자세하게 분별하면,『성유식론』의 설과 같다.

---

46 이것은 진제가 진여의 경계를 소연으로 삼아 증익增益·손감損減·상위相違·희론戱論 등 네 종류 비방을 일으키는 것이 '염오染汚의 이치야'이고 이것은 법집法執이지 인집人執은 아니라고 한 것에 대한 비판이다. 이 비판의 요지는 정확히 알 수가 없지만, 다음과 같이 추측해 볼 수 있다.『成唯識論』등의 호법의 해석에 따르면, 법집은 제6식과 제7식에만 있기 때문에 진여에 대해 '유有'(증익방) 혹은 '무無'(손감방) 등이라고 집착하며 법집을 일으키는 것은 제8식이 아닌 제6식 등이다. 그렇다면 아뢰야식의 '염오染汚'라는 것도 제8식의 법집을 가리키는 것이 아니라 아뢰야식에 있는 '우치愚癡' 즉 심소법에 속하는 무명無明을 가리키는 것이다.
47 『辯中邊論』권상(T31, 464c9). 이 논은『中邊分別論』의 신역본이다.
48 『辯中邊論』권상(T31, 464c11).
49 이것은 진제가 앞에서 구역『中邊分別論』을 인용하여 아리야식이 십팔계를 소연으로 삼는다고 했던 것에 대한 비판이다. 진제는 구역에서 '근根·진塵·아我·식識'이라 한 것을 모두 아뢰야식의 소연으로 간주했지만, 원측은 신역『辯中邊論』을 인용하여, 십팔계 중에서 '심心' 등에 해당하는 것은 제8식의 소연이 아니라고 하였다. 그 논에서 "의義·유정有情·아我·요了와 유사하게 현현한다."고 했는데, 이것은 제8식이 오진五塵(義)과 오근五根(유정)을 소연으로 삼고, 제7식이 '아我'를 소연으로 삼으며, 여섯 가지 식이 각기 요별의 경계를 소연으로 삼는 것을 말한 것이다. 따라서 제8식은 심 등을 소연으로 삼지 않는다고 하였다.

第八賴耶能起法執。或云緣十八界。皆不應理。心所法中無明。無明數。如何得與法執俱起。又新翻辨中邊論云。頌曰。識生變似義。有情我及了。此境實非有。境無故識無。長行釋云。論云。變似義者。謂似色等諸境性現。變似有情者。謂似自他身五根性現。變似我者。謂染末那。與我癡等。恒相應故。變似了者。謂餘六識了相麁故。具說如彼。故知第八不緣心等。若廣分別。如成唯識也。

또 진제 스님은 '아마라식은 자체를 반조反照한다'고 했는데, 이는 교리적 근거가 없다. 게다가 『여래공덕장엄경』과도 어긋나니, 그 경에서는 "여래의 무구식은 청정하고 무루계이니, 모든 장애를 벗어나서 대원경지와 상응하도다."[50]라고 하였다. 이 경에 준해 보면, 무구식이란 바로 정분淨分의 제8식에 해당함을 알 수 있다.[51]

또 『결정장론』이란 바로 『유가사지론』인데, 그 논에는 본래 「구식품」이 없다.[52]

---

50 "如來無垢識。是淨無漏界。解脫一切障。圓鏡智相應。"이라는 게송은 『成唯識論』 권 3(T31, 13c23)을 비롯하여 여러 주석서들에서 인용되는 문구인데, 이 게송이 실린 『如來功德莊嚴經』이 어떤 경인지는 현재 확인할 수 없다.
51 진제는 안혜종에 의거해서 제9아마라식阿摩羅識은 능연能緣의 마음으로서는 '무구식無垢識'이라 이름한다고 했는데, 원측을 비롯하여 제9식의 존재를 부정하는 중국 법상학자들은 대개 '무구식'이란 제8아뢰야식의 정분淨分을 가리키므로 '아뢰야식'과는 이름만 다를 뿐 별도의 체는 없다고 한다. 말하자면 염위染位에서는 아뢰야식이라 하지만, 전의轉依를 성취한 정위淨位에서는 '무구식'이라 하는 것이다.
52 현존하는 진제 역 『決定藏論』에는 오직 「心地品」만 있고, 이것은 『瑜伽師地論』 「攝決擇分」 중에 「五識身相應地意地品」의 이역본으로서 같은 책 제51권 이하의 네 권에 해당한다. 그런데 이 『決定藏論』에는 「九識品」은 없다. 이에 대해 둔륜의 『瑜伽論記』 권1(T42, 318a11)에서는 경경 스님의 말을 인용해서 다음과 같이 말한다. "진제 스님은 『決定藏論』 「九識品」을 인용하여 구식九識의 뜻을 세웠다. 그런데 그 『決定藏論』은 이 『瑜伽論』의 두 번째 분분(攝決擇分)에 해당하는데, 조사해 보니 「九識品」은 없다.(眞諦師引決定藏論九識品。立九識義。然彼決定藏即此論第二分。曾無九識品。)"

又眞諦云。阿摩羅識。反照自體。無敎可憑。復違如來功德莊嚴經。彼云。如來無垢識。是淨無漏界。解脫一切障。圓鏡智相應。准經可知。無垢識者。卽是淨分第八識也。又決定藏論。卽是瑜伽。彼論本無九識品也。

나. 이름을 해석함

이름을 해석한다고 했는데, 먼저 공통된 이름(通名)을 (해석하고) 나중에 개별적 이름(別名)을 (해석하겠다.)

'팔식八識'이란 공통된 이름이다. '팔'이란 수를 나타낸다. '식'은 요별了別이니, 이는 (식의) 성性과 상相에 통하는 것이다. '오직 육식만 있다'는 것을 배제하기 위해 '팔식'이라 하였다. 이것은 육합석 중에서 대수석帶數釋[53]에 해당한다.

개별적 이름이란 다음과 같다. 안식 등의 여섯 가지 식은 모두 의주석依主釋에 해당하니, '눈에 의지하는 식'을 안식이라 하고 내지는 '의에 의지하는 식'을 의식이라 하는 것을 말한다.[54]

제7말나末那는 여기 말로 '의意'라고 하는데, 예를 들면 『성유식론』에서 "항상 자세히 사량하는 것이 그 밖의 식보다 뛰어나기 때문이다."[55]라고 하였다. 이 해석에 따르면 '의가 곧 식'이기 때문에 의식이라 이름한 것이니, 이는 지업석持業釋에 해당한다.[56]

제8아뢰야식은 여기 말로 장식藏識이라 하니, '능장能藏·소장所藏·집

---

53 대수석帶數釋: 가령 '팔식'이나 '삼습기'처럼 두 단어 이상의 복합어에서 앞의 수식하는 단어가 숫자인 경우를 말한다.
54 원측의 주석에서, '눈에 의지하는 식(依眼之識)' 혹은 '의에 의지하는 식(依意之識)'의 경우처럼 'A之B'의 관계로 분석되는 것은 모두 의주석으로 분류하였다. 이것은 범어 복합어 중에서 수식하는 단어와 수식되는 단어가 격이 다른 경우에 해당한다.
55 『成唯識論』 권4(T31, 19b8).
56 원측의 주석에서, '의가 곧 식(意卽識)'이거나 '장이 곧 식(藏卽識)'인 경우처럼 'A卽B'의 관계로 분석되는 것은 모두 지업석으로 분류하였다. 이것은 범어 복합어에서 두 단어가 동격 관계에서 하나가 다른 하나를 한정하고 있는 경우이다.

장執藏'의 의미를 갖추고 있기 때문이다. 이것은 차례대로 '과果는 인因 속에 저장되고, 인은 과 속에 저장되며, 경계는 집착 속에 저장된다'는 것이다.[57] 자세한 것은 『성유식론』과 『섭대승론』에서 설한 것과 같다.[58] 이것도 지업석에 해당하니, '장이 곧 식(藏卽識)'이기 때문이다.

> 言釋名者。先通。後別。言八識者。是其通名。八謂標數。識卽了別。通性及相。簡唯六識。故言八識。卽六釋中帶數釋也。言名別[1])者。眼等六識。皆依主釋。謂依眼之識。名爲眼識。乃至依意之識。名爲意識。第七末那。此云意。如成唯識。恒審思[2])勝餘識故。若依此釋。意卽識故。名爲意識。是持業釋。八阿賴耶。此云藏識。具有能藏所藏執藏義故。此卽如次。果於因中藏。因於果中藏。境於執中藏。具如成唯識論及攝大乘。此亦持業。藏卽識故。
>
> 1) ㉢ '名別'은 '別名'의 오기다. 2) ㉢ 『成唯識論』 권4(T31, 19b8)에 따르면, '思' 다음에 '量'이 누락되었다.

다. 체성을 나타냄

체성體性이라 한 것은 우선 세 가지 의미에 의거해서 (분별해 보겠다.) 첫째는 삼성三性에 의거하고, 둘째는 삼과三科에 의거하며, 셋째는 법수法數에 의거한다.

---

57 '장藏'에는 능장能藏과 소장所藏과 집장執藏의 세 가지 의미가 있다. 이 중에서 '능장과 소장'의 의미에 대해서는 예로부터 이견이 많았는데, 원측은 종자(因)와 현행(果)의 관계에서 전자를 능장, 후자를 소장으로 이해했던 것 같다. 다시 말하면 아뢰야식의 종자가 팔식의 현행을 일으킬 원인 노릇을 하는 측면을 '능장'이라 하고, 현행한 팔식의 결과에 다시 그 원인이 반영되어 있는 측면을 '소장'이라 하였다. 또 '집장'에 대해 원측은 '경계가 집착 속에 저장된다'는 뜻이라고 다소 포괄적으로 해석하였는데, 『唯識論』 등에 따르면 '집장'이란 특히 중생들이 제8식(아뢰야식)을 자기의 내적 자아라고 굳게 집착하는 것을 뜻한다.

58 『成唯識論』 권2(T31, 7c20), 『攝大乘論本』 권1(T31, 133b20) 참조.

삼성에 의거해서 여덟 가지 식을 분별해 보면 이 하나하나가 삼성에 통한다. 허망한 것을 거두어 진실한 것에 귀속시키면 모두 '진여'이기 때문이다. 인연에 의탁해서 일어나는 것은 모두 '의타依他'라고 이름하고, 집착하는 정情을 따라 있는 것은 '소집성所執性'이다. 따라서 『성유식론』 제9권에서는 다음과 같이 말한다. "유식성唯識性에는 대략 두 종류가 있다. 첫째는 허망이니, 변계소집을 말한다. 둘째는 진실이니, 원성실성을 말한다.……다시 두 종류 자성이 있다. 첫째는 세속이니, 의타기성을 말한다. 둘째는 승의이니, 원성실성을 말한다."[59]

삼과에서 체를 나타내면,[60] 오온의 문 중에서는 여덟 가지 식은 모두 식온識蘊을 체로 삼고, 십이처 안에서는 모두 의처意處에 속하니, 모두 무간멸의無間滅依라는 뜻을 갖고 있기 때문이다.[61] 십팔계 중에서 앞의 다섯 종류 식은 하나하나 모두 자기의 식계識界 및 의계意界 일부를 체로 삼고,[62] 제6식·제7식·제8식의 세 가지 식은 하나하나 모두 의식계와 의계의 일부를 자성으로 삼는다.[63]

---

59 『成唯識論』 권9(T31, 48a28).
60 여기서 '삼과에서 체를 나타낸다(三科出體)'고 한 것은 앞에서 말한 '둘째 삼과에 의거한 설명'과 '셋째 법수에 의거한 설명'을 합해서 진술한 것이다.
61 '의처意處'는 바로 전 순간에 멸한 식들의 총체를 가리키는데, 이처럼 직전 순간에 멸한 식들이 다음 순간의 식에 대해 소의근所依根이 되어 주므로 무간멸의無間滅依라고 하였다. 여덟 가지 식들은 모두 이러한 '무간멸의'라는 의미를 갖고 있으므로 십이처의 문에서는 모두 '의처'에 속한다.
62 십팔계 안에서 안식·이식·비식·설식·신식의 다섯 종류 식은 안식계·이식계 등 다섯 종류 계 중에서 각각의 계를 체로 삼는다고 하였고, 또 이 다섯 종류 식들은 '바로 직전에 멸한 식들의 총체', 즉 무간멸의無間滅意의 일부를 이루고 있으므로 '의계意界의 일부를 체로 삼는다'고 하였다.
63 십팔계 안에서 제6식·제7식·제8식은 '의식계'라고 총괄해서 명명되었으므로 세 가지 식은 각기 '의식계의 일부를 자성으로 삼는다'고 하였고, 또 이 세 종류 식들은 '바로 직전에 멸한 식들의 총체', 즉 무간멸의無間滅意의 일부를 이루고 있으므로 각기 '의계의 일부를 자성으로 삼는다'고 하였다.

言體性者。且依三義。一約三性。二約三科。三依法數。若依三性。分別八識。一一此通三性。攝妄飯眞。皆眞如故。託因緣起。皆名依他。隨執情有。是所執性。故唯識第九卷云。謂唯識性。略有二種。一者虛妄。謂遍計所執。二者眞實。謂圓成實。¹⁾ 復有二性。一者世俗。謂依他起。二者勝義。謂圓成實。三科出體。五蘊門中。八識皆用識蘊爲體。十二處中。皆意處攝。皆有無間滅依義故。十八界中。前五種識。一一皆用自識界及意界一分爲體。第六七八三識。一一皆用意識及意界少分。以爲自性。

1) ㉯『成唯識論』권9(T31, 48a29)에는 '實' 다음에 '性'이 있다.

라. 소의근所依根을 밝힘

(식의) 소의所依를 설명하겠다. 여덟 가지 식의 소의에는 각기 세 종류가 있다.

첫째는 인연의因緣依[64]이니, 여덟 가지 식을 직접 발생시킬 수 있는 종자를 말한다.[65] 따라서 『성유식론』 제4권에서는 다음과 같이 말한다. "첫째는 인연의이니, 자기 종자를 말한다. 모든 유위법들은 모두 이 소의에 의탁하고 있으니, 자기의 인연因緣(직접적 원인)을 떠나서는 결코 생겨나지

---

[64] 인연의因緣依 : 여기서는 '모든 유위법들의 자기 과를 직접 발생시키는(親生自果) 소의'를 뜻한다. 아뢰야식에 내재된 유위법의 종자가 제법을 발생시키는 직접적 원인에 해당하므로 아뢰야식을 인연의 혹은 종자의種子依라고도 한다.
[65] 원측은 '인연의'의 의미를 무엇보다 현행식現行識을 직접 발생시키는 '종자種子'에 국한시켰지만, 『成唯識論』에 따르면 아뢰야식을 훈습하는(能熏) 현행식들도 인연의 역할을 한다. 가령 종자에서 자류自類의 종자와 동류同類의 현행식이 발생한다는 측면에서는 종자가 자기 결과인 종자와 현행식에 대해 인연성을 갖고, 그와 반대로 현행식의 훈습으로 아뢰야식에 종자가 이루어진다는 측면에서는 현행식들이 그 종자에 대해 인연성을 갖는다. 그러나 동일한 현행식들 간에 또는 서로 다른 부류의 식들 간에는 이처럼 '직접 발생시키는' 인과 관계가 성립하지 않으므로 인연성이 없다. 요컨대, 종자와 종자, 종자와 현행식, 현행식과 종자 사이에서만 직접적으로 발생시키는 작용이 있으며, 이때 전자는 후자에 대해 '직접적 원인(因緣)'이다. 이상의 '인연의'에 대한 자세한 설명은 『成唯識論』 권8(T31, 40ab) 참조.

않기 때문이다."⁶⁶

둘째는 개도의開導依⁶⁷이니, 전 순간에 멸한 자류自類의 여덟 가지 식들은 각기 다음 순간의 것과 대망시키면 개도의가 된다.⁶⁸ 따라서 『성유식론』에서는 다음과 같이 말한다. "셋째는 등무간연의等無間緣依⁶⁹(개도의)이니, 이는 전 순간에 멸한 의意를 말한다. 모든 심법과 심소법은 모두 이 소의에 의탁하니, 열어서 인도해 주는 근(開導根 : 등무간연의)을 떠나서는 결코 일어나지 않기 때문이다."⁷⁰

셋째는 구유의俱有依⁷¹인데, 구유의는 모든 식들마다 다르다.

안식 등의 오식은 각기 네 개의 구유의가 있다. 첫째는 동경근同境根이니, 안근眼根 등의 오근이 각기 자기 식과 대응하는 것을 말한다.⁷² 둘째는

---

66 『成唯識論』 권4(T31, 19b22).
67 개도의開導依 : 직전에 사라진 현행식과 심소법들이 직후에 일어난 동일한 부류의 마음들이 생길 수 있도록 즉각적으로 '자리를 열어서 인도하는(開導)' 역할을 하므로 '개도의'라고 한다. 또 사연설四緣說에서 만약 이 식에 이어 '등질적이고 즉각적으로(等無間)' 저 식이 생긴다면 이 식은 저 식에 대해 등무간연等無間緣이라 하는데, 사연의 명칭을 붙여서 개도의를 '등무간연의等無間緣依'라고도 한다.
68 『成唯識論』에 따르면, 자리를 열어서 인도하는(開導) 관계는 전후의 '같은 종류(同類)'의 식들 간에 성립하며, 그 식(心王)에 연합되어 있는 심소心所들도 하나의 무리로 간주한다. 말하자면 전후의 제8식 간에, 전후의 말나식 간에, 전후의 의식 간에, 전후의 각각의 오식 간에, 이전의 식은 이후의 식에 대해 '개도의' 즉 '등무간연의'라는 의미를 갖는다. 이상의 '개도의'에 대한 자세한 설명은 『成唯識論』 권8(T31, 40bc) 참조.
69 등무간연의等無間緣依 : 앞의 '개도의開導依' 주석 참조.
70 『成唯識論』 권4(T31, 19b26).
71 구유의俱有依 : 하나의 식이 성립할 때 '그와 함께 동시에 존재하면서 도와주고 있는 것'을 말한다. 이것은 그 식을 '직접 발생시킨' 것이 아니라 단지 '조력자' 역할을 하는 것이다. 그 중에 가장 대표적인 것이 인식 발생의 내적 토대 역할을 하는 감각 기관들(根)이다. 가령 안식眼識의 경우에는 색色이라는 동일한 경계에서 작용하는 '눈'이 대표적인 구유의다. 또 이외에도 그 안식과 동시에 일어나서 동일한 대상(同緣)을 분별하고 있는 의식, 그리고 언제나 상속하는 제7식과 제8식은 모두 구유의라고 할 수 있다.
72 안근眼根은 안식眼識과 더불어 동일한 색경色境을 갖는 것처럼 각각의 오근은 각각의 오식과의 관계에서 동일한 경계를 갖는다는 점에서 오근은 오식에 대해 '동일한 경계를 갖는 근(同境根)'이라 한다는 것이다.

분별근分別根이니, 오식과 함께 일어난 동연의식同緣意識[73]을 말한다.[74] 셋째는 염정근染淨根이니, 제7말나식을 말한다.[75] 넷째는 근본의根本依이니, 제8식을 말한다.[76] 따라서 『성유식론』에서는 다음과 같이 말한다. "이에 따르면 오식과 구유하는 소의는 결정코 네 종류가 있으니, 다섯 가지 색근과 제6식·제7식·제8식을 말한다. (오식은) 이 구유의 가운데 한 종류가 결여됨에 따라 결정코 일어나지 않기 때문이고, 동경同境·분별分別·염정染淨·근본根本의 소의는 구별되기 때문이다."[77]

제6의식과 구유하는 소의는 오직 두 종류가 있다.[78] 따라서 『성유식론』에서는 다음과 같이 말한다. "제6의식과 구유하는 소의는 오직 두 종류이니, 제7식과 제8식을 말한다. 한 가지라도 결여되면 결코 일어나지 않기 때문이다."[79]

제7말나식과 구유하는 소의는 오직 한 종류가 있다.[80] 따라서 『성유식

---

[73] 동연의식同緣意識 : 제6의식이 안식 등의 오식과 동시에 일어났을 때 이 의식은 안식 등과 함께 동일한 대상(所緣)을 인식하기 때문에 '동일한 소연을 갖는 의식(同緣意識)'이라고 한다.

[74] 동연의식은 오식과 더불어 동일한 경계를 인식하는데, 오식이 감각적 인식이라면 의식은 분별分別을 본질로 하기 때문에 동연의식은 오식에 대해 '분별의 토대가 되는 근(分別根)'이라고 하였다.

[75] 제7말나식末那識은 항상 상속하는 식으로서 아애我愛 등의 네 가지 번뇌와 상응해서 '아我'의 상相을 일으키기 때문에 '염오染汚의 소의'라고 한다. 제7식으로 인해 오식도 유루有漏가 되는데, 전의轉依를 획득하여 이 염오의 근본이 청정해지면 오식도 자연히 청정해진다. 따라서 제7말나식은 오식에 대해 '염오와 청정의 토대가 되는 근(染淨根)'이라고 하였다.

[76] 제8아뢰야식은 항상 상속하는 식으로서 다섯 가지 식들이 항상 공통적으로 의지하는 근본적 토대이기 때문에 제8식은 오식에 대해 '근본의根本依'라고 하였다.

[77] 『成唯識論』 권4(T31, 20c12).

[78] 전오식前五識은 각각의 특정한 색근色根에 의지하여 일어나지만, 제6식은 색근을 구유의로 삼지 않는다. 또 전오식이 일어날 때는 의식은 함께 일어나지만 제6의식이 일어날 때는 전오식이 반드시 일어나는 것은 아니기 때문에 제6의식은 전오식을 구유의로 삼지 않는다. 따라서 구유의는 제7식과 제8식 두 가지뿐이다.

[79] 『成唯識論』 권4(T31, 20c16).

[80] 제7식은 항상 상속하는 식이기 때문에 중간에 끊기기도 하는 전오식이나 제6의식을

론』에서는 다음과 같이 말한다. "제7의식(말나식)과 구유하는 소의는 다만 한 종류가 있으니, 제8식을 말한다. 장식藏識(제8아뢰야식)이 없으면 결코 일어나지 않기 때문이다."[81]

제8아뢰야식과 구유하는 소의도 또한 오직 한 종류다.[82] 따라서 『성유식론』에서는 다음과 같이 말한다. "아뢰야식과 구유하는 소의도 다만 한 종류이니, 제7식을 말한다. 그 식이 없으면 결정코 일어나지 않기 때문이다. 논에서 '장식은 항상 말나와 동시에(俱時) 전전한다'고 설했기 때문이다."[83]

해 여덟 가지 식의 소의는 유루·무루에 따라 차별되지 않는다.

辨所依者。八識所依。各有三種。一因緣依。謂能親生八識種子。故成唯識第四卷云。一因緣依。謂自種子。諸有爲法。皆託此依。離自因緣。必不生故。二開導依。謂前念滅自類八識。各望後念。爲開導依。故唯識云。三等無間緣依。謂前滅意。諸心心所。皆託此依。離開導根。必不轉故。三俱有依。然俱有依。諸識不同。眼等五識。各有四依。一同境根。謂眼等五根各望自識。二分別根。謂五識俱同緣意識。三染淨根。謂第七末那。四根本依。謂第八識。故唯識云。由此五識俱有所依。定有四種。謂五色根六七八識。隨闕[1)]一種。必不轉故。同境分別染淨根本所依別故。第六意識俱有所依。唯有二種。故唯識云。第六意識俱有所依。唯有二種。謂七八識。隨闕*一種。必不轉故。第七末那俱有所依。唯有一種。故唯識云。第七意識俱有所依。但有一種。謂第八識。藏識若無。必[2)]不轉故。第八賴耶俱有所依。亦唯一種。故唯識云。阿賴耶識俱有所依。亦但一種。謂第七識。彼識若無。定不轉

구유의로 삼지 않는다. 따라서 제7식과 마찬가지로 항상 상속하면서 모든 식의 근본적 소의가 되는 제8식만을 구유의로 삼는다.
81 『成唯識論』 권4(T31, 20c19).
82 제8아뢰야식은 항상 상속하는 식이기 때문에 제8식과 마찬가지로 항상 상속하는 제7말나식만을 구유의로 삼는다.
83 『成唯識論』 권4(T31, 20c24).

故。論說藏識恒與末那俱時轉故。解云。八識所依。有漏無漏。無有差別。

1) ㉠ '闗'은 '關'의 오기다. 이하도 동일하다. 2) ㉠ 『成唯識論』 권4(T31, 20c20)에는 '必'이 '定'으로 되어 있는데, 의미는 동일하다.

마. 소연경所緣境을 밝힘

(식의) 소연所緣(경계)을 나타내자면, 그에 네 종류가 있다. 첫째는 오식의 소연이고, 둘째는 의식의 소연이며, 셋째는 말나식의 소연이고, 넷째는 아뢰야식의 경계이다. 각각의 문에서 먼저 유루식에 대해 밝히고, 나중에 무루식에 대해 나타내겠다.

顯所緣者。有其四種。一五識所緣。二意識所緣。三末那所緣。四阿賴耶境。一一門中。先辨有漏。後顯無漏。

● 오식의 소연

유루의 오식은 오경 중에 각기 오직 하나를 소연으로 삼으니, 말하자면 안식은 색을 소연으로 삼고 내지는 신식은 촉을 소연으로 삼는다. 【이것은 오직 현량現量[84]이다.】

무루의 지위에 대해 『성유식론』 제10권에 의하면 두 논사의 주장이 있다. 따라서 그 논에서는 다음과 같이 말한다. "성소작지成所作智[85]와 상응하는 심품에 대해, 어떤 이는 다음과 같이 주장한다. 〈단지 다섯 종류 현

---

84 현량現量(S pratyakṣa-pramāṇa) : 언어를 매개로 하지 않고 경계를 직접 지각하는 것을 말한다. 그 대표적인 것이 다섯 가지 감관으로 외적인 경계를 직접 지각하는 경우이다.

85 성소작지成所作智 : 불과佛果에 이르면 얻게 되는 사지四智 중의 하나로서, 유루의 전前오식과 그에 상응하는 심품들을 전사轉捨하고 나서 획득한 지혜다. 이 지혜로 십지 이전의 모든 사람들에게 이익과 즐거움을 주기 위해서 신身·구口·의意의 삼업으로 여러 가지 신통 변화의 사업을 지어낸다고 한다.

재의 경계만 소연으로 삼는다. 『장엄경론』에서 '여래의 오근은 하나하나 모두 오경에서 일어난다'고 설하기 때문이다.〉 어떤 이는 다음과 같이 주장한다. 〈이 심품은 또한 삼세의 일체법을 두루 소연으로 삼으니,……『불지경』에서는 '성소작지로 삼업三業의 모든 변화의 사事를 일으키고 유정의 심행心行의 차별을 결택해서 (그들로 하여금) 과거·미래·현재 등의 의미를 받아들이게 한다'고 설하였다.〉[86~87] 【(이 무루의 오식) 또한 오직 현량이고, 진지眞智[88]에는 통하지 않는다.】

有漏五識。於五境中。各唯緣一。謂眼識緣色。乃至身識緣觸。【唯是現量。】若無漏位。依成唯識論第十卷。有兩師義。故彼云。成所作智相應心品。有義。但緣五種現境。莊嚴論說。如來五根。一一皆於五境故轉。[1] 有義。亦[2] 能通[3]緣三世諸法。佛地論[4]說。成所作智。起[5]三業諸變化事。決擇有情心行差別。領受去來現在等義。【亦唯現量。不通眞智。】

---

1) ㉭『成唯識論』권10(T31, 56c23)에 따르면, '故轉'은 '轉故'의 오기다. 2) ㉭『成唯識論』권10(T31, 56c23)에는 '亦' 앞에 '此品'이 있고, 이것을 넣어 번역하였다. 3) ㉭『成唯識論』권10(T31, 56c23)에 따르면, '通'은 '遍'의 오기다. 4) ㉭『成唯識論』권10(T31, 56c24)에 따르면, '論'은 '經'의 오기다. 5) ㉭『成唯識論』권10(T31, 56c24)에는 '起' 다음에 '作'이 있다.

● 제6식의 소연

유루의 의식이 두루 십팔계를 소연으로 삼는다는 것은 모든 논에서 다

---

86 앞의 해석에 따르면, 성소작지라는 무루의 오식五識은 유루의 오식과 마찬가지로 현량이고 오직 현재의 오경五境만을 소연으로 삼는다. 그런데 이 해석에 따르면, 성소작지는 오식이기는 해도 과거·현재·미래의 일체법을 소연으로 삼는다. 그 전거로서『佛地經』의 문구를 들었는데, 여기서 '중생의 온갖 심행의 차별을 안다'는 말 자체가 단지 색色 등의 물리적 경계뿐만 아니라 의업意業을 포함한 삼세의 일체법을 인식할 수 있다는 것이다.
87 『成唯識論』권10(T31, 56c21).
88 진지眞智 : 여기서는 '속제俗諦를 소연으로 하는 지혜(俗智)'에 대해서 '진제眞諦를 소연으로 하는 지혜'를 가리킨다.

똑같이 설한다.【양량과 비량非量[89]에 통하고, 혹은 현량現量(직접 지각)이거나 혹은 비량比量[90]이다.】

이미 전의한 경우(무루의 지위)는 또한 두루 제법을 소연으로 삼는다. 따라서 『성유식론』에서는 "묘관찰지妙觀察智[91]와 상응하는 심품은 모든 법의 자상自相(사물의 특수상)과 공상共相(사물의 보편상)을 소연으로 삼는 데 있어 모두 장애가 없다."[92]고 하였다.【이것은 오직 현량이고, 진지眞智·속지俗智에 통한다.】

有漏意識。遍緣十八界。諸論皆同。【通量非量。或現或比。】若已轉依。亦遍緣諸法。故唯識云。妙觀察智相應心品。緣一切法自相共相。皆無障礙。【唯是現量。通眞俗智。】

● 제7말나식의 소연

유루의 제7식은 오직 제8아뢰야식의 견분見分을 소연으로 삼아 아법我法이라고 집착하니, 이는 모든 논에서 다 똑같이 설하는 것이다.【이것은 오

---

89 양량과 비량非量 : '양량'이란 범어 pramāṇa의 의역으로서 광의廣義와 협의狹義가 있다. 협의에서는 사물을 인식하는 기준이나 근거를 말하고, 광의에서는 인식 작용의 형식·과정·결과 그리고 지식의 진위를 판단하는 기준 등을 가리킨다. 유식종에서는 진나陳那(S Dignāga) 이후에 이러한 정당한 인식의 기준을 두 가지로 압축했는데, 직접 지각에 해당하는 현량現量과 추론에 해당하는 비량比量이다. 또 '비량非量(S apramāṇa)'이란 사현량似現量(S pratyakṣa-ābhāsa)과 사비량似比量(S anumāna-ābhāsa)을 뜻하니, 즉 대상을 잘못 지각하거나 그릇되게 추론하는 것을 말한다.
90 비량比量(S anumāna-pramāṇa) : 인명논리의 용어로서, 추리 또는 추론을 뜻한다. 이미 알고 있는 사실(因)을 근거로 하여 새로운 사실을 추리하여 증명함으로써 바른 지혜를 생기게 하는 것이다. 예를 들면 산에 연기가 나는 것을 보고 '불'이 있다고 추론하는 것과 같다.
91 묘관찰지妙觀察智 : 전의轉依를 이루었을 때 획득되는 사지四智 중의 하나로서, 제6식을 전환시켜 묘관찰지를 얻는다. 즉 제법을 교묘하게 관찰하여 자재하게 법을 설하는 지혜를 말한다.
92 『成唯識論』권10(T31, 56c19).

직 비량非量이다.⁹³】

　무루의 말나식에 대해서는 『성유식론』에 의하면 세 가지 해석이 다르다. 따라서 그 논에서는 다음과 같이 말한다. "평등성지平等性智⁹⁴와 상응하는 심품에 대해, 어떤 이는 다음과 같이 주장한다. 〈이것은 다만 제8정식淨識만을 소연으로 삼는다. 마치 염오의 제7식이 장식藏識(제8아뢰야식)을 소연으로 삼는 것과 같기 때문이다.〉⁹⁵ 어떤 이는 다음과 같이 주장한다. 〈이것은 다만 진여를 소연의 경계로 삼으니, 모든 법의 평등성을 소연으로 삼기 때문이다.〉 어떤 이는 다음과 같이 주장한다. 〈두루 진제·속제를 소연의 경계로 삼는다. 『불지경』에서 '평등성지는 열 종류 평등성(十種平等性)⁹⁶을 증득한다'고 설하기 때문이고, 『장엄경론』에서 '유정들의 자타평등을 소연으로 삼아서 타자의 승해勝解에 수순해서 무변한 부처님의 영상을 시현한다'⁹⁷고 설하기 때문이다.〉"⁹⁸ 【이것은 오직 현량이고, 진지·속지

93　유루有漏의 지위에서는 제7말나식은 항상 아애我愛 등의 네 종류 번뇌와 상응하는 식으로서 제8식의 견분을 대상으로 삼아서 '아我'라는 심상을 일으키는데, 이러한 말나식의 인식은 언제나 그릇된 양에 속한다고 하였다.
94　평등성지平等性智 : 전의轉依를 이루었을 때 획득하는 사지四智의 하나로서, 제7말나식을 전의하여 획득한 지혜를 말한다. 이것은 자타의 유정들을 평등하게 보는 지혜인데, 이 지에 의거해 모든 사물들과 자타가 모두 평등함을 깨닫고 큰 자비심을 일으킬 수 있다.
95　이 해석에 따르면, 염染·정淨의 제8식에 의거해서 평등성지의 소연 경계의 차이를 설명할 수 있다. 말하자면 아직 전의를 이루지 않은 상태에서는 염오의 제7식이 제8아뢰야식의 견분을 소연으로 삼는 것처럼, 전의를 이루어 제7식이 평등성지로 전환되었을 때는 제8식의 정분淨分을 소연으로 삼는다.
96　열 종류 평등성(十種平等性) : 『佛地經』에 따르면, 첫째로 제상諸相과 증상增上(富貴·自在 등)과 그에 따르는 희애喜愛 등의 평등한 법성을 증득하는 것을 비롯해서 모두 열 종류 평등성平等性을 원만성취圓滿成就하였기 때문에 '평등성지平等性智'라고 이름한다. 이 열 종류 상에 대해서는 『佛地經』 권1(T16, 721c28) 참조.
97　이 『莊嚴經論』의 내용은, 여래가 십지十地의 지위에 있는 보살들을 위해서 자·타를 구분하지 않는 평등한 마음으로 타자(십지보살들)가 마음속으로 듣고 싶어 하는 불법佛法이나 보고 싶어 하는 불신佛身에 맞춰서 한량없는 영상을 시현함을 말한 것이다. 『成唯識論疏義演』 권13(X49, 889a19) 참조.

에 통한다.】

有漏第七。唯緣第八賴耶見分。執爲我法。諸論悉同。【唯是非量。】無漏末那。依唯識論。三釋不同。故彼云。平等性智相應心品。有義。但緣第八淨識。如染末那[1)]緣藏識故。有義。但緣眞如爲境。緣一切法平等性故。有義。遍緣眞俗爲境。佛地經說。平等性智。證得十種平等性故。莊嚴論說。緣諸有情自他平等。隨他勝解。示現無邊佛影像故。【唯是現量。通眞俗智。】

---

1) ㉠『成唯識論』권10(T31, 56c14)에는 '末那'가 '第七'로 되어 있는데, 의미는 동일하다.

● 제8아뢰야식의 소연

유루의 아뢰야식의 소연 경계에 대해 여러 논에서 다르게 설한다.『유가사지론』제51권에 의하면 오직 두 종류를 설한다. 따라서 그 논에서는 다음과 같이 말한다. "아뢰야식에 대해 간략히 설하면, 두 종류 소연 경계에서 일어나는 것이다. 첫째는 내적인 집수(內執受)[99]를 요별하기 때문이고, 둘째는 외적인 무분별의 기세간상(外無分別器相)[100]을 요별하기 때문이다."[101]『성유식론』제2권의 전반부 문장에 따르면 세 종류 경계를 소연으

98『成唯識論』권10(T31, 56c13).
99 내적인 집수(內執受) : 여기서 '집수'란 '집수된 것(所執受)'을 뜻하니, 이 논에 따르면 아뢰야식이 내적으로 집수하는 것은 두 종류다. 첫째는 허망한 집착에 의해 훈습되어 이루어진 습기習氣이고, 둘째는 모든 색근色根·근소의처根所依處를 가리킨다. 전자는 종자를 가리키고, 후자는 감각 기관을 가진 몸을 가리킨다. 몸의 경우, 정묘한 감각 기관으로서의 색근, 즉 승의근勝義根과 그것을 떠받치고 있는 물리적 토대로서의 부진근扶塵根으로 나뉜다. 요컨대 아뢰야식이 내적으로 습기와 감각 기관을 가진 몸을 감각적 직관의 형태로 파악하고 있는 것을 말한다.『瑜伽師地論』권51(T30, 580a5) 참조.
100 외적인 무분별의 기세간상(外無分別器相) : 아뢰야식은 외적으로는 기세간을 인식 대상으로 삼는데, 이 경우 아뢰야식은 외적 기세간을 무분별적으로 일시에 다 알아차리고 있다는 의미에서 '무분별의 기세간상'이라고 하였다.
101『瑜伽師地論』권51(T30, 580a2).

로 삼으니, 즉 외적 기세간과 유루종자와 유근신有根身(감각 기관을 가진 몸)이다.[102] 『성유식론』제2권의 후반부 문장에 따르면 네 종류 경계를 소연으로 삼으니, 즉 이선의 세 종류 이외에 다시 '법처의 실색(法處實色)'[103]을 더한 것이다. 따라서 그 논에서는 다음과 같이 말한다. "이 식에 의해 전변된 경계를 간략히 설하면 유루종자와 열 가지 유색처有色處[104] 그리고 타법처의 소현실색(墮法處所現實色)[105]이다."[106] 【이것은 오직 현량이다.】

문 어째서 이 식은 마음 등을 소연으로 삼지 않는가?

해 예를 들면 『성유식론』제2권에서 다음과 같이 말한다. 〈이숙식이 변현해 낸 것에는 반드시 실질적 작용(實用)이 있다. 만약 마음 등을 변현해 낸다면 (그 마음은) 다시 실질적 작용이 없을 것이니, 상분의 마음 등은 인식 작용(能緣)이 아니기 때문이다.[107] 무위법 등을 변현해 내더라도 (무위법) 또한 실질적 작용이 없게 된다.[108] 따라서 이숙식은 마음 등을 소연

---

102 『成唯識論』에서는 아뢰야식의 세 종류 소연 중에서 '외적 기세간'은 '처處'라고 하였고, '유루종자有漏種子와 유근신有根身'은 '집수執受'라고 하였다. 이 중에서 '종자'는 앞의 『瑜伽師地論』에서 '망집습기妄執習氣'라고 한 것에 해당하고, '유근신'은 '모든 색근·색의지처'라고 한 것에 해당한다. 『成唯識論』 권2(T31, 10a11) 참조.
103 법처의 실색(法處實色) : 뒤에 나오는 각주 105 '타법처의 소현실색' 참조.
104 열 가지 유색처有色處 : 유근신有根身과 기세간을 이루는 오진五塵과 오근五根을 총괄해서 표현한 말이다.
105 타법처의 소현실색(墮法處所現實色) : '타법처墮法處'에서 '墮'는 '攝'의 뜻이고 '타법처'는 '법처에 속하는 실색實色'의 다른 이름이다. '타법처의 소현실색'이란 구체적으로는 '선정의 과로서 현현해 낸 색(定果色)' 등을 말한다. 규기의 『成唯識論述記』(T43, 325c26) 참조.
106 『成唯識論』 권2(T31, 11a19).
107 이숙식異熟識에 의해 변현된 법들은 언제나 오직 인연因緣, 즉 실재의 종자에서 생겨난 것이므로 반드시 실질적 작용(實用)이 있다. 가령 이 식이 변현해 낸 색법들은 모두 식의 소연이 되어 주기 때문에 색으로서의 실질적 작용이 있다. 그런데 이 식이 심법을 변현해 내어 자기의 소연所緣으로 삼는다고 할 경우, 이 마음은 상분相分으로서 그 자체는 소연所緣이지 능연能緣은 아니기 때문에 인식 작용(能緣)이라는 마음의 실질적 작용이 없는 것이다. 이숙식의 실재의 종자에서 그런 무용한 것이 변현되는 일은 없다. 따라서 마음이 소연이 되는 경우는 없다고 하였다.
108 앞서 말했듯, 유식설에 따르면 실질적 인연 종자에서 생겨난 법들은 실질적 작용이

으로 삼지 않는다.〉[109]

有漏賴耶所緣境。諸論不同。若依瑜伽五十一。唯說二種。故彼云。謂若略
說阿賴耶識。由於二種所緣境轉。一由了別內執受故。二由了別外無分別
器相故。若依成唯識第二卷前文。緣三種境。謂外器世間。有漏種子。及有
根身。若依唯識第二後文。緣四種境。前三之外。更加法處實色。故彼云。
略說此識所變境者。謂有漏種十有色處。及隨[1)]法處所現實色。【唯是現
量。】問。何故此識。不緣心等。解云。如唯識第二卷云。異熟識變。必
有實用。若變心等。便無實用。相分心等。不能緣故。變無爲等。亦無實
用。故異熟識。不緣心等。

1) ㉕『成唯識論』권2(T31, 11a20)에 따르면, '隨'는 '墮'의 오기다.

무루의 제8식의 소연 경계에 대해『성유식론』제10권에 의하면 두 논사의 주장이 있다. 따라서 그 논은 다음과 같이 말한다. "대원경지大圓鏡智[110]와 상응하는 심품에 대해, 어떤 이는 다음과 같이 말한다. 〈(이 심품은) 다만 진여만을 소연의 경계로 삼으니, 이는 무분별지無分別智[111]이고 후득지後得智[112]는 아니다. 행상도 소연도 알기 어렵기 때문이다.〉 어떤 이는

있다. 그런데 제8식이 실재의 무위를 소연으로 삼는다고 하면 무위는 무용한 것이 된다. 그것을 변현해 내어 소연으로 삼고 있음에도 아직 이것을 증득하지 못한다는 말이 되기 때문이다. 또 만약 제8식이 무위와 유사한 것을 변현해 낸다고 한다면, 그것은 유사한 것이지 실재의 무위는 아니다. 따라서 제8식이 무위를 변현해 낸다고 할 수 없다.『成唯識論述記』권3(T43, 327a26) 참조.

109 『成唯識論』권2(T31, 11a23) 참조.
110 대원경지大圓鏡智 : 전의轉依를 이루고 불과佛果를 획득했을 때 제8식을 전환시켜서 획득되는 무루지無漏智를 말한다. '대원경'이란 전의를 이룬 자의 완전한 지혜가 온 세계를 두루 비추는 것을 비유한 것이다.
111 무분별지無分別智 : 근본지根本智·정체지正體智라고도 한다. 직접 법공法空·아공我空에 의해 현현된 진여의 이치를 증득하고 혹장을 끊어 버린 지혜로서, 무차별적 세계를 비추는 지이다.

다음과 같이 주장한다. 〈이 심품은 모든 법을 소연으로 삼는다. 『장엄경론』에서 대원경지는 모든 경계에 대해 우매하지 않다고 설하기 때문이다. 『불지경』에서 여래지경如來智鏡(대원경지)은 모든 처處·경境·식識의 온갖 영상을 나타낸다고 설하기 때문이다. 또 이것은 결정코 무루종자 및 몸·국토 등의 모든 영상들을 소연으로 삼기 때문이다.〉"[113] 【이것도 오직 현량이고, 진지·속지에 통한다.】

여덟 가지 식은 가법과 실법을 소연으로 삼으며, 실재의 경계는 유위·무위·삼세 등의 차별이 있다. 자세한 것은 『성유식론』 등에서 설한 것과 같다.

無漏第八。依唯識論第十。有兩師義。故彼云。大圓鏡智相應心品。有義。但緣眞如爲境。是無分別。非後得智。行相所緣。不可知故。有義。此品緣一切法。莊嚴論說。大圓鏡智。於一切境。不愚迷故。佛地經說。如來智鏡。諸處境識衆像現故。又此決定緣無漏種及身土等諸影像故。【亦唯現量。通眞俗智。】八識緣假實。實境有爲無爲三世等別。廣如唯識論等說。

바. 심소의 상응을 밝힘

심소상응법이라 한 것은 다음과 같다.

『성유식론』의 호법護法의 정의에 따르면, 쉰한 개 심소법 중에서 유루의 오식五識은 각기 서른네 개 심소와 상응한다. 변행심소遍行心所[114] 다섯 개,

---

112 후득지後得智 : 근본무분별지 이후에 획득된 지혜이므로 후득지라고 하니, 유위有爲의 사경事境에서 일어나는 지혜로서 차별적 세계를 비추는 지이다.
113 『成唯識論』 권10(T31, 56c4).
114 변행심소遍行心所 : 모든 마음의 작용에 반드시 일어나는 다섯 가지 심소, 즉 촉觸(Ⓢ sparśa)·작의作意(Ⓢ manaskāra)·수受(Ⓢ vedanā)·상想(Ⓢ saṃjñā)·사思(Ⓢ cetanā)를 말한다. '촉'이란 대상(境)과 감각 기관(根) 그리고 식識의 세 가지가 화합하여 접촉(觸)하는 것을 말한다. '작의'란 대상에 초점을 맞추는 의지적 차원의 '주의

별경심소別境心所[115] 다섯 개, 선심소善心所[116] 열한 개가 있다. 근본혹根本惑[117]은 세 개이니, 탐·진·치를 말한다. 수혹隨惑[118]은 열 개이니, 두 개의 중수혹中隨惑과 여덟 개의 대수혹大隨惑을 말한다.[119] 그런데 선심소 열한 개에 대해 두 논사의 주장이 있다. 따라서 『성유식론』 제6권에서는 다음과 같이 말한다. "어떤 이는 다음과 같이 주장한다. 〈오식에는 오직 열 종류가 있으니, 자성산란自性散亂[120]에는 경안輕安[121]이 없기 때문이다.〉"[122]

작용'이다. '수'란 거스르는(違) 경계나 거스르지 않는(順) 경계 등에 대해 고苦·낙樂의 감각을 느끼는 것을 말한다. '상'이란 대상에 대해 개념·이름을 상기함으로써 '이것은 무엇이다'라고 판단하는 것을 말한다. '사'란 마음을 조작해서 곧장 행동(業)으로 옮기려는 의지 작용을 말한다.

115 별경심소別境心所 : 특정한 상을 인식할 때 발생하는 욕欲(⑤ chanda)·승해勝解(⑤ adhimokṣa)·염念(⑤ smṛti)·정定(⑤ samādhi)·혜慧(⑤ prajñā) 심소를 오별경五別境이라 한다. 이 중에서 '관觀의 경계'를 인식할 때 정·혜의 심소, 마음이 좋아하는 경계를 인식할 때는 욕심소, 결정의 대상을 인식할 때는 승해심소, 일찍이 경험한 적이 있는 경계를 인식할 때는 염심소에 의해 경계가 인식된다.

116 선심소善心所 : 모든 선한 마음에 수반되는 심소를 말하며, 신信·정진精進·참慚·괴愧·무탐無貪·무진無瞋·무치無癡·경안輕安·불방일不放逸·행사行捨·불해不害 등 열한 가지가 있다.

117 근본혹根本惑 : 근본번뇌根本煩惱라고도 하며, 수번뇌隨煩惱의 대칭어다. 모든 번뇌의 바탕이 되는 여섯 종류 번뇌를 가리키니, 즉 탐貪·진瞋·치癡·만慢·의疑·견見을 말한다. 이 여섯 가지에서 '견見'을 다시 유신견有身見·변집견邊執見·사견邪見·견취견見取見·계금취견戒禁取見 등 다섯 가지로 나누어 십수면十隨眠이라고도 한다.

118 수혹隨惑 : 수번뇌隨煩惱라고도 하며 근본번뇌(근본혹)를 따라서 일어나는 번뇌를 말한다.

119 열 개의 수혹隨惑 중에서 도거掉擧·혼침昏沈·불신不信·해태懈怠·방일放逸·산란散亂·부정지不正知·실념失念 등의 8종 번뇌를 대수혹大隨惑이라 한다. 이것은 모든 오염된 마음에 편재하는 것이므로 대수혹(大隨煩惱)이라 한다. 또 모든 불선심과 동시에 일어나는 무참無慚·무괴無愧를 중수혹中隨惑이라 한다. 그 작용의 범위가 대수혹과 소수혹 중간 정도이므로 중수혹(中隨煩惱)이라고 한 것이다. 이외에 분忿·한恨·부覆·뇌惱·질嫉·간慳·광誑·첨諂·해害·교憍 등은 각기 따로 일어나므로 소수혹小隨惑(小隨煩惱)이라고 한다. 『成唯識論』 권6(T31, 33b1) 참조.

120 자성산란自性散亂 : '산란' 혹은 '산동'이란 마음이 소연의 경계에서 노닐면서 산란되는 정신작용을 뜻하며, 유식학에서는 수번뇌의 하나로 간주된다. 『雜集論』에서는 이러한 산란의 종류를 여섯 가지로 구분했는데, 그 중에서 '자성산란'은 '자성산동自性散動'이라고도 하니, 오식 자체가 본래 산란한 성질을 갖는 것을 말한다. 『雜集論』 권

어떤 이는 다음과 같이 주장한다. 〈오식에도 경안이 있다. 선정에 의해 이끌려 나온 선심善心에도 안락함(調暢)이 있기 때문이고, 성소작지에는 동시에 반드시 경안이 있기 때문이다.¹²³〉"¹²⁴ 그 밖의 심소는 없으니, 그 논에서 자세히 설한 것과 같다.

유루의 의식意識은 쉰한 개 심소와 상응하는데, 모든 논에서 똑같이 설하며 또한 다른 주장이 없다.

유루의 말나식末那識은, 호법의 정의에 의하면, 오직 열여덟 개의 심소와 상응한다. 따라서 『성유식론』 제4권에서는 "이 의意와 함께하는 심소는 열여덟 개이니, 이전의 아홉 가지 법, 여덟 가지 수번뇌, 아울러 별경심소 중의 혜慧를 말한다."¹²⁵고 하였다.

해 "이전의 아홉 가지 법"이란 다섯 개의 변행심소와 네 종류 번뇌를 말하는데, 네 종류 번뇌란 아치我癡·아견我見·아만我慢·아애我愛를 말한다. 그 밖의 다른 심법心法(심소)은 없으니, 의미는 그 논에서 설한 것과 같다.

유루의 아뢰야식은 오직 다섯 개의 변행심소와 상응한다. 따라서 『성유식론』의 게송에서 "촉觸·작의作意·수受·상想·사思와 상응한다."¹²⁶고 하였고, 그 밖의 심소는 없다. 자세한 것은 그 논에서 설한 것과 같다.

1(T31, 699b17) 참조.
121 경안輕安([S] prasrabdhi) : 심신이 경쾌하고 편안해져서 소연의 경계에서 느긋하게 자적하는 상태를 경안이라 하는데, 이것이 선정 중에 일어나면 마음이 유연해져서 성도를 감내할 수 있는 상태(堪忍)가 되어 수습이 잘 진행될 수 있다.
122 오식과 상응하는 선심소의 개수가 열 개 혹은 열한 개로 달라지는 것은 경안輕安심소가 오식과 상응하는지에 대한 견해가 다르기 때문이다. 이 논사에 따르면 오식은 본성적으로 산란된 식이므로 경안과는 상응하지 않는다.
123 이 논사에 따르면, 전의轉依를 이루어 오식이 성소작지로 전환되었을 때는 경안심소와 상응하기 때문에 경안도 오식과 상응하는 선심소에 포함된다.
124 『成唯識論』 권6(T31, 31b7).
125 『成唯識論』 권4(T31, 23b10).
126 『成唯識論』 권2(T31, 7c16).

言心所相應者。依唯識論。護法正義。於五十一心所法中。有漏五識。各
與三十四心所相應。謂遍行五。別境五。善有十一。根本惑三。謂貪瞋痴。
隨惑有十。謂中二大八。然善十一中。有兩師義。故唯識第六云。有義。五
識唯有十種。自性散亂。無輕安故。有義。五識亦有輕安。定所引善者。亦
有調暢故。成所作智。俱必有輕安故。無餘心所。如論廣說。有漏意識。與
五十一心所相應。諸論共同。亦無異義。有漏末那。護法正義。唯與十八心
所相應。故成唯識第四云。然此意俱心所十八。謂¹⁾九法。八隨煩惱。幷別
境中慧。解云。前九法者。謂遍行五及四煩惱。四煩惱者。謂我知²⁾我見我
慢我愛。無別心法。義如論說。有漏賴耶。唯與五種遍行相應。故論頌云。
觸作意受想思相應。無餘心所。具如論說。

1) ㉓『成唯識論』권4(T31, 23b11)에 따르면, '謂' 다음에 '前'이 누락되었다. 2) ㉓ '知'는 '癡(痴)'의 오기다.

무루의 여덟 가지 식들은 모두 스물한 개의 심소와 상응한다. 말하자면 변행심소가 다섯 개, 별경심소가 다섯 개, 선심소는 열한 개가 있다. 이 중에 다른 점은, 묘관찰지는 인위因位에서 또한 심尋·사伺와도 상응하니, 약과 병 등에서 아직 자재하지 않기 때문이다. (그러나) 불과佛果에 이르면 심·사는 없어지니, 사유(思)하지 않고서도 일을 이루기 때문이다.¹²⁷ 자세하게 분별하면, 구체적인 것은 여러 논의 설과 같다.

심·의·식의 의미를 자세히 설하면『별장』과 같다.

無漏八識。皆二十一心所相應。謂遍行五。別境五。善有十一。於中別者。

---

127 무루의 묘관찰지와 상응하는 심소 중에서 '심尋과 사伺'라는 심소법은 인위因位에서는 작용하기도 하지만 불과에 이르면 심·사라는 사유 작용 없이도 모든 일을 성취하므로 심사도 없다고 하였다. 여기서 이 심과 사는 거칠거나 미세한 차이는 있지만 모두 사유(思) 활동에 해당하는 정신 작용들이다.

妙觀察智。因位亦得尋伺相應。於藥病等未自在故。若至佛果。尋伺卽無。
無思成事故。若廣分別。具如諸論。心意識義。具如別章。

② 심의식의 의미를 해석함

경문을 해석한 곳에서 경문을 구별하면 두 가지가 있다. 처음은 심의식의 비밀스런 의미를 밝힌 것이고, 나중의 "광혜여, 이와 같이" 이하는 비밀스런 선교에 대해 설명하면서 이전의 두 질문에 대답한 것이다.

就釋文中。文別有二。初明心意識秘密之義。後廣慧如是下。辨秘密善巧。答前兩問。

가. 심의식의 비밀스런 의미를 밝힘

전자에는 두 가지가 있다. 처음은 제8식의 여러 이름들의 차별을 밝힌 것이고, 나중의 "광혜여, 아타나식은" 이하는 여러 식들의 구전俱轉의 차별을 밝힌 것이다.

前中有二。初明第八衆名差別。後廣慧阿陀那識下。明諸識俱轉差別。

가) 제8식의 여러 이름들의 차별을 밝힘

전자 중에 네 개가 있다. 첫째는 종자식에 대해 해석한 것이고, 둘째는 아타나에 대해 설명한 것이며, 셋째는 아뢰야에 대해 밝힌 것이고, 넷째는 심心이라는 이름을 나타낸 것이다.

前中有四。一釋種子識。二辨阿陀那。三明阿賴耶。四顯心名。

(가) 종자식에 대해 해석함

이 경문은 첫 번째로 '일체종자식'에 대해 해석한 것이다.[128]

'일체종자'란 세 가지 습기에 해당한다. 이 경문의 뜻을 설하자면, 제8식이 세 종류 습기를 섭지攝持함으로 인해 결생상속結生相續한다는 것이다. 따라서 『성유식론』 제8권에서는 다음과 같이 말한다. 〈다시 생사의 상속은 모든 습기로 말미암은 것인데, 모든 습기는 총괄하면 세 종류가 있다. 첫째는 명언습기名言習氣이고, 둘째는 아집습기我執習氣이며, 셋째는 유지습기有支習氣이다.〉[129]

그 종자식은 본래 두 종류가 있다. 첫째는 식에 담지된 종자를 종자식이라 이름하고, 둘째는 종자를 담지한 식을 종(자)식이라 이름한다. 비록 두 종류가 있지만 지금 이 경문에서는 종자를 담지한 식을 바로 밝힌 것이니, 몸(身分)이 생겨날 때 소의(몸)와 종자를 집지執持하기 때문이다.[130] 그 식에 의해 집지되는 종자가 곧 세 종류 습기이다.

따라서 이제 세 종류 습기를 간략히 설명하겠다. 그래서 세 종류 습기를 대략 네 문으로 분별하였으니, 첫째는 이름을 해석한 것이고, 둘째는 체성을 나타낸 것이며, 셋째는 과를 내는 차별을 밝힌 것이고, 넷째는 사연四緣으로 분별한 것이다.

---

128 지금까지 경문 해석에 앞서 심의식의 종류와 차별에 대한 긴 설명이 이어졌고, 이하부터는 본격적 경문 해석이다. 본래의 경문은 "광혜여, 마땅히 알라. 육취의 생사에서 저 각각의 유정은 저 각각의 유정 무리 가운데 떨어져서, 어떤 것은 난생으로 어떤 것은 태생으로 어떤 것은 습생으로 어떤 것은 화생으로 신분身分(몸)이 생겨난다."이다. 원측에 따르면, 이 경문은 제8식의 여러 이름들 중에서 '일체종자식'에 내포된 종교적·철학적 의미를 설한 것이다. 이 경문에서 짐작할 수 있듯, 일체종자식이란 일차적으로 결생상속結生相續하는 윤회의 주체로서 이해되고 있음을 알 수 있다.
129 이 세 종류 습기에 관한 상세한 설명은 바로 다음의 '● 세 종류 습기의 이름을 해석함' 참조.
130 '종자식種子識'이라는 용어는 아뢰야식에 담지된 '종자'를 가리키거나 혹은 종자를 담지하는 '식' 자체를 가리키는데, 지금 이 경문은 결생상속할 때 아뢰야식이 몸(身分)과 종자를 집지한다는 것을 설하고 있으므로, '종자식'이란 '식' 자체를 가리킨다.

此卽第一釋一切種子識。一切種子。卽三習氣。此中意說。由第八識攝持三種習氣。結生相續。故成唯識第八卷云。復次。生死相續。由諸習氣。然諸習氣。總有三種。一名言習氣。二我執習氣。三有支習氣。其種子識。自有二種。一識所持種。名種子識。二能持種識。名爲種識。雖有二種。今此正明能持種識。身分生時。執持所依及種子故。彼所持種。卽三習氣。故今略辨三種習氣。然三習氣。略以四門分別。一釋名字。二出體性。三生果差別。四四緣分別。

● 세 종류 습기의 이름을 해석함

첫째로 이름을 해석하면, 통칭하는 이름이 있고 개별적 이름이 있다.

'삼습기三習氣'란 그것을 통칭하는 이름이다. '삼'이란 개수를 표시한 것이다. '습기'라고 한 것에서, 명언名言 등을 가리켜 '습習'이라 하고, 제8식 안의 종자가 훈습된 기운(氣分)이기 때문에 '습기'라고 한 것이다. (삼습기란) 육합석 중에서는 대수석帶數釋에 해당한다.

개별적 이름이란 예를 들어『성유식론』에서 다음과 같이 말한다.

그런데 모든 습기는 총괄하면 세 종류가 있다.

첫째는 명언습기名言習氣이니, 유위법 각각의 직접적 종자(親種)를 말한다. 명언습기도 두 가지가 있다. 첫째는 표의명언表義名言이니, 의미를 능히 언표하는 음성의 차별을 가리킨다. 둘째는 현경명언顯境名言이니, 경계를 능히 요별하는 심법·심소법을 가리킨다.[131]【그 순서대로 구역에서

---

[131] 명언습기名言習氣는 유식학에서는 일체법을 생하는 직접적 종자로 간주된다. 이 명언습기는 다시 표의명언表義名言과 현경명언顯境名言으로 구분된다. 이 둘을 모두 '명언'이라 간주했지만 실제로는 차이가 있다. 전자는 음성을 발화하여 의미를 전달하던 우리의 실질적인 언어 행위로부터 생겨난 습기를 가리키고, 후자는 비언어적 마음의 활동으로부터 생겨난 습기를 가리키는 말이다. 전자의 경우에 명언(名) 자체가 종자種子 혹은 습기習氣를 이룬다기보다는 그 명언을 매개로 사유하는 제6식의 활동이

는 언설명言說名과 사유명思惟名이라고 하였다.】

둘째는 아집습기我執習氣이니, 허망하게 '나(我)'와 '나의 것(我所)'에 집착하는 종자를 말한다. 아집습기도 두 가지가 있다. 첫째는 구생아집俱生我執이니, 수도에서 끊어지는 아집我執·아소집我所執이다. 둘째는 분별아집分別我執이니, 견도에서 끊어지는 아집·아소집이다. 두 종류 아집을 따라서 훈습되어 이루어진 종자는 유정 등으로 하여금 자·타를 차별하도록 만든다.[132]

셋째는 유지습기有支習氣이니, 삼계의 이숙업을 초감하는 종자를 말한다. 유지습기도 두 종류가 있다. 첫째는 유루의 선善한 습기이니, 좋아할 만한 과보를 초감하는 업종자이다. 둘째는 모든 불선한 습기이니, 좋아하지 않는 과보를 초감하는 업종자이다.[133][134]

습기를 이루는 것인데, 제6식의 외연外緣(명언)에 의거해서 표의명언이라 명명한 것이다. 또 후자의 경우는 명언을 매개로 하지 않는 제7식의 견분見分의 모든 심·심소법을 말한다. 이것들이 '언어의 세력'으로 취급되는 이유는, 그것들이 경계를 현현시키는 작용이 마치 말(言說)이 그 지시 대상(所詮法)을 현현시키는 것과 유사하기 때문이다. 이에 관해서는 규기의 『成唯識論述記』 권8(T43, 516c14) 참조.

[132] 구생아집俱生我執과 분별아집分別我執은 내적 원인(內因力)으로 인해 생긴 선천적 아집, 그리고 현재의 외적 조건(現在外緣)로 인해 생긴 후천적 아집을 구분한 것이다. '구생아집'이란 언제나 하나의 개별적 '몸(身)'과 함께 일어나는데, 가령 제8식(아뢰야식)의 견분을 대상으로 하여 제7식이 자기의 개별적 심상(自心相)을 그려 내고 그로부터 '실재하는 나'라는 관념을 일으키거나, 혹은 그 밖의 제6식 차원에서 자기의 정신적·물리적 현상들을 '나'라고 여기기도 한다. 제7식의 아집은 제8식과 함께 언제나 상속하지만, 제6식(의식) 차원의 아집은 깊은 수면이나 혼절의 경우 때로 간단間斷이 있다. '분별아집'이란 자기가 태어난 당대 사회의 문화적 환경이나 종교 등과 같은 외적인 여건들 때문에 생기는데, 가령 '불변의 자아' 등에 대한 그릇된 가르침이나 '나'와 '타자'를 구분하는 세간의 언어적 관행을 반복적으로 행함으로써 생겨나는 것이다. 이 아집은 언어를 매개로 하는 제6의식에 존재한다. 이 아집의 습기들 때문에 유정들은 '자기'라는 관념을 갖게 되고 그것을 타자와 차별된다고 생각한다. 『成唯識論』 권1(T31, 2a9) 참조.

[133] 유지습기有支習氣란 업종자業種子를 가리키는데, '유지'라는 표현을 쓴 것은 전前오식과 의식처럼 선악이 뚜렷한 인식 활동이 윤회의 세계에서 서로 다른 존재 형태(有)로 갈라지게 만드는 원인(支)이 되기 때문이다. 불교의 전통적 업설에 따르면, 세속적

해 세 가지 습기의 특징은 『성유식론』에서 설한 대로 알아야 한다. 세 가지 습기의 (개별적 이름들은) 모두 의주석依主釋에 해당하니, '명언훈습의 기종자名言習之氣種子)'이기 때문이고, 내지는 '유지훈습의 기종자(有支習之氣種子)'이기 때문이다.[135]

第一釋名。有通有別。三習氣者。是其通名。三是標數。言習氣者。說名言等。名之爲習。第八中種習之氣分。故名習氣。即六釋中帶數釋也。言別名者。如成唯識。然諸習氣。總有三種。一名言習氣。謂有爲法各別親種。名言有二。一表義名言。卽能詮義音聲差別。二顯境名言。卽能了境心心所法。【如其次第。舊云言說名思惟名也。】二我執習氣。謂虛妄執我我所種。我執有二。一俱生我執。卽脩所斷我我所執。二分別我執。卽見所斷我我所執。隨二我執所熏成種。令有情等自他差別。三有支習氣。謂招三界異熟業種。有支有二種。[1)] 一有漏善。卽是能招可愛果種。[2)] 二諸不善。卽是能招非愛果報。[3)] 解云。三習氣相。如論應知。三種習氣。皆依主釋。謂名言習之氣種子故。乃至有支習之氣種子故。

1) ㉠『成唯識論』권8(T31, 43b11)에는 '種'이 없으나 넣어도 무방하다. 2) ㉠『成唯識論』권8(T31, 43b12)에 따르면, '種'은 '業'의 오기다. 3) ㉠『成唯識論』권8(T31, 43b12)에 따르면, '報'는 '業'의 오기다.

으로 선하지만 여전히 번뇌가 있는 행위들은 미래에 좋은 과보를 초감하고, 모든 불선한 행위들은 좋지 않은 과보를 초감한다. 이 두 가지 유지를 따라서 훈습되어 이루어진 종자는 미래의 이숙의 과보가 다섯 가지 존재의 갈래(五趣) 중에서 선한 존재(天·人)로 되는가 아니면 악한 존재(축생·지옥·아귀)로 나타나는가를 결정짓는다. 규기의 『成唯識論述記』 권8(T43, 517a29) 참조.
134 이상은 『成唯識論』 권8(T31, 43b2) 참조.
135 명언습기·아집습기·유지습기는 모두 '名言習의 氣種子', '我執習의 氣種子', '有支習의 氣種子'로 분석되는데, 이처럼 'A之B'의 관계로 분석되는 복합어는 의주석에 해당한다.

● 습기의 체성을 나타냄

(습기의) 체를 나타내자면 이전에 설한 것처럼, 두 가지 명언을 따라서 훈습된 종자를 명언습기라고 하고, 두 종류 아견에 의해 훈습되어 이루어진 종자를 아견습기라고 하며, 내지는 선업과 악업에 의해 훈습된 종자를 유지습기라고 한다.

(습기의 체가) 종자種子인지 현행現行인지 분별하면, 오직 종자이지 현행은 아니다.

삼과三科의 문에서 체를 나타내겠다.

명언습기는, 오온문五蘊門에서는 일부의 종자는 오온을 자성으로 삼으니, 무루의 종자를 제외하면 종자는 생겨난 곳을 따라서 동일한 온에 속하기 때문이다. 처문處門·계문界門에서는 일부는 십이처의 종자와 십팔계의 종자를 자성으로 삼으니, 무루의 종자를 제외하면 오온에 준해서 알아야 한다.[136] 아견습기(아집습기)는 오온문에서는 행온의 일부에 속하고, 처문·계문에서는 법처와 법계의 일부를 체로 삼는다.[137] 유지습기는, 오온문에서는 색온과 행온의 두 가지를 체로 삼으니, 신업·어업은 색온에 속하기 때문이고, 의사업意思業의 종자는 행온에 속하기 때문이다. 처문·계문에서는 색처·성처·법처와 색계·성계·법계의 일부를 체로 삼는다.[138]

---

[136] 명언습기는 표의表義와 같은 언어적 분별 혹은 현경顯境과 같은 비언어적 분별에서 비롯되는데, 무루의 종자를 제외하고 그 나머지 모든 종자는 일체법에 대한 분별에서 비롯되기 때문에 원리적으로 각각의 법들이 속하는 과문에 소속된다고 하였다.

[137] 아집습기는 근본적으로 살가야견薩迦耶見에서 비롯되는 것이고 그 번뇌는 오온에서는 행온에 속하고 처문·계문에서는 법처 또는 법계에 속한다. 이것은 다음의 '법수로 체를 나타내는(出體)' 대목에서 좀 더 구체적으로 언급된다.

[138] 유지습기는 '업'에서 비롯된 것이다. 그런데『俱舍論』등에서는 신업이란 신체의 특정한 형태를 나타내는 것이므로 그 본질을 형색形色이라고 보았고, 어업이란 음성을 발화하는 것이므로 그 본질을 성聲이라 보았다. 이러한 신업과 구업의 결과로 내 몸 안에서 무형의 색법이 일어난 것을 무표색無表色이라 한다. 이것은 밖으로 나타낼 수 없기 때문에 '무표'라고 하는데, 몸 안의 지·수·화·풍 등의 사대에 의해 생기기 때문에 오온에서는 '색온에 속하고 십이처·십팔계에서는 색처·성처 혹은 색계·성계에

법수로서 체를 나타내겠다. 명언습기는 백법문百法門에서는 모두 백법 종자를 체로 삼는다. 영상影像으로서의 백법이 모두 종자를 훈습하기 때문이다.[139] 아견습기는 별경심소 중에서 혜慧 그리고 십번뇌 중에서 살가야견을 자성으로 삼는다.[140] 유지습기는 열한 개의 색법 중에서 색色·성聲 두 가지 법을 (자성으로 삼고,) 그리고 심소 중의 사思를 자성으로 삼으니 의사업(의업) 때문이다.[141]

言出體者。如前所說。隨二名言所熏種子。爲名言習氣。二種我見所熏成種。爲我見習氣。乃至由善惡業所熏種子。爲有支習氣。種現分別。唯種非現。三果[1]出體。名言習氣。五蘊門中。一分種子。五蘊以爲自性。除無漏種。種隨所生。同蘊攝故。處界門中。一分。十二處種十八界種以爲自性。除無漏種。准蘊應知。我見習氣。五蘊門中。行蘊一分所攝。處界門中。法處法界少分爲體。有支習氣。五蘊門中。色行二蘊。以身語業。是色蘊故。意思業種。行蘊攝故。處界門中。色處聲處法處色界聲界法界一分爲體。法數出

속한다고 하였다. 이 무표색 개념이 후대에는 습기 또는 종자 개념으로 전환되었다. 한편 의사업意思業의 경우는 마음속의 강한 선악의 의지(思)에 의해 좌우되므로 그 본질은 '사思'심소인데, 사심소는 오온에서는 행온에 속하고 십이처·십팔계에서는 법처·법계에 속한다.

139 '유식唯識'의 교의에 따르면 백법百法은 식에 나타난 영상影像이고 무시이래 이 영상에 의거해서 분별함으로써 종자가 훈습되어 이루어진 것이기 때문에 '영상으로서의 백법이 종자를 훈습한다'고 하였다.

140 아견습기는 살가야견薩迦耶見(S satkāya-dṛṣṭi), 즉 유신견有身見에서 비롯되는데, 살가야견이란 오온의 화합물에 대해 '나'라거나 '나의 것'이라는 허망한 아견我見을 일으키는 것을 말한다. 그런데 이 살가야견도 본래는 혜慧의 판단 작용에서 비롯된 것으로서, 악혜惡慧의 그릇된 결정이나 그릇된 판단이 두드러질 때 그것을 특별히 악견惡見이라 한다. 살가야견은 다섯 가지 악견 중의 하나다. 따라서 아집습기는 유식 백법 중에서 '혜와 살가야견을 자성으로 한다'고 하였다.

141 아비달마 논서에서는 신업의 본질은 모양(形色)의 변화이고 어업의 본질은 음성의 발화라고 보았으므로 법수 중에 체를 나타내면 색色과 성聲이고, 의업의 본질은 '사思'이기 때문에 심소법 중에 '사'를 체로 한다는 것이다.

體。名言習氣。百法門中。通用百法種子爲體。影像百法。皆熏種故。我見
習氣。用別境中慧。及十煩惱中薩伽²⁾耶見。以爲自性。有支習氣。十一色
中色聲二法。及心所中思爲自性。意思業故。

1) ㉠ '果'는 다른 판본에는 '科'로 되어 있다. 2) ㉠ 『解深密經疏』 권3(X21, 242c22)
에는 '伽'가 '迦'로 되어 있다.

● 과를 내는 차별을 밝힘

'과를 낸다(出果)'고 했는데, 그에 두 가지 내용이 있다. 첫째, 『성유식
론』에 의하면 공통적으로 제법에 의거해서 과를 내는 것을 설명한다. 둘
째, 『섭대승론』에 의하면 열한 가지 식에 의거해서 과를 내는 것을 설명
한다.

言出果者。有其二義。一依成唯識。通約諸法。以明生果。二依攝論。就
十一識。以辨生果。

통틀어 제법에 의거해서 과를 내는 것을 설명하겠다.
명언습기는 통틀어 백법을 낸다. 그런데 차별되는 것은, 아흔네 가지
법의 본질本質·영상影像[142]은 모두 명언에서 생겨나지만, 여섯 종류 무위
법의 본질과 영상은 동일한 것에서 (생기는 것이) 아니라는 것이다. (무위
법 중에) 본질로서의 여섯 종류는 종자에서 생기는 것이 아니니, 원성실
성의 무위법에는 '생生'의 의미가 없기 때문이다. 영상으로서의 여섯 종류

---

142 본질本質·영상影像 : 유식의 교의에 따르면, 본질은 영상의 대칭어이다. 심과 심소가
대상을 인식할 때는 자기의 식識에 대상의 영상을 변현해 내어 그것을 직접적 인식
대상으로 삼는데, 이것을 영상상분影像相分이라 한다. 이러한 영상의 실질적 근거가
되는 것을 본질이라고 하는데, 이 본질상분本質相分은 직접적으로 파악되지 않는다.
예를 들어 안식眼識이 색경色境을 인식할 때 안식에 나타난 영상 이외에 별도로 제8
아뢰야식의 종자에서 생겨난 실질적 색법이 본질에 해당한다.

는 명언에서 일어나고,¹⁴³ (이러한) 의타기의 무위법은 실제로는 유위법이니, 인因에 의탁해서 생기기 때문이다. 따라서 『성유식론』에서 '명언습기는 유위법의 각각의 직접적 종자를 말한다'고 하였다.

문 유위법 중에서 실법實法은 체가 있으므로 종자에서 생긴다고 말할 수 있지만, 불상응행법 등은 이미 실체가 없는데 어떻게 인에서 일어날 수 있는가?

해 실제로는 가법假法은 종자에서 생기지 않는다. 따라서 『성유식론』 제2권에서 "가법은 무無와 같으니 인연으로 (생긴 것이) 아니기 때문이다."¹⁴⁴라고 하였다.

해 가법에는 이미 인연의 의미가 없어서 오직 가법일 뿐이고 또한 (인연으로) 생겨난 것도 아니다. 그런데 가법을 실법에 종속시켜서 가법의 종자는 인연에서 생긴다고 설한 것이다.¹⁴⁵ 따라서 『성유식론』 제2권에서는 다음과 같이 말한다. 〈명名·상相·분별分別의 세 종류 습기¹⁴⁶ 중에, 아견습기는 자신自身·타신他身의 백법의 차별을 생기게 하고, 유지습기는

---

143 원성실성의 무위법은 인연에 의해 생기는 것이 아니고 본래 언어를 떠나 있는 것이다. 그런데 가령 '진여'나 '허공무위' 등과 같은 단어에 의거해서 마음속으로 그것의 심상을 떠올려서 헤아리고 있을 때, 이처럼 '진여'나 '허공'이라는 말에 의거해서 생겨난 무위의 영상은 실제로는 명언에서 생겨난 의타기의 무위법이다. 『成唯識論』 권2(T31, 6c6) 참조.
144 『成唯識論』 권2(T31, 8a8).
145 유위의 종자는 가법假法으로서 인연에 의해 생겼다고 말할 수 없지만, 유위의 실법實法에 의거해서 설정된 것이므로 실법에 종속시켜서 '인연에 의해 생긴다'고 설한다는 것이다.
146 명名·상相·분별分別의 세 종류 습기 : 이 『解深密經』의 다음 경문에서는 일체종자식이 내적으로 집수하는 유근식有根身과 종자種子에 대해 설하면서, 뒤의 종자에 대해 "상相·명名·분별分別의 언설희론습기"라고 하였다. 이 경에서는 명언名言·아집我執(아견)·유지有支 등의 세 종류 습기(三習氣)를 '명·상·분별의 언설희론의 습기'라고 총칭하였는데, 그 이유는 유식학 내에서 습기를 무엇보다 언어적 분별 활동에 의해 형성된 것으로 간주하기 때문이다. 다시 말하면 명언 등의 세 종류 습기는 사실상 각기 다른 습기가 아니라 본질적으로 언어적 분별에 의해 형성된 명언습기이지만, 습기의 작용 중에 각기 두드러진 점을 부각시켜 다른 이름을 부여한 것이다.

백법의 선취善趣·악취惡趣의 차별을 생기게 한다.147〉
무위의 가법은 앞에 준해서 생각해야 한다.148

言通約諸法以明生果者。名言習氣。通生百法。而差別者。九十四法本質及影。皆名言生。六種無爲本影不同。本質六種。不從種生。圓成無爲。無生義故。影像六種。從名言起。依他無爲。據實有爲。託因生故。故唯識論云。名言習氣。謂有爲法各別親種。問。有爲法中。實法有體。可言種生。不相應等。旣無實體。如何因起。解云。據實假法。不從種生。故成唯識論第二卷云。假法如無。非因緣故。解云。假法旣非因緣義。唯假法。亦非所生。然以假從實。說爲假種從因緣生。故唯識論第二卷云。名相分別三種習氣。我見習氣。能生自他身中百法差別。有支習氣。能生百法善惡趣別。無爲假法。准前應思。

열한 가지 식에 의거해서 과를 내는 것을 설명한다고 했는데, 예를 들면 『섭대승론』 제2권에서는 다음과 같이 말한다. "이 중에서 신身·신자身者·수자受者의 식識, 피소수식彼所受識, 피능수식彼能受識, 세식世識, 수식數識, 처식處識, 언설식言說識, 이 식들은 명언훈습종자에서 생긴 것이다. 자타차별自他差別識, 이것은 아견훈습종자에서 생긴 것이다. 선취악취사생식善趣惡趣死生識, 이것은 유지훈습종자에서 생긴 것이다.149~150 자세한 것

---

147 『成唯識論』 권2(T31, 8a5)에 나온 '종자'에 대한 논의, 같은 책 권2(T31, 11a8)에 나온 '유근신有根身'에 대한 해석 참조. 또 이와 관련해서는 앞서 '세 종류 습기의 이름'을 해석하면서 이미 자세히 진술되었다.
148 앞서 언급했듯, 본질本質로서의 여섯 종류 무위법에는 본래 '생生'의 의미가 없지만, 영상影像으로서의 여섯 종류 무위법은 모두 명언에서 비롯되며 실제로는 의타기의 유위법에 해당한다.(해당 번역문 역주 참조.) 따라서 유위법의 종자가 비록 가법이지만 실법에 종속시켜 '인연에서 생긴다'고 하듯이, 마찬가지로 무위법의 종자도 비록 가법이지만 실법에 종속시켜 '인연에서 생긴다'고 할 수 있다는 것이다.
149 유식唯識의 교의에서 보면 모든 법들은 아뢰야식에 나타난 일종의 영상, 즉 '식'일 뿐

은 그 논에서 해석한 것과 같다.

言就十一識辨生果者。如攝大乘論第四[1]卷云。此中若身身者受者識。彼所受識。彼能受識。世識。數識。處識。言說識。此由名言熏習種子。若自他差別識。此由我見熏習種子。若善趣惡趣死生識。此由有分[2]熏習種子。廣如彼釋。

1) ㉯ '四'는 '二'의 오기인 듯하다. 위의 인용문은 제2권에 나온다. 2) ㉯ 『攝大乘論本』 권2(T31, 138a7)에 따르면, '分'은 '支'의 오기다.

● 습기를 사연으로 분별함

사연으로 분별한다고 했는데, 명언습기는 바른 인연因緣이고 그 밖의 두 종류 습기는 증상연增上緣이다.[151] 따라서 『성유식론』 제8권에서 "두 종

이다. 이 식들은 아뢰야식의 종자에서 생긴 것인데, 『攝大乘論』에서는 그 식들을 열한 가지로 구분하였다. 그 중에서 '신身·신자身者·수자受者'라고 한 것에서, '신'이란 안·이·비·설·신 등 오계를 말하고, '신자'란 염오의染汚意를 말하며, '수자'란 의계意界를 가리키고, 이 세 가지에 대한 식이란 인식 주체에 관한 표상이 생긴 것을 말한다. 피수수식彼所受識은 색·성·향·미·촉·법 등의 육경을 가리키고, 피능수식彼能受識은 그 육경을 인식하는 육식을 가리킨다. 세식世識이란 생사의 시간적 지속을 인식하는 것을 말한다. 수식數識이란 '1' 등과 같은 숫자의 영상이 나타나는 것이다. 처식處識이란 마을·정원 등과 같은 기세간의 공간에 대한 영상을 말한다. 언설식言說識이란 견見·문聞·각覺·지知에 의거해 일으키는 네 종류 언설에 대한 인식이다. 자타차별식自他差別識이란 이전에 말한 것처럼 아견훈습종자로 인해 자기와 타인의 차이에 대해 인식하는 것이고, 선취악취사생식善趣惡趣死生識이란 천·인·아수라·축생·아귀·지옥 등의 나고 죽음에 대한 영상이 나타나는 것을 말한다. 이에 대한 자세한 해석은 세친의 『攝大乘論釋』 권4(T31, 338a11), 무성의 『攝大乘論釋』 권4(T31, 399a1) 참조.

150 『攝大乘論本』 권2(T31, 138a3).
151 『成唯識論』에 따르면, 유지습기有支習氣(업종자)들은 미래의 이숙과異熟果를 내는 증상연增上緣(보조하는 역할)이라고 한다. 다른 '생生'이라는 총체적 결과는 이 생에서 했던 모든 업의 힘에서 기인하기 때문에 다른 생(이숙과)을 초감하는 실질적 능력은 업종자에 있다. 그런데 업종자를 직접적 원인(因緣)이라 하지 않는 이유는, 선악의 성질이 뚜렷한 업들의 결과가 무기無記의 과라는 다른 성질(異性)로 나타나기 때문이고, 또한 사연설의 관점에서도 이 종자가 결과를 '직접 발생시켰다'고 말할 수 없기 때

류 명언을 따라서 훈성熏成된 종자는 유위법 각각의 인연이 된다."[152]고 하였다. 또 그 논에서 부연하길, "아집습기와 유지습기는 차별적 결과에 대해 증상연이 된다는 것을 알아야 한다."[153]고 하였다. 자세하게 분별하면 『성유식론』 제8권의 소疏에서 설한 것과 같다.

> 言四緣分別者。名言習氣。是正因緣。餘二習氣。增上緣。故成唯識第八卷云。隨二名言所熏成種。作有爲法各別因緣。又彼復云。應知。我執有支習氣。於差別果。是增上緣。若廣分別。成唯識論第八疏。

㉮ 육취·사생에 의거해 몸의 생기에 대해 간략히 밝힘

종자식을 밝힌 곳에서 경문을 구별하면 두 가지가 있다. 처음은 육취와 사생에 의거해서 '몸의 생기'를 간략히 밝힌 것이고, 나중의 "이 중에서" 이하는 종자식에 의거해서 수생受生의 차별을 자세히 밝힌 것이다.

이 경문은 처음에 해당한다.

> 就種識中。文別有二。初約趣生。略明身分生起。後於中下。依種子識。廣辨受生差別。此卽初也。

문이다. 어떤 것이 자기의 결과를 직접 발생시켰을(親生自果) 때 그것은 그 결과에 대해 직접적 원인(因緣)으로 간주된다. 명언습기名言習氣는 차별적 이숙과들을 직접 산출해 낸 '인연의 종자'다. 다시 말하면 이 명언습기는 생의 마지막 순간에 업의 습기를 보조인으로 해서 다음 생을 직접적으로 산출해 낸다. 사연의 정의에 의거하면, 명언습기는 생의 마지막 순간에 결과를 '직접(親) 내는 인연'이고, 업종자는 그것을 '보조하는 증상연'이다. 규기의 『成唯識論述記』 권8(T43, 517b5) 참조.

[152] 『成唯識論』 권8(T31, 43b5).
[153] 『成唯識論』 권8(T31, 43b13).

● 육취

"육취六趣"라고 한 것은, 다음 경문에서 설한 것처럼 나락가那落迦(S) naraka)·방생傍生(S) tiryañc)·아귀餓鬼(S) preta)·천天(S) deva)·아소락阿素洛(S) asura)·인人(S) manuṣya)이다. 그런데 이 육취에 대해 여러 종에서 다르게 말한다.

살바다종에 의하면 오직 오취만 세운다. 따라서 『대비바사론』 제172권에서는 '계경에서 설한 것처럼 오취란 나락가·방생·아귀·인·천이다'라고 하였다.[154] 또 다음과 같이 말한다. "어떤 다른 부파는 아소락(아수라)을 여섯 번째 취로 안립하는데, 그들은 이렇게 말해서는 안 된다. 계경에서 오직 오취만 있다고 설하기 때문이다."[155] 자세하게 설하면 그 논과 같다.

문 그렇다면 아소락은 어떤 취에 속하는가?

답 『대비바사론』에는 두 가지 설이 있다. 한편에서는 천취天趣라고 하고, 평가정의評家正義[156]에 따르면 귀취鬼趣에 속하는 것이다.[157] 『순정리론』 제21권과 『구사론』 제8권도 『대비바사론』과 거의 동일하게 말한다.

경부종에 따르면 오직 오취만 세운다. 따라서 『성실론』 제14권에서는, 업에 여섯 종류가 있으니 오취업五趣業과 부정업不定業이라고 하였다.[158]

---

154 『大毘婆沙論』 권172(T27, 864c24) 참조.
155 『大毘婆沙論』 권172(T27, 868b2).
156 평가정의評家正義 : 비바사 4대 논사를 가리킨다. 가습미라국 가니색가迦膩色迦왕 통치 시절에 오백아라한이 결집하여 『發智論』을 평석하여 『大毘婆沙論』을 편찬하였는데, 그들 중에 법구法救(S) Dharmatrāta)·묘음妙音(S) Ghoṣa)·세우世友(S) Vasumitra)·각천覺天(S) Buddhadeva) 등 4대 논사를 예로부터 사평가 또는 평가정의라고 한다.
157 『大毘婆沙論』 권172(T27, 868c6~7) 문답 참조.
158 『成實論』에 따르면 업에는 여섯 종류가 있으니, 지옥의 과보를 받는 업(地獄報業), 축생의 과보를 받는 업(畜生報業), 아귀의 과보를 받는 업(餓鬼報業), 인의 과보를 받는 업(人報業), 천의 과보를 받는 업(天報業) 등 다섯 종류 취의 과보를 받는 업(五趣業), 그리고 그밖에 과보가 일정하지 않은 업(不定報業)을 말한다. 『成實論』 권14권(T32, 300b26) 참조.

言六趣者。如下經說。那落迦。傍生。餓鬼。天。阿素洛。人。然此六趣。諸宗
不同。依薩婆多宗。唯立五趣。故大婆娑第一百七十二云。如契經說。五趣。
謂那落迦。傍生。餓鬼。人。天。又云。謂有餘部。立阿素洛爲第六趣。彼不
應作是說。契經唯說有五趣故。廣說如彼。問。若爾。阿素洛何趣所攝。答。
婆沙有二說。一云。天趣。評家正義。鬼趣所攝。正理二十一。俱舍第八。大
同婆沙。依經部宗。唯立三趣。故成實論第十四云。業有六種。謂五趣業。
及不定業。

이제 대승에 의하면, 어떤 곳에서는 오직 오취五趣라고 하니, 예를 들면
『불지경』과『유마경』등이다.

문 그렇다면 아소락은 어떤 취에 속하는가?

답『불지경론』제6권에 따르면 다음과 같다. "아소락들의 종류는 일정
하지 않다. 어떤 것은 천天이고 어떤 것은 귀鬼이며 어떤 것은 다시 축생
이기도 하다. 따라서 따로 설하지 않는다."[159]

어떤 곳에서는 육취라고 설하니, 예를 들면 이『해심밀경』과『법화경』
등이다.

어떤 곳에서는 오취 혹은 육취라고 설한다.[160]

『유가사지론』에 의하면 오취를 세우는 것이 바르다. 따라서 제4권에서
다음과 같이 말한다. "또 모든 비천非天(아소락)[161]은 천취에 속함을 알아야
한다. 그런데 마음속에 대개 속이거나 홀리려는 뜻을 품고서 아첨과 기만
을 많이 하기 때문에 제천諸天이 깨끗한 법기法器인 것과는 같지 않다. 이
런 이유에서 어떤 때는 경에서 별도의 취라고 설하기도 하지만 실제로는

---

159 『佛地經論』권6(T26, 317a17).
160 오취와 육취에 대한 설이 다른 이유는 '아수라(아소락)'를 독립적인 취로 간주하는가
의 여부에 있다. 따라서 다음 인용문들에서는 아수라가 어떤 취에 속하는지를 논한다.
161 비천非天 : 천취이기는 해도 천답지 않은 존재, 즉 아소락(아수라)을 가리킨다.

천취이다."¹⁶² 또 제2권에서는 "이와 같이 안립된 세계가 성립하고 나서 이 중에 오취를 얻을 수 있으니, 나락가·방생·아귀·인·천을 말한다."¹⁶³고 하였다.

『대지도론』에 의하면 육취를 세우는 것이 바르다. 따라서 제30권에서 다음과 같이 말한다. "또 마하연(대승) 중에 『법화경』에서는 육취의 중생이 있다고 설하니, 여러 가지 뜻을 살펴볼 때 마땅히 육도가 있다. 다시 선취와 악취를 구별하기 때문에 육도가 있다. 선취善趣에 상·중·하가 있기 때문에 삼선도三善道인 천·인·아수라의 도가 있고, 악취惡趣에 상·중·하가 있기 때문에 지옥·축생·아귀의 도가 있다."¹⁶⁴ 자세하게 설하면 그 논과 같다. 또 제10권에서는 다음과 같이 말한다. "부처님은 분명하게 오도가 있다고 설하신 것은 아니다. 오도라고 설한 것은 설일체유부의 승려들이 설한 것이다. 파차불투로부婆蹉弗妬路部(독자부)¹⁶⁵ 승려들은 육도가 있다고 설한다. 또 육도가 있어야만 한다. 어째서인가? 삼악도는 한결같이 죄가 많은 곳이다. 만약 복이 많고 죄가 적으면 이를 '아수라'라고 하는데, 태어나는 곳이 마땅히 구별되어야 한다. 이런 이유에서 육도가 있다고 말해야 한다."¹⁶⁶

今依大乘。有處唯五。如佛地經及維摩等。問。若爾。阿素洛何趣所攝。答。依佛地經第六卷云。諸阿素落。種類不定。或天。或鬼。或復傍生。故不別

---

162 『瑜伽師地論』 권4(T30, 297c22).
163 『瑜伽師地論』 권2(T30, 288a25).
164 『大智度論』 권30(T25, 280a20).
165 파차불투로부婆蹉弗妬路部([S] Vātsī-putrīya) : 소승 한 부파인 독자부犢子部를 말한다. 이 부파에 대해서는 여러 설들이 다르다. 『異部宗輪論』의 기록에 따르면 부처님 입멸 후 300년쯤에 설일체유부에서 갈라져 나왔다고 하고, 『舍利弗問經』 등에 따르면 상좌부上座部에서 갈라져 나왔다고도 한다.
166 『大智度論』 권10(T25, 135c22).

說。有處說六。如卽此經及法華經等。或有處說或五或六。若依瑜伽。立五爲正。故第四云。又諸非天。當知天趣所攝。然由意思[1]多懷詐約。[2]諂誑多故。不如諸天爲淨法器。由此因緣。有諸[3]經中說爲別趣。實是天趣。[4] 又第二云。如是安立世界成已。於中五趣可得。謂那落迦。傍生。餓鬼。人。天。依智度論。立六爲正。故第三十云。又摩訶衍中。法華經說有六趣衆生。觀諸義意。[5] 應有六道。復次。分別善惡。故有六道。善有上中下故。有三善道天人阿脩羅。惡有上中下故。有地獄畜生餓鬼道。廣說如彼。又第十云。佛[6]不分明說有五道。說五道者。是一切有部僧所說。婆嗟弗姞[7]路部僧。說有六道。復次。應有六道。何以故。三惡道一向是罪處。若福多罪少。是名阿脩羅。生處應別。以是故應言六趣。[8]

1) ㉯『瑜伽師地論』권4(T30, 297c23)에 따르면, '思'는 '志'의 오기다. 2) ㉯『瑜伽師地論』권4(T30, 297c23)에 따르면, '約'은 '幻'의 오기다. 3) ㉯『瑜伽師地論』권4(T30, 297c24)에 따르면, '諸'는 '時'의 오기다. 4) ㉯『瑜伽師地論』권4(T30, 297c25)에는 '趣'가 '類'로 되어 있는데, 의미는 다르지 않다. 5) ㉯『大智度論』권30(T25, 280a21)에는 '意'가 '旨'로 되어 있고, 교감주에 따르면 '意'로 된 곳도 있다. 6) ㉯『大智度論』권10(T25, 135c22)에는 '佛' 다음에 '亦'이 있다. 7) ㉯『大智度論』권10(T25, 135c23)에 따르면, '姞'은 '妬'의 오기다. 8) ㉯『大智度論』권10(T25, 135c26)에는 '趣'가 '道'로 되어 있고, 교감주에 따르면 '趣'로 된 곳도 있다.

문 염마왕琰摩王[167]은 어떤 취에 속하는가?

답 『대비바사론』에 의하면 귀취鬼趣에 속하니, 따라서 그 논의 제172권에서는 "『시설론』에서 설하길 '지금 귀세계鬼世界의 왕을 염마라고 하는 것과 같다.'"[168]고 하였다. 또 "섬부주 아래로 5백 유선나 되는 곳에 염마왕

---

167 염마왕琰摩王(Ⓢ Yama-rāja) : 귀귀 세계의 시조이자 명계冥界를 총괄하는 자이고, 지옥의 주신主神이기도 하다. 그런데 이 염마왕의 소속처와 성질에 대해서는 경론들마다 이설이 많다. 어떤 곳에서는 지옥취地獄趣에 속한다고 하고, 어떤 곳에서는 귀취鬼趣 혹은 아귀취餓鬼趣에 속한다고 하며, 『華嚴經』 등에서는 별도로 염라왕취閻羅王趣가 있다고도 한다.
168 『大毘婆沙論』권172(T27, 867a20).

의 세계가 있는데 이는 모든 귀鬼들이 본래 머무는 곳이니, 여기로부터 유전하여 또한 그 밖의 곳에 있기도 하다."[169]고 하였다. 『유가사지론』에 의하면 지옥취地獄趣에 속하니, 따라서 제2권에서는 "어떤 유정은 잡염을 초감해 내는 증상된 업으로 인해 나락가 중에 태어나서 정식왕靜息王(염마왕)[170]이 되기도 한다."[171]고 하였다.

> 問. 琰摩王何趣所攝. 答. 依大婆沙. 鬼趣所攝. 故彼一百七十二云. 施設論說. 如今時鬼世界王名琰摩. 又云. 瞻部洲下五百踰繕那. 有琰摩王界. 是一切鬼本所住處. 從彼流轉. 亦在餘處. 若依瑜伽. 地獄趣攝. 故第二云. 隨一有情. 由感雜染增上業. 生在那落迦中. 作靜息王.

● 사생

'난생卵生과 태생胎生과 습생濕生과 화생化生'이라 한 것은 사생四生에 해당한다.

『유가사지론』 제2권에서는 다음과 같이 말한다. "난생이란 무엇인가? 알을 까고 나오는 모든 유정을 말한다. 그것은 또 어떤 것인가? 예를 들면 거위·기러기·공작·앵무새·사리조舍利鳥 등이다. 태생이란 무엇인가? 태에 얽혀 있다가 태를 가르고 나오는 모든 유정을 말한다. 그것은 또 어떤 것인가? 예를 들면 코끼리·말·소·나귀 등이다. 습생이란 무엇인가? 일종의 습기로 인해서 태어나는 모든 유정을 말한다. 그것은 또 어떤 것인가? 예를 들면 벌레·나무좀·날아다니는 나방 등이다. 화생이란 어떤 것인가? 업이 증상되었기 때문에 육처를 완전히 갖추고 태어나는

---

169 『大毘婆沙論』 권172(T27, 867b4).
170 정식왕靜息王 : 죄인들이 염마왕이 가르쳐 준 대로 자기의 죄를 알고서 고요히 쉬게 된다는 뜻에서 염마왕을 '정식왕'이라 하였다.
171 『瑜伽師地論』 권2(T30, 288a10).

모든 유정을 말한다.[172] 혹은 완전히 갖추지 못하는 경우도 있다. 그것은 또 어떤 것인가? 예를 들면 천과 나락가의 전부, 그리고 인·귀·축생의 일부다."[173]

자세히 분별하면 『비담론』 제8권, 『현종론』 제12권, 『구사론』 제8권, 『순정리론』 제22권, 『대비바사론』 제120권과 같다.

言卵胎濕化生者。即是四生。瑜伽第二云。云何卵生。謂諸有情破㲉而出。彼復云何。如鵝鴈孔雀鸚鵡舍利鳥等。云何胎生。謂諸有情胎所纏裹。部[1)]胎而出。彼復云何。如象馬牛驢等。云何濕生。謂諸有情隨因一種濕氣而生。彼復云何。如虫蝎飛蛾等。云何化生。謂諸有情業增上故。具足六處而生。或復不具。彼復云何。如天那落迦全。及人鬼傍生一分。若廣分別。如毗曇第八。顯宗十二。俱舍第八。順正理二十二。婆沙一百二十。

1) ㉠ '部'는 '剖'인 듯하다. ㉡ 『瑜伽師地論』에 따르면 '剖'가 바르다.

문 이전에 육취를 설했는데, 어째서 다시 네 종류 생을 설했는가?

답 『구사론』 제8권에서는 다음과 같이 말한다. "『시설족론』에서는 다음과 같이 설한다. 사생은 오취를 포함하지만 오취가 사생을 포함하는 것은 아니다. 포함되지 않는 이유는 무엇인가? 이른바 중유中有[174] 때문이

---

172 변화로 태어나는 중생은 안·이·비·설·신·의 등이 점차적으로 생기는 것이 아니라 그 여섯 가지 처를 단박에 다 갖추고 나타난다.
173 『瑜伽師地論』 권2(T30, 288b12).
174 중유中有([S] antarā-bhava) : 중음中陰·중온中蘊이라고도 한다. 이것은 생사 유전의 네 단계, 즉 생유生有·본유本有·사유死有·중유中有의 하나이다. 중유란 중생이 죽는 순간(死有)부터 다음 생을 받는 찰나(生有)의 중간 시기를 말한다. 이 시기에 존재하는 것을 중유신中有身이라 하는데, 이것은 정혈 등과 같은 외연에 의해 이루어진 것이 아니라 의意에 의해 화생化生한 몸이기 때문에 의생신意生身이라고도 한다. 또 『俱舍論』 권9(T29, 45c19)에 의하면, 이 중유신은 지극히 미세한 물질로 구성되어 있

다.[175][176] 이런 도리에 따르면, 천 등의 육취는 사생을 다 포함하지 못하기 때문에, 다시 거듭해서 난생 등의 사생을 설한 것이다.

🈔 그렇다면 어째서 다시 육취를 설한 것인가?

🈔 선취와 악취에서 생을 받는 것(受生)의 차별을 나타내기 위해 육취를 설한 것이다.

🈔 그렇다면 (이 경문에서는) 어째서 계는 설하지 않았는가?

🈔 계는 유정 아닌 것(非情)에도 통하기 때문에 여기서 설하지 않았다. 진제 삼장도 또한 이와 동일한 뜻으로 말하였다.

육취와 사생의 의미는 『별장』에서 설한 것과 같다.

問。前說六趣。何故復說四種生耶。答。俱舍第八云。施設足論。作如是說。四生攝五趣。非五攝四生。不攝者何。所謂中有。由是道理。天等六趣。攝生不盡故。復重說卵等四生。問。若爾。何故更說六趣。答。欲顯善惡受生差別。故說六趣。問。若爾。何故不說界耶。答。界通非情。故此不說。眞諦三藏。亦同此意。六趣四生。義如別章。

그런데 이 경문을 해석하자면, 그에 두 가지 해석이 있다.

한편에서는 다음과 같이 말한다. 〈"육취의 생사에서 저 각각의 유정은"이라 한 것은 버려지는 몸(所捨身)을 밝힌 것이고, "저 각각의 유정 무리 가운데 떨어져서"라고 한 것은 받는 몸(所受身)을 밝힌 것이다. 받는 몸에 본래 두 종류가 있다. 첫째는 육취의 몸이고, 둘째는 사생의 몸이다.〉 이

고, 그것의 미래의 취취가 업에 의해 이끌려 나오기 때문에 그 형량形量은 그것이 태어날 취의 본유本有의 형상과 유사하다고 한다.

175 '중유'와 같은 존재들은 목숨을 마친 바로 직후 변화로 태어나므로 사생 중에서 화생에 속하는데, 육취의 중생에는 포함되지 않는다. 따라서 육취보다는 사생이 포괄하는 존재의 범위가 더 크다.

176 『俱舍論』 권8(T29, 42a25).

해석에 따르면, "신분(몸)이 생겨난다(身分生起)."는 말은 앞의 두 종류에 공통되는 것이다.

한편에서는 다음과 같이 말한다. 〈받는 몸이란 모두 사생에 해당한다. "저 각각의 유정 무리 가운데 떨어져서"라는 것은 총체적 원인(總因)을 밝힌 것이고, "어떤 것은 난생卵生으로……"라고 한 것은 사생을 따로따로 나타낸 것이다. 따라서 『금강선론』에서는 난생 등은 수생의 차별이고, 유색有色이나 (무색無色) 등은 거침·미세함의 차별이라고 하였다.〉[177] 이 설명에 따르면, '신분(몸)이 생겨난다'는 것은 사생에 의거해 설한 것이다.

然釋此文。有其兩解。一云。於六趣生死彼彼有情者。明所捨身。墮彼彼有情衆中者。辨所受身。所受身中。自有二類。一六趣身。二四生身。若依此釋。身分生起。通前二類。一云。所受身者。皆是四生。墮彼彼有情衆中。[1]是其總因。或有卵生等者。別顯四生。故金剛仙論云。卵生等者。受生差別。有色等者。麤細差別。若依此說。身分生起。依四生說。

---

1) ㉔ '中' 다음에 '者'가 누락된 듯하다.

㉣ 종자식에 의거해 수생의 차별에 대해 자세히 밝힘

경 이 중에서 맨 먼저 일체종자심식이 성숙하고, 전전하여 화합하며, 증장하고 광대해지니,

於中最初。一切種子心識成熟。展轉和合。增長廣大。

석 이하는 두 번째로 종자식에 의거해서 수생受生의 차별을 자세히 밝

---

177 『金剛仙論』 권2(T25, 805b21) 참조.

한 것이다.[178] 이 중에 두 가지가 있다. 처음은 수생의 분위分位의 차별을 밝힌 것이고, 나중은 종자식이 두 가지 집수에 의지함을 밝힌 것이다.

> 釋曰。自下第二約種子識。廣辨受生差別。於中有二。初明受生分位差別。復[1)]明種[2)]依二執受。
>
> 1) ㉔ '復'는 '後'인 듯하다. 2) ㉔ '種' 다음에 '識'이 누락된 듯하다. 뒤에서는 이 두 번째 과목을 '第二種識依二執受'라고 하였다.

a. 수생의 분위의 차별을 밝힘

이것은 처음에 해당한다. 경문에 세 개의 절이 있다. 처음에는 종자식의 성숙을 밝혔고, 다음에는 전전하여 화합함을 밝혔으며, 세 번째로 증장하고 광대해짐을 밝혔다.

> 此卽初也。文有三節。初明種識成熟。次展轉和合。三增長廣大。

● 종자식의 성숙, 전전화합, 증장광대

"이 중에서 맨 먼저 일체종자심식이 성숙하고"라는 것은 종자식의 성숙에 대해 밝힌 것이다. 말하자면 이 취趣에 태어나서 생을 받는 단계(受生位)에서 최초로 생을 이어 주는(結生) 일체종자심식이 성숙하는데, 처음 생을 이을 때 종자식이 성숙하여 갈라람羯羅籃([S] kalala)을 이루는 것을 일컬어 '생을 잇는다'고 한다.

---

178 초기 유식학 내에서 일체종자식(아뢰야식)은 윤회의 주체일 뿐만 아니라 동시에 신체를 유지·발달시키는 생명의 근원체로 받아들였다. 이하의 경문에서는 일체종자식의 공능에 의해 모든 근의 대종들이 점점 서로 화합하고 다시 점차로 증장하는 과정을 설하는데, 이것은 초기 유식학의 전통적 관점을 보여주는 대표적 사례다.

言於中最初一切種子心識成熟者。此明種識成熟。謂於此趣生受生位中。
最初結生一切種子心識成熟。初結生時。種識成熟。成羯羅藍。名爲結生。

따라서 『유가사지론』 제1권에서는 다음과 같이 말한다.

故瑜伽論第一卷云。

이때 부모의 탐애가 둘 다 절정에 이르러 최후에 결정적으로 각기 한 방울의 농후한 정혈을 배출하면 두 방울이 화합해서 모태 안에 머물면서 합쳐져 한 덩어리가 되는데, 이는 마치 숙성된 우유가 응결했을 때와 유사하다. 바로 이곳에, '일체종자의 이숙이 섭장되고 (그것을) 집수하는 소의로서의 아뢰야식'[179]이 화합하고 의탁한다.

'화합하고 의탁한다'는 것은 어떤 것인가? 말하자면 이 배출된 농후한 정혈이 한 덩어리로 합해지면 '전도의 연(顚倒緣)'과 더불어 중유中有가 함께 소멸하는데,[180] 소멸과 동시에 일체종자식의 공능의 힘으로 인

---

[179] 『瑜伽師地論』에 나온 "一切種子異熟所攝執受所依阿賴耶識"이라는 문구는 간단히 '일체종자아뢰야식' 또는 이 『解深密經』처럼 '일체종자식'이라 표현될 수 있다. 그런데 규기의 『瑜伽師地論略纂』 권1(T43, 5b11) 등에 따르면 이 문구에 대한 해석들이 분분한데, 그것은 일차적으로 이 '일체종자식'이라는 말이 ① 식에 담지된 '종자'를 뜻할 수도 있고 ② 종자를 담지하는 '식'을 뜻할 수도 있기 때문이다. 어느 관점에서 보는가에 따라 '일체종자, 이숙소섭, 집수소의, 아뢰야식'이라는 단어들의 관계가 다르게 분석될 수 있다. 그런데 이 『解深密經』에서는 결생상속할 때의 일체종자식의 역할을 설명하고 있으므로 다음과 같은 해석이 가능하다. 〈아뢰야식은 일체종자가 '이숙하면서 섭장되는 곳'이므로 '이숙소섭異熟所攝'이라 하였고, 그 일체종자가 아뢰야식에 의해 집수되는 대상(所執受)이라면 아뢰야식은 일체종자를 집수하는 주체(能執受)이자 소의所依이므로 '집수소의執受所依'라고 한 것이다.〉
[180] 『瑜伽師地論』에 따르면, 아직 생을 받지 못한 중유의 존재는 부모가 교합하는 것을 보면서 자기가 교합한다는 전도된 생각(顚倒)을 일으킨다고 한다. 여자가 되고 싶으면 아버지와 교합하려는 애욕이 생기고 남자가 되고 싶으면 어머니와 교합하려는 애욕이 생긴다. 부모가 절정의 순간에 배출된 정혈精血이 한 덩어리가 되는 순간, 그 중

해 그 밖의 미세한 근根 및 대종大種이 화합하여 생겨나고, 또 그 밖의 유근有根의 동분同分[181]도 정혈이 화합해서 생겨난다.[182] 이 시기에 있을 때 '식이 이미 머물며 결생상속結生相續[183]한다'고 설하니, 즉 이것을 갈라람위羯羅藍位라고 이름한 것이다.

이 갈라람 안에 모든 근들의 대종이 있는데, (처음에는) 오직 신근身根 및 근의 의지처(根所依處)의 대종들만 구생俱生한다.[184] (그 다음에) 곧 이 신근과 구생한 모든 근들의 대종의 힘으로 인해 안근 등 모든 근들이 차례로 생겨나고, 또 이 신근과 구생한 근의 의지처(부진근)의 대종의 힘으로 인해 모든 근의 의지처들이 차례대로 생겨난다. 저 모든 근 및 의지처가 다 갖추어져 생겨나기 때문에 '원만한 의지처의 성취(圓滿依止成就)'[185]라고 하는 것이다.[186]

유의 마지막 마음(中有末心)은 정혈에 대해 자기 몸이 그와 하나가 되었다는 전도된 생각을 일으킨다. 이 정혈이 바로 '중유의 마지막 몸(中有末身)'인데, 이것을 '전도의 연(顚倒緣)'이라 한다. 그 한 방울의 정혈, 즉 전도의 연은 무정물(非情)에 불과한 것인데, 다음 찰나 곧바로 거기에 식이 깃드는 순간 그것은 중유와 함께 소멸해 버리고 '유정'의 몸이 된다. 따라서 이 식이 머물게 되는 순간부터 '갈라람위羯羅藍位'라고 한다. 『瑜伽師地論』 권1(T30, 282c14), 둔륜의 『瑜伽論記』 권1(T42, 323b25) 참조.

181 유근有根의 동분同分 : 여기서 동분同分이란 '중동분衆同分'의 뜻으로, 어떤 유정이 '유정으로서의 동일성(類等)'을 갖고서 그런 유정으로 전전展轉하게 하는 것, 즉 '유류類' 또는 '유정'이라는 보편성을 말한다. 가령 사람은 사람의 동분을 가짐으로써 사람으로 전전하게 되고, 소는 소의 동분을 가짐으로써 소로서 전전하게 된다.

182 이 논에서는 감각 기관들을 가진 개별적 실체가 '정혈이 화합해서 생겨난다(和合搏生)'고 했는데, 여기서 '단생搏生'이라는 표현은 신체 기관들이 돌출하면서 생겨나는 것을 뜻한다.

183 결생상속結生相續 : 아직 몸을 받지 않은 중유中有의 상태에 있다가 새로운 생을 맺고 다음 생으로 계속 이어지는 것을 말한다.

184 여기서 말하는 '근根'이란 가령 신경조직처럼 눈에 보이지 않지만 실질적 작용을 하는 정미한 기관들을 가리키며, 이것을 승의근勝義根이라 한다. 또 '그 근의 의지처(根所依處)'란 그 정미한 기관들을 떠받치고 있는 물리적 토대, 즉 지·수·화·풍의 사대 물질로 이루어진 눈·코·입·귀·몸을 가리키며, 이것을 부진근扶塵根이라 한다.

185 원만한 의지처의 성취(圓滿依止成就) : 신체에 모든 감각 기관이 완전하게 다 갖추어진 상태를 말한다.

爾時。父母貪愛俱極。最後決定。各出一滴濃厚精血。二滴和合。住母胎中。合爲一段。猶如熟乳凝結之時。當於此處。一切種子異熟所攝。執受所依。阿賴耶識。和合依託。謂¹⁾此²⁾出濃厚精血成合一段。與顛倒緣。中有俱滅。同³⁾時。卽由一切種子識功能力故。有餘微細根及大種。和合而生。及餘有根同分。精血和合轉⁴⁾生。於此時中。說識已住結生⁵⁾續。卽此名爲羯羅藍位。此羯羅藍中。有諸根大種。唯與身根及根所依處大種俱生。卽由此身根俱生諸根大種力故。眼等諸根。次第當生。又由此身根俱生根所依處大種力故。諸根依處。次第當生。由彼諸根及所依處具足生故。名得圓滿依止成熟。⁶⁾

1) ㉘ 다른 판본에는 '謂' 다음에 '何和合依託謂'가 있다. ㉤『瑜伽師地論』권1(T30, 283a5)에는 '謂' 앞에 '云何和合依託'이 있는데, 이것을 보완하였다. 2) ㉤『瑜伽師地論』권1(T30, 283a5)에 따르면, '此' 다음에 '所'가 누락되었다. 3) ㉤『瑜伽師地論』권1(T30, 283a6)에 따르면, '同' 앞에 '與滅'이 누락되었다. 4) ㉤『瑜伽師地論』권1(T30, 283a9)에 따르면, '轉'은 '搏'의 오기다. 5) ㉤『瑜伽師地論』권1(T30, 283a9)에 따르면, '生' 다음에 '相'이 누락되었다. 6) ㉤『瑜伽師地論』권1(T30, 283a15)에는 '熟'이 '就'로 되어 있다.

나아가 그 논에서는 다음과 같이 말한다. "갈라람은 식識이 최초로 의탁하는 곳이니 곧 심장(肉心)이라 한다. 이와 같은 식은 이곳에 최초로 의탁했다가 곧 이곳에서 최후로 놓아진다."[187]

『구사론』 제9권에 의하면 "어떤 이는 말하길 '정혈이 근의 소의를 이룬다'고 하니, 말하자면 전찰나의 무근無根인 자가 중유와 동시에 멸하고 후찰나의 유근有根인 자가 무간으로 이어서 생겨난다.[188]"[189]고 하였고, 또

186 『瑜伽師地論』권1(T30, 283a1).
187 『瑜伽師地論』권1(T30, 283a18).
188 '전찰나의 무근無根인 자'란 부모가 교합의 절정에서 정혈을 배출해서 한 덩어리로 뭉친 순간을 말하며 이것은 바로 중유中有의 최후 찰나의 몸에 해당한다. 그 다음 찰나 일체종자식이 깃든 정혈을 '후찰나의 유근有根인 자'라고 하는데, 이것은 속생續生의 첫 순간에 해당하고 앞서 말한 '갈라람'에 해당한다.

"어떤 다른 논사는 말하길 '별도로 대종이 생겨나니 마치 버려진 똥에 의지하여 별도로 벌레가 생겨나는 것과 같다'고 한다."[190]고 하였다.

『유가사지론』에서 설한 것은 (『구사론』의) 첫 번째 논사의 해석과 동일한데,[191] 『순정리론』 제24권에 따르면 나중의 설을 정설로 취한다. 자세한 것은 그 논에서 설한 것과 같다.

> 乃至彼云。羯羅藍。識最初託處。卽名肉心。如是識[1)]此處最初託。卽從此處最後捨。依俱舍論第九云。有言。精血卽成根依。謂前無根。中有俱滅。後有根者。無間續生。又云。有餘師云。別生大種。如依葉糞。別有虫生。瑜伽所說。同初師釋。若依順正理二十四。取後說爲正。廣如彼說。
>
> 1) ⓐ『瑜伽師地論』권1(T30, 283a19)에 따르면, '識' 다음에 '於'가 누락되었다.

"전전하여 화합하며"라고 한 것에 대해 두 가지 해석이 있다.

한편에서는 다음과 같이 말한다. 〈최초로 생을 받을 때 식識이 연이 되어 근의 대종 등이 전전하며 화합하는 것이다.[192] 따라서 『유가사지론』 제1권에서는 "곧 일체종자식의 공능의 힘으로 인해 그 밖의 미세한 근 및 대종들이 화합하여 생겨난다."[193]는 등의 말을 하였다.〉

---

189 『俱舍論』권9(T29, 46c24).
190 『俱舍論』권9(T29, 46c29).
191 앞의 『俱舍論』의 인용문에는 정혈精血과 신근身根의 소의가 되는 대종大種의 관계에 대해 두 논사의 견해가 소개되었다. 전자는 정혈이 바로 신근의 소의처가 되는 대종이라고 주장하고, 후자는 정혈 이외에 별도의 대종이 생기는 것이라고 주장한다. 이 『瑜伽師地論』에서 "유근有根의 동분同分은 정혈이 화합해서 생겨난다."고 한 것은 감각기관을 가진 개체의 몸이 정혈의 결합으로 생겨난다는 것인데, 이것은 정혈이 바로 신근의 구성 물질(大種)이라는 말이므로 『俱舍論』의 첫 번째 견해와 같다고 하였다.
192 첫 번째 해석에 따르면, '전전화합展轉和合'이란 종자식은 오직 연緣이 될 뿐이고 실제로 화합하는 것은 몸을 이루는 근의 대종들이 점차적으로 화합해서 자라고 커지는 것을 말한다.
193 『瑜伽師地論』권1(T30, 283a7).

한편에서는 다음과 같이 말한다. 〈식과 갈라람이 전전하며 화합하는 것이다.[194] 따라서 『섭대승론』에서는 "모태 안에서 식과 갈라람이 다시 서로 화합한다."[195]고 하였다. 무성의 『섭대승론석』 제3권에서는 "이숙식과 그 적백赤白(정혈이 한 덩어리로 뭉친 것)이 안온과 위험을 함께하는 것을 말한다."[196]고 하였다. 세친이 『섭대승론석』에서 말한 뜻도 무성과 동일하다. 【양조梁朝 『섭대승론석』 제3권에서 다음과 같이 말한다. "논 이 식은 가라라柯羅邏(갈라람)에 의탁하여 모태 안에서 변하고 화합해서 생을 받는다. 석 이 식은 곧 의식意識이다. 동일한 때에 가라라와 상응하기 때문에 '가라라에 의탁한다'고 하였다. 이 과보식果報識은 이전의 염오식(의식)과는 다르기 때문에 '변한다'고 하였고, 전생의 업(宿業)의 공능으로 인해 (사대의) 풍풍을 일으켜서 적백(정혈)과 화합하여 식과 합해지도록 하기 때문에 '화합한다'고 하였으니, 즉 이것을 일컬어 '생을 받는다(受生)'고 한다."[197]】〉

言展轉和合者。此有兩釋。一云。初受生之時。以識爲緣。根大種等展轉和合。故瑜伽第一卷云。卽由一切種子識功能力故。有餘微細根及大種。和合而生等。一云。識與羯羅藍。展轉和合。故攝大乘論云。於母胎中。識羯羅藍。更相和合。無性釋論第三云。異熟與其赤白同一安危。世親釋論。意同無性。【梁朝攝論第三云。論云[1] 是識託柯羅邏。於母胎中。變合受生。釋曰。是識卽是意識。於一時中。與柯羅邏相應故。言託柯羅邏。此果報識。異前染汙識。故言變。由宿業功能起風。和合赤白。令與識同。言[2] 合。卽名此爲受生。】

1) ㉠『攝大乘論釋』 권3(T31, 169b28)에는 '云'이 '曰'로 되어 있다. 2) ㉠『攝大乘論釋』 권3(T31, 169c3)에 따르면, '言' 앞에 '故'가 누락되었다.

---

194 두 번째 해석에 따르면, '전전화합展轉和合'이란 종자식과 갈라람이 서로 화합함으로써 몸이 자라고 커지는 것을 말한다.
195 『攝大乘論本』 권1(T31, 135c29).
196 무성의 『攝大乘論釋』 권3(T31, 332a3).
197 세친의 『攝大乘論釋』 권3(T31, 169b28).

"증장하고 광대해지니"라고 한 것에 대해 또한 두 가지 해석이 있다.

한편에서는 다음과 같이 말한다. 〈이전의 '전전하며 화합했던(展轉和合)' 힘으로 인해 갈라람 등이 점차로 증장하는 단계(位)에서 근의 대종 등이 증장하고 광대해진다.〉[198]

한편에서는 다음과 같이 말한다. 〈화합하기 때문에 명名·색色[199]이 점차 증장하고 광대해진다. 따라서 『유가사지론』 제2권에서는 다음과 같이 말한다. "또 갈라람이 점차 증장할 때 명·색이 평등하게 증장하고 둘 다 점점 광대해진다. 이와 같이 증장하여 나아가 의지처(신체)가 원만해진다. 마땅히 알라. 이 중에서 지계地界로 인해 '의지처를 만드는 색(依止造色)'이 점점 증장하고 광대해진다. 수계水界로 인해 유지되어 (흩어지지 않기) 때문이다. 화계로 인해 성숙해지고, 그것이 견고해지게 하니, 물기를 없애기 때문이다.[200] 풍계로 인해 지절肢節들이 나뉘어 각기 그 자리를 차지하게 된다."[201]〉

言增長廣大者。亦有兩釋。一云。由前展轉和合力故。羯羅藍等。漸增長位。根大種等。增長廣大。一云。由和合故。名色漸漸增長廣大。故瑜伽第二云。又羯羅藍漸增長時。名之與色平等增長。俱漸廣大。如是增長。乃至依止圓滿。應知。此中由地界故。依止造色漸漸增廣。由水界攝持故。[1] 由火界成

---

198 이 해석은 앞의 '전전화합'에 대한 첫 번째 해석과 그 맥락이 동일한 것이다. 말하자면 갈라람이 식 자체와 화합한다는 두 번째 해석과는 달리, 이 해석에 의하면 '일체종자식의 공능의 힘'이 연緣이 되어 갈라람에서 그 밖의 근의 대종들이 화합하는 것이다.
199 명名·색色 : 여기서는 유정有情으로서 갈라람에서 심·심소에 해당하는 것을 명名이라 하였고, 물리적 몸을 색色이라 하였다.
200 "수계로 인해 유지되어……물기를 없애기 때문이다."라는 인용문은 『瑜伽師地論』의 원문과는 차이가 있다. 현존하는 『瑜伽師地論』에는 "由水界故。攝持不散。由火界故。成熟堅鞕。由無潤故。由風界故。分別肢節。各安其所。"라고 되어 있다. 그러나 자체 교감주에 따르면, 원측 소에서 인용된 문장과 동일한 판본도 있었던 듯하다.
201 『瑜伽師地論』 권2(T30, 284b6).

熟故.²⁾ 令其³⁾堅梗.⁴⁾ 由無閏⁵⁾故. 由風界故. 分別支⁶⁾節. 各安其所.

---

1) ㉼『瑜伽師地論』권2(T30, 284b8)에는 '由水界攝持故'가 '由水界故攝持不散'으로 되어 있고, 교감주에 따르면 전자로 된 판본도 있었던 듯하다. 2) ㉼『瑜伽師地論』권2(T30, 284b9)에는 '由火界成熟故'가 '由火界故成熟'으로 되어 있고, 교감주에 따르면 전자로 된 판본도 있었던 듯하다. 3) ㉼『瑜伽師地論』권2(T30, 284b9)에는 '令其'가 없는데, 교감주에 따르면 두 글자가 들어간 판본도 있었던 듯하다. 4) ㉼『瑜伽師地論』권2(T30, 284b10)에는 '梗'이 '鞭'으로 되어 있는데, 둘 다 의미가 불분명하다. 전후 문맥상 '硬'의 의미인 듯하다. 5) ㉼『瑜伽師地論』권2(T30, 284b10)에 따르면 '閏'은 '潤'의 오기다. 6) ㉼『瑜伽師地論』권2(T30, 284b10)에는 '支'가 '肢'로 되어 있다.

● 수생의 분위

분위分位에는 두 종류 분위가 있다. 첫째는 태장팔위이고, 둘째는 통상팔위이다.

若分位者. 有二種位. 一者胎藏八位. 二者通相八位.

⊙ 태장팔위胎藏八位

태장팔위란 갈라람 등을 말한다.[202] 따라서 『잡집론』 제6권에서는 다음

---

[202] 이하에서 태장팔위胎藏八位에 대한 해석들을 자세하게 소개하는데, 이것은 모태 안에서 몸이 성장하는 단계를 여덟 가지로 나눈 것이다. ① 갈라람위羯羅藍位(⑤ kalala-avasthā)는 수태 후의 7일간을 가리킨다. ② 알부담위遏部曇位(⑤ arbuda-avasthā)는 수태 후 8~14일이며, 이 시기에 그 모양이 창포창포와 같다. ③ 폐시위閉尸位(⑤ peśī-avasthā)는 수태 후 15~21일이며, 그 모양이 취혈聚血과 같다. ④ 건남위鍵南位(⑤ ghana-avasthā)는 수태 후 22~28일이며, 그 모양이 점점 견고해져서 신근과 의근이 생기는데, 아직 눈·귀·코·혀 등은 생기지 않는다. ⑤ 발라사구위鉢羅賒佉位(⑤ praśākhā-avasthā)는 수태 후 29~35일이며, 살덩이가 커지고 비로소 사지와 신체의 형상이 나타난다. ⑥ 발모조위髮毛爪位(⑤ keśaromanakha-avasthā)는 수태 후 36~42일이며, 이미 머리카락과 손톱 등이 생긴다. ⑦ 근위根位(⑤ indriya-avasthā)는 수태 후 43~49일이며, 눈·귀·코·혀 등의 네 근이 완전하게 갖추어진다. ⑧ 형위形位(⑤ vyañjana-avasthā)는 수태한 지 50~56일 이후이며 형상이 완전히 갖추어진 단계다.

과 같이 말한다.

이 다음부터 근이 점차 생장하니, 예를 들어 연기緣起 중에서 설한 것과 같다.[203]……그러므로 열거해서 게송으로 말한다.

> 최초로 갈라람羯羅藍이 생기고
> 다음에 알부담遏部曇이 생기며
> 이로부터 폐시閉尸가 생기고
> 폐시에서 건남鍵南이 생기며
> 다음에 발라사구鉢羅賖佉가 생기네
> 마지막으로 머리털·손톱 등과
> 또 색근과 형상이
> 점차로 나고 자라네[204]

또 『유가사지론』 제2권에서는 다음과 같이 말한다. "다시 이 태장팔위는 차별되는데, 팔위란 어떤 것인가? 갈라람위羯羅藍位, 알부담위遏部曇位, 폐시위閉尸位, 건남위鍵南位, 발라사구위鉢羅賖佉位, 발모조위髮毛爪位, 근위根位, 형위形位를 말한다. 만약 이미 응결되었는데 전箭의 속처럼 성기다면 '갈라람'이라 이름한다. 만약 겉과 속이 마치 우유(酪) 같고 아직 살(肉)이 붙은 단계에 이르지 않았다면 '알부담'이라 이름한다. 만약 이미 살이 붙었는데 지극히 유연하다면 '폐시'라고 이름한다. 만약 이미 단단하고 두터워져서 조금이라도 마찰(摩觸)에 견딜 수 있으면 '건남'이라 이름한다. 곧

---

203 '연기 중에서 설하는 것과 같다'는 것은 십이연기설을 생을 받는 단계(受生位) 이후 태 속에서 점차로 근이 형성되는 과정으로 해석하는 것을 말하는데, 특히 다음의 게송에 나온 태장팔위는 명색名色 등이 변화하는 전후 차례를 설명한 것이다.
204 『雜集論』 권6(T31, 722b10).

이 살덩이가 증장하여 사지로 나뉜 모습이 나타나면 '발라사구'라고 이름한다. 이 이후에 머리털·손톱이 나타나면 이런 위(발모조위)라고 이름한다. 이 이후에 안근 등이 생겨나면 근위라고 이름한다. 이 이후부터는 그것의 소의처(신체)가 분명하게 현현하므로 형위라고 이름한다."[205]

胎藏八位。謂羯羅藍等。故雜集第六云。自此已後。根漸生長。如緣起[1]說。故列頌云。最初羯羅藍。次生遏[2]部曇。從此生閉尸。閉尸生鍵南。次鉢羅賒[3]佉。後髮毛爪等。及色根形相。漸漸而生長。又瑜伽第二云。復次。此胎藏八位差別。何等爲八。謂羯羅藍位。遏部曇位。閉尸位。鍵南位。鉢羅賒佉位。髮毛爪位。根位。形位。若已結凝。箭內稀。名羯羅藍。若表裏如酪。未至肉位。名遏部曇。若已成肉。仍極柔㲉[4]。名閉尸。若已堅厚。稍勘[5]摩觸。名爲鍵南。卽此肉團[6]增長。支分相現。名鉢羅賒佉。從此以後。髮毛爪現。卽名此位。從此以後。眼等[7]生。名爲根位。從此以後。彼所依處分別[8]顯現。名爲形位。

1) ㉭『雜集論』권6(T31, 722b10)에 따르면, '起' 다음에 '中'이 누락되었다. 2) ㉭『雜集論』권6(T31, 722b13)에는 '遏'이 '頞'로 되어 있다. '알'의 음사이므로 둘 다 무방하다. 3) ㉭『雜集論』권6(T31, 722b15)에는 '賒'가 '奢'로 되어 있다. '사'의 음사이므로 둘 다 무방하다. 4) ㉭『瑜伽師地論』권2(T30, 285a1)에 따르면, '㲉'은 '軟' 혹은 '㺃'으로 수정해야 한다. 5) ㉭『瑜伽師地論』권2(T30, 285a2)에 따르면, '勘'은 '堪'의 오기다. 6) ㉭『瑜伽師地論』권2(T30, 285a2)에는 '團'이 '搏'으로 되어 있다. 7) ㉭『瑜伽師地論』권2(T30, 285a4)에 따르면, '等' 다음에 '根'이 누락되었다. 8) ㉭『瑜伽師地論』권2(T30, 285a5)에 따르면, '別'은 '明'의 오기다.

【대당 삼장은 다음과 같이 말한다. 〈갈라람은 여기 말로 '화합和合'이라 한다. 알부담頞部曇은 여기 말로 포胞라고 한다. 폐시는 여기 말로 응혈凝血이라 한다. 건남은 여기 말로 견후堅厚라고 한다. 발라사구는 여기 말로 지분支分이라 하니, 발라는 여기 말로 '분'이고 사구는 여기 말로 '지'이다.〉 진제 삼장은 다음과 같이 말한다. 〈본식本識이 부모님의 유

---

205 『瑜伽師地論』권2(T30, 284c26).

체遺體(정혈)와 화합하는 것을 '생을 받는다(受生)'고 한다. 태장 안에서는 간략히 다섯 단계가 있다. 첫째는 가라라柯羅邏이니, '응활凝滑'이라 번역한다. 식識이 부모의 정혈과 화합하여 마치 묽은 우유(薄酪)처럼 되면 곧 '근根'이라고 집착하는데, 이때를 일컬어 '최초로 생을 받는다'고 한다. 둘째로 14일째까지 알호타頞呼陀라고 하고,[206] '태결胎結'이라 번역한다. 처음에는 하나의 태에 묶여서 응활(가라라, 갈라람) 가운데 있는데, 마치 엉긴 소蘇가 하얀 낙유酪乳에 떠 있는 것과 같다. 셋째로 21일째까지 폐시라고 하고, '육단肉團(살덩이)'이라 번역한다. 남자는 위가 넓고 아래가 좁으며 여자는 아래가 넓고 위가 좁다. 살이 여전히 조금 부드러운 상태다. 넷째로 28일째까지 가하나伽訶那라고 하고, '견실堅實'이라 번역한다. 이때 살덩이가 비로소 단단해진다. 다섯째로 35일째까지 파라사구波羅捨佉라고 하고, '지지枝枝'라고 번역한다. 이때 비로소 머리와 발과 손과 다리 등의 모습이 나타나고, 비로소 업풍業風이 불어 아홉 구멍을 찢어 열리게 해서 매우 고통스런 느낌을 발생시킨다. 그 이후(36일 이후)로는 근육과 뼈와 머리카락과 손톱 등이 있게 된다.〉 양梁『섭론소攝論疏』제5권의 설과 같다.】

【大唐三藏云。羯羅藍。此云和合。頞部曇。此云胞。閉尸。此云凝血。鍵南。此云堅厚。鉢羅奢佉。此云支分。鉢羅。此云分。奢佉。此云文。眞諦三藏云。本識與父母遺體和合。名爲受生。於胎藏中。略有五位。一者柯羅邏。翻爲凝滑。識與父母精血和合。如薄酪。即執爲根。爾時名爲初受生。二者第二七日。名頞呼陀。翻爲胎結。始有一胎結在凝滑中。如凝蘇在白酪乳中。三者第三七日。名閉尸。翻爲肉團。男則上闊下狹。女則下闊上狹。肉猶少軟。四者第四七日。名伽訶那。翻爲堅實。爾時肉團始堅強。五者第五七日。名彼[1)]羅捨佉。翻爲枝枝。爾時。始有頭足手脚等相貌。方有業風吹。破開九孔。生大苦受。次後以去。則有舫肉骨髮爪等。梁攝論疏第五卷

---

[206] 처음의 갈라람위는 수태 후의 7일간을 말하고, 다시 '두 번째 칠일(第二七日)', 즉 8일째부터 14일째까지를·알호타頞呼陀(알부담위)라고 한다. 이하에 나온 '세 번째 칠일(第三七日)' 등도 이에 준해서 알면 된다.

說。】
―――――――
1) ㉠ '彼'는 '波'의 오기인 듯하다.

  🔲 갈라람 등의 팔위는 어느 정도 시기가 지나야 원만해지는가?
  🔲 『유가사지론』 제2권에서 설한 것과 같으니, 그 논에서 다음과 같이 말한다. "또 태 안에서 266일 지나면 이 태장에 모든 사지들이 다 갖추어지고, 이로부터 다시 4일이 지나서 비로소 출생하게 된다. 예를 들어 박가범께서 『입태경入胎經』에서 자세하게 설하신 것과 같다. 이것은 '지극히 원만하게 갖추어진 자(極滿足者)'를 설하신 것인데, 간혹 9개월을 경과하거나 이보다 더 지나기도 한다. 오직 8개월만 경과했어도 '원만하다(圓滿)'고 하지만 '지극히 원만하다'고는 하지 않는다. 7개월이나 6개월이 경과했다면 '원만하다'고 하지 않는다. 혹은 더 결감되기도 한다."²⁰⁷

  問。羯羅藍等八位。經幾許時。方¹⁾得圓滿。答。如瑜伽論第二卷說。彼云。又於胎中。經三十八七日。此之胎藏一切支分。皆悉具足。從此以後。復經四日。方乃出生。如薄伽梵於入胎經廣說。此說極滿足者。或經九月。或復過此。若²⁾經八月。此名圓滿。非極圓滿。若經七月六月。不名圓滿。或復缺減。
―――――――
1) ㉯ '方'은 '可'인 듯하다.   2) ㉠ 『瑜伽師地論』권2(T30, 284c21)에는 '若' 다음에 '唯'가 있다.

  【『오왕경』에서는 다음과 같이 말한다. "어떤 것을 일컬어 태어나는 고통(生苦)이라 하는가? 사람이 죽을 때 정신精神이 어떤 도道에 가게 될지 알지 못하고, 아직 태어날 곳을 얻지 못하며, 아울러 중음中陰의 형상을 받는데, 그 21일째까지는 부모가 화합하면 곧장 수

―――――――
207 『瑜伽師地論』권2(T30, 284c17).

태될 곳에 들어온다. 첫 번째 7일간은 마치 묽은 우유 같다. 14일까지는 마치 걸쭉해진 우유(稠酪) 같다. 21일까지는 마치 엉긴 소蘇 같다. 28일까지는 마치 고기 조각 같다. 35일까지는 다섯 개의 포胞가 성숙하고,[208] 교풍巧風(業風)이 배 속으로 들어가 그 신체를 불어 대면 육정六情(여섯 가지 근들)이 열려서 커진다. 엄마 배 속에서 생장生藏의 아래이고 숙장熟藏의 위인 곳에 있는데, 어머니가 한 잔의 뜨거운 음료를 마시면 그의 신체에 내리부어져서 마치 가마 속 끓는 물에 들어간 것 같고, 어머니가 한 잔의 차가운 물을 마시면 또한 차가운 얼음이 몸을 베는 것 같으며, 어머니가 배부를 때는 그의 몸통을 짓눌러서 말할 수 없이 아프고, 어머니가 굶주릴 때는 배 속이 헐렁해져서 또한 거꾸로 매달린 것 같이 한량없는 고통을 받는다. 달수가 다 차서 태어나려 할 때는 머리가 산문産門을 향하는데 옥죄는 것이 마치 두 산 골짜기에 돌이 낀 것과 같다. 태어나려고 할 때 어머니가 위험하면 아비가 두려워하고, 태어나서 풀 위에 떨어질 때 신체가 섬세하고 부드러워서 풀이 그 몸에 닿으면 마치 칼날을 밟는 것 같아 갑자기 소리를 놓아 크게 울부짖는다. 이것이 바로 큰 고통이다."[209]

【五王經云。何謂生苦。人死之時。不知精神趣向何道。未得生處。普[1)]受中陰之形。至其三七日中。父母和合。便來受胎。一七日如薄酪。二七日如禂[2)]酪。三七日如凝蘇。[3)] 四七日如肉團。[4)] 五[5)]胞成熟。[6)] 巧風入腹。吹其身體。六情開張。在胎[7)]中。生藏之下。熟藏之上。母歠[8)]一杯熱食。灌其身體。如入鑊湯。母飲一杯冷水。亦如寒氷切身。[9)] 母飽之時。迫迮[10)]身體。痛石[11)]可云。[12)] 母飽[13)]之時。腹中了了。亦如倒懸。受苦無量。至月[14)]滿。欲生之時。頭向産門。劇如兩石挾山。欲生之時。母危父怖。生墮草上。身體細軟。草觸其身。如履刀劒。忽然失聲大呼。此是大苦。[15)]

1) ㉠『五王經』 권1(T14, 796a29)에 따르면, '普'는 '並'의 오기다. 2) ㉠『五王經』 권1(T14, 796b2)에 따르면, '禂'는 '稠'의 오기다. 3) ㉠『五王經』 권1(T14, 796b2)에

---

[208] 이것은 태장팔위 중에 다섯 번째 단계인 '발라사구위'로서, 장차 머리·양손·두 발이 될 부위들이 포胞의 형태로 돌출하는 단계를 말한다.
[209] 『五王經』(T14, 796a28).

는 '蘇'가 '酥'로 되어 있다. 4) ㉲ 『五王經』 권1(T14, 796b3)에 '團'은 '臠'으로 되어 있다. 5) ㉲ 현존하는 『五王經』의 본문에는 '五七日'이라는 문구가 없지만, 전후의 문구와 대조해 볼 때 '五' 앞에 '五七日'을 넣거나 '五' 다음에 '七日'을 넣어야 한다. 『五王經』의 이 인용문은 다른 불교 논서들에도 많이 인용되는데, 예를 들어 둔륜의 『瑜伽論記』 권1(T42, 324c20)에는 "四七日如肉變。五七日胞成熟……"이라고 되어 있고, 『法苑珠林』 권66(T53, 791b20)에는 "四七日如肉摶。五七日五皰成就……"라고 되어 있다. 6) ㉲ 『五王經』 권1(T14, 796b3)에는 '熟'이 '就'로 되어 있는데, 의미상 차이는 없다. 7) ㉲ 『五王經』 권1(T14, 796b4)에는 '胎'가 '母腹'으로 되어 있는데, 전후 문맥상 후자가 더 적절하다. 8) ㉲ 『五王經』 권1(T14, 796b5)에 따르면, '噉'은 '噉'의 오기다. 9) ㉲ 『五王經』 권1(T14, 796b6)에는 '身'이 '體'로 되어 있는데, 의미상 차이는 없다. 10) ㉲ 『五王經』 권1(T14, 796b7)에 따르면, '迄'은 '迨'의 오기다. 11) ㉲ 『五王經』 권1(T14, 796b7)에 따르면, '石'은 '不'의 오기다. 12) ㉲ 『五王經』 권1(T14, 796b7)에는 '云'이 '言'으로 되어 있다. 13) ㉲ 『五王經』 권1(T14, 796b7)에 따르면, '飽'는 '饑'의 오기다. 14) ㉲ 『五王經』 권1(T14, 796b8)에는 '月滿'이 '其滿月'로 되어 있는데, 의미상 차이는 없다. 15) ㉲ 『五王經』 권1(T14, 796b11)에는 '大苦'가 '苦不'로 되어 있는데, 의미상 큰 차이는 없다.

또 『대집경』 제24권에서는 다음과 같이 말한다. "'태어나는 고통을 관한다'는 것은 어떤 것을 말하는가? 업의 인연을 따라서 부모가 화합하면, 최초로 의식意識을 받는 가라라歌羅羅일 때는 그 몸이 마치 정력자亭歷子[210]만 하다. 이때는 아직은 들어가고 나오는 기식氣息(숨)은 있지 않다."[211] 나아가 다음과 같이 말한다. "가라라 시기는 42일까지 지속되고, 42일부터 바꿔서 알부타頞浮陀라고 이름한다. 이때 형색은 마치 작은 대추(小棗)만 하고 49일까지 지속되다가 바꿔서 가나伽那라고 이름한다. 이때 형색은 마치 호두 껍데기(胡桃穀)만 하고 56일까지 지속되다가 바꿔서 폐시閉尸라고 부른다. 형색은 마치 빈바라 과일(頻婆羅菓)[212]만 하고 이때 몸 주변에 다섯 개의 포胞가 튀어나오니, 즉 머리와 양손과

---

210 정력자亭歷子 : 지극히 작은 사물을 가리키는 말이다. 『四分律鈔簡正記』 권16(X43, 443c2)에는 "정력자란……가령 겨자잎이나 유마油麻(참깨)보다 더 미세하다. 지금 이것을 든 것은 극히 작은 사물을 표현한 것이다."라는 말이 나온다.
211 『大方等大集經』 권24(T13, 169a29).
212 빈바라 과일(頻婆羅菓) : 빈바과頻婆菓 혹은 빈려과頻蠡果라고도 하며, 남방 지역에서 나는 과일로서 중국에는 없다. 『一切經音義』 권23(T54, 452b1)에서는 그 모양이 이 지역의 능금(林檎)과 비슷하고 선명한 붉은색이라 하였고, 『瑜伽論記』 권2(T42, 339a26)에서는 그 모양이 탱자(枳)와 유사하다고 하였다.

두 발이다. 91일까지는 비로소 장腸 모양을 갖게 되고, 140일까지는 남녀의 근이 구별되며, 147일까지는 뼈마디가 비로소 생긴다. 나아가 252일까지는 그 몸에 혈액·살·털·근들이 갖추어지고, 266일까지는 몸의 사지가 갖추어진다. (그 다음에) 4일 밤낮을 태 안의 냄새 나는 곳에 머물러 있는데, 이때 다시 본생本生의 일을 기억해 낸다. 기억해 내고서 시름겹게 괴로워하면서 다음과 같이 생각하며 말한다. '내가 태 밖으로 나가면 마땅히 선법을 닦으리라. 바라건대, 나중에 다시는 이런 곳에 태어나지 말아야겠다. 수행을 게을리하지 않고 생을 받는 일을 멀리 떠나리라.' 비로소 모태 밖으로 나오면, 이때는 온몸이 압박 받는 고통을 받고, 바람이 들어와 몸에 닿으면 또한 다시 고통을 받는다. 몸이 처음에 땅에 닿아서 물로 씻어 주면 다시 큰 고통을 받으니, 마치 지옥과 같다. 이때 다시 전생의 일에 대한 기억을 잃어버리게 되니, 태어나서 다시 늙고 병들고 죽는 고통이 뒤따라 다니면서 놓아주질 않는 것이다."²¹³ 자세하게 설하면 그 경과 같다.】

又大集經二十五¹⁾云。云何名爲觀於生苦。從業因緣。父母和合。初受意識。歌羅羅時。其身猶如亭歷子許。是時未有入出氣息。乃至云。歌羅羅時。住七日。七七日轉名頞浮陀。是時形色猶如小來。²⁾住七七日。轉名伽那。是時形色如胡桃穀。住八七日。轉名閉尸。形色猶頻婆羅菓。是時身邊有五胞出。謂頭手脚。十三七日。始有腹³⁾相。二十七日。男女根別。二十一七日。始生骨節。乃至三十六七日。⁴⁾其身具足血肉毛根。三十八七日。其足身枝。四日⁵⁾夜。住在胎⁶⁾中髲⁷⁾穢之處。爾時。還憶本生之事。憶已愁苦。作是念言。若我出胎。當脩善法。願後更莫生如是處。脩不放逸。遠離受生。始出母胎。爾時。擧身受迫迮苦。外⁸⁾風觸手⁹⁾身。亦復受苦。身初至地。以水摩洗。復受大苦。猶如地獄。爾時。還失憶宿命事。生已復有老病死。¹⁰⁾隨逐不捨。具說如彼。】

---

1) ㉠ '五'는 '四'의 오기다. 2) ㉯ '來'는 '棗'인 듯하다. ㉠『大集經』권24(T13,

213 『大方等大集經』권24(T13, 169b10).

169b11)에 따르면, '棗'가 바르다. 3) ㉠『大集經』권24(T13, 169b14)에 따르면, '腹'은 '腸'의 오기다. 4) ㉠『大集經』권24(T13, 169b16)에는 '日' 다음에 '中'이 있다. 5)『大集經』권24(T13, 169b17)에는 '日' 다음에 '四'가 있다. 6)『大集經』권24(T13, 169b17)에 따르면, '胎'는 '腹'의 오기다. 7)『大集經』권24(T13, 169b18)에는 '髡'가 '臭'로 되어 있는데, 의미는 동일하다. 8) ㉠『大集經』권24(T13, 169b22)에 따르면, '外'는 '入'의 오기다. 9)『大集經』권24(T13, 169b22)에 따르면, '手'는 잉자다. 10) ㉠『大集經』권24(T13, 169b24)에 따르면, '死' 다음에 '苦'가 누락되었다.

(태장팔위를) 자세하게 분별하면 『해탈도론』 제7권 및 『입태경』에서 설한 것과 같다.

若廣分別。如解脫道論第七卷。及入胎經說。

⊙ **통상팔위**通相八位

통상팔위란 예를 들어 『유가사지론』 제2권에서 다음과 같이 설한다. "팔위란 무엇인가? 처태위處胎位, 출생위出生位, 영해위嬰孩位, 동자위童子位, 소년위少年位, 중년위中年位, 노년위老年位, 모숙위耄熟位를 말한다. 처태위란 갈라람 등을 말하고, 출생위란 이 다음부터 모숙위까지를 말한다. 영해위란 걸어 다니면서 놀 수 있게 되기 전까지를 말한다. 동자위란 그런 일을 할 수 있는 단계를 말한다. 소년위란 욕망의 경계를 받아들이는 단계로부터 30세까지를 말한다. 중년위란 이 단계로부터 50세까지를 말한다. 노년위란 이 단계로부터 70세까지를 말한다. 이 이후부터는 모숙위라고 한다."[214]

通相八位者。如瑜伽第二云。云何八位。謂處胎位。出生位。嬰孩位。童子位。少年位。中年位。老年位。耄熟位。處胎位者。謂羯羅藍等。出生位者。

---

[214] 『瑜伽師地論』 권2(T30, 289a19).

謂從此後。乃至耄熟。嬰孩位者。謂乃至未能遊行嬉戲。童子位者。謂能爲彼事。少年位者。謂能受用欲塵乃至三十。中年位者。謂從此位乃至五十。老年位者。謂從此位乃至七十。從此已上。名耄熟位。

b. 종자식이 두 가지 집수에 의지함을 밝힘

경 두 가지 집수執受에 의지하니,

依二執受。

석 두 번째는 종자식이 두 가지 집수에 의지함을 밝힌 것이다.[215] 이 중에 세 가지가 있다. 처음은 표장標章으로서 수를 든 것이고, 다음은 수에 의거해 이름을 나열한 것이며, 마지막은 계界에 의거해 분별한 것이다.

釋曰。第二種識依二執受。於中有三。初標章擧數。次依數列名。後約界分別。

a) 표장으로서 수를 듦

이것은 처음에 해당한다. 이상으로 이미 근根 등이 식識에 의지해서 생기하고 증장함을 밝혔고, 이하는 식이 색근 등에 의지함을 밝힌 것이다.

---

215 이상에서는 일체종자식의 공능으로 인해 몸을 이루는 대종들이 화합하고 증장하는 과정을 설했는데, 이하의 경문에서는 다시 '일체종자식이 몸과 종자에 의지하는' 측면에 대해 설명한다. 일체종자식은 최초의 수생위受生位에서는 최초의 몸(身分)을 성장시키는 생명의 원동력이면서 동시에 몸·종자에 의탁해서 존재하는 것이기도 하다.

此卽初也。上來已辨根等依識生起增長。此下明識依色根等。

b) 수에 의거해 이름을 나열함

경 첫째는 유색의 모든 근들(有色諸根)과 소의所依를 집수하는 것이고, 둘째는 상相·명名·분별分別의 언설희론습기를 집수하는 것이다.

一者。有色諸根及所依執受。二。[1] 相名分別言說戲論習氣執受。

1) ㉢『解深密經』권1(T16, 692b13)에 따르면, '二' 다음에 '者'가 누락되었다.

석 이것은 두 번째로 수에 의거해 이름을 나열한 것이다. 말하자면 수생위에 이숙식이 있는데 두 종류를 집수하여 소연 경계로 삼는다.[216] 첫째는 오근과 그 소의인 색·향·미·촉을 집수하여 의지할 곳으로 삼는 것이다. 둘째는 상·명·분별의 세 가지 법의 습기를 집수하여 소연 경계로 삼는 것이다. 무루의 종자는 제외하니, 그것은 소연이 아니기 때문이다.
이 식에 의해 섭수되는 대상은 모두 소연이다.

釋曰。此卽第二依數列名。謂受生位有異熟識。執受二種。爲所緣境。一者執受五根及彼所依色香味觸。爲所依止。二者。執相名分別三法習氣。爲所緣境。除無漏種。非所緣故。此所攝受。皆是所緣。

---

216 『瑜伽師地論』에 따르면, 부모의 정혈이 한 덩어리로 결합해서 갈라람이 만들어지는 순간 아뢰야식(일체종자식)이 거기에 결합한다. 이때 식은 두 가지를 집수하는데, 즉 신체와 습기를 말한다. 이 중에서 '신체'는 다섯 가지 정묘한 감각 기관(五根 : 승의근勝義根)과 근의 물리적 토대를 이루는 사대소조四大所造의 색·향·미·촉의 사진四塵(부진근扶塵根)으로 구분된다. 또 '습기'란 종자를 가리키며, 유식학 내에서는 형상(相)과 이름(名)을 결합시키는 분별分別로 인해 형성된 언어적 습기들을 가리킨다. 아뢰야식은 이 두 가지를 내적으로 집수執受함으로써 전생에서 금생을 잇는 윤회의 주체로서 기능한다.

그러므로 『유가사지론』 제51권에서는 다음과 같이 말한다. "아뢰야식에 대해 간략히 설한다면, 두 종류 소연 경계를 따라서 전전한다. 첫째는 내적인 집수(內執受)[217]를 요별하기 때문이고, 둘째는 외적인 무분별의 기세간상(外無分別器相)을 요별하기 때문이다. '내적인 집수를 요별한다'는 것은 변계소집자성의 망집습기 및 모든 근들과 그 근의 의지처를 요별하는 것을 말하니, 이것은 유색계(有色界)에 있을 경우다. 무색계에서라면, 오직 습기만 있어서 (그것을) 집수하고 요별한다. '외적인 무분별의 기세간상을 요별한다'는 것은, '내적인 집수를 소연으로 삼는 아뢰야식에 의지하기 때문에 모든 때 끊어짐이 없는 기세간상'[218]을 요별하는 것을 말한다. 비유하면 등의 불꽃이 생길 때 안으로 기름 심지를 잡고 있고 밖으로 광명을 발하는 것처럼, 이와 같이 아뢰야식이 내적인 집수(습기, 몸)를 소연으로 삼고 외적인 기세간상을 소연으로 삼아서 생기하는 도리도 이와 같음을 알아야 한다."[219]

또 『성유식론』 제2권에서 다음과 같이 말한다. 〈아뢰야식의 소연은 세 종류가 있다. 첫째는 기세간이고, 둘째는 유루의 종자이며, 셋째는 유근신(有根身)이니라.[220] 아뢰야식의 인연의 힘으로 인해 지체가 생할 때 안으로

---

217 내적인 집수(內執受) : 여기서 집수란 아뢰야식에 의해 '집수된 것(所執受)'을 가리키며, 구체적으로는 종자들(습기) 그리고 감각 기관을 가진 신체(有根身)를 말한다.
218 "내적인 집수를 소연으로 삼는 아뢰야식에 의지하기 때문에 모든 때 끊어짐이 없는 기세간상"이란 아뢰야식의 소연 경계인 기세간상의 특징을 서술한 것이다. 앞서 말했듯, 아뢰야식은 내적으로는 종자·몸을 집수執受하고 외적으로는 기세간器世間을 인식 대상으로 삼아 요별한다. 그런데 아뢰야식이 외적 기세간을 요별할 때, 아뢰야식은 외적인 기세간상들을 산출해 내는 공상종자共相種子를 내적으로 집수執受하고 있기 때문에 그 종자로부터 그 상들을 항상 끊임없이 변현해 낸다. 위 인용문에서 "내적인 집수를 소연으로 삼는 아뢰야식에 의지하기 때문"이라 했는데, 기세간상을 산출해 내는 공상종자를 '내적인 집수(內執受)'라고 하였고, 아뢰야식에 집수된 그 공상종자로부터 끊임없이 외부 기세간상들을 변현해 내기 때문에 '모든 때 끊어짐이 없는 기세간상'이라고 하였다. 『瑜伽論記』 권13(T42, 597c23) 참조.
219 『瑜伽師地論』 권51(T30, 580a2).
220 『成唯識論』에서 말한 아뢰야식의 세 종류 소연은 『瑜伽師地論』에서 말한 내집수內執

종자 및 유근신으로 변현하고 밖으로 기세간으로 변현하면, 곧 변현된 것을 자기의 소연所緣(인식 대상)으로 삼는다. 행상行相(인식 작용)이 그에 의지해서 일어날 수 있기 때문이다.〉²²¹ 자세하게 설하면 그 논과 같다.

是故瑜伽五十一云。謂若略說阿賴耶識。由於二種所緣境轉。一由了別內執受故。二由了¹⁾外無分別器相故。了別內執受者。謂能了別遍計所執自性妄執習氣。及諸色根根所依處。此於有色界。若在無色。唯²⁾習氣執受了別。了別外無分別器相者。謂能了別依止緣內執受阿賴耶識故。於一切時無有間斷器世間相。譬如燈焰生時。內執膏炷。外發光明。如是阿賴耶識。緣內執受。緣外器相。生起道理。應知亦爾。又成唯識第二卷云。賴耶所緣。有其三種。一器世間。二有漏種。三有根身。阿賴耶識因緣力故。自體生時。內變爲種及有根身。外變爲器。卽以所變爲自所緣。行相杖之而得起故。廣說如彼。

1) ㊅『瑜伽師地論』 권51(T30, 580a4)에 따르면, '了' 다음에 '別'이 누락되었다. 2) ㊅『瑜伽師地論』 권51(T30, 580a7)에 따르면, '唯' 다음에 '有'가 누락되었다.

● 집수執受의 의미

이 경문에서 말한 '집수執受'의 의미는 '능집수能執受'에 해당한다.²²² (일

    受와 기세간器世間과 일치한다. 이 중에서 종자와 유근신은 내집수에 해당하는데, 이 논에서 '근을 가진 몸(有根身)'이라 한 것은 『瑜伽師地論』에서는 '모든 근들과 그 근들의 의지처'라고 하였다.
221 『成唯識論』 권2(T31, 10a17) 참조.
222 '집수執受'는 아뢰야식 혹은 일체종자식의 소연에 대한 작용을 가리키는 독특한 용어다. 아뢰야식은 외적인 기세간에 대해서는 '요별하는' 관계에 있지만, 특히 내적인 종자·신체에 대해서는 '집수하는' 관계에 있다고 한다. 이것은 아뢰야식이 종자와 신체에 대해서 단순한 인식 관계를 넘어서서 신명身命을 함께하는 유기적 관계를 맺고 있음을 나타낸다. 이하에서 원측은 방대한 문헌에 대한 분석을 통해 '집수'라는 한역 용어가 어원적으로 크게 두 가지를 뜻한다고 하였다. 첫째는 '능집수能執受'로서 '집수한다'는 동사적 의미를 갖는데, 아뢰야식이 몸과 종자를 감각적 직관의 형태로 붙잡

체종자식은) 오근 및 그것의 소의를 집수하여 손상되거나 파괴되지 않게 하면서 자기의 소의所依로 삼는데, 종자를 섭수하여 자기의 소유로 삼는 것도 또한 '소의'라고 한다.

그런데 이 집수에 대해 여러 교설이 같지 않다.

> 此中所說執受義者。是能執受。執受五根及彼所依。令不損壞。爲自所依。攝受種子。爲自所有。亦名所依。然此執受。諸教不同。

『구사론』제2권에서는 십팔계 중에 아홉 개는 집수가 아니고 그 밖의 것은 두 가지에 통한다고 한다.[223] 그 논은 한 가지 의미에 의거해 집수를 해석했기 때문이다. 그 논에서 다음과 같이 말한다. "'유집수有執受'라는 이 말은 무슨 뜻인가? 심·심소법에 의해 함께 집지執持되어서 (심 등의) 의처依處로 포섭되는 것을 유집수라고 하니, 손해와 이익이 연속해서 일어나고 서로 뒤따르기 때문이다.[224]……이하 생략……"[225]

고 있는 작용을 가리킨다. 둘째는 '수집수所執受'로서 '집수된 것'이라는 의미를 갖는데, 이는 아뢰야식에 의해 집수된 대상을 가리킨다. 요컨대, 어떤 경우는 일체종자식이 몸·종자 등을 집수하는 작용 자체를 뜻하고, 어떤 경우는 이 식에 의해 집수되는 몸·종자를 가리키기도 한다. 예를 들면 위의 『解深密經』 경문에서는 전자의 의미로 쓰였는데, 반면에 앞의 『瑜伽師地論』 인용문에 나온 '내집수內執受'나 혹은 『成唯識論』의 제2송에 나오는 "집수와 처와 요는 불가지하다.(不可知執受處了.)"는 문구에서는 후자의 의미로 쓰였다.

223 『俱舍論』에서는 십팔계를 유집수有執受와 무집수無執受로 구분한다. 유집수는 가령 '몸'처럼 감각이 있는 물질을 가리키고, 무집수는 가령 '나무'나 '돌'처럼 감각이 없는 물질을 가리킨다. 십팔계 중에서 다섯 가지 감각 기관들(五色根)과 색·향·미·촉은 유집수와 무집수에 통한다. 즉 안 등의 오근으로서 현재세에 머무는 것을 유집수라고 하고, 과거세·미래세에 머무는 것을 무집수라고 한다. 색·향·미·촉의 경우, 현재세에 머무는 것으로서 오근과 분리되지 않는 것은 유집수라고 하지만, 현재에 머무는 것이면서도 근과 분리되어 있는 것(무정물)과 과거·미래에 머무는 것을 무집수라고 한다. 그 이외의 나머지 칠심계七心界와 법계는 물질이 아니므로 무집수이고, 성계聲界는 모두 무집수이다. 『俱舍論』 권2(T29, 8b16) 참조.
224 '유집수有執受'란 감각 작용이 있는 물질을 가리키며, 그 대표적인 것이 유정의 신체

『순정리론』제4권에는 세 논사의 해석이 있다.

첫 번째는『구사론』과 동일한데,『순정리론』에서 다음과 같이 해석한다. "(문) 그렇다면 색 등은 한결같이 무집수라고 해야 할 것이다. 왜냐하면 심·심소법은 그것에 의지하지 않기 때문이고, 근의 성질이 아니기 때문이다. (답) 그렇지 않다. 색 등이 근과 분리되지 않는다면 비록 소의가 아니라도 이 심 등이 직접 의지하는 대상이다. 따라서 이러한 과실은 없다."[226]

두 번째는 비바사사의 설이다. "만약 모든 색법들이 핍박받아 쪼개지고 무너지면 곧바로 고통을 발생시키고 이와 상반되면 즐거움을 발생시키는데, 이것이 자기 몸에 속하는 경우라면 '유집수'라고 한다."[227]

세 번째는 어떤 다른 논사의 설이다. 〈만약 모든 유정들이 자기의 체라고 집착하면서 일체의 처處와 시時에 방편으로 방호하는 것이라면 (유집수라고 한다.)……중간 생략……(문)그렇다면 계경에서 설한 것과 위배될 것이니, 계경에서는 '만약 이곳에 식이 집장執藏되어 있고 식이 따라다니며 포섭하는 것이라면 유집수라고 한다'고 하였다. (답) 비록 이런 설이 있기는 해도 서로 어긋나는 것은 아니다. 유집수의 법에는 대략 두 종류가 있다. 첫째는 유애有愛와 유신견有身見[228]으로 자기의 존재에 집착하

와 같은 것이다. 이와 같은 물질의 특징은, 심법·심소법에 의해 집수執受(執持)된다는 것이다. 말하자면 심법 등은 그것을 오근五根으로 포섭해서 소의처所依處로 삼고 부진근扶塵根의 네 가지 경계(색·향·미·촉)를 포섭해서 의처依處로 삼는데, 위의 본문에서 '의처'라고 한 것은 그 소의처와 의처를 모두 가리킨다. 이 심법·심소법들은 그 의처와 더불어 손해와 이익을 함께하면서 상호 뒤따르는 관계에 있다. 예를 들어 심법 등이 우고憂苦를 일으켜서 손상되면 의처도 손상되고, 심법 등이 희락喜樂을 일으켜서 이익 되면 의처도 이익 된다. 만약 의처가 좋은 음식 등으로 이익 되면 심 등도 이익 되고, 나쁜 음식 등으로 손상되면 심 등도 손상된다. 이상의 설명은『俱舍論記』권2(T41, 39c22) 참조.

225 『俱舍論』권2(T29, 8b24).
226 『順正理論』권4(T29, 352b9).
227 『順正理論』권4(T29, 352b12).

는 것을 유집수라고 하니, 청정한 지혜가 생겨나면 곧바로 끊어져 사라진다. 둘째는 인因이 되어 고락을 발생시키는 것을 (유집수라고 하니), 이는 반열반에 이르기까지 따라다니며 버려지지 않는다. 이처럼 경론에서는 (두 가지 의미 중에서) 각기 한 가지 의미에 의거한 것이다.〉[229]

해 경에서는 '유애와 유신견으로 인해 자기가 있다고 집착한다'는 데 의거해서 유집수라고 한 것이다.[230] 논(『순정리론』)에는 세 가지 해석이 있다. 처음 논사의 뜻을 설하자면, (유집수란) 의지처라고 집착되는 것이다. 다음 논사의 뜻을 설하자면, 고통과 즐거움을 발생시키는 것이다. 마지막 논사의 뜻을 설하자면, 자기의 체라고 집착되는 것이다. 모두 본론에 부합하니, 자기 몸에 속하는 것을 유집수라고 한다면 곧 당연히 인이 되어 고락을 일으킨다는 뜻이 된다. 그런데 두 번째 논사는 오직 '고통과 즐거움을 발생시킨다'고만 하였고, 처음과 마지막 두 논사는 그 밖의 의미도 아울러 취하였다. 경과 논을 합해서 말한다면, 모두 네 가지 해석이 있다.[231] 자세하게 설하면 그 논에서 설한 것과 같다.

『대비바사론』 제148권의 '집수執受의 납식納息(S vagga : 품品)'에 의하면 여섯 가지 교실이 같지 않은데, 번기로올까 봐 서술하지 않겠다.

俱舍第二云。十八界中九不受。餘二。彼約一義。釋執受故。彼云。有執受。[1] 此言何義。心心所法共所執持。攝爲依處。名爲[2] 執受。損益展轉更相隨故。

---

228 유신견有身見(S satkāya-dṛṣṭi) : 살가야견薩迦耶見이라고도 하며, 오온 화합물에 대해 '나'라거나 '나의 것'이라는 허망한 아견我見을 일으키는 것을 말한다.
229 『順正理論』권4(T29, 352b13) 참조.
230 이것은 앞에 나온 세 번째 논사의 해석에서 반문의 근거로 제시된 경문의 취지를 설명한 것이다. 말하자면 그 계경에서 "만약 이곳에 식이 집장執藏되어 있고 식이 따라다니며 포섭하는 것이라면 유집수라고 한다."고 했던 것은, 유애와 유신견으로 인해 자기가 있다고 집착한다는 점에 의거해서 유집수의 뜻을 풀이한 것이다.
231 『順正理論』 인용문에는 세 논사의 해석이 나왔고, 거기에 인용된 계경의 해석까지 합하면 '유집수'에 대해 모두 네 가지 해석이 있다는 말이다.

乃至廣說。正理第四。有三師釋。一同俱舍。正理釋云。若爾。色等卽應一
向名無執受。心心所法不依彼故。非根性故。不爾。色等若不離根。雖非所
依。而是心等之所親附。故無有³⁾失。二毗婆沙師說。若諸色法逼迫斷壞。
便能生苦。與此相違。卽能生樂。是已⁴⁾身攝。名有執受。三有餘師說。若
諸有情執爲自體。一切處時。方便防護。乃至廣說。若爾。應違契經所說。
故契經云。若於此處。識所執藏。識所隨攝。名有執受。雖有是說。而不相
違。有執受法。略有二種。一者有愛乃有身見。執爲已⁵⁾有。名有執受。若
淨智生。卽便斷滅。二者爲因能生苦樂。至般涅槃。隨轉不捨。是爲經論各
據一義。⁶⁾解云。經約有愛身見執爲已⁷⁾有。名有執受。論有三釋。初師
意說。執爲依處。次師意說。能生苦樂。後師意說。執爲自體。並符本
論。已*身所攝。名有執受。卽當爲因生苦樂義。然第二師。唯生苦樂。
初後兩師。兼取餘義。經論合說。總有四釋。具說如彼。若依毗婆沙第
一百四十八。執受納息六敎不同。恐繁不述。

1) ⑨『俱舍論』권2(T29, 8b24)에 따르면, '受' 다음에 '者'가 누락되었다. 2) ⑨『俱
舍論』권2(T29, 8b25)에 따르면, '爲'는 '有'의 오기다. 3) ⑨『順正理論』권4(T29,
352b11)에는 '有'가 '此'로 되어 있다. 4) ⑨『順正理論』권4(T29, 352b13)에 따르
면, '已'는 '己'의 오기다. 5) ⑨『順正理論』권4(T29, 352b19)에 따르면, '已'는 '己'
의 오기다. 6) ⑨『順正理論』권4(T29, 352b24)에는 '各據一義'가 '二義差別'로 되
어 있는데, 전체 문장의 취지는 다르지 않다. 7) ⑨ '已'는 '己'의 오기다. 이하도 동
일하다.

이제 대승에 의하면 세 가지 설이 같지 않다.

어떤 경우는 오직 '고苦와 낙樂을 발생시킨다'는 점에서 집수라고 이름
한다. 따라서『집론』에서는 '오색계의 전부와 사계의 일부'를 유집수라고
하였다.²³² 이미 '성聲'을 (집수라고) 설하지 않았기 때문에, 오직 '고와 낙

232 『集論』 등에서 말한 '집수'란 '감각을 발생시키는 것'을 뜻한다. 이러한 의미의 '집수'는
앞의 『俱舍論』 등에서 말한 유집수有執受와 유사해서, 가령 '몸'처럼 감각 작용을 가진
물질을 가리킨다. 이 '집수'에 해당하는 법을 열거해 보면, 안·이·비·설·신의 오근

을 발생시킨다'는 점에서 집수라고 했음을 알 수 있다.

어떤 경우는 오직 '자기의 체로 포섭한다'는 점에서 유집수라고 이름한다. 예를 들면 『유가사지론』 제51권 등에서는 '제8식이 없으면 의지처의 집수는 있을 수 없다'고 하기 때문이고,[233] 또 제56권에서 다시 "다섯 개는 집수이고 다섯 개는 집수이거나 비집수非執受이며 그 밖의 것은 한결같이 비집수다."[234]라고 하였다.[235] 이러한 문장 등에 준해 볼 때, 오직 '자기의 체로 포섭한다'는 점에서 집수를 설명한 것이다.

어떤 경우는 공통으로 두 가지 의미에 의거해서 집수를 설명하는데, 예를 들면 제53권에서는 다음과 같이 말한다. "식이 집수하는 것과 집수하지 않는 것에서,[236] 만약 식의 의지처(識依)로서 집수한 것이라면 집수執受의 색色이라 한다. 이것은 다시 어떤 것인가? 식이 의탁하는 곳으로서 안온하거나 위험한 사를 함께 겪으며(安危事同) 화합하여 생장하는 것을 말한다. 또 이것이 소의가 되어 모든 감각을 일으키는데(能生諸受), 이와 상반되면 비집수의 색이다.[237]"[238] 또 『유가사지론』 제100권에서는 다음과

에 해당하는 '오색게' 그리고 오경 중에서 '성聲'을 제외하고 앞의 오근들과 분리되지 않은 색·향·미·촉 등 '사계의 일부'이다. 『集論』 권3(T31, 672a6) 참조.

233 『瑜伽師地論』 권51(T30, 579a20) 참조.
234 『瑜伽師地論』 권56(T30, 609c20).
235 『瑜伽師地論』 제51권과 제56권의 설명에 따르면, '아뢰야식에 의해 거두어져 그것의 의지처가 되는 것'을 집수執受라고 한다. 이 경우에도 집수는 '집수되는 물질'을 가리키는데, 특히 아뢰야식에 의해 거두어져 그 식의 물리적 토대(體) 노릇을 하는 것들을 가리킨다. 이에 따르면 자기 신체를 이루는 안·이·비·설·신의 다섯 개는 집수이다. 또 색·성·향·미·촉 다섯 개 중에서 앞의 오근과 분리되지 않은 내적인 물질들은 식識이 집수하지만 오근과 분리된 외계의 물질은 식이 집수하지 않기 때문에 집수이거나 비집수非執受이다. 그 밖의 나머지 일곱 개의 심계心界와 법계는 물리적 토대 노릇을 할 수 없으므로 집수가 아니다.
236 이 문장에서 '집수한 것과 집수하지 않는 것'이란 색온色蘊 중에서 식에 의해 집수하는 색과 그렇지 않은 색을 구분한 것이다.
237 『瑜伽師地論』 제53권에는 후대 중국 법상학자들이 적극적으로 수용한 '집수'의 두 가지 의미가 나타나 있다. 첫째는 식의 의지처가 됨으로써 식과 더불어 안락과 위험을 함께하는 것이고, 둘째는 감각을 발생시킨다는 것이다. 이것을 간단히 안위공동安危

같이 말한다. "집수법執受法이란 색법이 심·심소에 의해 집지되는 것을 말한다. 그 (색법에) 의탁함으로 인해 심·심소가 전전하면서 안온과 위험의 일을 함께 하는 것이다. 안온과 위험을 함께 겪는다는 것은, 말하자면 심·심소의 담지하는 힘으로 인해 그 색이 끊어지지 않고 무너지지 않으며 허물어지지 않고, 곧 이와 같이 집수된 색이 어떤 때는 손상되거나 어떤 때는 이익을 얻는데 그 심·심소 또한 그에 따라 손상되거나 이익을 얻는 것이다.[239] 이와 상반되면 '비집수'라고 한다."[240]

지금 이 『해심밀경』에서 설한 '집수'는 우선 두 가지 의미에 따른 것이다. 첫째는 아뢰야식이 근根·의지처(依處)[241]를 집지하여 자기의 소의(自所依)로 삼는 것이고, 둘째는 종자를 집지하여 자기의 소속물(自所攝)로 삼는 것이다.[242] 구체적인 것은 여러 논에서 설한 것과 같다.

共同과 능생각수能生覺受라고 표현한다. 이런 정의에 따라서 아뢰야식의 내적 인식 대상인 몸과 종자의 차이를 살펴보면, '안위공동'의 측면에서는 몸과 종자는 모두 집수에 속하지만 '능생각수'의 측면에서는 몸은 집수에 속하고 종자는 비집수에 속한다. 이 정의를 적극적으로 수용하여 집수를 설명한 사람은 법상종의 규기窺基다. 규기의 해석에 대해서는 『成唯識論述記』 권3(T43, 315c9~316a7) 참조.
[238] 『瑜伽師地論』 권53(T30, 593c28).
[239] 이것은 심법 등에 의해 집수되는 물리적 몸이 심법 등과 더불어 운명을 함께하는 것을 말한다. 가령 몸이 좋은 음식 등의 섭취를 통해 상태가 좋아지면 마음도 그에 따라 상태가 좋아지고 그 반대의 경우도 마찬가지다. 또 마음이 안온한가 위험한가에 따라서 몸도 안온해지거나 위험해진다.
[240] 『瑜伽師地論』 권100(T30, 880a1).
[241] 근根·의지처(依處) : 일체종자식이 집수하는 '몸'을 '근과 의지처'로 구분한 것이다. '근'이란 승의근勝義根으로서의 안·이·비·설·신을 말하고, '의지처'란 그 근을 떠받치고 있는 물리적 토대(扶塵根)로서의 색·향·미·촉 등의 사진四塵을 말한다.
[242] 원측에 의하면 『解深密經』에서 나온 '집수'라는 용어는 무엇보다 윤회의 주체로서 일체종자식이 '몸과 종자를 집수하는 작용(能執受)'을 나타내는 것이다. 이런 의미의 집수는 아뢰야식이 어떤 것을 붙잡아서 자기의 물리적 토대로 삼거나 혹은 어떤 것을 자기의 소속물로 삼는 작용을 뜻하는데, 여기에는 『瑜伽師地論』 제53권 등에서 언급된 '집수'의 중요한 의미 중의 하나, 즉 '능히 감각을 발생시킨다(能生覺受)'의 뜻은 배제된 것이다.

今依大乘。三說不同。或有唯約生苦樂故。名爲執受。故集論云。五色界全
四界一分。名有執受。卽旣不說聲。故知唯約生苦樂故名執受也。或有唯約
攝爲自體。名有執受。如瑜伽五十一等云。若無第八。依止執受不可得故。
又五十六復云。五[1]執非執受。所餘一向非執受。准此等文。唯約攝爲自體。
明執受也。或有通約二義。以明執受。如五十三云。識執不執者。若識依執。
名執受色。此復云何。謂識所託。安危事同。和合生長。又此爲依。能生諸
受。與此相違。非執受攝。[2] 又瑜伽論第一百云。執受法者。謂色法爲心心
所[3]執持。由託彼故。心心所轉安危事同。同安危者。由心心所住[4]持力故。
其色不斷不壞不爛。卽由如是所執受色。或[5]棄[6]損。或時攝益。其心心所。
亦隨損益。與此相違。名非執受。今此經中說執受者。且依二義。一者賴耶
執根依處。爲自所依。二者執持種子。爲自所攝。具如諸論。

1) 옌『瑜伽師地論』권56(T30, 609c20)에 따르면, '五' 앞에 '五執受'가 누락되었
다. 이 세 글자를 넣어야 전후 문맥이 완전해진다. 2) 옌『瑜伽師地論』권53(T30,
594a2)에는 '攝'이 '色'으로 되어 있고, 후자를 따랐다. 3) 옌『瑜伽師地論』권
100(T30, 880a1)에 따르면, '所' 다음에 '之所'가 누락되었다. 4) 옌『瑜伽師地論』
권100(T30, 880a3)에 따르면, '住'는 '任'의 오기이다. 5) 옌『瑜伽師地論』권100(T30,
880a4)에 따르면, '或' 다음에 '時'가 누락되었다. 6) 옌『瑜伽師地論』권100(T30,
880a4)에 따르면, '棄'는 '寒'의 오기이다.

c) 계에 의거해 분별함

경 유색계에서는 두 종류 집수를 갖추고 무색계에서는 두 종류 집수를
갖추지 않는다.

有色界中。具二執受。無色界中。不具二種。

석 이것은 세 번째로 계에 의거해서 분별한 것이다. 이 경문에 준해
볼 때, 대승종에 의하면 무색계에는 안계眼界·이계耳界 등 열 종류 색계가

없다는 것이니, 가령 마하승기부摩訶僧祇部[243]에서 열 가지 색 및 다섯 가지 식들을 갖춘다고 말하는 것과는 같지 않다.

그런데 『본업경』에는 '무색계의 제천諸天이 모임에 들어와 있다'고 하거나,[244] 『법화경』에서는 '유정천의 향기를 맡는다'고 하는데,[245] 이와 같은 문구들은 모두 '법처에 속하는 색(法處所攝色)'에 의거해서 설한 것이다.

釋曰。此卽第三約界分別。卽准此文。依大乘宗。無色界中。無眼耳等十種色界。非如摩訶僧祇部說具十色及五識身。而本業經。無色諸天。來入會中。法華經中。間[1]有頂香。如此等文。皆依法處所攝色說。

1) ㉠ '間'은 '聞'의 오기인 듯하다.

(나) 아타나식에 대해 설명함

경 광혜여, 이 식은 또한 아타나식이라 한다. 어째서인가? 이 식이 몸을 뒤따라 다니며 집지하기 때문이다.

廣慧。此識亦名阿陀那識。何以故。由此識於身隨逐執持故。

석 이것은 두 번째로 아타나식을 해석한 것이다.

---

243 마하승기부摩訶僧祇部(S Mahāsaṅghika): 소승의 20부파 중의 하나인 대중부大衆部를 가리킨다. 불멸후 100년 될 때 대천大天 비구가 오조교의五條敎義를 제출한 후에 그것에 찬성하는 혁신파 비구들과 그것에 반대하는 보수파 비구들이 서로 다투었는데, 전자가 결집해서 대중부를 이루었고 후자는 상좌부上座部를 결성하였다.
244 『菩薩瓔珞本業經』 권상(T24, 1010c25) 이하 참조.
245 『妙法蓮華經』 권6(T9, 48c6)에는 이 경을 수지하고 독송함으로써 성취된 청정한 비근鼻根으로 온갖 향기를 맡을 수 있음을 설하면서, "이와 같이 연속해서 범세에 이르기까지, 위로는 유정천의 모든 천신의 향기에 이르기까지 또한 모두 다 맡을 수 있다.(如是展轉。乃至梵世。上至有頂諸天身香。亦皆聞之。)"는 등의 문구가 나온다.

범어로 '아타나阿陀那(ⓢ ādāna)'라는 것은 여기 말로 번역하면 '집지執持'라고 한다. 말하자면 이 식이 몸을 뒤따라 다니면서 색근을 집수하여 허물어지지 않도록 하기 때문에 이 식을 '집지'라고 이름한 것이다.

『섭대승론』에 의하면 그에 두 가지 의미가 있다. 〈'아타나'(라고 한 이유를) 해석하자면, 첫째는 색근을 집수하여 무너지지 않게 하기 때문이고, 둘째는 자기의 체를 집수하여 그것을 취해서 태어나기 때문이다.〉[246] 예를 들면 그 논의 제1권에서 자세하게 분별한 것과 같다.

『성유식론』에 의하면 그것은 세 가지 의미를 갖추고 있다. 따라서 제3권에서는 "제법의 종자를 집지執持하고, 색근과 의지처를 집수執受하며, 또한 결생과 상속을 집취執取하기 때문에,[247] 이 식을 아타나라고 이름한다."[248]고 하였다.

이 경문은 두 논에서 말한 '집수'에 해당한다.

釋曰。此即第二釋阿陀那識。梵云阿陀那。此翻名執持。謂由此識隨逐於身。執受色根。令不失壞。故說此識。名爲執持。依攝大乘。有其二義。釋阿陀那。一執受色根。令不壞故。二執受自體。取彼生故。如彼第一具廣分別。

---

[246] '아타나'라는 용어는 이 식의 중요한 두 가지 기능을 암시한 것이다. 첫째, 이 식은 물리적인 몸을 집수하여 파괴되지 않게 하면서 목숨이 다 끝날 때까지 몸을 따라다니며 전전한다. 둘째, 새로운 생을 받을 때 이 식이 그 몸을 취해서 태어나기 때문에 '자체自體를 집수한다'고 하였다. 현장 역 『攝大乘論本』 권1(T31, 133b29) 참조.

[247] 이 논에서는 '아타나'를 집지執持·집수執受·집취執取라는 세 가지 의미로 설명하였다. 첫째, 종자와의 관계에서 '집지執持'라고 한다. 이것은 이 식이 종자를 갖고 있으면서 상실되지 않게 하는 측면을 강조한 것이다. 둘째, 몸과의 관계에서는 '집수執受'라고 한다. 이것은 감각을 지닌 몸을 붙잡고 있으면서 스스로 '감각(覺受)을 일으킨다'는 측면을 강조한 것이다. 셋째, 이 식은 최초로 생을 이어 주고(結生) 그 후에는 생이 계속 이어지게(相續) 하는 역할을 하는데, 이처럼 제유諸有를 취취하는 측면을 강조하여 '집취執取'라고 하였다. 이와 대조해서 외적인 자연계의 사물들에 대해서는 '아타나'의 세 가지 의미가 적용되지 않는다. 규기의 『成唯識論述記』 권4(T43, 350c10) 참조.

[248] 『成唯識論』 권3(T31, 14c7).

依成唯識。具有三義。故第三云。以能執持諸法種子。及能執受色根依處。亦能執取結生相續。故説此識。名阿陀那。此當二論所説執受。

(다) 아뢰야식에 대해 밝힘

경 또한 아뢰야식이라 한다. 어째서인가? 이 식이 몸을 섭수하여 (거기에) 숨어 있으면서 안온과 위험을 함께한다는 뜻이 있기 때문이다.

亦名阿賴耶識。何以故。由此識於身攝受藏隱同安危義故。

석 이것은 세 번째로 아뢰야식에 대해 해석한 것이다.

범어로 '아뢰야阿賴耶(S ālaya)'라는 것은 여기 말로 번역하면 '장藏'이라 한다. '장'에는 세 가지 의미가 있다. 첫째는 능장能藏이고, 둘째는 소장所藏이며, 셋째는 집장執藏이다.

따라서 『성유식론』 제2권에서는 다음과 같이 말한다. "이 식은 능장·소장·집장의 의미를 갖추고 있기 때문이다. 말하자면 잡염품과 더불어 상호 간에 연이 되기 때문이고,[249] 유정들이 자기의 내적인 '아我'라고 집착하기 때문이다.[250],[251]

『섭대승론』 제1권에서도 세 가지 의미를 설하는데, 그 논에서는 다음과

---

[249] 이 아뢰야식이 '잡염법과 더불어 상호 간에 연이 된다'고 했는데, 이것은 아뢰야의 세 가지 의미 중에서 '능장能藏과 소장所藏'의 뜻을 설명한 것이다. 아뢰야식은 잡염법 혹은 현행의 일곱 가지 식과의 관계에서 후자를 능히 저장한다는 측면도 있지만 반대로 아뢰야식의 종자가 잡염법 등에 저장되어 있다는 측면도 있기 때문에 능장과 소장의 의미를 갖는다고 한다. 이에 대해서는 이하의 원측의 풀이(**해**)에서 다시 자세하게 진술된다.
[250] 이것은 아뢰야의 세 가지 의미 중에 '집장執藏'의 뜻을 설명한 것이다. 이 아뢰야식은 언제나 유정들의 아애我愛의 경계로서 집착되는 것을 말한다.
[251] 『成唯識論』 권2(T31, 7c20).

같이 말한다. 〈다시 어떤 이유에서 이 식을 아뢰야라고 이름하는가? 생을 가진 모든 부류들의 잡염품법이 이것(아뢰야식) 안에 섭장攝藏되어 과성果性이 되기 때문에, 또 이 식은 그것(잡염품법) 안에 섭장되어 인성因性이 되기 때문에, 혹은 모든 유정들이 이 식을 섭장하여 자아自我로 삼기 때문에, 아뢰야식이라 이름한 것이다.〉[252]

해 '장藏'의 의미는 세 가지로 구별된다. 첫째는 '능장'이니, 이것은 과법果法이 인因에 저장되어 있는 것이다. 말하자면 식 안의 종자가 현행의 일곱 가지 식을 발생시키는데 잡염된 과과는 그것을 '발생시킨 인因'과는 분리되지 않기 때문이다. 둘째는 '소장'이니, 이것은 인의 종자가 과과에 저장되어 있는 것이다. 말하자면 훈습되는(所熏) 종자는 훈습하는(能熏) 일곱 가지 현행식 안에 저장된 상태에서 인성因性이 되기 때문이다. 셋째는 아애에 의해 집장執藏되는 것을 뜻하니, 이것은 경계(아뢰야식)가 집착하는 자(能執 : '아애'를 가리킴) 안에 저장되는 것이다.

釋曰。此卽第三解阿賴耶。梵云阿賴耶。此翻名藏。藏有三義。一者能藏。二者所藏。三者執藏。故成唯識第二卷云。此識具有能藏所藏執藏義故。爲[1] 與雜染互爲緣故。有情執爲自內我故。攝論第一。亦辨三義。故彼論云。復何緣故。此識亦[2]名阿賴耶。[3] 一切有生雜染品法。於此攝藏。爲果性故。又卽此識於彼攝藏。爲自[4]性故。或諸有情。攝藏此識。爲自我故。說名阿賴耶識。解云。藏義三種別者。第一能藏。此卽果法於因中藏。謂識中種生現七識。染果不離能生因故。第二所藏。此卽因種於果中藏。謂所熏種藏在能熏七現識中。成因性故。第三我愛所執藏義。此卽境於能執中藏。

---

1) ㉠『成唯識論』권2(T31, 7c21)에 따르면, '爲'는 '謂'의 오기다. 2) ㉠『攝大乘論本』권1(T31, 133b20)에는 '亦'이 '說'로 되어 있다. 3) ㉠『攝大乘論本』권1(T31, 133b21)에는 '耶' 다음에 '識'이 있다. 4) ㉠『攝大乘論本』권1(T31, 133b22)에 따르

252 『攝大乘論本』권1(T31, 133b20) 참조.

면, '日'는 '因'의 오기다.

지금 이 『해심밀경』에 의하면 여러 논들과는 같지 않다. 말하자면 이 식이 유근신有根身(근을 가진 몸)에 대해 그것을 섭수하여 의지처로 삼고 거기에 숨어 있으면서 소의신所依身과 더불어 안온과 위험을 함께하기 때문에, 이 경에서는 식이 소의(몸) 안에 내장되어 있음을 나타내기 위해 '장'이라 한 것이다. 이는 '소장所藏'의 뜻 중에 부분적 의미에 해당한다.[253] 따라서 『심밀해탈경』에서는 "그 몸 안에 머물며 붙어 있기 때문이고 일체가 되어 상응하기 때문이다."[254]라고 하였다. '머물며 붙어 있다(住著)'고 한 것은 이 경에서 '섭수하여 숨어 있다'고 한 것에 해당하고, '일체가 되어 상응한다'는 것은 '안온과 위험을 함께한다'는 뜻이다.

今依此經。不同諸論。謂由此識。於有根身。能攝受彼。爲所依止。於彼藏隱。與所依身。同安危故。此卽現識藏所依中。故名爲藏。於所藏中。一分之義。故深密云。於[1] 彼身中住者[2]故。一體相應故。住者[3] 卽此攝受藏隱。一體相應。同安危義。

1) 옘『深密解脫經』 권1(T16, 669a24)에는 '於'가 '以'로 되어 있다. 2) 옘『深密解脫經』 권1(T16, 669a25)에 따르면, '者'는 '著'의 오기다. 3) 옘 '者'는 '著'의 오기다.

---

253 이전의 『成唯識論』이나 『攝大乘論』 등에서 '아뢰야'의 의미를 능장能藏·소장所藏·집장執藏 등 세 가지로 해석했던 것과 달리, 이『解深密經』경문에서는 '장藏(아뢰야)'이란 주로 식이 몸을 집수하여 의지처로 삼아서 거기에 깃들어 있는 측면을 나타낸 말이다. 따라서 앞의 두 논에서 말한 '소장'의 의미, 말하자면 아뢰야식이 잡염법(혹은 현행한 일곱 가지 식들) 안에 인성因性으로 내장되어 있다고 하는 의미에 일부분 일치한다고 하였다.
254 『深密解脫經』 권1(T16, 669a25).

(라) 심이라는 이름을 나타냄

경 또한 심이라고 이름한다. 어째서인가? 이 식이 색·성·향·미·촉 등을 적집하여 증장시키기 때문이다.

亦名爲心。何以故。由此識色聲香味觸等積集滋長故。

석 이것은 네 번째로 그 '심'의 뜻을 해석한 것이다.
범음 '질다質多(S citta)'는 여기 말로 번역하면 '심'이다. 그에 많은 의미가 있다.

첫째는 '집기集起'라고 하니, 제법의 종자를 모아서 제법을 일으키기 때문이다. 예를 들면 『성유식론』 제5권에서 설한 것과 같다.[255]

둘째는 적집積集이라 하니, 그에 두 가지 뜻이 있다. 첫째, (이 식에 의해) 제법의 종자가 적집되기 때문이니, 예를 들면 『섭대승론』 제1권에서 "갖가지 법의 훈습종자가 적집되기 때문이다."[256]라고 한 것과 같다. 둘째, 외석인 여섯 가지 경계가 적집되고 증장되기 때문이다.

셋째는 채집採集이라 하니, 갖가지 소연 경계를 캐어내서 모으기 때문이다. 예를 들면 『심밀해탈경』과 『오온론』에서 설한 것과 같다.

지금 이 『해심밀경』에 의하면 두 번째 뜻에 의거해 '심'이라 이름한 것이다. 이에 두 가지 뜻이 있다. 첫째는 적집의 뜻이고, 둘째는 증장(滋長)의 뜻이니, (이 식에 의해) 색 등의 경계가 적집되고 증장하기 때문이다.[257]

---

255 『成唯識論』 권5(T31, 24c10) 참조.
256 『攝大乘論本』 권1(T31, 134a9).
257 원측에 따르면, 이 『解深密經』에서는 제8식에 내포된 여러 가지 의미 중에서도 이 식은 특히 신체의 물리적 토대를 이루는 색법 등을 적집하고 증장시키는 근원적 동인動因으로 간주되기 때문에 '심心'이라는 이름을 얻는다.

釋曰。此卽第四釋其心義。梵音質多。此翻爲心。有其多義。一名集起。集
諸法種。起諸法故。如成唯識第五卷說。二名積集。有其二義。一諸法種子
所積集故。如攝論第一。由種種法熏習種子所積集故。二外六境界積集滋
長故。三名採集。採集種種所緣境故。如深密經及五蘊論。今依此經。依第
二義。故名爲心。此有二義。一者積集。二者滋長。由色等境之所積集及滋
長故。

● 그 밖의 다른 이름들 : 소지의所知依, 이숙식異熟識, 무구식無垢識

『성유식론』제3권에 의하면 (제8식의) 일곱 종류 이름이 있다. 이『해심
밀경』에 나온 네 가지 이름 이외에 다시 세 가지 이름을 더한 것이다. 세
가지는 무엇인가?

⊙ 소지의

예를 들면 그 논에서 "혹은 소지의所知依라고 하니, (이 식은) 알아야 할
모든 잡염법과 청정법들의 의지처가 되기 때문이다."[258]라고 하였다.

해석해 보면, 이는『섭대승론』의 열 가지 수승(十殊勝) 중에서 첫 번째
수승을 '소지의'라고 이름했던 것과 같다.[259] 세친은 다음과 같이 해석하
였다. "'마땅히 알려질 수 있기(所應可知)' 때문에 '소지所知'라고 하였으니,
이른바 모든 잡염법과 청정법, 즉 삼자성三自性이다.[260] '의依'는 '인因'의 뜻

---

258 『成唯識論』권3(T31, 13c10).
259 『攝大乘論』은『阿毘達磨大乘經』에 대한 해석이라고 알려져 있는데, 그 논에 따르면
이 경에서는 열 가지 상의 수승수승어(十相殊勝殊勝語)를 설하였다. 지금 제8식을 '소
지의'라고도 부른 것은 그 열 가지 상에 대한 수승한 말씀들 중에서 첫 번째에 해당한
다는 것이다. 그 논에 나온 열 가지 수승어란, ① 소지의所知依와 ② 소지상所知相과
③ 입소지入所知와 ④ 피입인과彼入因果와 ⑤ 피인과수차별彼因果修差別과 ⑥ 증상
계增上戒와 ⑦ 증상심增上心과 ⑧ 증상혜增上慧와 ⑨ 피과단彼果斷과 ⑩ 피과지彼果
智에 대한 수승한 말씀을 가리킨다.『攝大乘論本』권1(T31, 132c23) 참조.
260 알려질 수 있는 제법의 상을 의타기상依他起相, 변계소집상遍計所執相, 원성실상圓成

이다."²⁶¹ 무성은 다음과 같이 해석하였다. "'마땅히 알려질 수 있기' 때문에 '소지'라고 하였고, '의'란 소의所依를 말한다. 이 소의라는 말(聲)은 능의能依로서의 잡염·청정의 모든 유위법을 가려내어 취한 것이고 무위법을 취하지는 않으니, 그것(무위)에는 소의의 의미가 없기 때문이다.²⁶² 소의란 바로 아뢰야식이니, 그 대응하는 바에 따라, 그것의 인因이기 때문이고 그것을 이끌어 내기 때문이다.²⁶³"²⁶⁴

해 세친 보살은 제8식이 통틀어 삼성三性에 대해 의지처가 된다고 인정한다. 무성 보살은 오직 의타기성에 대해서만 소의가 될 뿐 변계소집성과 원성실성에 대해서는 소의가 되지 않는다고 한다. '그것의 인이기 때문이다'라고 한 것은 염분染分의 의타기성에 대해 소의가 된다는 말이고, '그것을 이끌어 내기 때문이다'라고 한 것은 정분淨分의 의타기성에 대해 소의가 된다는 말이다.

문 어째서 두 논에 이런 상위점이 있는가?

해 세친은 공통적 소의(通依)라는 점에서 삼성에 통한다고 하였고, 무성은 오직 직접적 소의(親依)라는 점에서 의타기성의 소의라고 하였다. 각자 하나의 의미에 의서해서 (밀하였으니) 또한 서로 어긋나는 것은 아니다.

　實相으로 나누어 설명한 것을 '삼자성三自性'이라 하는데, 이 삼자성에 통달해야만 '알려질 수 있는 것(所知)'에 대해 다 알았다고 할 수 있다는 말이다. 삼자성에 대해서는 다음의 「一切法相品」에서 자세한 설명이 나온다.
261　세친의 『攝大乘論釋』 권1(T31, 322b29).
262　'소의'는 아뢰야식이고, 그 소의라는 말과 대응해서 다시 '능의'라는 말도 성립한다. 그런데 이때의 '능의', 다시 말하면 '그 아뢰야식에 능히 의지하는 법들'은 유위법에 국한된다. 말하자면 무위법은 인연으로 만들어진 것이 아니므로 아뢰야식에 의지해 발생하거나 이끌려 나오는 것이 아니다. 따라서 이 식이 무위법의 소의가 된다는 의미도 성립하지 않는다.
263　아뢰야식은 저 잡염법에 대해서는 그것의 인因이 되고, 또한 가령 무루의 도道와 같은 청정법에 대해서는 그것을 이끌어 내는 역할을 한다는 것이다.
264　무성의 『攝大乘論釋』 권1(T31, 381a20).

若依成唯識論第三卷。有七種名。此經四名外。更加三名。三名者何。如彼論云。或名所知依。能與染淨所知諸法。爲依止故。釋如攝論十殊勝中第一殊勝。名所知依。世親釋云。所應可知。故名所知。所謂雜染淸淨諸法。卽三自性。依是因義。無性釋云。所應可知。故名所知。依謂所依。此所依聲。簡取能依雜染淸淨諸有爲法。不取無爲。由彼無[1)]所依義故。所依卽是阿賴耶識。是彼因故。能列[2)]彼故。如其所應。解云。世親菩薩。許第八識通與三性爲所依止。無性菩薩。唯與依他起性爲依。不與遍計圓成爲依。是彼因故者。與染分依他爲依。能列*彼故者。與淨分依他爲依。問。如何兩論。有此相違。解云。世親約通依。故通三性。無性唯約親依。故依他。各據一義。亦不相違。

---

1) ㉨『攝大乘論釋』권1(T31, 381a22)에는 '無' 다음에 '有'가 있다. 2) ㉱ '列'은 '引'인 듯하다. 이하도 동일하다. ㉨『攝大乘論釋』권1(T31, 381a23)에 따르면, '引'이 바르다.

⊙ 이숙식

"혹은 이숙식異熟識이라고 한다. 능히 생사의 선업·불선업의 이숙과를 이끌어 내기 때문이다."[265]

해 이숙에는 세 가지 뜻이 있다. 첫째는 전변하면서 무르익기 때문에 이숙이라 한다. 둘째는 이시적異時的으로 무르익기 때문에 이숙이라 한다. 셋째는 다른 부류로 무르익는 것이니, 인은 선·악의 성질인데 과는 오직 무기이므로 이숙이라 한다. 세 가지 의미 중에서 오직 세 번째의 '다른 부류'라는 뜻을 취한 것이니, 앞의 두 가지는 그 밖의 과에도 통하기 때문이다.[266]

---

265 이것은『成唯識論』에서 별도로 추가된 제8식의 세 가지 다른 이름 중에서 두 번째 '이숙식'에 대한 설명이다.『成唯識論』 권3(T31, 13c17).
266 인과因果 관계의 특징에 따라 '과果'의 이름도 여러 가지가 있다. 그런데 '전변하면서 무르익는' 관계나 '이시적으로 무르익는' 관계라는 것은 가령 전후 찰나의 동질적 흐

或名異熟識。能引生死善不善業異熟果故。解云。異熟有三。一轉變而熟。
故名異熟。二異時而熟。故名異熟。三異類而熟。因是善惡。果唯無記。故
云異熟。三中唯取第三異類。以前二名通餘果故。

⊙ 무구식

"혹은 무구식無垢識이라 한다. 가장 지극히 청정해서 모든 무루법의 의
지처이기 때문이다."²⁶⁷

해 범음으로 '아말라식(Ⓢ amala-vijñāna)'이란 여기 말로 '무구식'이라 한
다. 즉 묘각위妙覺位²⁶⁸의 대원경지와 상응하는 심체를 무구식이라 하니,
가장 지극히 청정한 모든 지智·정定 등 무루의 도법道法에 대해서 의지
처가 되기 때문이다.²⁶⁹ 따라서 『여래공덕장엄경』에서는 다음과 같이 말
한다.

름을 형성하는 '동류인同類因과 등류과等流果'의 경우 등에도 통하는 것이지만, '인因
과 다른 부류의 과果를 산출해 낸다'는 의미는 이숙과異熟果에 국한된다. 여기서 '다
른 부류'라고 한 것은 인의 성질은 선善·불선不善인데 그 과의 성질은 무기無記인 경
우를 말한다. 아뢰야식은 과거 선악의 행위의 과보로서 주어지는 무기의 이숙과라는
측면을 갖는데, 이처럼 '다른 부류의 과를 낸다'는 의미에서 이 식을 '이숙식異熟識'이
라 이름했다는 것이다.

267 이것은 『成唯識論』에서 추가된 제8식의 세 가지 다른 이름 중에서 세 번째 '무구식'에
대한 설명이다. 『成唯識論』 권3(T31, 13c19).

268 묘각위妙覺位 : 대승보살의 계위는 경론마다 일정하지는 않다. 그런데 십신十信·십
주十住·십행十行·십회향十迴向·십지十地 다음에 등각위等覺位와 묘각위妙覺位를
추가해서 보살의 오십이위五十二位를 말할 경우, '묘각'은 그 중 마지막 쉰두 번째 계
위이다.

269 '무구식無垢識'에 대해서는 제2장 경문 해석 중에서 '1.-2)-(2)-①-가. 식의 종류 수
가 몇 개인지를 밝힘'에서 다룬 적이 있다.(p.81, p.86 참조.) 이와 관련해서 진제 스
님은 제9아마라阿摩羅識을 '무구식'이라 한다고 했는데, 중국 법상학자들은 제9식
의 존재를 부정한다. 원측에 따르면, '무구식'이란 '묘각위의 대원경지와 상응하는 심
체'로서 제8식의 정분淨分을 가리킨다. 염위染位에서는 아뢰야식이라 하지만 정위淨
位에서는 '무구식'이라 하는데, 이 가장 청정한 식은 가장 청정한 무루의 성도聖道를
이끌어 내는 토대가 된다는 의미에서는 '청정법의 소의'라는 의미를 갖는다.

여래의 무구식은
청정하고 무루의 계이며
모든 장애를 벗어났고
대원경지와 상응하네[270]

자세한 것은 『유식소』(『성유식론』)제3권에서 설한 것과 같다.

或名無垢識。最極淸淨諸無漏法所依止故。解云。梵音阿末羅識。此云無垢識。卽妙覺位大圓鏡智相應心體。名無垢識。最極淸淨諸定等無漏道法。爲依止故。故如來功德莊嚴經云。如來無垢識。是淨無漏界。解脫一切鄣。圓鏡智相應。廣如唯識疏第三卷說。

나) 여러 식들의 구전의 차별을 밝힘

경 광혜여, 아타나식을 의지依止로 삼아 건립하였기 때문에, 여섯 가지 식들이 일어난다고 하니, 안식·이식·비식·설식·신식·의식을 말한다.

廣慧。阿陀那識。爲依止爲建立故。六識身轉。謂眼識耳鼻舌身意識。

석 이하는 두 번째로 모든 식들의 구전俱轉(동시에 일어남)의 차별을 설명한 것이다. 이 중에 세 가지가 있다. 첫째는 법法이고, 둘째는 비유(喩)이며, 셋째는 결합(合)이다.

釋曰。自下第二明諸識俱轉差別。於中有三。初法。次喩。後合。

---

270 이 경전의 게송은 『成唯識論』 권3(T31, 13c23)에서 인용된 것이다.

(가) 법法

전자 중에 두 가지가 있다. 처음은 아타나식이 육식과 더불어 구전함을 밝힌 것이고, 나중의 "광혜여, 만약" 이하는 의식을 오식과 대응시켜 구전하는 개수를 밝힌 것이다. 처음은 근본과 지말을 들어서 구전을 설명한 것이고, 나중은 의식을 오식과 대응시켜 그것들의 구전을 밝힌 것이다.

그런데 『유가사지론』 등에서는 우선 처음의 뜻에 의거하여 구전에 판별하였다. 여기에서 마땅히 말나식의 구전에 대해서도 설해야 하는데 설하지 않았으니, 처음의 것을 들거나 나중의 것을 들면 그에 준해서 알 수 있기 때문에 생략하고 설하지 않았다. 따라서 『유가사지론』 등에서도 통틀어 말나식에 의거해서 구전을 설명한 것이다.

前中有二。初阿陀那與六識俱轉。後廣慧若於下。明意識對五俱轉多少。初擧本末。以辨俱轉。後以意對五。明其俱轉。然瑜伽等。且約初義。以辨俱轉。此中應說末那俱轉。而不說者。擧初擧後。准可知故。略而不說。故瑜伽等。通約末那。以辨俱轉。

㉮ 아타나식과 육식의 구전을 밝힘

전자 중에 두 가지가 있다. 처음에는 '구전한다'는 것을 총괄해서 표시하였고, 나중에는 난점을 따라가며 거듭 해석하였다.

前中有二。初總標俱轉。後逐難重釋。

a. 구전함을 총괄해서 표시함

이 경문은 처음에 해당한다. 아타나식을 의지처로 삼기 때문에 여섯 가지 식들이 일어나니, 안식 등을 말한다.

此卽初也。以阿陀那爲依止故。六識身轉。謂眼識等。

b. 난점을 따라가며 거듭 해석함

경 이 중에서 '식이 있는 안과 색(有識眼色)'을 연으로 하여 안식이 발생하고, 안식과 함께하면서 따라다니는 동시同時·동경同境의 유분별의식이 일어난다.

此中有識眼及色爲緣。生眼識。與眼識俱轉[1]隨行。同時同境有分別意識轉。

---
1) ㉠『解深密經』권1(T16, 692b23)에는 '轉'이 없다.

석 이하는 두 번째로 난점을 따라가며 거듭 해석한 것이다. 이 중에 두 가지가 있다. 처음은 안식이 반드시 의식과 구전함을 밝힌 것이고, 나중은 네 가지 식이 의식과 구전함을 밝힌 것이다.

釋曰。自下第二逐難重釋。於中有二。初明眼識必意識俱。後明四識與意識俱。

a) 안식은 반드시 의식과 구전함을 밝힘

이것은 처음에 해당한다.

"이 중에서"라고 한 것은 이문理門에 의거해서 설한 것인데, 그에 두 가지 뜻이 있다. 첫째는 논의 단서(論端)를 일으킨다는 뜻이고, 둘째는 '가려낸다(簡持)'는 뜻이다. 이상으로 모든 식들이 구전함을 총괄해서 말했는데, 오식은 반드시 의식에 의지하지만 의식이 반드시 오식에 의지하는 것은 아님을 아직 분별하지 않았다. 이와 같은 의미의 단서를 일으키기 위해서 "이 중에서"라고 말한 것이다. 또 '구전'이란 말에는 많은 의미가 내포되어 있어서 단번에 설명할 수 없으니, 그 밖의 의미를 배제시키고 이 의미를 보존하기 위해 "이 중에서"라고 말한 것이다.

此卽初也。言此中者。依理門說。有其二義。一起論端義。二簡持義。上來總言諸識俱轉。而未分別五必依意。意不依五。爲欲發起如是義端。故言此中。又於俱轉。含有多義。不可頓說。簡餘諸義。持取此義。故言此中。

● 동분同分·피동분彼同分에 대한 각 종파의 교설

"식이 있는 안(有識眼)"이라고 했는데, 말하자면 안眼에 두 종류가 있다. 첫째는 식이 있는 안이니, 이는 동분同分의 안이라 이름한다. 둘째는 식이 없는 안(無識眼)이니, 이는 피동분彼同分의 안이라 이름한다. 피동분의 안을 배제하기 위해 '식이 있는 안'이라 하였다.

그런데 이 동분과 피동분에 대해 여러 교설들이 같지 않다.

첫째, 살바다종은 십팔계에 의거해서 동분과 피동분의 뜻을 해석한다. 말하자면 십팔계에서 작용(業用)을 하고 있는 것을 동분이라 하고, 작용이 없는 것을 피동분이라 한다. 따라서 『7시론』 제2권에서 다음과 같이 말한다. 〈십팔계 중에서 몇 개가 동분이고 몇 개가 피동분인가? 송 '법계는 동분이고 그 밖의 계는 두 가지이니, 자신의 작용을 일으킨 것과 일으키지 않은 것이다.' 논 한 개의 법계는 오직 동분이다.[271] 말하자면 모든 성

---

271 자신의 작용을 일으킨 것인가 아닌가를 기준으로 동분과 피동분을 구분할 때, 법계는 오직 동분이라고 한다. 그 이유는, 다음의 인용문에서 언급되듯, 무엇보다 법계가 의식의 대상이기 때문이다. 의식은 일단 생기해 있는 이상 대상을 갖지 않는 경우는 없다. 의식의 대상이 되어 주는 한에서 법계는 자기 작용을 한 셈이다. 그런데 일반적 의식이 법계에 속한 모든 법들을 한꺼번에 인식 대상으로 삼는 것은 아니므로 법계에 속한 것이 오직 동분이라고 할 수는 없다. 따라서 법계가 오직 동분이 될 수밖에 없는 근거로서 성자의 인식을 예로 든 것이다. 가령 일체법의 무아를 관하고 있는 성자들의 지智는 일체법을 소연으로 삼고 있는데, 이러한 성자의 지에 있어서 법계의 모든 법들은 자기 작용을 일으키고 있기 때문에 법계는 오직 동분이라고 하였다.

자들의 두 찰나 이상 무아를 관하는 지(無我觀智)는 일체법을 소연으로 삼아서 두루 미치지 않는 것이 없다. 그러므로 법계는 항상 동분이라 이름한다.〉[272] (이에 대해)『잡아비담심론』에서는 '모든 법계는 의식의 경계이기 때문'이라 해석하였고,[273]『대비바사론』에서는 '삼세에 의식의 경계에 속하지 않는 어떤 법도 없기 때문'이라고 하였다.[274] 구체적으로 설명하면 그 논과 같다.

> 言有識眼者。謂眼二種。一有識眼。名同分眼。二無識眼。名彼同分。簡彼同分。名有識眼。然此同分及彼同分。諸教不同。一薩婆多。依十八界。以釋同分彼同分義。謂十八界有業用者。名爲同分。若無業用。名彼同分。故俱舍論第二卷云。十八界中。幾是同分。幾彼同分。頌曰。法同分餘二。作不作自業。論曰。謂一法界唯是同分。謂諸聖者。二念已去無我觀智。緣一切法無不同[1]遍。是故法界恒名同分。雜心釋云。一切法界意識境故。大婆沙云。以無有法非三世攝意識境故。具說如彼。
>
> 1) ⓔ『俱舍論』권2(T29, 10a11)에 따르면, '同'은 '周'의 오기다.

(*『대비바사론』의 두 가지 문답)[275]

문 법계 이외에 17계는 의식의 소연이므로 당연히 모두 동분이고 피동분은 없어야 한다.[276]

---

272 이상은『俱舍論』권2(T29, 10a2) 이하의 내용을 요약한 것이다.
273 『雜阿毘曇心論』권1(T28, 877c1) 참조.
274 『大毘婆沙論』권71(T27, 370c8) 참조.
275 이하에 나오는 두 개의 문답은 별도로 전거를 밝히지 않았지만, 모두『大毘婆沙論』권71(T27, 370c10)의 내용을 요약한 것이다.
276 첫 번째 질문의 요지는 다음과 같다. 법계가 의식의 경계이므로 오로지 동분이고 피동분은 없다고 한다면, 나머지 17계도 의식의 대상(所緣)이 될 수 있으므로 당연히 오

답 17계는 의식에 의거해서 동분과 피동분으로 건립된 것이 아니라, 다만 각기 별개의 근과 경에 의거해서 건립된 것이다. 안眼에 대응하는 색色, 색에 대응하는 안 내지는 신身에 대응하는 촉觸, 촉에 대응하는 신을 말한다.

문 그렇다면, 의계 및 의식계는 오직 법계에 대해서만 동분과 피동분으로 건립되어야 할 것이다. 이런즉 그 이외의 17계를 소연으로 삼는 것은 마땅히 동분이 아닐 것이다.

답 이치상으로는 이와 같다. 그러나 의계 및 의식계는 일체법을 통틀어 요별할 수 있기 때문에, 자기의 작용에 의거해서 동분으로 건립된 것이다. 가령 안근 등의 근은 보는(見) 등의 작용이 있으면 결코 피동분으로 건립되지 않기 때문이다. 어떤 다른 논사는 다음과 같이 설한다. 〈법계는 일체법을 모두 다 포괄하니, 17계도 또한 법이라고 이름하기 때문이다.〉 그는 이렇게 말해서는 안 된다. '법'이라는 이름은 비록 공통되지만 '법계'는 구별되기 때문이다. 이에 따를 때, 전자의 설이 이치상으로 훌륭하다.

【해】 이에 준해 보면, 살바다종에서 통틀어 일체법이 다 법계에 속한다고 한 것은 아니다.】

問。十七界意識所緣。應皆同分。無彼同分。答。十七界。不依意識立爲同分及彼同分。但依各別根境。相[1]對色色對眼。乃至身對觸觸對身。問。若爾。意界及意識界。唯應對法界立同分彼同分。是則緣餘十七界者。應非同分。答。理應如是。然以意界及意識界。能遍[2]了一切法故。依自作用。立爲同分。如眼等根有見等用。必不立爲彼同分故。有餘師說。法界總攝一切法盡。以十七界亦名法故。彼不應作是說。法名雖通。而法界別故。由此前說。於理爲善。【解云。准此。薩婆多宗。通一切法。非法界攝。】

로지 동분만 있다고 해야 하는데 어째서 거기에 피동분도 있다고 설했는가.

1) ⓔ『大毘婆沙論』 권71(T27, 370c14)에 따르면, '相'은 '眼'의 오기다. 2) ⓔ『大毘婆沙論』 권71(T27, 370c17)에 따르면, '遍'은 '通'의 오기다.

(＊『구사론』의 해석)[277]

말하자면 (그 법계) 이외의 17계에는 모두 동분과 피동분이 있다. 무엇을 동분 또는 피동분이라 하는가? 자기의 작용을 일으키는 것과 자기의 작용을 일으키지 않는 것을 말한다. 자기의 작용을 일으키면 동분이라 하고, 자기의 작용을 일으키지 않으면 피동분이라고 한다.

이 중에서 안계眼界의 경우, 볼 수 있는 색(有見色)을 이미 보았거나 바로 지금 보고 있거나 미래에 보게 될 눈을 '동분의 눈(同分眼)'이라 한다. 이와 같이 자세히 설하자면 의계意界에 이르기까지 각각 모두 자기의 경계에 대해 자기의 작용을 일으킨 것이라고 말해야 한다.

가습미라국의 비바사사들은 다음과 같이 설한다. 〈피동분의 안에는 단지 네 가지 종류가 있으니, 말하자면 색을 보지 않은 채 이미 멸하였거나 바로 지금 멸하고 있거나 미래에 멸하게 될 것과 불생법不生法[278]을 말한다.〉

서방(간다라 지방)의 논사들은 (피동분의 안에) 다섯 종류가 있다고 말한다. 말하자면 불생법을 다시 두 종류로 나눈 것이니, 첫째는 유식속有識屬이고 둘째는 무식속無識屬이다.[279] 나아가서는 신계身界 또한 이와 같음을

277 이하의 내용은 별도로 전거를 밝히지 않았지만, 모두 『俱舍論』 권2(T29, 10a12~26)에서 발췌한 것이다.

278 불생법不生法 : 제법이 미래로부터 현재로 진행할 때 '생연生緣'이 결여됨으로써 장차 영원히 미래의 상태에 머물면서 절대로 생겨나지 않는 것을 '불생법'이라 한다. 지혜의 간택에 의해 드러난 멸제를 '택멸擇滅'이라 하는 데 대해서, 이 불생법은 간택의 힘이 아니라 연緣의 결여로 인해 나타난 것이므로 '비택멸非擇滅'이라 한다.

279 유식속불생법有識屬不生法은 근도 있고 식도 있지만 연이 결여됨으로써 끝내 작용이 일어나지 않은 것을 말하고, 무식속불생법無識屬不生法이란 근은 있지만 식이 없기

알아야 한다. 의계의 피동분은 오직 불생법뿐이다.[280] 【해】 이에 준해 보면, 아라한의 최후의 온은 동분의 의계이다. 이는 능연能緣이라는 의미에서 동분이라고 말한 것이니, 그렇지 않다면 어떻게 동분이라 하겠는가?[281]】

색계의 경우, 눈에 이미 보였거나 바로 지금 보이고 있거나 미래에 보게 될 것을 '동분의 색'이라 이름한다. 피동분의 색 또한 네 가지 종류가 있고,[282] ……중간 생략…… 촉계 또한 이러하여 각기 자기의 근에 대해 자기의 작용을 일으킨다고 설해야 한다.[283]

마땅히 알아야 하니, 동분의 눈과 피동분의 눈이 만약 한 사람에게 동분이라면 그 이외의 모든 사람에게도 역시 동분이 되며, 피동분의 눈 또한 이와 같다. ……중간 생략…… 의계 또한 그러하다.

謂餘十七界。皆有同分及彼同分。何名同分彼同分耶。謂依[1]自業。不作自業。若作自業。名爲同分。不作自業。名彼同分。此中眼界。[2] 已正當見。名同分眼。如是廣說。乃至意界。皆[3]各於自界。[4] 應說自用。迦濕彌羅國毗婆沙師說。彼同分眼。但有四種。謂不見色已正當滅。及不生法。西方諸師。

때문에 끝내 작용이 일어나지 않은 것을 말한다.
280 가령 눈이 생기하여 존재하지만 작용하지 않는 경우가 있는 것과는 달리, 의계(마음)라는 것은 아무 작용 없이 생기해 있는 경우는 없고 한번 생기한 이상 이미 어떤 대상에 대해 작용한 것이다. 따라서 의계는 언제나 동분으로 간주된다. 그런데 불생법不生法은 어떤 연이 결여됨으로써 끝내 생겨나지 않고 영원히 미래에 머무는 것이기 때문에, 이것이 유일한 의계의 피동분으로 간주된다.
281 의계는 이미 발생한 이상 어떤 것을 소연所緣으로 삼는 작용, 즉 인식 작용(能緣)을 행한 것이기 때문에 모두 동분이다. 그런데 아라한의 최후의 마음도 이미 발생한 것이므로 인식 작용을 행한 것이고, 이런 의미에서 동분으로 정립되었다는 말이다.
282 네 종류 피동분의 색이란, 구체적으로 말하면 눈에 보이지 않고 이미 멸하였거나, 바로 지금 멸하고 있거나, 장차 미래에 멸하게 될 것, 그리고 불생법을 가리킨다.
283 성계·향계·미계·촉계도 모두 색계에 준해서 알 수 있다. 촉계를 예로 들면, 신근에 대해 감촉의 작용을 일으킨 것은 '동분의 촉'이고, 몸에 감촉되지 않고 이미 멸하였거나 바로 지금 멸하고 있거나 장차 미래에 멸하게 될 것, 그리고 불생법은 '피동분의 촉'이라고 말해야 한다는 것이다.

說有五種。謂不生法復開爲二。一有識屬。二無識屬。乃至身界。應知亦然。
意彼同分。唯不生法。【解云。准此。羅漢最後蘊。同分意界。約能緣義。說爲
同分。不爾。如何說爲同分。】色界爲眼已正當見。名同分色。彼同分色。亦
有四種。乃至。觸界亦爾。各對自根。應說自用。應知同分及彼同分眼。若
於一是同分。於餘一切亦同分。彼同分眼⁵⁾如是。廣說乃至。意界亦爾。

1) ㉠『俱舍論』권2(T29, 10a13)에 따르면, '依'는 '作'의 오기다. 2) ㉠『俱舍論』권2(T29, 10a15)에는 '界' 다음에 '於有見色'이 있는데, 전후의 문맥상 이 네 자를 넣어야 의미가 완전해진다. 3) ㉠『俱舍論』에는 '皆'가 없다. 4) ㉠『俱舍論』권2(T29, 10a16)에는 '界'가 '境'으로 되어 있는데, '自界'는 육근을 뜻하지만 '自境'은 육경을 뜻하므로 후자로 수정해야 한다. 5) ㉠『俱舍論』권2(T29, 10a26)에는 '眼'이 '亦'으로 되어 있다.

『잡아비담심론』에서도 이와 같이 설한다.

『대비바사론』에 의하면 이에 대해 세 가지 해석이 있다.

처음 논사는 『구사론』 등과 동일하다.²⁸⁴

"어떤 이는 다음과 같이 설한다.²⁸⁵ 〈색을 보는 모든 눈(眼)은 유정 자신에 있어서는 동분의 눈이라 하고, 그 이외의 유정에 있어서는 피동분의 눈이라 한다. 색을 보지 못한 모든 눈은 유정 자신에 있어서는 피동분의 눈이라 하고, 그 이외의 유정에 있어서도 또한 피동분의 눈이라 한다.〉 다시 다음과 같이 설하는 자가 있다.²⁸⁶ 〈색을 보는 모든 눈은 유정 자신에 있어서는 동분의 눈이라 하고, 그 이외의 유정에 있어서는 동분의 눈도 아니고 또한 피동분의 눈도 아니다. 색을 보지 못한 모든 눈은 유정 자

284 이하는 동분·피동분과 유정 간의 관계를 논한 것이다. 이『大毘婆沙論』에 나온 첫 번째 견해는 앞의『俱舍論』의 해석과 동일하다고 했는데, 그에 따르면 다음과 같다. 〈색을 보는 모든 눈은 유정 자신에 있어서는 동분의 눈이라 하고 그 밖의 유정에게도 또한 동분이다. 색을 보지 못한 모든 눈은 유정 자신에 있어서는 피동분의 눈이라 하고 그 밖의 유정에게도 또한 피동분이다.〉『大毘婆沙論』권71(T27, 368b2) 참조.
285 이것은 두 번째 논사의 해석이다.
286 이것은 세 번째 논사의 해석이다.

신에 있어서는 피동분의 눈이라 하고, 그 이외의 유정에 있어서는 동분의 눈도 아니고 피동분의 눈도 아니다.〉 그는 그와 같이 설해서는 안 된다. 어째서 눈이 있는데 동분의 눈도 아니고 또한 피동분의 눈도 아니겠는가? 마땅히 이렇게 말해야 하니, 세 가지 설 가운데 처음의 설이 이치에 맞다."²⁸⁷

구체적으로 설명하면 그 논과 같다.

> 雜心亦爾。若依婆沙。有其三釋。初師說同俱舍等。有作是說。諸見色眼。於自有情。名同分眼。於餘有情。名彼同分眼。¹⁾ 諸不見色眼。於自有情。名彼同分眼。於餘有情。亦名彼同分眼。* 復有說者。諸見色眼。於自有情。名同分眼。於餘有情。非同分亦非彼同分。諸不見色眼。於自有情。名彼同分眼。於餘有情。非同分眼*亦非彼同分。彼不應作是說。云何有眼。而非同分亦非彼同分。應作是說。於三說中。初說應理。具說如彼。
>
> 1) ㉘『大毘婆沙論』에는 '眼'이 없으나, 넣어도 무방하다. 이하도 동일하다.

또 『구사론』에서는 다음과 같이 말한다. "눈(眼)은 (한 사람에게 고유한 것이고) '공유되지 않기(不共)' 때문에 한 사람의 상속하는 몸에 의거해서 동분과 피동분을 건립한다. 하지만 색은 '공유되기(共)' 때문에 여러 사람의 상속하는 몸에 의거해서 동분과 피동분을 건립한다. 색계에 대해 설한 것처럼, 성·향·미·촉의 경우도 이와 같음을 알아야 한다. '성聲'은 색과 마찬가지라고 할 수 있다."²⁸⁸ 그런데 향·미·촉의 세 가지 계는 근에 닿아야 비로소 파악되고 이는 공유되는 것이 아니기 때문에, 한 사람이 파악할 때 그 이외의 사람은 파악하는 것이 아니다. 이치상으로 당연히 안계

---

287 『大毘婆沙論』 권71(T27, 368b5).
288 성계聲界의 경우는 한 사람에게 들리는 소리는 그 이외의 여러 사람들에게도 역시 들리기 때문에 색계와 마찬가지로 '공유되는 것'이라고 하였다.

眼界 등과 같다고 해야 하지, 색계와 같다고 말해서는 안 된다.[289] 비록 이런 이치가 있기는 해도, 간혹 '공유되는' 경우가 있다. 그 이유는 무엇인가? 향 등의 세 가지 계는 (아직 근에 닿지 않았을 때) 한 사람과 그 이외의 사람에게 모두 비식鼻識 등을 발생시킬 수 있다는 의미를 갖고 있지만, 눈 등은 그렇지 않다. 따라서 (향·미·촉은) 색계와 같다고 설한 것이다."[290]

『잡아비담심론』에 의하면 다음과 같다. "말하자면 눈이 색을 보는 경우는 유분有分(동분)이고, 색을 보지 않는 경우 여유분餘有分(피동분)이라 한다. 말하자면 색이 눈에 보인 것(所見)은 유분이고 보이지 않은 것(所不見)은 여유분이다. 차별점은, 만약 눈이 한 사람에게 유분이라면 그 밖의 모든 사람에게도 유분이고, 만약 (눈이) 한 사람에게 여유분이라면 그 밖의 모든 사람에게도 여유분이라는 것이다. 색의 경우 보인 것이면 유분이고 여유분은 아니다. 이·비·설·신과 성·향·미·촉도 이와 같으니, 제일의第一義에서는 눈의 경우와 같다고 설하지만, 세속의 이치(俗數)로는 색의 경우와 같다고 설한다."[291] 【해 『잡아비담심론』의 뜻은 분명하지 않다.】

又俱舍云。眼不共故。依一相續。建立同分及彼同分。色是共故。依多相續。建立同分及彼同分。如說色界。聲香味觸。應知亦爾。聲可如色。香味觸三。至根方取。是不共故。一取非餘。理應如眼等。不應如色說。雖有是理。而容有共。所以者何。香等三界。於一及餘。皆有可生鼻等識義。眼等不爾。[1]

---

289 향계·미계·촉계의 경우, 그것이 감각 기관에 이를 때 비로소 파악되는 것이다. 따라서 한 사람이 취하는 것을 그 이외의 다른 사람이 공동으로 취할 수는 없다. 이는 마치 자기 눈(眼)이 오직 자기 자신에게만 소용될 뿐 다른 사람과 공동으로 쓰일 수 없는 경우와 같다. 그래서 향·미·촉의 세 가지 대상은 안근의 경우와 같다고 말해야 한다고 따진 것이다.
290 『俱舍論』 권2(T29, 10b1).
291 『雜阿毘曇心論』 권1(T28, 877c3).

故如²⁾色說。若依雜心。謂眼見色是有分。不見色是餘有分。謂色眼可³⁾見是有分。所不見是餘有分。差別者。若眼是一有分。餘一切亦有分。若一餘有分。餘一切亦餘有分。色若見者。是有分非餘。耳鼻舌身。聲香味觸亦如是。第一義如眼說。俗數如色說。【解云。雜心意不分明。】

1) ㊂『俱舍論』 권2(T29, 10b7)에 '爾'는 '然'으로 되어 있는데, 의미는 동일하다. 2) ㊂『俱舍論』 권2(T29, 10b7)에는 '如'가 '知'로 되어 있고, 교감주에 따르면 '如'로 된 곳도 있다. 3) ㊂『雜阿毘曇心論』 권1(T28, 877c4)에 따르면, '可'는 '所'의 오기다.

『대비바사론』에서는 다음과 같이 말한다.

毘婆沙云。

　마치 색계처럼 성계·향계·미계·촉계도 그러하니, 동분과 피동분의 품류들의 차별은 모두 서로 비슷하기 때문이다.
　그런데 이런 의미에 대해, ① 어떤 이는 '오직 각기 자기 몸에 있는 모든 향·미·촉을 맡고 맛보고 느낀다'고 말하고 싶어 한다. 그는 다음과 같이 말한다. 〈향계·미계·촉계는 세속의 이치에 따르면 색계의 경우와 같다고 말해야 한다. 말하자면 세상 사람들이, '네가 맡은 향은 우리도 맡는다. 네가 맛본 맛을 우리도 맛본다. 네가 느낀 감촉을 우리도 느낀다'고 말할 때가 있다. (그러나) 승의의 이치에 따르면 향계·미계·촉계는 안계의 경우와 같다고 말해야 한다. 말하자면 한 명의 유정이 맡은 향계는 그 밖의 사람들은 맡을 수 없고, 한 명의 유정이 맛본 미계는 그 밖의 사람들은 맛볼 수 없으며, 한 명의 유정이 느낀 촉계는 그 밖의 사람들은 느낄 수가 없는 것이다.〉

如色界。聲香味觸界亦爾。同分彼同分品類差別。皆相似故。然於此義。或有欲令唯齅嘗覺各自身中諸香味觸。彼作是說。香味觸界。依世俗理。如色界說。謂諸世間作如是語。汝所齅香。我等亦齅。汝所嘗味。我等亦嘗。汝所覺觸。我等亦覺。依勝義理。香味觸界。如眼界說。謂一有情所齅香界。餘不能齅。若一有情所嘗味界。餘不能嘗。若一有情所覺觸界。餘不能覺。

문 만약 하나의 촉계를 두 명의 유정의 몸이 각기 한쪽에서 공동으로 접촉한다면, 어찌 승의의 이치에서 색계의 경우와 같다고 말하지 않겠는가?

답 이와 같은 촉계는 많은 극미들이 있어서 한곳에 화집和集하여 있는데, 두 몸이 접촉해서 각기 한쪽을 획득한 것이지 공동으로 획득한 것은 아니다. 따라서 승의의 이치에서 안계의 경우와 같다고 설하였으니, 향계·미계 두 가지도 이에 준해서 알아야 한다.

問。若一觸界。二有情身。各在一邊。共所逼觸。豈非勝義如色界說。答。如是觸界。有多極微。和集一處。二身逼觸。各得一邊。無共得者。故勝義理。如眼界說。香味二界。准此應知。

다시 ② 어떤 이는 '또한 다른 사람과 무정물(非情)의 모든 향·미·촉도 맡고 맛보고 느낀다'고 말하고 싶어 한다. 그는 다음과 같이 말한다. 〈향계·미계·촉계를 이미 수용했거나 또 수용하고 있을 때, 세속의 이치에 의하면 색계의 경우와 같다고 설해야 한다. 말하자면 세상 사람들은 (그것을) 공동으로 얻는다고 말하기 때문이다.[292] 승의의 이치에 의하면 안계의 경우와 같다고 설하니, 한 사람이 수용한 것은 그 외의 사

---

292 '공동으로 얻는다고 말한다'는 것은 앞에서 언급했듯, 사람들이 일상적인 언어적 관행에 따라서 "네가 맡은 향을 우리도 맡는다. 네가 맛본 맛을 우리도 맛본다. 네가 느낀 감촉을 우리도 느낀다."고 말하는 경우가 있다는 것이다.

람이 얻을 수는 없기 때문이다. 아직 수용하지 않았을 때라면, 향계·미계·촉계는 승의의 이치에 의해서 또한 공동으로 얻을 수도 있으니 마치 색계의 경우와 같다고 설한다. 말하자면 미래에서 이제 막 현재에 이르려 하는 것은 여러 사람들이 공동으로 얻는다는 의미가 있기 때문이다.[293]〉

復有欲令亦顗嘗覺他及非情諸香味觸。若[1]已受用。及受用時。依世俗理。如色界說。謂諸世間說共得故。依勝義諦。[2] 如眼界說。一所受用。餘不得故。若未受用。香味觸界。依勝義理。亦[3]得。如色界說。[4] 謂在未來。當至現在。有多人等共得義故。

1) ㉠『大毘婆沙論』권71(T27, 369b5)에는 '若' 앞에 '彼作是說香味觸界'가 있는데, 전후문맥상 이 문구를 넣어야 의미가 완전해진다.　2) ㉠『大毘婆沙論』권71(T27, 369b7)에는 '諦'가 '理'로 되어 있다.　3) ㉠『大毘婆沙論』권71(T27, 369b9)에는 '亦' 다음에 '有共'이 있고, 교감주에 따르면 '共'이 없는 판본도 있다. 전후의 문맥상 '亦' 다음에 '有共'을 넣어야 의미가 완전하다.　4) ㉠『大毘婆沙論』권71(T27, 369b9)에는 '說' 다음에 '義'가 있다.

전자(①)의 뜻에 따르면 다음과 같이 말해야 한다. 〈향계·미계·촉계는 세속의 이치에 의거해서 색계의 경우와 같다고 설하고, 승의의 이치에 의거해서 안계의 경우와 같다고 설한다.〉 후자(②)의 뜻에 의하면 다음과 같이 말해야 한다. 〈향계·미계·촉계는 이미 수용했거나 또 수용하고 있을 때라면, 세속의 이치에 의거해서 색계의 경우와 같다고 설하고 승의의 이치에 의거해서 안계의 경우와 같다고 설한다. 아직 수용하

---

293 이 주장에 따르면, 승의勝義의 차원에서는 향·미·촉 세 가지는 일차적으로는 안계眼界의 경우처럼 한 사람만의 고유한 근에 의해 인식되는 것이므로 공유되지 않는다고 말해야 한다. 그러나 그것이 아직 자기 근에 닿지 않았을 때에는 자기뿐만 아니라 그 이외의 다른 사람 모두에게 냄새·맛·감촉을 일으킬 수 있는 가능성, 다시 말하면 '공동으로 파악될 수 있다'는 의미도 있기 때문에 향·미·촉 등은 색계의 경우와 같다고 말할 수도 있다는 것이다.

지 않았을 때라면, 승의의 이치에 의거해서 또한 '색계와 같다고 설한다'고 말할 수도 있다.²⁹⁴〉 그러므로 여러 논들에서 모두 다음과 같이 설한다. 〈색계의 경우와 마찬가지로 성계·향계·미계·촉계 또한 이러하니, (성은 물론이고) 향·미·촉도 공통으로 얻을 수 있기 때문이다.〉²⁹⁵

若依前義。應作是說。香味觸界。依世俗理。如色界說。依勝義理。如眼界說。若依後義。應作是說。香味觸界。若已受用及受用時。依世俗理。如色界說。依勝義理。如眼界說。若未受用。依勝義理。亦可得言如色界說。是故諸論皆作是說。如色界。聲香味觸界亦爾。以香味觸可共得故。

안식 등 육식의 동분과 피동분은, 발생하였거나 불생법이기 때문에, 의계意界의 경우와 같다고 설한다.²⁹⁶

眼等六識。同分彼同分。生不生法故。如意界說。

● 동분·피동분의 이름 해석
다음으로 동분과 피동분의 이름을 해석하겠다.

---

294 향계·미계·촉계는 직접 닿아야만 파악되는 경계들이다. 그렇기 때문에 그 경계가 이미 수용된 경우에는 승의제에 의거해서 '안계의 경우와 같다'고 말해야 한다. 그런데 아직 수용되지 않았을 때, 다시 말해 그것이 아직 자기 근에 닿지 않았을 때는 자기뿐만 아니라 그 이외의 사람들에게 냄새·맛·감촉을 일으킬 가능성이 있다. 이런 측면에서는 '공동으로 파악된다'는 의미도 있기 때문에, 승의제에 의거해서 또한 '색계의 경우와 같다'고 말할 수도 있다는 것이다. 이에 대해서는 앞의 두 번째 견해([2])와 그에 대한 역주 참조.
295 이상은 『大毘婆沙論』 권71(T27, 369a20~b17) 참조.
296 안식 등 육식은 이미 생겨난 것인 이상 어떤 소연에 대해서 이미 자신의 작용을 행한 것이므로 모두 '동분'이고, 이 육식의 피동분은 결코 생겨나지 않을 법, 즉 '불생법不生法'뿐이다. 따라서 육식의 동분과 피동분은 의계意界의 경우와 같다고 하였다.

『구사론』에 의하면 그에 세 가지 의미가 있다. 따라서 그 논에서 다음과 같이 묻는다. "동분과 피동분의 의미는 무엇인가? 근·경·식의 세 가지가 서로 간에 교섭하고 있기 때문에 '분分'이라 한다. 혹은 다시 '분'이란 '자기의 작용을 하는 것(已作)', 혹은 다시 '분'이란 '발생된 촉(所生觸)'을 말한다. 이 '분'을 똑같이 갖고 있기 때문에 '동분'이라 이름한다. 이와 상반되는 것을 피동분이라 이름하니, 동분은 아닌데 그(彼) 동분과는 종류種類·분分이 동일하기 때문에 피동분이라 한 것이다."[297]

『순정리론』도 『구사론』과 동일한 의미를 설한다.

『잡아비담심론』에서는 다음과 같이 말한다. "문 유분有分(동분)과 여유분餘有分(피동분)이란 어떤 뜻이 있는가? 답 분이 있는 때를 유분이라 한다. 안계는 두 종류니, 유업분有業分(작용하고 있는 부분)과 무업분無業分(작용하지 않는 부분)이다. 그 유업분은 무업분에 의해 구분되기 때문에 유분이라 설하고, 그 무업분도 유업분에 의해 구분되므로 또한 유분이라 설한다. 두 개의 분이 둘 다 '유분'의 상을 얻는다."[298]

경부종에 의하면, 아직 정확한 문장을 보지 못했지만, 준해 볼 때 대승과 동일하며 이치에 어긋나는 것은 없다.

次釋同分彼同分名。依俱舍論。有其三義。故彼問言。云何同分彼同分義。根境識三。更相交雜。[1] 故名爲分。或復分者。是已[2]作用。或復分者。是所生觸。同有此分。故云[3]同分。與此相違。名彼同分。由非同分。與彼同分與彼同分[4]種類分同。名彼同分。正理同俱舍。雜心論云。有[5]分餘有分。有何義。答。有分時。說名有分。問。[6] 眼界二種。有業及無業分。彼有業分爲無業分可[7]分。亦[8]說有分。彼無業分亦爲有業分可[9]分。亦說有分。二分俱得

---

297 『俱舍論』 권2(T29, 10b9).
298 『雜阿毘曇心論』 권1(T28, 877c12).

有分相。依經部宗。未見正文。准同大乘。於理無違。

1) ㉠『俱舍論』권2(T29, 10b10)에 따르면, '雜'은 '涉'의 오기다. 2) ㉠『俱舍論』권2(T29, 10b10)에 따르면, '已'는 '己'의 오기다. 3) ㉠『俱舍論』권2(T29, 10b11)에는 '云'이 '名'으로 되어 있다. 4) ㉠『俱舍論』권2(T29, 10b12)에 따르면, '與彼同分'은 잉문이므로 삭제해야 한다. 5) ㉠『雜阿毘曇心論』권1(T28, 877c11)에는 '有' 앞에 '間'이 있다. 6) ㉠『雜阿毘曇心論』권1(T28, 877c12)에는 '間'이 없고, 교감주에 따르면 '間'이 있는 판본도 있다. 전후의 문맥상 이 글자를 삭제해야 자연스럽다. 7) ㉠『雜阿毘曇心論』권1(T28, 877c14)에는 '可'가 '所'로 되어 있다. 8) ㉠『雜阿毘曇心論』권1(T28, 877c14)에 따르면, '亦'은 '故'의 오기다. 9) ㉠『雜阿毘曇心論』권1(T28, 877c14)에는 '可'가 '所'로 되어 있다.

이제 대승에 의하면 여러 논들이 같지 않다.²⁹⁹

세친과 안혜의 『오온론』에 따르면,³⁰⁰ 오직 다섯 가지 내처內處에 의거해서 동분의 의미를 해석한다. 따라서 그들의 논에서는 모두 다음과 같이 말한다. "동분은 몇 개인가? 말하자면 다섯 가지 내적인 유색계有色界이니, 그 각자의 식과 더불어 경계와 동등해지기 때문이다.³⁰¹ 피동분은 몇 개인가? 그 각자의 식이 없을(空) 때이니, 자기 부류에 대해 동등하기 때문이다.³⁰²"³⁰³

299 이하에서는 동분과 피동분에 대한 대승의 여러 경론들의 해석이 나오는데, 공통적 특징은 모두 '다섯 가지 내처內處', 즉 오근五根에 의거해서 동분과 피동분을 관찰한다는 것이다. 이것은 앞서 소승의 『俱舍論』 등에서 근과 색에 대해 모두 동분과 피동분을 설정했던 것과는 다르다.
300 세친이 『大乘五蘊論』을 지었고 안혜가 그 논에 대한 해석서로 『大乘廣五蘊論』을 지었기 때문에 '세친과 안혜의 『오온론』'이라고 하였다.
301 '다섯 개의 내적인 유색계'란 다섯 가지 감각 기관(五根)을 말하고, '그 각자의 식'이란 가령 눈의 식(眼識), 코의 식(鼻識) 등을 말한다. 그런데 식이 일어나고 있을 때는 가령 안식이 '경계와 동등해지는(等境)' 것처럼 근도 안식과 함께 경계와 동등해진다. 마찬가지로 귀와 코와 혀와 몸도 이식·비식·설식·신식과 관계에서 각기 성·향·미·촉이라는 경계와 동등해진다. 이러한 의미에서 식이 일어날 때의 눈 등을 '동분'이라 한 것이다. 여기서 '경계와 동등해진다'는 것은 '경계와 유사해진다'는 뜻인데, 이에 관한 자세한 설명은 이하의 『集論』과 『雜集論』의 인용문 참조.
302 식이 일어날 때의 오근은 그 각각의 식과 마찬가지로 '경계와 동등해진다'는 의미가 있지만, 식이 일어나지 않고 있을 때의 오근은 '자기 부류와 동등하다(自類等)'는 의미

해 동분은 '경계와 동등하다(等境)'는 의미에서 동분이라 한 것이다.

『집론』제3권과『잡집론』제5권에서 말한 뜻도『오온론』과 동일하다. 따라서『집론』에서는 다음과 같이 말한다. "동분과 피동분이란 무엇인가? 동분과 피동분은 몇 개인가? 어떤 의미에서 동분과 피동분을 관하라고 하는가?[304] 말하자면 식과 분리되지 않은 채 그 식과 서로 유사한 근이 경계에서 상속하며 생하기 때문이고, 식과 분리된 채 자기 부류와 서로 유사한 근이 상속해서 생기기 때문이다. 이것이 동분과 피동분의 뜻이다."[305]

(이에 대해『잡집론』에서는 다음과 같이 말한다.) "첫째는 동분이다. 오근과 식이 동시에 일어날 때는, 식은 경계들과 서로 유사해진 상태로 상속하여 생하기 때문에, 근도 식과 서로 유사하게 전전한다는 의미에서 '동분'이라 이름한 것이다.[306] 두 번째는 피동분이다. 근들이 식과 분리된 채 자기 부류와 서로 유사하게 상속하여 생하기 때문에, 근은 식과 결합된 것이 아니라 오직 자체와 서로 유사한 상태로 상속해서 생한다.[307] 근

를 갖기 때문에 '피동분'이라 한다는 것이다. 이에 관한 자세한 설명은 이하의『集論』과『雜集論』의 인용문 참조.

303 『大乘廣五蘊論』권1(T31, 855b4).
304 이하의『雜集論』의 인용문에는 이 질문의 대답이 생략되었다. 이와 같은 동분과 피동분이라는 독특한 범주를 가립해서 그것을 관찰하는 이유에 대해 그 논에서는 "식과 상응하는 아我나 상응하지 않는 아에 대한 집착을 버리기 위해서 동분과 피동분을 관찰하는 것이다.(爲捨執著與識相應不相應我故. 觀察同分彼同分.)"라고 하였다.『雜集論』권5(T31, 716a5) 참조.
305 『集論』권3(T31, 671c28).
306 '식이 경계와 서로 유사해진다'는 것은 어떤 경계에 대한 인식이 발생할 때 하나의 표상으로서의 식識에는 경계와 유사한 영상이 현현해 있기 때문이다. 그런데 이러한 식과 함께 작용하고 있는 근의 경우, '근의 부류로서 전후 유사하게 상속된다'고 하기보다는 오히려 '자기 식과 유사해진 상태로 상속된다'고 한다. 이런 의미에서 '식이 있는 근'을 동분이라 했다는 말이다.
307 식이 일어나지 않고 다만 근이 전후 찰나 연속해서 생기하고 있을 때는 그 근은 '자기 부류와 유사하게 생겨난다(自類相似)'고 한다. 이런 의미에서 '식이 없을 때의 근'을 피동분이라 했다는 말이다.

의 상相이 서로 유사하다는 의미에서 피동분이라 설한 것이다. 색온의 일부, 안근 등 다섯 가지 유색有色의 계·처의 일부는 바로 동분과 피동분이다."308

今依大乘. 諸論不同. 若依世親安慧五蘊論. 唯約五內處. 釋同分義. 故彼論皆云. 幾同分. 謂五內有色界. 與彼自識等境界故. 幾彼同分. 謂彼自識空時. 與自類等故. 解云. 同分等境義. 故名同分. 集論第三雜集第五. 意同五蘊. 故集論云. 云何同分彼同分. 幾[1]同分彼同分. 爲何義故. 觀同分彼同分耶. 謂不離識彼相似根. 於境相續生故. 離識自類[2]相似. 相續生[3] 是同分彼同分.[4] 初是同分. 諸根與識俱. 識相似於諸境[5] 相續生故. 由根與識相似轉義. 說名同分. 第二是彼同分. 諸根離識. 自類相似. 相續生故. 由根不與識合. 唯自體相似相續生. 根相[6]似義. 說[7]同分. 色蘊一分. 眼等五有色界處一分. 是同分彼同分.

---
1) ㉠『集論』권3(T31, 671c28)에는 '幾' 다음에 '是'가 있다. 2) ㉠『集論』권3(T31, 672a1)에는 '類'가 없으나, 넣어도 무방하다. 3) ㉠『集論』권3(T31, 672a1)에 따르면, '生' 다음에 '故'가 누락되었다. 4) 『集論』권3(T31, 672a2)에 따르면, '分' 다음에 '義'가 누락되었다. 5) ㉠『雜集論』권5(T31, 715c29)에 따르면, '境' 다음에 '界'가 누락되었다. 6) ㉠『雜集論』권5(T31, 716a3)에 따르면, '相' 다음에 '相'이 누락되었다. 7) ㉯ '說' 다음에 다른 판본에는 '彼'가 있다. ㉠『雜集論』권5(T31, 716a3)에 따르면, '說' 다음에 '名彼'가 누락되었다.

또 『유가사지론』 제56권에서 또한 다섯 가지 내처에 의거해서 설하니, 그 논에서는 다음과 같이 말한다. "문 십팔계 중에서 몇 개가 동분이고 몇 개가 피동분인가? 답 '식이 있는 안계(有識眼界)'를 동분이라 하고, 그 밖의 안계는 피동분이라 한다. 안계와 마찬가지로 내지는 신계 또한 그러하다. 오직 근에 속하는 내적인 모든 계에 대해서만 동분·피동분을 사량

---
308 『雜集論』권5(T31, 715c28).

하는 것이지, 색 등의 외적인 모든 계에 대해서는 (사량하지) 않는다.³⁰⁹ 법계에서 소연이 있는 모든 것(심소법 등)은 마치 심계心界의 경우와 같다고 설하고, 소연이 없는 모든 것은 마치 색계 등과 같다고 설한다는 것을 알아야 한다."³¹⁰

【『심밀해탈경』에는 이 문장은 빠져서 없고, 양梁『섭대승론석』에 인용된 『해절경』에서는 "식이 있는 안근에 의지하고 바깥의 색진을 소연으로 삼아 안식이 일어날 수 있다."³¹¹고 하였다. 진제 스님은 다음과 같이 풀이한다. 〈만약 죽은 사람의 눈이라면 식이 없는 눈(無識眼)이라 한다. 따라서 식이 있는 눈이라 말함으로써 식이 없는 눈을 배제시킨 것이다.〉 이 해석은 맞지 않다. 목숨을 버린 뒤라면 눈이 성립할 수 없기 때문이다.】

又瑜伽五十六。亦依五內處說。彼云。問。十八界中。幾是同分。幾彼同分。答。有識眼界。名爲同分。所餘眼界。名彼同分。如眼界。乃至身界亦爾。唯根所攝內諸界中。思量同分及彼同分。非於色等外諸界中。當知。法界諸有所緣。如心界說。無¹⁾所緣。如色等說。【若深密經。闕無此文。梁攝論所列²⁾解節經云。依有識眼根。緣外色塵。眼識得生。眞諦解云。若死人眼。名無識眼。故言有識。以簡無識。此釋不然。若捨命後。不成眼故也。】

---

309 소승의 논에서는 오근과 오경에 대해 동분·피동분을 관찰하지만, 대승의 논에서는 오직 내적인 오근에 대해서만 동분·피동분을 사량하는데, 그 이유는 동분·피동분을 관찰하는 목적과도 연관된다. 앞의 각주에서 언급했듯, '식識과 상응하는 아我' 혹은 '식과 상응하지 않는 아'에 대한 집착을 버리기 위해 이 동분·피동분을 관찰하는 것이다. 따라서 '아'로 집착되는 대상이 아닌 외부의 물리적 세계에 대해서는 그런 것을 사량하지 않는다.
310 『瑜伽師地論』권56(T30, 609c3).
311 여기서 진술된 "식이 있는 안근에 의지하고 바깥의 색진을 소연으로 삼아 안식이 일어날 수 있다.(依有識眼根. 緣外色塵. 眼識得生.)"는 문장은 현존하는 『解節經』에는 나오지 않는다. 다만 진제가 번역한 세친의 『攝大乘論釋』(梁攝論) 권1(T31, 157b25)에는 그에 해당하는 『解節經』의 경문이 길게 인용되는데, 원측은 바로 이 인용문을 재인용한 것이다. 진제 역, 세친의 『攝大乘論釋』 권1(T31, 157b25) 참조.

1) ㉠『瑜伽師地論』권56(T30, 609c7)에 따르면 '無' 앞에 '諸'가 누락되었다. 2) ㉠ '列'은 '引'의 오기인 듯하다.

다음에 설한 "식이 있는 이(有識耳)……"에 대해서도 이에 준해서 알아야 한다.

"안식과 구전하여 따라다니는……"이라 했는데, 이는 안식이 일어날 때 반드시 유분별의식이 동시에 따라다니면서 하나의 경계를 똑같이 소연으로 삼는다는 것을 밝힌 것이다.

> 下有識耳等。准此應知。與眼識俱隨行等者。此明眼識起時。必有分別意識。同時隨行。同緣一境。

b) 네 가지 식이 의식과 구전함을 밝힘

경 식이 있는 이·비·설·신과 성·향·미·촉을 연으로 하여, 이식·비식·설식·신식이 발생하고, 이식·비식·설식·신식과 함께하면서 따라다니는 동시·동경의 유분별의식이 일어난다.

> 有識耳鼻舌身及聲香味觸爲緣。生耳鼻舌身識。與耳鼻舌身識俱隨行。同時同境有分別意識轉。

석 이것은 두 번째로 그 밖의 네 종류 식이 의식과 구전함을 해석한 것이니, 앞에 준해서 알아야 한다.

> 釋曰。此卽第二釋餘四識與意識俱。准上應知。

㉴ 의식을 오식과 대응시켜 구전하는 개수를 밝힘

경 광혜여, 만약 이때에 하나의 안식이 일어났다면 곧 이때에는 오직 하나의 분별의식만 있어서 안식과 더불어 동일한 소행所行(인식 영역)에서 일어난 것이다.

廣慧。若於爾時。一眼識轉。卽於此時。唯有一分別意識。與眼識同所行轉。

석 이하는 두 번째로 구전하는 개수를 따로따로 해석한 것이다. 이 중에 두 가지가 있다. 처음은 의식이 안식과 더불어 구전함을 밝힌 것이고, 나중은 의식이 안식 등 두 개, 세 개, 네 개, 다섯 개의 식들과 더불어 구전함을 밝힌 것이다.

釋曰。自下第二別釋俱轉多少。於中有二。初明意識與眼識俱轉。後明意識與眼等二三四五識俱轉。

a. 의식이 안식과 구전함을 밝힘
이것은 첫 번째로 의식이 안식과 더불어 구전하는 것은 하나의 연緣과 결합했기 때문임을 밝힌 것이다.

此卽第一明意識與眼識俱轉。一緣合故。

b. 의식이 소연 경계에 따라서 몇 개의 연과 합하는지를 밝힘

경 만약 이때에 두 개, 세 개, 네 개, 다섯 개의 식들이 일어났다면, 곧 이때에는 오직 하나의 분별의식이 있어서 다섯 가지 식들과 더불어 동일한

소행에서 일어난 것이다.

若於爾時。二三四五諸識身轉。卽於此時。唯有一分別意識。與五色[1]身同所行轉。

1) ⓔ『解深密經』권1(T16, 692b27)에 따르면, '色'은 '識'의 오기다.

석 이것은 두 번째로 소연 경계 등에 따라서 몇 개의 연이 결합하는지를 밝힌 것이다. 이것은 하나의 의식이 안식 등 오식과 더불어 몇 개가 구전하는지를 밝힌 것인데, 그 수가 일정하지 않다. 『심밀해탈경』에서는 '무분별의식'이라고 하였지만,[312] 『해절경』 등에서는 모두 '분별의식'이라고 하였으니,[313] 이 판본(『해심밀경』)과 동일하다. 따라서 '분별'이라고 한 것이 바름을 알 수 있다.

釋曰。此卽第二明隨所緣境等緣合多少。是一意識與眼等五識俱轉多少。其數不定。深密經云。無分別意識。依解節經等皆云。分別意識。與此本同。故知分別爲正。

(나) 비유(喩)

경 광혜여, 마치 큰 폭포수의 흐름에서 만약 하나의 파랑이 생길 연이 현전해 있으면 오직 하나의 파랑이 일어나고,

---

312 『深密解脫經』 권1(T16, 669a29) 참조.
313 진제 역 『攝大乘論釋』 권1(T31, 157b28)에서 인용된 『解節經』에는 "……이때 하나의 유분별의식有分別意識이 다섯 가지 식과 더불어 공동의 소연 경계에서 일어난다.(是時一有分別意識。與五識共緣境生。)"라고 되어 있다.

廣慧。如大暴[1]水流。若有一浪生緣現前。唯一浪轉。

1) ㉠『解深密經』권1(T16, 692b28)에는 '暴'이 '瀑'으로 되어 있고, 교감주에 '暴'으로 된 곳도 있다고 하였다.

석 이것은 두 번째로 비유를 들어 거듭 해석한 것이다. 이 중에 두 가지가 있다. 처음은 물과 파랑의 개수로 비유한 것이고, 둘째는 거울과 영상의 개수로 비유한 것이다.

釋曰。此卽第二擧喩重釋。於中有二。初水浪多少喩。二鏡影多少喩。

● 두 가지 비유에 대한 제교諸教의 해석

전후의 두 가지 비유에 차이가 있는데, (이에 대해) 여러 설들이 같지 않다.

한편에서는 다음과 같이 말한다. 〈두 가지 비유의 의취意趣는 각기 다르다. 예를 들어 진제의 『기』에서는, '물이 파랑을 생기한다'는 비유는 육식이 본식과 똑같이 생하고 멸함을 뜻하고, '거울에 영상이 생기한다'는 비유는 여러 식들이 일어나기는 해도 본식의 체가 육식으로 전환되는 것은 아님을 뜻한다.〉

한편에서는 다음과 같이 말한다. 〈두 가지 비유의 의취는 차이가 없다. 모든 식이 구전한다는 뜻을 똑같이 나타내고 있기 때문이다. 예를 들어 『유가사지론』 제51권, 『현양성교론』 제17권에서 설한 것과 같다.[314]〉

前後二喩有差別者。諸說不同。一云。二喩意趣各別。如眞諦記。水生浪譬。六識與本識同生滅義。鏡生影譬。諸識雖起。非本識體轉作六識。一云。二

---

314 『瑜伽師地論』권51(T30, 581a3), 『顯揚聖教論』권17(T31, 566c28) 참조.

喩意趣無異。同顯諸識俱轉義故。如瑜伽論第五十一。顯揚十七。

지금의 해석에서는 두 가지 비유에 대해 여러 교설들이 같지 않다.

어떤 곳에서는 소의所依와 능의能依의 두 종류 차별을 나타내고자 하여 두 가지 비유를 설했다고 한다. 예를 들면 『유가사지론』 제63권에서 다음과 같이 말한다. "승의의 도리에 의해 차별을 건립한다는 것은 무엇을 말하는가? 말하자면 대략 두 종류 식識이 있으니, 첫째는 아뢰야식阿賴耶識이고 둘째는 전식轉識[315]이다. 아뢰야식은 '소의所依(의지되는 곳)'이고 전식은 '능의能依(의지하는 자)'이다. 이것(전식)은 다시 일곱 종류가 있으니, 이른바 안식에서 의식까지를 말한다.[316] 비유하면 물의 파랑이 폭류에 의지하는 것과 같고, 혹은 영상이 밝은 거울에 의지하는 것과 같다. 이와 같은 것을 일컬어 '승의의 도리에 의해 소의와 능의의 차별을 건립한다'고 한다."[317]

어떤 곳에서는 (두 가지 비유는) 제8식과 일곱 가지 식의 구전함을 나타내기 위한 것이라고 한다. 예를 들면 『유가사지론』 제51권과 『현양성교론』 제17권의 설과 같다.

어떤 곳에서는 (두 가지 비유는) 제8식과 일곱 가지 식이 차이가 없다는 뜻을 나타내기 위한 것이라고 한다. 예를 들면 『성유식론』 제7권에서 다음과 같이 말한다. "여덟 가지 식의 자성은 결정코 하나라고 말할 수 없다. 왜냐하면 행상行相과 소의所依와 소연所緣과 상응법相應法이 다르기 때

---

315 전식轉識 : 유식종에서는 제8아뢰야식을 제외한 그 밖의 일곱 종류 현행식들, 즉 전前오식과 제6의식과 제7말나식을 가리킨다. '전轉'이란 전변轉變·개전改轉·전기轉起·전역轉易 등의 뜻으로서, 이 일곱 종류 식은 아뢰야식을 소의所依로 삼고 색色·성聲 등의 경계들을 소연所緣으로 삼아 일어나기(轉起) 때문에 '전식'이라 한다.

316 전식의 개수는 일곱 종류라고 했는데, 이 『瑜伽師地論』 문장에서 "오식에서 의식까지를 말한다."고 하였다. 여기서 '의식意識'이란 '의의 식(意之識)'인 제6식, 그리고 '의 그 자체가 식(意卽識)'인 제7식(末那識)을 통칭한 것이다. 『成唯識論述記』 권4(T43, 377b12) 등 참조.

317 『瑜伽師地論』 권63(T30, 651b13).

문이다.³¹⁸ 또 하나가 멸할 때 그 밖의 것이 멸하지는 않기 때문이다. 능훈 能熏·소훈所熏 등의 상이 각기 다르기 때문이다.³¹⁹ 또한 결정코 다른 것도 아니다. 경에서 '여덟 가지 식은 마치 물과 파랑 따위처럼 차별이 없다'고 설하기 때문이다. 결정코 다르다면 당연히 인과의 성질이 없을 것이기 때문이다.³²⁰ 마치 환사幻事 등과 같아서 일정한 자성이 없기 때문이다. 가령 이전에 설했던 식의 차별적 상들은 세속의 도리에 따른 것이지 진실한 승의勝義에 따른 것은 아니다. 진실한 승의에서는 마음과 언어가 끊어지기 때문이다. 예를 들면 가타에서 다음과 같이 설한다. 〈심心·의意·식識이라는 여덟 가지 식은, 속제에서는 상이 차별되지만, 진제에서는 상의 차별이 없으니, 상相·소상所相이란 없기 때문이네.³²¹〉"³²²

今解二喩。諸敎不同。有處。欲顯所依能依二種差別。故說二喩。如瑜伽

---

318 여덟 가지 식의 인식 작용(行相), 그 식들이 의거하는 근根들(所依), 그 식의 인식 대상(所緣), 그 식과 상응해서 일어나는 심소법들(상응법)이 각기 다르기 때문에 일괄해서 하나로 확정하기 어렵다는 것이다.
319 일곱 가지 전식轉識들이 현행했다가 사라질 때 아뢰야식에 종자種子의 형태로 흔적을 남기는 것을 '훈습熏習'이라 하는데, 일곱 가지 전식이 '훈습하는 주체(能熏)'라면 제8아뢰야식은 '훈습되는 대상(所熏)'에 해당한다.
320 제8아뢰야식과 일곱 가지 전식轉識들 간에는 상호 간에 인과因果 관계가 성립한다. 제8식의 종자에서 일곱 가지 현행식들이 생한다는 측면에서는 전자가 인이고 후자가 과라면, 전식들이 능히 훈습하여(能熏) 그 결과로서 아뢰야식의 종자가 훈습된다(所熏)는 측면에서는 전자가 인이고 후자가 과이다. 『成唯識論』 권2(T31, 8c7), 『成唯識論述記』 권2(T43, 306b1) 참조.
321 '상相'이란 '능히 형상화하는 작용(能相)'을 가리키고, '소상所相'이란 '형상화되는 것'을 가리킨다. 그런데 이러한 능能·소所의 구분은 사실상 '식識'에 의거해서 안립된 것이다. 말하자면 식의 형상화하는 작용(用)은 외경이 아니라 본질적으로는 식의 체體를 토대로 일어난 것으로서, 식의 작용이 '능상'이라면 식 자체는 '소상'에 해당한다. 그런데 식의 자성에 있어서 능상을 구해 보아도 얻을 수 없고, 능상이 없기 때문에 소상도 얻을 수 없으니, 이런 의미에서 '상·소상은 없다'고 하였다. 규기의 『成唯識論述記』 권7(T43, 486b12) 참조.
322 『成唯識論』 권7(T31, 38c4).

六十三云。云何名爲勝義道理建立差別。謂略有二識。一¹⁾阿賴耶。²⁾ 二者
轉識。阿賴耶識是所依。轉識是能依。此復七種。所謂眼識乃至意識。譬如
水浪依止暴流。或如影像依止明觀。³⁾ 如是名依勝義道理建立所依能依
差別。有處。爲顯第八與七俱轉。如瑜伽五十一。顯揚十七。有處。爲顯
第八與七不異義故。如成唯識第七云。八識自性。不可言定一。行相所
依緣相應異故。又一滅時餘不滅故。能⁴⁾熏等相各異故。亦非定異。經
說八識。如水波等。無差別故。定異應非因果性故。如幻⁵⁾等。無定性
故。如前所說識差別相。依理世俗。非眞勝義。眞勝義中。心言絶故。如
伽他說。心意識八種。俗故相有別。眞故相無別。相所相無別⁶⁾故。

1) ㉠『瑜伽師地論』권63(T30, 651b14)에 따르면, '一' 다음에 '者'가 누락되었다. 2) ㉠『瑜伽師地論』권63(T30, 651b15)에 따르면, '耶' 다음에 '識'이 누락되었다. 3) ㉤ '觀'은 '鏡'인 듯하다.『瑜伽師地論』권63(T30, 651b17)에 따르면, '鏡'이 바르다. 4)『成唯識論』권7(T31, 38c5)에 따르면, '能' 다음에 '所'가 누락되었다. 5) ㉠『成唯識論』권7(T31, 38c7)에 따르면, '幻' 다음에 '事'가 누락되었다. 6) ㉠『成唯識論』권7(T31, 38c12)에 따르면, '別'은 잉자다.

지금 이 경문의 의취는 앞에서 말했던 모든 의미들을 포함하는 것이다. 혹은 이 경의 두 가지 비유의 의미는 다르다고 할 수도 있다. 전자는 '동시에 일어나고 또 인과의 상속이 끊어지지 않는다'는 뜻을 비유한 것이다.³²³ 예를 들면『성유식론』제3권에서 다음과 같이 말한다. "'항恒'이라는 말은 '단멸(斷)'을 차단한 것이고 '전轉'이라는 말은 '영원하지 않음(非常)'을 표시한 것이니, 마치 폭류와 같아서 인과因果가 본래 그러하다."³²⁴ 구

---

323 두 가지 비유 중에서, 물과 파랑의 비유는 '동시에 일어나고 또 인과의 상속이 끊어지지 않음'을 뜻한다고 했는데, 그 예로서 다음에『唯識論』의 문구를 인용하였다. 이 논에서는 아뢰야식에 대해 "단멸하지도 않고 영원하지도 않으니, 항상 전전하기 때문이다.(非斷非常, 以恒轉故.)"라고 하고서, 다시 '항상 전전한다(恒轉)'는 것은 '마치 폭류와 같다(猶如暴流)'고 비유하였다. 이 '폭류의 비유'가 바로 물과 파랑의 비유로서, 이는 아뢰야식이 전식과 더불어 동시에 일어나고, 둘 간의 인과 관계가 상속하면서 끊임없이 이어짐을 뜻한다는 것이다. 자세한 것은『成唯識論』권3(T31, 12b28) 참조.

체적으로 설하면 그 논과 같다. 후자는 '동시에 일어나고 또 제8식이 일곱 가지 식으로 전변되는 것은 아니며 또 수용에 다함이 없다'는 뜻을 비유한 것이다.³²⁵

今此經意。含有如上所說諸義。或可此經二喩意異。前喩俱起及因果相續不斷義。如成唯識第三卷云。恒言遮斷。轉¹⁾非常。猶如暴流。因果法爾。具說如彼。後喩俱起及八不轉成七。及受用無盡義。

1) ㉑『成唯識論』 권3(T31, 12c4)에 따르면, '轉' 다음에 '表'가 누락되었다.

㉑ 물과 파랑의 개수로 비유함

전자에 세 가지가 있다. 처음은 하나의 연과 하나의 파랑으로 비유한 것이다. 다음은 여러 개의 연과 여러 개의 파랑으로 비유한 것이다. 마지막의 "그런데 이" 이하는 자기 부류가 단절되지 않음을 비유한 것이다.

前中有三。初一緣一浪喩。次多緣多浪喩。後然此下自類無斷喩。

a. 하나의 연과 하나의 파랑으로 비유함

이 경문은 첫 번째로 하나의 연과 하나의 파랑으로 비유한 것이다.

此卽第一一緣一浪喩。

---

324 『成唯識論』 권3(T31, 12c4).
325 물과 파랑의 비유와 거울과 영상의 비유는 제8식과 전식이 '동시에 일어남(俱起)'을 비유한다는 점에서는 동일하다. 그런데 차이가 있다면, 후자의 경우는 특히 거울에 영상이 현현하는 것처럼 제8식 자체가 전식들로 전변되는 것이 아니라 제8식을 소의로 삼아 일곱 가지 전식이 일어난다는 점, 또 마치 거울이 영상을 수용하는 데 있어 다함없는 것처럼 제8식에 의거해 전식들이 일어남도 그러하다는 점을 비유한 것이다.

b. 여러 개의 연과 여러 개의 파랑으로 비유함

경 만약 두 개나 여러 개의 파랑이 생길 연이 현전해 있다면 여러 개의 파랑이 일어난다.

若二若多浪生緣現前。有多浪轉。

석 이것은 두 번째로 여러 개의 연과 여러 개의 파랑으로 비유한 것이다.

釋曰。此卽第二多緣多浪喩。

c. 자기 부류가 단절되지 않음을 비유함

경 그런데 이 폭포수는 자기 부류로서 항상 흐르면서 끊임도 없고 다함도 없다.

然此暴[1]水。自類恒流。無斷無盡。

1) ㉠『解深密經』권1(T16, 692c1)에는 '暴'이 '瀑'으로 되어 있다.

석 이것은 세 번째로 자기 부류가 단절되지 않음을 비유한 것이다. 『입능가경』도 이 뜻을 함께하니, 따라서 그 경의 게송에서 다음과 같이 말한다.

釋曰。第三自類不斷喩。入楞伽經。亦同此意。故彼頌云。

바다가 바람이라는 연을 만나
갖가지 파랑을 일으키면
현전한 작용이 일어나서
잠시도 끊어짐이 없는 것처럼
장식의 바다 또한 그러하여
경계 등의 바람에 부딪혀서
언제나 식들의 물결을 일으키고
현전한 작용이 일어난다네[326]

如海遇風緣　起種種波浪
現前作用轉　無有間斷時
藏識海亦然　境等風所擊
恒起諸識浪　現前化[1]用轉

1) ㉠ '化'는 '作'의 오기인 듯하다. 『入楞伽經』에는 이와 일치하는 문구는 없고, 이와 동일한 게송이 나오는 『成唯識論』 권3(T31, 14c15)에는 '作'으로 되어 있다.

㉮ 거울과 영상의 개수로 비유함

경 비유하면 아주 깨끗한 거울 면에 만약 하나의 영상이 생길 연이 현전해 있다면 오직 하나의 영상이 일어나고,

---

326 두 경에는 이와 유사한 게송이 나오지만, 문구가 정확히 일치하는 것은 아니다. 『大乘入楞伽經』(T16, 594c11)에는 "譬如巨海浪. 斯由猛風起. 洪波鼓溟壑. 無有斷絕時. 藏識海常住. 境界風所動. 種種諸識浪. 騰躍而轉生."이라고 되어 있고, 『大乘理趣六波羅蜜多經』(T8, 911c22)에는 "如海遇風緣. 起種種波浪. 現前作用轉. 無有間斷時. 藏識海亦然. 境界風所動. 恒起諸識浪. 無間斷亦然."이라고 되어 있다.

譬¹⁾如善淨鏡面。若有一影生緣現前。唯一影起。

1) ㉠『解深密經』권1(T16, 692c2)에는 '譬'가 '又'로 되어 있다.

석 이하는 두 번째로 거울과 영상의 개수로 비유한 것이다. 이 중에 세 가지가 있다. 첫째는 하나의 연과 하나의 영상으로 비유한 것이고, 둘째는 여러 개의 연과 여러 개의 영상으로 비유한 것이며, 마지막 "이 거울면이……아니고" 이하는 수용에 다함이 없음을 비유한 것이다.

釋曰。自下第二鏡影多少喩。於中有三。初一緣一影喩。二多緣多影喩。後非此下。受用無盡喩。

a. 하나의 연과 하나의 영상으로 비유함
이것은 첫 번째로 하나의 연과 하나의 영상으로 비유한 것이다.

此卽第一一緣一影喩。

b. 여러 개의 연과 여러 개의 영상으로 비유함

경 만약 두 개나 여러 개의 영상이 생길 연이 현전해 있다면 여러 개의 영상이 일어난다.

若二若多影生緣現前。有多影起。

석 이것은 두 번째로 여러 개의 연과 여러 개의 영상으로 비유한 것이다.

釋曰。此卽第二多緣多影喩。

c. 수용에 다함이 없음을 비유함

경 이 거울 면이 전변해서 영상이 되는 것이 아니고, 또한 수용이 멸하여 다하는 일도 있을 수 없다.

非此鏡面轉變爲影。亦無受用滅盡可得。

석 이것은 세 번째로 수용에 다함이 없음을 비유한 것이다.
"이 거울 면이 전변하여 영상이 되는 것이 아니고……"라고 한 것에 대해, 진제의 『기』에서는 다음과 같이 말한다. 〈거울은 영상의 발생을 보조하는 연(藉緣)이지, 거울이 전변하여 영상이 되는 것은 아니다. 육식이 보조적 연이 되어 진塵이 발생한다는 것은, 전 찰나의 육식의 종자로써 후 찰나의 육식을 발생시킨다는 말이지, 본식本識의 체가 육식으로 전환된다는 말은 아니다.〉

지금의 해석은 다음과 같다. 전변轉變에는 본래 두 가지 의미가 있다. 첫째는 인의 전변(因變)이니, 종자인 아뢰야식이 전변하여 일곱 가지 식으로 되는 것이다.[327] 둘째는 과의 전변(果變)이니, 현행한 제8식은 자기의

---

[327] 이것은 『成唯識論』 권2(T31, 7c1)에서 제시된 '능변能變'의 두 가지 의미에 의거한 것이다. 그 논에서는 이것을 인능변因能變과 과능변果能變으로 나누어 설명하는데, 그 중에 '인능변'이란 제8아뢰야식에 내재된 명언종자名言種子와 업종자業種子가 직접적 원인(親因緣)이 되어 자기 과果를 산출하는 것을 말한다. 종자가 자기 과를 낸다는 것은 두 가지 측면이 있다. 첫째는 전 순간의 종자가 다음 순간의 자류自類의 종자를 생하는 것이고, 둘째는 종자로부터 일곱 가지 전식轉識이 현행하는 것을 말한다. 위의 원측 소에서 '종자로서의 아뢰야식(種子賴耶)이 전변하여 일곱 가지 식이 된다'는 것은 후자를 말한다. 이때 '인능변'이란 종자로서의 아뢰야식 자체가 일곱 가지 식들을 전변해 내는 것을 뜻한다. 따라서 '거울과 영상의 비유'는 그러한 '인능변'의 의미를 나

상분을 변현해 내지만 안식 등의 일곱 가지 식의 (상분을) 변현해 낼 수는 없다.[328] 지금 이 『해심밀경』에서는 과의 전변이라는 의미에서 '이 거울 면이 전변해서 영상이 되는 것이 아니다'라고 한 것이다.[329]

또 '이 거울 면이 영상을 나타내는 것은 멸하지 않는다'고 한 뜻은 제8식이 과를 내는 작용은 다함이 없음을 나타낸 것이다.

釋曰。此卽第三受用無盡喩。言非此鏡面轉變爲影等者。眞諦記云。鏡影生藉緣。鏡不轉作影。六識藉緣塵生者。並用前六識種子。生後六識。非爲本識體轉作六識。今解。轉變自有二義。一者因變。種子賴耶變成七識。二者果變。現行第八變自相分。而不能變眼等七識。今此經中。約果變義。故非此鏡面轉變爲影。又此鏡面現影無滅。意顯第八生果無盡。

문 어째서 '합습(법동유)'에서는 물과 파랑의 비유만 들었는가?[330]

타내기에는 적절하지 않고, 오히려 후술되는 '과능변'의 의미를 나타낸다고 하였다. '과능변'에 대해서는 바로 뒤의 각주 참조.
328 『成唯識論』에서는 과능변에 대해 "연緣을 지닌 법으로서 능히 변현하는 것을 과능변이라 한다."고 하였다. 이때의 '변현한다(變)'는 의미는 이전의 인능변의 의미와는 달라서 '연을 지니는 변현(有緣變)', 즉 모든 식들이 각자의 인식 대상(所緣)을 갖는 것을 말한다. 구체적으로는 식의 자증분自證分이 견분見分(인식 작용)과 상분相分(인식 대상)이라는 이분 구조를 띠고 현재화되는 것이다. 『成唯識論述記』 권2(T43, 299a28) 참조.
329 과능변의 측면에서 보면, 제8식을 토대로 해서 일곱 가지 식들이 일어나지만 각각의 식들은 그 자체가 생할 때 언제나 자기의 소연所緣인 상분相分을 띠고 있다. 이러한 소연의 영상상분影像相分들은 근원적으로는 제8식을 토대로 삼기는 해도 제8식의 자체가 인因이 되어 직접적으로 변현해 낸 과果라기보다는 각 식들의 자증분自證分에 의해 변현된 것이다. 따라서 『解深密經』 경문에서 제8식과 이러한 영상들의 관계를 드러내기 위해 '거울과 영상의 비유'를 들어서 "이 거울 면이 전변해서 영상이 되는 것이 아니다."라고 했다는 것이다.
330 이전의 비유에다 본래 주장하려 했던 교법을 결합시켜 진술하는 경문을 '합습' 또는 법동유法同喩라고 한다. 다음에 나온 경문이 바로 법동유에 해당하는데, 거기서 거울과 영상의 비유는 제외하고 오직 물과 파랑의 비유만을 들어 "이와 같이 광혜여, 흡사

해 뜻을 준해서 알 수 있기 때문에 생략하고 설하지 않은 것이다.

문 그렇다면 어째서 『심밀경』과 『해절경』에서는 '합'과 두 가지 비유를 모두 들었는가?[331]

해 범본에 이런 차이가 있었기 때문이다.

問。如何合中唯擧水波。解云。義准可知。略而不說。若爾。如何深密解節具合二喩。解云。梵本有此差別。

(다) 결합(合)

경 이와 같이 광혜여, 흡사 폭류와 같아서 아타나식을 의지처로 삼아 건립하였기 때문에, 만약 이때에 하나의 안식이 생길 연이 현전해 있으면 곧 이때에 하나의 안식이 일어나고,

如是廣慧。由似暴[1]流。阿陀那識爲依止。爲建立故。若於爾時。有一眼識生緣現前。卽於此時。一眼識轉。

1) ㉢『解深密經』권1(T16, 692c5)에는 '暴'이 '瀑'으로 되어 있고, 교감주에 '曓'으로 된 곳도 있다고 하였다.

석 이하는 세 번째로 법동유法同喩[332]를 든 것이다. 이 중에 두 가지가 있다. 처음은 하나의 연으로 하나의 식이 일어남을 밝힌 것이고, 나중은

폭류와 같아서 아타나식을……"이라고 설한 것을 말한다.
331 가령 『深密解脫經』 권1(T16, 669b8)에서는 "광혜여, 마치 저 흐르는 물이나 밝은 거울의 영상 등과 같이, 아타나식을 의지하여…….(廣慧。如彼流水明鏡像等。依止阿陀那識……。)"라고 했는데, 여기서는 두 가지 비유를 모두 들어서 교법과 결합시켰다.
332 법동유法同喩 : 경문 해석에서 이전의 비유에다 다시 본래 주장하려 했던 교법을 결합시켜서 의미를 완전하게 진술하는 대목을 '합合' 또는 법동유法同喩라고 한다.

여러 개의 연으로 여러 개의 식이 일어남을 밝힌 것이다.

釋曰。自下第三擧法同喩。於中有二。初明一緣一識轉。後明多緣多識轉。

㉮ 하나의 연으로 하나의 식이 일어남을 밝힘

이것은 첫 번째로 하나의 연으로 하나의 식이 일어남을 밝힌 것이다.

此卽第一明一緣一識。

㉯ 여러 개의 연으로 여러 개의 식이 일어남을 밝힘

경 만약 이때에 나아가서 다섯 개의 식들이 생길 연이 현전해 있으면 곧 이때에 다섯 가지 식들이 일어난다고 한다.

若於爾時。乃至有五識身生緣現前。卽於此時。五識身轉。

석 이것은 두 번째로 여러 개의 연으로 여러 개의 식이 일어남을 밝힌 것이다. 위에 준해서 알아야 한다.

釋曰。此卽第二明多緣多識轉。准上應知。

나. 비밀선교에 대해 설명하면서 이전의 두 질문에 답함

경 광혜여, 이와 같이 보살은 비록 법주지法住智를 의지처로 삼아 건립하였기 때문에 심의식의 비밀선교를 (잘 안다고 했지만), 모든 여래는 이 정도를 가지고 그들에 대해 심의식의 모든 비밀을 (잘 아는) 선교보살이라고 시설하는 것은 아니다.

廣慧。如是菩薩。雖由法住智。爲依止爲建立故。於心意識秘密善巧。然諸如來不齊於此施設彼。爲於心意識一切秘密善巧菩薩。

석 이하는 두 번째로 비밀선교秘密善巧에 대해 설명하면서 이전의 두 질문에 답한 것이다. 이 중에 두 가지가 있다. 처음은 물음에 의거해 바로 해석한 것이고, 나중의 "광혜여, 이 정도 되어야" 이하는 이전의 물음에 결론지어 답한 것이다.

釋曰。此下第二辨秘密善巧。答前兩問。於中有二。初依問正釋。後廣慧齊此下。結答前問。

가) 물음에 의거해 바로 해석함

전자 중에 두 가지가 있다. 처음은 초지 이전은 부처님이 설했던 대상이 아님을 밝힌 것이고, 나중은 초지 이상이 비로 부처님이 설했던 대상임을 밝힌 것이다.

前中有二。初明地前非佛所說。後明地上是佛所說。

(가) 초지 이전은 부처님이 설했던 대상이 아님을 밝힘

이것은 처음에 해당한다.

"법주지法住智"라고 한 것은, 살바다종에 의하면 과법果法이 머물고 있는 인因에 대해 알기 때문에 법주지라고 한다. 따라서 『대비바사론』 제110권에서 다음과 같이 말한다. "**문** 어째서 법주지라고 하는가? **답** '법'이란 '과'이고 '주'란 '인'이다. 과법이 머물고 있는 인에 대해 알기 때문에 법주지라고 한다. 말하자면 삼계의 하·중·상의 과가 머물고 있는 인을 아는 것을 법주지라고 한다."³³³ 자세히 설하면 그 논과 같다.

경부종에 의하면, 법이 상주함을 알기 때문에 법주지라고 한다. 따라서 『성실론』 제16권에서는 다음과 같이 말한다. "제법의 생기에 대해 알기 때문에 법주지라고 한다. 예를 들면 생生은 노사老死의 연이 되고 나아가 무명無明은 행行의 연이 된다. 부처님이 계시든 부처님이 계시지 않든 이 법성은 상주하기 때문에 법주지라고 한다."³³⁴

此卽初也。法住智者。依薩婆多宗。知果法所住內¹⁾故。名法住智。故大婆沙一百一十云。問。何故名法住智。答。法者是果。住者是因。知果法所住因故。名法住智。謂知三界下中上果所住之因。名法住智。廣說如彼。依經部宗。知法常住故。名法住智。故成實論二²⁾十六云。知諸法生起。名法住智。如生緣老死。乃至無明緣行。以有佛無佛。此性常住。故曰法住智。

1) ㉣ '內'는 '因'의 오기인 듯하다. 다음에 나온 '知果法所住因故'와 같은 문구다. 2) ㉣ '二'는 '一'의 오기다. 다음의 인용문은 『成實論』 권16에 나온다.

이제 대승에 의하면, 『현양성교론』 제15권에서는 "법주지란 소달람(經) 등에 의거해 법문을 안립하는 지를 말한다."³³⁵고 하였다. 『유가사지론』에서도 『현양성교론』과 똑같이 설하는데, 따라서 제10권에서 다음과 같이 말한다. "어떤 것을 법주지라고 하는가? 부처님이 시설하여 보여주신 대로 전도 없이 아는 것을 말한다."³³⁶ 또 제94권에서는 다음과 같이 말한다. "법주지란 무엇인가? 예를 들어 어떤 한 사람이 연생緣生·연기緣起에 수

---

333 『大毘婆沙論』 권110(T27, 572a27).
334 『成實論』 권16(T32, 368c7).
335 『顯揚聖敎論』 권15(T31, 556b3) 참조.
336 『瑜伽師地論』 권10(T30, 327c19).

순하는 전도 없는 가르침을 청문聽聞하고 나서, 연생하는 행行의 인과의 분위에 대해 이생지異生地(범부의 지위)에 머물면서 곧 능히 여실하게 문聞·사思·수修에 의해 성립된 작의作意로써 이치에 맞게 사유하고, 능히 오묘한 지혜로써 '고는 진실로 고이다', '집은 진실로 집이다', '멸은 진실로 멸이다', '도는 진실로 도이다'라고 깨닫고 신해信解하는데, 이와 같이 그 인과에 맞게 안립된 법들에 대한 모든 오묘한 지혜를 법주지라고 이름한다."³³⁷

이제 이 경에서 설한 뜻도 『현양성교론』과 『유가사지론』 제10권과 동일하다. 이 경문의 뜻을 설하자면, 지전地前보살은 비록 법주지의 힘으로 심의식에서의 세속적 차별에 대해 잘 알고 있다 해도 아직 심의식의 비밀스런 승의勝義를 증득하여 신해한 것은 아니다. 그러므로 세존께서는 이 정도 된다고 해서 그들을 '선교보살'이라고 시설하지 않는다는 것이다.

今依大乘。依顯揚論第十五云。法住智者。謂依素怛纜等安立法門智。依瑜伽論。同顯揚論。故第十云。云何¹⁾法住智。謂如佛施設開示。無倒而知。又九十四云。云何²⁾法住智。謂如有一人。³⁾ 問⁴⁾隨順緣生⁵⁾緣起無倒敎已。於緣生行因果分位。住異生地。便能如實以聞思脩所成作意。如理思惟。能以妙慧悟入信解。苦眞是苦。集眞是集。滅眞是滅。道眞是道。諸如是等如其因果安立法中所有妙智。名法住智。今此所說意同顯揚瑜伽第十。此意說云。地前菩薩。雖由法住智力。了知心意識中世俗差別。而未證解於心意識秘密勝義。是故世尊。不齊於此施設彼爲善巧菩薩。

1) ㉯『瑜伽師地論』 권10(T30, 327c19)에는 '何' 다음에 '以'가 있다. 2) ㉯『瑜伽師地論』 권94(T30, 835c25)에 따르면, '何' 다음에 '名'이 누락되었다. 3) ㉯『瑜伽師地論』 권94(T30, 835c25)에는 '人'이 없으나, 의미상 있어도 무방하다. 4) ㉯『瑜伽師地論』 권94(T30, 835c25)에는 '問'이 '聽聞'으로 되어 있다. 5) ㉯『瑜伽師地論』

337 『瑜伽師地論』 권94(T30, 835c24).

권94(T30, 835c25)에는 '生'이 '性'으로 되어 있지만, 다음의 '於緣生行' 등의 문구와 대조해 보면 '生'이 바른 듯하다.

(나) 초지 이상이 부처님이 설했던 대상임을 밝힘

경 광혜여, 만약 보살들이 내內의 각별各別한 것에서 여실하게 아타나를 보지 않고 아타나식을 보지 않으며 아뢰야를 보지 않고 아뢰야식을 보지 않으며 적집을 보지 않고 심을 보지 않으며,[338]

廣慧。若諸菩薩。於內各別。如實不見阿陀那。不見阿陀那識。不見阿賴耶。不見阿賴耶識。不見積集。不見心。

석 이하는 두 번째로 초지 이상이 바로 부처님이 기별하신 바임을 바로 밝힌 것이다. 이 중에 두 가지가 있다. 처음은 두 질문에 총괄해서 답한 것이고, 나중의 "이것을 이름하여" 이하는 두 질문에 따로따로 답한 것이다.

釋曰。自下第二正明地上是佛所記。於中有二。初總答兩問。後是名下。別答兩問。

---

[338] 이하의 경문 해석에 따르면, 이 경문은 제8식의 세 가지 이름에 의거해서 심의식心意識을 여실하게 안다는 것이 무엇인지 설명한 것이다. 세 가지 이름이란 ① 아타나와 아타나식, ② 아뢰야와 아뢰야식 그리고 ③ 적집積集과 심心을 말한다. 여기서 '아타나와 아뢰야와 적집'이라는 용어는 제8식의 특수한 작용(用)을 나타내고 그 작용에 근거해서 제8식의 체體를 각기 아타나식과 아뢰야식과 심 등이라 명명하는데, 궁극적으로는 이러한 세 가지 의미를 보지 않아야 비로소 심의식의 비밀스런 선교방편에 통달한 보살이라고 불릴 수 있다는 것이다.

㉮ 두 질문에 총괄해서 답함

앞의 (총괄적) 대답에는 두 가지 의미가 포함되어 있다. 첫째는 교에 의해 언표된 의미(所詮義 : 경계)이니, 이는 처음의 질문에 답한 것이다. 둘째는 의미에 의거해 시설된 교이니, 이는 나중의 질문에 답한 것이다.

이 중에 두 가지가 있다. 처음은 제8식의 세 가지 이름에 의거해 여실지如實知를 설명한 것이고, 나중은 십팔계에 의거해서 여실지를 밝힌 것이다.

謂前答中。含有二義。一者敎所詮義。以答初問。二者依義設敎。卽答後問。於中有二。初約第八三名。辨如實知。後約十八界。明如實知。

a. 제8식의 세 가지 이름에 의거해 여실지를 설명함

이것은 처음에 해당한다. 그런데 이 경문을 해석하자면 여러 설들이 같지 않다.

진제의 『기』에서는 다음과 같이 말한다. 〈보살이 이와 같이 이전부터 식識·색色 등을 보았다면 이는 세속에 의거해 이해한 것이니, 부처님은 이런 사람이 심의식의 비밀스런 의미를 이해했다고 기별하시지는 않는다. 여실하게 이전부터 설명했던 식의 의미를 보지 않음으로 말미암아, 부처님은 비로소 이 사람은 심의식의 비밀스런 의미를 이해했다고 기별하신다. 여기서는 식이 허망하여 있는 바가 없음이 곧 진실이라는 것을 밝혔으니, 근본의 비밀에 통달함으로써 허망한 지말도 비로소 명료해지는 것이다.〉

此卽初也。然釋此文。諸說不同。眞諦記云。菩薩若如此前來見識色等。此依俗解。佛不記說此人解心意識祕密義。由如實不見前來所明識義。佛方記說此人解心意識祕密義。此明識虛妄無所有卽眞。由達本祕密。於虛妄之末。方始明了也。

해 또 "내內의 각별한 것에서(於內各別)"라고 했는데, '내內'는 진여를 말하니 제법 자체이기 때문에 '내'라고 하였고, '각별各別'이란 언어(詮)를 따라 진여를 나타내기 때문에 '각별'이라 한 것이다. 이 뜻을 설하자면, 초지 이상의 보살은 승의제勝義諦에 의거하고 근본지根本智로 말미암아 '내의 각별한 것에서' 진여의 경계를 증득한 상태에서 여실하게 아타나의 작용을 보지 않고 여실하게 아타나의 체를 보지 않는다는 것이니, 아뢰야와 심의 체·용의 차별은 이에 준해서 알아야 한다.[339]

又解云。於內各別者。內謂眞如。諸法自體。故名爲內。各別者。隨詮顯眞。名爲各別。此意說。地上菩薩。依勝義諦。由根本智。於內各別。由證眞如境上。如實不見阿陀那用。如實不見阿陀那體。賴耶及心。體用差別。准此應知。

해 또 "내內의 각별한 것에서"라고 했는데, 아타나 등의 제법의 체에는 모두 자상自相·공상共相의 도리가 있으니, 이 중에서 자상(사물의 특수상)은 현량現量(직접 지각)의 경계이기 때문에 '내內'라고 하였고, 제법의 자상은 각기 자체에 부합하는 것이므로 '각별各別'이라고 하였다.[340] 그러므

---

[339] 이 해석에 따르면, 위의 경문에서 아타나와 아타나식, 아뢰야와 아뢰야식, 적집과 심 등은 각기 제8식의 작용(用)과 체體를 가리키는 말이고, 이 모든 것을 '보지 않는다'는 것은 바로 진여의 이치를 증득한 정체지正體智(根本智)로 무차별적인 세계를 비추는 것을 말한다.

[340] 이하에서는 '내의 각별한 것(內各別)'이라고 명명된 경계에 대해 통달한다는 말의 의미를 설명하기 위해 『雜集論』과 『瑜伽師地論』에 나온 '지知'의 정의를 소개하였다. '지'란 견見·문聞·각覺·지知 중의 하나를 말한다. 이 견·문·각·지에 대한 대·소승의 해석은 매우 다양하고, 이에 대해서는 「勝義諦相品」 중에서 '절제표시絶諸表示'라는 경문을 해석하면서 이미 상세하게 논한 바 있다. 이 「心意識相品」에서는 심의식의 비

로 『잡집론』 제1권에서는 "자기가 내적으로 받아들이는 것이 '지知'의 뜻이다.³⁴¹"³⁴²라고 하였으니, 이것은 현량으로 자상을 안다는 뜻이다. 또 『유가사지론』 제2권에서는 다시 이런 말을 하였다. "'지에 의거한 언설(依知言說)'이란, 각기 따로(各別) 내면에서 받아들이고(所受) 증득되고(所證) 감촉되고(所觸) 획득되면(所得) 이런 인연으로 인해 다른 사람에게 설해 주는 것을 말한다."³⁴³

이 해석에 따르면, 정체지正體知(근본지)와 후득지後得智는 모두 현량이다. 여실하게 아타나의 자상을 알아서 모든 분별을 떠났기 때문에 '보지 않는다'고 한 것이지, '분별이 없는 것'을 일컬어 '보지 않는다'고 한 것은 아니다.³⁴⁴

又解云。於內各別者。阿陀那等諸法體上。皆有自共相道理。於中。自相現量境故。名之爲內。諸法自相。各附自體。名爲各別。是故雜集第一云。自內所受是知義。此卽現量知自相義。又瑜伽第二。復作此言。依知言說者。謂各別於內所受所證所觸所得。由此因緣。爲他宣說。若依此釋。正體後得。皆是現量。如實了知陀那自相。離諸分別。故名不見。非無分別乃名不見。

밀에 통달한 선교보살의 경지란 어느 정도인지를 설명하기 위해 다시 이 개념을 도입한 것인데, 이 해석에 따르면 '심의식의 비밀선교에 통달한다'는 것은 언어를 매개로 하지 않고 제법 자체의 특수상(自相)을 현량現量으로 아는 것을 말하며, 그것은 견·문·각·지 중에서 특히 '지'에 해당한다는 것이다.

341 이것은 견見·문聞·각覺·지知 중에서 '지'의 의미를 설명한 내용이다.
342 『雜集論』 권1(T31, 695c10).
343 『瑜伽師地論』 권2(T30, 289b19).
344 이 해석에 따르면, 진여의 이치를 증득하고서 단지 무차별적 세계를 비추는 정체지正體智(根本智)만으로 심의식의 비밀을 통달하는 것이 아니라, 그 근본지 이후에 획득된 지혜로서 차별적인 유위有爲의 경계를 비추는 후득지後得智로도 통달하는 것이고, 정체지와 후득지는 모두 현량에 해당한다. 위의 경문에서 '아타나 등을 보지 않는다'고 반복적으로 말한 것은 언어적 분별을 매개로 하지 않고 사물의 자상을 직접 현량으로 증득한다는 말이지, 분별 자체가 없다는 말은 아니다.

b. 십팔계에 의거해 여실지를 밝힘

경 눈과 색과 안식을 보지 않고, 귀와 소리와 이식을 보지 않으며, 코와 향과 비식을 보지 않고, 혀와 맛과 설식을 보지 않으며, 몸과 촉과 신식을 보지 않고, 의와 법과 의식을 보지 않으면,

> 不見眼色及眼識。不見耳聲及耳識。不見鼻香及鼻識。不見舌味及舌識。不見身觸及身識。不見意法及意識。

석 이것은 십팔계를 보지 않기 때문에 선교보살이라 한다고 해석한 것이다.

> 釋曰。此釋不見十八界故。名善巧菩薩。

㉴ 두 질문에 따로따로 답함

경 이것을 이름하여 승의의 선교보살이라 이름하고, 여래께서는 그를 '승의의 선교보살'이라 시설한다.

> 是名勝義善巧菩薩。如來施設彼爲勝義善巧菩薩。

석 이것은 두 번째로 이전의 두 질문에 따로따로 답한 것이다. 경문에 두 절이 있다. 처음에 "이것을 이름하여 승의의 선교보살이라 이름하고"라고 한 것은 소전의 의미(所詮之義)를 앞에 표시함으로써 앞의 질문에 대답한 것이다. 나중에 "여래는 그에 대해 승의의 선교보살이라 시설한다."라는 것은 능전의 교(能詮之敎)를 앞에 표시함으로써 뒤의 질문에 답한 것

이다.【혹은 "이것을 이름하여(是名)"라는 두 글자는 두 단락에 아울러 통한다고 볼 수도 있다.】

釋曰。此卽第二別答前兩問。文有兩節。初是名勝義善巧菩薩者。牒上所證¹⁾之義。以答前問。後如來施設彼爲勝義善巧菩薩者。牒上能詮之敎。以答後問。【或可是名兩字。該通兩段。】

---

1) ㉠ '證'은 '詮'의 오기인 듯하다. 뒤의 '能詮之敎'에 대구가 되므로 여기에는 '所詮之義'가 나와야 한다.

나) 이전의 물음에 대해 결론지어 답함

경 광혜여, 이 정도는 되어야 심의식의 모든 비밀을 (잘 아는) 선교보살이라 하고, 여래는 이 정도는 되어야 그에 대해 심의식의 모든 비밀을 (잘 아는) 선교보살이라 시설한다."

廣慧。齊此名爲於心意識一切秘密善巧菩薩。如來齊此施設彼。爲於心意識一切秘密善巧菩薩。

석 이것은 두 번째로 이전의 질문에 결론지어 대답한 것이니, 문장 그대로 알 수 있을 것이다.

釋曰。此卽第二結答前問。如文可知。

2. 게송으로 간략히 설함

경 이때 세존께서 이런 의미를 거듭 펼치시고자 게송을 설하셨다.

爾時世尊。欲重宣此義。而說頌曰。

석 이하는 두 번째로 게송을 들어 간략히 설한 것이다. 이 중에 두 가지가 있다. 처음은 송문을 발기한 것이고, 나중은 게송을 들어 간략히 설한 것이다.

釋曰。自下第二擧頌略說。於中有二。初發起頌文。後擧頌略說。

1) 송문을 발기함

이것은 첫 번째로 송문을 발기한 것이다.

此卽第一發起頌文。

2) 게송으로 간략히 설함

경 "아타나식은 매우 깊고 미세하며
일체종자식은 마치 폭류와 같네

나는 범우凡愚³⁴⁵에게는 설해 주지 않으니
그들이 분별하여 '아'라고 집착할까 염려해서네"

阿陀那識甚深細　一切種子如暴流
我於凡愚不開演　恐彼分別執爲我

【『심밀해탈경』의 게송에서는 "제종아타나식諸種阿陀那識은 제법을 능히 생하니 나는 물과 거울의 비유를 설하되 어리석은 사람에게는 설해 주지 않네."³⁴⁶라고 하였다. 『해절경』에서는 "집지식執持識은 매우 미세하고 제종자식諸種子識은 항류恒流와 같네. 범부에게 나는 설해 주지 않으니 그들은 '아'라고 집착하지 말지어다."³⁴⁷라고 하였다.】

【深密頌云。諸種阿陀那。¹⁾ 解節經曰執持識深細。²⁾ 能生於諸法。我說水鏡喩。不爲愚人說。諸³⁾種子恒流。於凡我不說。彼勿執爲我。】

---

1) ㉠ '諸種阿陀那' 다음에는 뒤의 "能生於諸法。我說水鏡喩。不爲愚人說。"이라는 3구를 배치해야 한다.　2) ㉠ '解節經曰執持識深細'라는 9자는 '不爲愚人說' 다음에 배치해야 한다.　3) ㉠ 진제 역『解節經』에 '諸'는 '法'으로 되어 있는데, 전후의 문맥상 '諸'가 바른 듯하다. 자세한 것은 해당 번역문과 여주 참조.

---

345 이하에 진술되는 호법의 해석에 따르면, '범우凡愚'라고 한 것에서 '범凡'이란 '종성이 없는 유정(無性有情)'을 가리키고, '우愚'란 '취적종성趣寂種性'을 가리킨다. 이들은 가령 궁생사온窮生死蘊처럼 목숨이 끝날 때까지 지속되는 것이 있고 그것이 '아'라고 집착하는 자들이다.
346 여기서『深密解脫經』과『解節經』의 게송의 문구가 뒤섞여 있다.『深密解脫經』권1(T16, 669b26)에 나온 게송은 다음과 같다. "諸種阿陀那。能生於諸法。我說水鏡喩。不爲愚人說。"
347 여기서『深密解脫經』과『解節經』의 게송의 문구가 뒤섞여 있다. 이전의『深密解脫經』게송 문구를 제외하고 그 나머지 게송을 배열하면 "執持識深細。諸[=法]種子恒流。於凡我不說。彼勿執爲我。"이다. 그런데 현존하는『解節經』은 현장 역『解深密經』「勝義諦相品」을 네 개로 나눈 것으로「心意識相品」에 해당하는 품이 없다. 다만 진제가 번역한 세친의『攝大乘論釋』등에는『解節經』의 게송들이 자주 인용되는데, 그 책의 권1(T31, 157b10)에는 "執持識深細。法種子恒流。於凡我不說。彼勿執爲我。"라고 되어 있다.

석 이것은 두 번째로 게송으로 간략히 설한 것이다. 그런데 이 게송의 해석에서 여러 논이 같지 않다.

『섭대승론석』에 의하면 무성無性은 다음과 같이 해석한다. "'매우 깊다(甚深)'고 한 것은 세상의 총명한 자들의 모든 각혜覺慧로도 그 근원을 궁구하기 어렵기 때문이다. '매우 미세하다(甚細)'고 한 것은 모든 성문 등도 알기 어렵기 때문이다. 그러므로 모든 성문 등에게는 이 식에 대해 알려 주지 않는 것이니, 그들은 미세한 일체지지一切智智[348]를 구하지 않기 때문이다. '일체종자식은 폭류와 같다'고 한 것은 찰나마다 전전하고 상속하며 끊어지지 않는 것이 마치 물의 폭류와 같다는 것이다. '나는 범우에게는 설해 주지 않는다'고 한 것은 아견我見을 품은 자에게 알려 주지 않는다는 것이니, 그가 분별하고 계탁해서 '아'라고 집착할까 염려해서이다. 어째서 저 부류들이 분별·계탁하면서 '생사의 때가 다하도록 행상이 한 종류로서 바뀌는 일이 없기 때문이다'[349]라고 집착하는 것을 허용하겠는가?"[350]

세친은 다음과 같이 해석하였다. "'아타나식'이란 해석하려 했던 (아뢰야식의) 이명異名이다. '매우 깊고 미세하다'고 한 것은 알기 어렵기 때문이다. '일체종자식은 마치 폭류와 같다'는 것은 차례대로 전전하기 때문이니, 일체종자식이 찰나마다 전전하는 것이 마치 사나운 물줄기의 흐름이 상속해서 일어나는 것과 같기 때문이다. '저들이 분별하여 아라고 집착할까 염려해서다'라고 한 것은 동일한 행상으로 전전하기 때문에 (그것을 '아'라고) 분별하여 집착할 수 있다는 것이다."[351]

---

348 일체지지一切智智[S] sarvajña-jñāna) : 부처님의 지혜는 일체지一切智 중에서 가장 뛰어난 것이다. 일체지는 성문과 연각 등에도 통하는 것인데, 그 둘과 구별하기 위해 부처님의 지혜를 특별히 '일체지지'라고 한다.
349 어리석은 범부들은 이 아뢰야식에 대해 설하면 이 식은 생사의 때가 다하도록 한 종류로 상속하면서 바뀌지 않는 '아我'라고 집착하게 된다는 것이다.
350 무성의 『攝大乘論釋』 권1(T31, 383b17).
351 세친의 『攝大乘論釋』 권1(T31, 325a11).

釋曰. 此卽第二擧頌¹⁾說. 然釋此頌. 諸論不同. 依攝大乘. 無性釋曰. 言甚²⁾者. 世聰叡者所有覺慧. 難窮底故. 言甚細者. 諸聲聞等. 難了知故. 是故不爲諸聲聞等開示此識. 以³⁾不求微細一切智智故. 一切種子如暴流者. 刹那展轉相續不斷. 如水暴流. 我於凡愚不開演者. 懷我見者不爲開示. 恐彼分別計執爲我. 何容彼類分別計我⁴⁾窮生死際. 行相一類無改易故. 世親釋云. 阿陀那識者. 所釋異名. 甚深細者. 難了知故. 一切種子如暴流者. 次第轉故. 一切種子. 刹那展轉. 如暴水流相續轉故. 恐彼分別執爲我者. 一行相轉故分別執可得.

1) ㉠ '頌' 다음에 '略'이 누락된 듯하다. 2) ㉠『攝大乘論釋』권1(T31, 383b17)에 따르면, '甚' 다음에 '深'이 누락되었다. 3) ㉠『攝大乘論釋』권1(T31, 383b19)에 따르면, '以'는 '彼'의 오기다. 4) ㉠『攝大乘論釋』권1(T31, 383b23)에 따르면, '我'는 '執'의 오기다.

『성유식론』에서 호법은 다음과 같이 해석하였다. "제법의 종자를 집지執持할 수 있고 또 색근과 의지처를 집수執受할 수 있으며,³⁵² 또한 결생상속結生相續³⁵³을 집취執取할 수 있기 때문에 이 식을 아타나라고 이름한 것이다. 종성이 없는 유정(無性有情)은 그 근원을 궁구할 수 없기 때문에 '매우 깊다'고 하였고, 취적종성趣寂種性은 통달할 수 없기 때문에 '매우 미세하다'고 하였다. 이것은 일체법의 진실한 종자로서, 연에 부딪힐 때마다 곧 전식轉識의 파랑을 일으켜서 항상 사이가 끊어짐이 없으니 마치 폭류와 같다. '범凡'이란 '종성이 없는 자'이고, '우愚'란 '적멸로 달려가는 자'이니, 그들이 이에 대해 분별과 집착을 일으켜서 모든 악취惡趣에 떨어지고

---

352 '색근과 의지처'란 감각 기관을 가진 몸(有根身)을 가리키며, 이 중에 '색근'이란 정묘한 감각 기관으로서의 승의근勝義根을 말하고 '의지처'란 그 근을 떠받치고 있는 물리적 토대로서의 부진근扶塵根을 말한다.
353 결생상속結生相續 : '결생'이란 수생受生의 단계에서 새로운 생을 잇는 것을 말하고, '상속'이란 생을 맺은 이후로 계속 이어지는 것을 말한다.

성도聖道를 생하는 데 장애될까 염려하기 때문에 '나 세존은 알려 주지 않는다'고 하였다."³⁵⁴

> 成唯識論護法釋云。以能執持諸法種子。及能執受色根依處。亦能執取結生相續。故說此識。名阿陀那。無性有情。不能窮底。故說甚深。趣寂種性。不能通達。故名甚細。是一切法眞實種子。緣擊便生轉識波浪。恒無間斷。猶如暴流。凡卽無性。愚卽趣寂。恐彼於此起分別執。墮諸惡趣。障生聖道。故我世尊不爲開示。¹⁾

---

1) ㉑『成唯識論』권3(T31, 14c13)에는 '示'가 '演'으로 되어 있다.

---

354 『成唯識論』 권3(T31, 14c7).

제4편
일체법상품
一切法相品

해심밀경소 권4【경본 제2】
서명사 사문 원측이 찬술하다
해심밀경 일체법상품 제4

解深密經疏卷第四【經本第二】
西明寺沙門 圓測撰
解深密經一切法相品第四

이 품을 해석하면 그에 두 가지가 있다. 첫째는 품의 이름을 해석하는 것이고, 둘째는 경문의 뜻을 해석하는 것이다.

將釋此品。有其二種。一解品名。二釋文義。

제1장 품명 해석

제목에서 '일체법상품'이라 한 것에 대해 본래 두 가지 해석이 있다.[1]

한편에서는 다음과 같이 말한다. 〈삼성三性[2]은 하나가 아니기 때문에 '일체一切'라고 하였다. 모든 것은 자성을 지니고 있어서 궤범이 되어 사물에 대한 이해를 내게 하므로 그것을 '법法'이라 이름한다. '상相'이란 체상體相 혹은 상상相狀의 상을 말하니, 말하자면 소집所執 등이 바로 일체법의 체성體性·상상이라는 것이다. 삼성을 '일체법'이라 총칭했다면, 이는 지업석에 해당한다.[3] 하나하나의 자성을 '일체법'이라고 이름했다면, 이는 의

---

[1] 이하의 두 가지 해석은 '일체법상一切法相'이라는 복합어를 삼성에 의거해서 해석한 것이다.

[2] 삼성三性 : 이 「一切法相品」에서 설해진 유식학파의 주요한 교의教義로서, 일체법의 성 상性相을 유무有無와 가실假實의 관점에 따라서 변계소집성遍計所執性(⑤ parikalpita-svabhāva)과 의타기성依他起性(⑤ paratantra-svabhāva)과 원성실성圓成實性(⑤ pariniṣpanna-svabhāva) 등 세 종류 자성自性으로 구분한 것을 말한다. 변계소집성이란 실재하지 않는 것임에도 '실재'라고 집착된 존재를 가리킨다. 예를 들어 '실아實我·실법實法' 등은 그것을 헤아리는 정情 속에는 있어도 이치상으로는 존재하지 않는다. 의타기와 원성실은 가유假有와 진실眞實이라는 차이는 있어도 모두 '유'로 간주되는 반면, 변계소집자성은 단지 언어상으로만 있고 실체는 전혀 없는 '무無'이다. 의타기성이란 타에 의지해서 생기한 것, 즉 각종의 인연에 의해 생겨난 것을 가리킨다. 영원불변의 실재는 아니지만, 연이 합하면 생하고 연이 다하면 멸하는 방식으로 어느 정도 실재성을 갖는다는 의미에서 '가유假有'라고 한다. 원성실성이란 의타기자성의 진실한 체體, 즉 진여眞如를 가리킨다. 이것은 일체법에 두루 편만하고(圓滿) 생함도 멸함도 없으며(成就) 체성體性이 참된 실재이기(眞實) 때문에 '원성실'이라고 한다.

[3] 이 해석에 따르면, 삼성三性을 일컬어 '일체'라고 하였고, 그 삼성을 지닌 모든 법의 체성體性·상상相狀을 일컬어 '일체법상'이라 한 것이다. 그런데 '일체법과 상'이라는 복합어를 분석할 때, 만약 삼성을 총칭해서 '일체법'이라 했다면, '一切法相'이라는 복합어는 '一切法卽相' 즉 '일체법 그 자체가 삼성'이라는 동격 관계에 있으므로 지업석持業釋에

주석에 해당한다. 왜냐하면 하나하나의 성이 일체법인 것은 아니기 때문이다.⁴〉

한편에서는 다음과 같이 말한다. 〈'일체법'에 대해 대략 두 가지 해석이 있다. 이른바 유위와 무위 등이다. 이 중에 다섯 가지가 있으니, 심心·심소법(心法) 등을 말한다. 자세하게는 백법百法이 있으니, 여덟 가지 식 등을 말한다. 그런데 이 삼성이 바로 일체법의 체성·상상이기 때문에 '일체법상一切法相'이라고 하였다. 이 해석에 의하면, 삼성 중에 앞의 두 가지 성을 '일체법상'이라 한 경우는 지업석에 해당한다. 두 가지 성이 모두 일체법을 갖추고 있기 때문이다.⁵ 나중의 원성실성을 일체법상이라 한 경우는 의주석에 해당한다. 원성실성이 '일체법의 체상(一切法之體相)'이기 때문이다.⁶〉

비록 두 가지 해석이 있으나 후자의 해석이 뛰어나니, 다음의 경문과 비교해서 이치에 어긋나지 않기 때문이다. 예를 들면 다음의 경문에서, 변계소집·의타기에 대해 모두 '일체'라고 하였고, 원성실성은 '일체법의 평등한 진여'라고 한 것과 같다.

이 품에서 일체법상으로서의 삼성三性의 도리를 자세하게 설명하기 때

해당한다.
4 삼성 중에 하나하나의 자성을 '일체법상'이라 했다면, '一切法相'이라는 복합어는 '一切法之相', 다시 말하면 일체법(삼성) 중의 한 자성을 가리키므로 의주석依主釋에 해당한다.
5 이 해석에 따르면, '일체법'이란 이른바 유식의 오위백법五位百法을 가리키는 단어이고 '상'이란 그 일체법의 체상, 즉 삼성이다. 그런데 '일체법상'이 삼성 중에서 변계소집성·의타기성을 뜻할 경우, 이때 '일체법상'이라는 복합어는 '일체법'과 '상'이라는 두 단어가 동격 관계에 있는 지업석持業釋에 해당한다. 왜냐하면 두 가지 자성이 일체법을 모두 포괄하기 때문이다.
6 '일체법상'이 삼성 중에서 원성실성만 뜻할 경우, '일체법상'이라는 복합어는 두 단어가 격이 다른 관계에서 전자가 후자를 수식하는 의주석依主釋에 해당한다. 이때의 '일체법(오위백법)'과 '상'(원성실성, 진여)은 동격이 아니라 '일체법의 체상(一切法之體相)'이라는 의미를 갖기 때문이다.

문에 '일체법상품'이라고 하였다. 【『심밀해탈경』의 제목에서 '성자공덕림보살문품'이라 한 것은 법본 경문에 이런 차이가 있기 때문이다.】

題云一切法相品者。自有兩釋。一云。三性非一。故言一切。皆持自性。軌生物解。名之爲法。相謂體相。或相狀相。謂所執等。是一切法體性相狀。總說三性。名一切法。卽持業釋。若一一性。名一切法。是依主釋。以一一性非一切故。一云。一切法者。略有二釋。所謂有爲及無爲等。中卽有五。謂心心法等。廣有百法。謂八識等。然此三性。是一切法體性相狀。故名一切法相。若依此釋。於三性中。前之二性。名一切法相。卽持業釋。二性皆具一切法故。後圓成實。名一切法相。是依主釋。是一切法之體相故。雖有兩釋。後釋爲勝。下經文不違理故。如下經說。所執依他。皆云一切。圓成實性。是一切法平等眞如。此品廣明一切法相三性道理故。名一切法相品。【深密題云。聖者功德林菩薩問品者。梵本經文。有此異故。】

제2장 경문 해석

경 이때 덕본보살마하살이 부처님께 말하였다. "세존이시여, 세존께서 제법의 상을 (잘 아는) 선교보살에 대해 말씀하셨듯,

爾時。德本菩薩摩訶薩。白佛言。世尊。如世尊說於諸法相善巧菩薩。

석 두 번째는 경문을 바로 해석하는 것이다. 관해지는 경계(所觀境)에 나아가면 본래 두 가지가 있다. 첫째는 진제眞諦·속제俗諦의 경계이고, 둘째는 유성有性·무성無性의 경계이다. 이상으로 이미 진제·속제의 두 가지 경계에 대해 해석하여 마쳤으니, 이하에서는 유성과 무성의 경계를 설명할 것이다.[1]

처음은 유성에 대해 설명한 것이니, 삼성三性에 해당한다. 나중은 무성에 대해 설명한 것이니, 삼무성三無性에 해당한다. 이 두 품에서는, 유有에 의지해서 무無가 성립하니, 유성이 근본이므로 먼저 설명했고 무성은 지말이므로 나중에 설명하였다. 이런 도리에 따라 세친 보살의 유식삼십송

---

[1] 이전의 「勝義諦相品」과 「心意識相品」은 유가수행자들이 관해야 하는 두 가지 경계(境)를 논한 것인데, 전자가 진제眞諦(勝義諦)의 차원에서 궁극적 진리에 대해 논한 것이라면 후자는 속제俗諦의 차원에서 제법의 차별적 상을 설명한 것이다. 이후의 「一切法相品」과 「無自性相品」은 '유위법有爲法'과 '무위법無爲法'을 포괄하는 모든 법들에 이 삼성三性과 삼무자성三無自性이 갖추어져 있음을 논하는데, 전자가 유성有性의 경계라면 후자가 무성無性의 경계이다. 이 두 품에서 설해지는 삼성설과 삼무성설은 유식학파의 독특한 사유를 보여주는 학설로서, 유가행자들은 모든 법에 갖추어진 이러한 세 가지 상을 관함으로써 '공空'에 대한 포괄적이고도 궁극적인 이해에 도달하려 했다.

에서는 "이 삼성에 의거해서 저 삼무성을 세운다."[2]고 하였다.

이 품에서 경문을 구별하면 두 가지가 있다. 처음은 보살이 청문한 것이고, 나중은 여래께서 바로 답하신 것이다.

> 釋曰。第二正釋文。就所觀境。自有二種。一眞俗諦境。二有無性境。上來已釋眞俗二境。自下當辨有無性境。初明有性。卽是三性。後說無性。卽三無性。於二品中。依有立無。有性是本。所以先明。無性是末。故在後說。由斯理故。世親菩薩三十頌云。卽依此三性。立彼三無性。就此品中。文別有二。初菩薩請問。後如來正答。

1. 보살의 청문

청문에서 다시 두 가지로 나뉜다. 처음은 물으려는 교를 든 것이고, 나중은 교에 의거해 질문한 것이다.

> 就請問中。復分爲二。初擧所問敎。後依敎發問。

1) 물으려는 교를 듦

이것은 처음에 해당한다. 경문에는 두 개의 절이 있다.

---

2 세친 조 『唯識三十論頌』(T31, 61a22). 이 게송은 '유식삼십송'에서는 제23송의 일부다.

처음은 시간(時分)에 의거해서 묻는 자와 답한 자를 나타낸 것이다.

『심밀해탈경』에서는 '공덕림功德林'이라 했는데,[3] '덕德'이 사람을 이루는 것이 마치 나무가 숲을 이루는 것과 같아서 법과 비유를 짝지어 들어서 '공덕림'이라 이름한 것이다. 지금 (이 경에서) '덕본德本'이라 한 것은 무량한 겁부터 오랫동안 덕의 근본을 길러 왔음을 말한다.

해 이것은 인因을 따라 세운 호칭이니, 복福·지智라는 두 가지 공덕의 근본을 심고 키워 왔기 때문에 '덕본'이라 이름한 것이다.[4]

"제법의 상을 (잘 아는) 선교보살"이라고 한 것은 물으려는 교법을 든 것이다. '제법의 상'이란 '관해지는 법(所觀法)'을 밝힌 것이고, '선교보살'이란 '관하는 사람(能觀人)'을 밝힌 것이다.

此卽初也。文有兩節。初約時分。辨問答者。深密經云功德林者。以德成人。如樹成林。法喩雙擧。名功德林。今德本者。從無量劫。久殖德本。解云。此是從因立號。種殖福智二種德本。故言德本。於諸法相善巧菩薩者。擧所問敎。諸法相者。辨所觀法。善巧菩薩者。能觀人也。

2) 교에 의거해 질문함

경 제법의 상을 (잘 아는) 선교보살이라는 것은, 어느 정도 되어야 제법의 상을 (잘 아는) 선교보살이라 하고, 여래께서는 어느 정도 되어야 그에 대해 제법의 상을 (잘 아는) 선교보살이라고 시설하십니까?" 이와 같이 말하고 나자,

---

3 『深密解脫經』 권2(T16, 669c6) 참조.
4 이 보살의 명칭은 그가 인위因位에서 닦고 쌓은 복덕과 지혜라는 두 가지 공덕에서 유래한 것이라는 말이다.

於諸法相善巧菩薩者。齊何名爲於諸法相善巧菩薩。如來齊何施設彼爲[1])
諸法相善巧菩薩。說是語已。

1) ⑩『解深密經』 권2(T16, 693a9)에 따르면, '爲' 다음에 '於'가 누락되었다.

석 이것은 두 번째로 교에 의거해 질문한 것이다. 경문에 두 절이 있다. 처음은 물으려는 교를 표시해 놓은 것이고, 나중의 "어느 정도 되어야······"라는 것은 묻는 말을 바로 일으킨 것이다.

질문에는 두 가지 의도가 있다. 첫째, 보살의 선교善巧란 어느 정도 분위分位가 되어야 하는지를 물은 것이고, 둘째는 '선교'라는 명칭을 시설한 것에 대해 물은 것이다. 혹은 전자는 소전의 의미(所詮之義)[5]를 물은 것이고, 후자는 능전의 교법(能詮之敎)[6]에 대해 물었다고 볼 수도 있다.[7]

釋曰。此卽第二依敎發問。文有兩節。初牒所問敎。後齊何等者。正發問辭。
問有二意。一問菩薩善巧齊何分位。二問施設善巧之名。或可前明所詮之義。後問能詮之敎。

---

[5] 소전의 의미(所詮之義) : 교법에 의해서 나타내고자 했던 의미 혹은 이치를 말한다.
[6] 능전의 교법(能詮之敎) : 어떤 의미나 이치를 드러내기 위해 시설된 언어 자체로서의 교법을 말한다.
[7] 이 품에서도 이전의 「心意識相品」에서와 마찬가지로 서두에서 유사한 질문을 두 번 던지고 있다. 원측의 해석에 따르면, 첫 번째 질문의 초점은 선교보살이라면 '제법의 상'에 대해 어느 수준까지 알아야 하는가에 있다. 따라서 이후에는 보살로서 알아야 할 일체법상一切法相에 대해 삼성三性에 의거해서 자세히 설명한 것이다. 두 번째 질문의 의도는 여래가 성스런 가르침(聖敎)에서 시설해 놓은 '선교보살'이라는 교敎 자체도 마찬가지로 그 삼성에 대해 잘 아는 보살에 의거한 것임을 분명히 하려는 것이다. 이것을 달리 표현하면, 앞의 질문은 '선교'라는 말이 가리키는 소전의 의미 혹은 실질적 내용을 물은 것이고, 뒤의 질문은 '선교'라는 능전의 교 자체에 대해 물은 것이라고 볼 수 있다.

2. 세존의 대답

경 이때 세존께서 덕본보살에게 말씀하셨다.

爾時世尊。告德本菩薩曰。

석 이하는 두 번째로 세존께서 바로 설하신 것이다. 이 중에 두 가지가 있다. 처음은 질문을 칭찬하면서 설법을 허락하신 것이다. 나중의 "말하자면 제법의 상에는" 이하는 질문에 대해 바로 설해 준 것이다.

釋曰。自下第二世尊正說。於中有二。初讚問許說。後[1]諸法相下。對問正說。

---
1) ㉯ 경문에 맞춰서 '後' 다음에 '謂'를 보완하였다.

1) 질문을 칭찬하며 설법을 허락함

전자 중에 세 가지가 있다. 처음은 묻는 자와 답한 자를 표시한 것이고, 다음은 질문의 유익함을 칭찬한 것이며, 마지막은 잘 들으라고 권하면서 설법을 허락한 것이다.

前中有三。初標問答者。次讚問有益。後勸聽許說。

(1) 묻는 자와 답한 자를 표시함

이것은 처음에 해당한다.

此卽初也。

(2) 질문의 유익함을 칭찬함

경 훌륭하다, 덕본이여. 그대는 지금에야 여래에게 이와 같은 심오한 의미를 능히 청문하였다. 그대는 지금 한량없는 중생들에게 이익과 안락을 주고자 하여, 세간과 모든 천·인·아소락 등을 불쌍히 여겨 이익(義利)과 안락을 획득하게 하려고, 이런 질문을 하였다.

善哉。德本。汝今乃能請問如來如是深義。汝今爲欲利益安樂無量衆生。哀愍世間乃[1]諸天人阿素洛等。爲令獲得義利安樂。故發斯問。

1) ㉠『解深密經』권2(T16, 693a13)에 따르면, '乃'는 '及'의 오기다.

석 두 번째는 질문의 유익함을 칭찬한 것이다. 경문에 두 개의 절이 있다. 처음에는 심오한 의미를 질문한 것을 칭찬하였고, 나중에는 질문의 유익함을 칭찬하였다. 앞에 준해서 알아야 한다.

釋曰。第二讚問有益。文有二節。初讚問深義。後讚問有益。准上應知。

(3) 잘 들으라고 권하면서 설법을 허락함

경 그대는 잘 들어야 한다. 내가 그대를 위해 제법의 상을 설할 것이다.

汝應諦聽。吾當爲汝說諸法相。

석 세 번째는 잘 들으라고 하면서 설법을 허락하신 것이다.

釋曰。第三勅聽許說。

2) 질문에 대해 바로 설해 줌

경 말하자면 제법의 상에는 대략 세 종류가 있다.

謂諸法相。略有三種。

석 이하는 두 번째로 질문에 대해 바로 설한 것이다. 이 중에 두 가지가 있다. 처음은 관해지는 경계(所觀境)에 의거해 제법의 상에 대해 설명한 것이다. 나중의 "다시 덕본이여" 이하는 관하는 사람(能觀人)에 의거해 선교보살에 대해 설명한 것이다.

釋曰。自下第二對問正說。於中有二。初約所觀。[1] 辨諸法相。後復次德本下。約能觀人。明善巧菩薩。

1) ㉠ '觀' 다음에 '境'이 누락된 듯하다.

(1) 관해지는 경계에 의거해 제법의 상을 설명함

전자 중에 두 가지가 있다. 앞은 법이고, 뒤는 비유다.

前中有二。先法。後喩。

① 법法

법 중에 세 가지가 있다. 처음은 표장으로서 개수를 든 것이고, 다음은 문답으로 이름을 열거한 것이며, 마지막은 차례대로 따로 해석한 것이다.

法中有三。初標章擧數。次問答列名。後次第別釋。

가. 표장으로서 개수를 듦

이것은 처음에 해당한다.

그런데 여기서 "대략(略)"이라는 말에는 본래 두 가지 해석이 있다.

첫째는 광廣·약略의 '약'이니, 말하자면 일체법은 자세하게는(廣) 백법百法이 있지만 간략하게는(略) 오직 삼성三性이 있으니, 지금은 백법에 대비시켰기 때문에 '대략'이라 말한 것이다.

둘째는 요략要略의 '약'이다. 따라서 『섭대승론』에서는 '알아야 할 상(所知相)에는 간략히 세 종류가 있다'고 하였고,[8] 무성의 해석에서는 "'간략히 세 종류가 있다'고 한 것은 일체법에는 요컨대(要) 알아야 할 것과 끊어야 할 것과 증득해야 할 것의 차별이 있기 때문이다."[9]라고 하였다.

此卽初也。然此略言。自有兩釋。一者廣略略。謂一切法。廣雖百法。略唯三性。今對百法。故言略也。二者要略略。故攝大乘云。謂所知相。略有三種。無性釋云。略有三種者。謂一切法。要有所應知所應斷所應證差別故。

---

8 『攝大乘論本』 권2(T31, 137c27) 참조.
9 무성의 『攝大乘論釋』 권4(T31, 398c17).

나. 문답으로 이름을 열거함

경 세 종류란 어떤 것들인가?

何等爲三。

석 두 번째는 문답으로 이름을 열거한 것이다. 먼저 징문하였고, 나중에 열거하였다.

釋曰。第二問答列名。先徵。後列。

가) 징문
이것은 징문이다.

此卽徵也。

나) 열거

경 첫째는 변계소집상이고, 둘째는 의타기상이며, 셋째는 원성실상이다.

一者遍計所執相。二者依他起相。三者圓成實相。

석 이것은 이름을 열거한 것이다. 그런데 삼상三相의 이름에는 공통된 이름이 있고 개별적 이름이 있다.

● 공통적 이름

'삼상'이란 그것들의 공통되는 이름이다. '삼'은 수를 표시한 것이고, '상'이란 체성體性 혹은 상상相狀의 상이니, (삼상이란) 육합석 중에 대수석[10]에 해당한다. 구체적인 것은 『별장』에서 설한 것과 같다.

釋曰。此卽列名。然三相名。有通有別。言三相者。是其通名。三謂標數。相卽體性。或相狀相。卽六釋中帶數釋也。具如別章。

● 개별적 이름 : 『섭론』과 『성유식론』의 해석

개별적 이름이라 한 것은 다음과 같다.

⊙ 변계소집성遍計所執性

첫째는 변계소집이다. 『섭대승론』 제4권에서는 다음과 같이 말한다.[11] "어떻게 변계소집이 이루어지고, 어떤 이유에서 변계소집이라 이름했는가? 한량없는 행상은 의식이 변계하고 전도顚倒해서 생긴 상이다. 따라서 변계소집이라 이름한다.[12] (그것의) 자상自相은 실로 없고 오직 변계소집만 얻을 수 있다. 따라서 '변계소집'이라 이름한다.[13",14] 【해】 이 문장은 두 가

---

10 대수석帶數釋 : 두 단어 이상의 복합어에서 앞의 수식어가 숫자로 되어 있는 경우를 말한다.
11 이하의 인용문은 무착無著의 『攝大乘論本』 권2(T31, 139b2), 세친世親의 『攝大乘論釋』 권4(T31, 341a13)와 무성無性의 『攝大乘論釋』 권4(T31, 403b7)에 나온다. 원측 소에서 "『섭대승론』 제4권"이라 한 것은 세친·무성의 『攝大乘論釋』을 기준으로 말한 것이다.
12 여기서 '한량없는 행상(無量行相)'이란 경계의 상을 말하고, 의식은 그 자체가 두루 계 탁하는 것(遍計)이다. 그런데 의식이 두루 계탁할 때 '아我'나 '법法' 등과 같은 전도된 경계의 상들이 생기는데, 그것들을 '변계소집遍計所執', 즉 '변계(의식)에 의해 집착된 것'이라 한다. 자세한 해석은 이하의 세친과 무성의 해석 참조.
13 '실아實我'나 '실법實法'이라는 전도된 상들은 그 실체(자상)는 존재하지 않고 마음(변계)속에 집착된 것으로만 있으므로 '변계소집'이라 명명한다는 것이다. 자세한 것은 이

지 질문에 한꺼번에 답한 것이거나, 혹은 차례로 앞의 두 질문에 답한 것이라 할 수도 있다.】

세친은 다음과 같이 해석하였다. "'한량없는 행상'이란 이른바 모든 경계의 행상을 말한다. '의식이 변계한다'는 것은 곧 의식을 일컬어 '변계遍計'라고 이름한 것이고, '전도해서 생긴 상이다'라는 것은 이것이 능히 허망하게 전도된 소연 경계의 상(所緣境相)을 생한다는 것이다. '자상은 실로 없다'는 것은 실제로 그것의 체가 없다는 것이다. '오직 변계소집만 얻을 수 있다'고 한 것은 오직 난식亂識[15]에 의해 집착된 것만 얻을 수 있다는 말이다."[16]

무성은 다음과 같이 해석하였다. "'한량없는 행상'이란 갖가지 아我·법法이라는 경계의 영상을 말한다. 【한편에서는 다른 인연에 의지하는 아·법이라고 하고, 한편에서는 집착된 아·법이라고 한다.[17]】 '의식이 변계한다'는 것은 곧 의식을 일컬어 '변계'라고 한 것이다. '전도해서 생긴 상이다'라는 것은 난식亂識의 소취所取·능취能取를 말하니, 경계(義)의 상이 생하는 원인이기 때문이다.[18] 【한편에서는 변계소집의 경계(境義)의 상이 전도된 난식을 생하는 원인이라고 하고, 한편에서는 변계소집의 한량없는 행상이 의타기의 상분相分·견분見分에 대해

하의 세친과 무성의 해석 참조.
14 『攝大乘論本』권2(T31, 139b2).
15 난식亂識: '분별分別'의 다른 이름으로서, 곧 의타기의 식識을 가리킨다. '식' 자체는 인연으로 생겨난 것(因緣所生)이기 때문에 '의타기'라고 하고, 이 식의 본성은 허망한 분별을 일으키는 것이기 때문에 '허망분별虛妄分別'이라고도 한다. 세친의 『攝大乘論釋』권5(T31, 181c25) 참조.
16 세친의 『攝大乘論釋』권4(T31, 341a19).
17 『攝大乘論』본문에서 '한량없는 행상'이라 한 것은 아我나 법法 등과 같은 상을 말하는데, 이 아법의 상에 대해 한편에서는 '타他로서의 인연에 의지하는 아·법', 즉 의타기라고 해석하기도 하고, 한편에서는 '집착된 아·법', 즉 변계소집이라고 해석하기도 한다.
18 무성은 '전도해서 생긴 상'이란 의타기의 식識(허망분별) 상에 나타난 능히 파악하는 자(能取)와 그에 의해 파악되는 대상(所取)이라는 이분적 구조를 말한다고 하였다. 이러한 식의 능취·소취의 구조가 변계소집의 경계의 상을 발생시키는 원인이기 때문이다.

생하는 원인이라고 한다.[19] '따라서 변계소집이라 한다'는 것은, 곧 변계소집의 경계의 상을 변계소집자성이라고 이름한다는 것이다. '자상은 실로 없고 오직 변계소집만 얻을 수 있다'고 한 것은, 실로 아와 법이 없는 데에서 오직 변계에 의해 집착된 '영상의 모습(影像相貌)'만 얻을 수 있다는 것이다. 그러므로 변계소집이라 이름한다."[20]

言別名者。一者遍計所執。攝大乘論第四卷云。云何成遍計所執。何因緣故。名遍計所執。無量行相。意識遍計。顚倒生相。故名遍計所執。自相實無。唯有遍計所執可得。是故說名遍計所執也。[1]【解云。此文雙答二問。或可次第答前兩問。】世親釋云。無量行相者。所謂一切境界行相。意識遍計者。謂卽意識說名遍計。顚倒生相者。謂是能生虛妄顚倒所緣境相。自相實無者。實無彼體。唯有遍計所執可得者。唯有亂識所執可得。無性釋云。無量行相者。謂[2]種種我法境界影像。【一云。依他因緣我法。一云。所執我法。】意識遍計者。謂卽意識說名遍計。顚倒生相者。謂亂識所取能取。義相生因。【一云。遍計所執境義相。生顚倒亂識之因。一云。所執無量行相。與依他起相見生因。】故名遍計所執者。謂卽遍計所執義相。名爲遍計所執自性。自相實無唯有遍計所執可得者。謂於實無我及法中。唯有遍計所執影像相貌可得。故[3]名遍計所執。

1) ㉠『攝大乘論本』 권2(T31, 139b5)에는 '也'가 없다. 2) ㉠『攝大乘論釋』 권4(T31, 403b17)에는 '謂'가 없으나, 넣어도 무방하다. 3) ㉠『攝大乘論釋』 권4(T31, 403b23)에는 '故' 앞에 '由此'가 있다.

『성유식론』 제8권에 의하면 다음과 같다. 〈두루 계탁하기 때문에 '변계'

---

19 협주에 제시된 두 가지 해석은 표현의 차이는 있어도 공통적으로 '변계소집의 경계의 상이 의타기의 식을 발생시키는 원인'이라고 본다는 점에서 '식의 능취·소취가 경계의 상을 발생시키는 원인'이라고 보았던 무성無性의 해석과는 상반된다.
20 무성의 『攝大乘論釋』 권4(T31, 403b17).

라고 하니, 능변계能遍計로서의 허망분별(識)에 해당한다. (그 허망)분별은 갖가지 소변계所遍計로서의 사물들을 변계한다. 말하자면 허망하게 집착된 온·계·처 등의 법法과 아我의 자성自性·차별差別을 총칭해서 변계소집자성이라 한 것이다.〉[21]

그런데 능변계에 대해 본래 두 가지 설이 있다.[22]

한편에서는 다음과 같이 말한다. 〈팔식八識과 모든 심소법 중에 유루에 속하는 것은 모두 능변계이다. 그것은 허망분별을 자성으로 삼기 때문이고, 모두 마치 파악되는 대상(所取)과 파악하는 자(能取)처럼 현현하기 때문이다. 아뢰야식은 변계소집자성의 망집妄執종자를 소연으로 삼는다고 설하기 때문이다.〉[23] 【이것은 안혜安慧 논사의 주장이다.】

---

21 이 논에서는 능변계能遍計와 소변계所遍計로 나누어 변계소집자성의 뜻을 정의하였다. '능변계'란 능히 두루 계탁하는 식識, 즉 '허망분별'을 가리키고, '소변계'란 그 허망분별에 의해 계탁되는 대상을 가리킨다. 이처럼 '변계'를 본성으로 하는 마음이 온·처·계 등에서 실아實我·실법實法이나 그것의 자성自性·차별差別이 있다고 계탁한다. 여기서 자성이란 어떤 사물 자체의 체성體性을 가리키고, 차별이란 그것에 부여된 차별적인 의미(義)를 가리킨다. 이것이 바로 변계소집의 언어로써 시설된 개념에 해당한다. 이러한 언어적 시설은 크게 유정에 관한 용어들과 그 밖의 다른 존재들에 대한 용어로 구분될 수 있는데, 그 대표적인 것이 '아'와 '법'이다. 이처럼 가립된 아·법의 자성과 차별이 다시 유정들의 마음에서 허망한 집착의 대상(所妄執)이 될 때 그것들을 총칭해서 '변계에 의해 집착된 것(遍計所執)'이라 이름한다. 이상은 『成唯識論』 권8(T31, 45c14), 『成唯識論述記』 권9(T43, 540b9) 참조.
22 이하에서는 안혜와 호법의 설이 진술되는데, 이는 '변계'에 의해 집착된 대상을 '변계소집'이라 할 때 그런 집착을 일으킬 수 있는 능변계의 식은 몇 종류인가를 논한 것이다. 두 해석의 차이점은 제8식도 변계소집의 대상을 산출해 내는 식인가 아닌가 하는 점이다.
23 이것은 『成唯識論』에 진술된 안혜 등의 해석이다. 그에 따르면, 오식과 제8식에는 법집만 있고 제7식에는 인집만 있으며 제6식에는 두 가지가 다 있다. 유루의 마음이라면 모두 집착이 있기 때문에 '허망분별'이라고 이름한 것이다. 이 유루의 마음은 언제나 마치 파악하는 주체(能取)와 파악되는 대상(所取)이 있는 것처럼 이분적 구조를 띠고 현현하는데, 이러한 이취二取 자체가 '집착(執)'에 해당한다. 또 『瑜伽師地論』 제67권이나 『解深密經』 등에서 '아뢰야식은 망집습기의 종자를 소연으로 삼는다'고 설한 것을 전거로 삼아서, 제8식도 능취와 소취의 구조로 현현하고, 그래서 또한 집착이 있는 식이다. 따라서 '능변계'에 속한다고 하였다. 『成唯識論』 권8(T31, 45c22), 『成唯識論

어떤 이는 다음과 같이 주장한다. 〈제6·제7의 심품으로서 아·법에 집착하는 것은 능변계이다. '오직 의식만이 능변계다'라고 설하기 때문이다.[24]〉 자세하게 설하면 저 『성유식론』과 같다.[25] 【이것은 호법護法 보살의 주장이다.】

依成唯識第八卷云。周遍[1]度。故名遍計。卽能計度[2]虛妄分別。分別[3]謂彼所[4]執蘊界處等。若法若我自性差別。總名遍計所執自性。然能遍計。自有兩說。一云。八識及諸心所有徧[5]攝者。皆能遍計。虛妄分別爲自性故。皆似所取能取現故。說阿賴耶。以遍計所執自性妄執種爲所緣故。【此是安慧論師義也。】有義。第六第七心品執我法者。是能遍計。唯說意識能遍計故。廣說如彼。【此即護法菩薩宗。】

1) ㊀『成唯識論』 권8(T31, 45c14)에 따르면, '遍' 다음에 '計'가 누락되었다. 2) ㊁『成唯識論』 권8(T31, 45c15)에 의거해 '卽能計度'를 '謂能遍計'로 수정하였다. 의미상 통하지만, 이하에서 '能遍計'와 '所遍計'를 구분해서 설명하기 때문에 그 논의 문

述記』 권9(T43, 540c17) 참조.

24 이것은 『成唯識論』에 진술된 호법 등의 해석이다. 호법은 '오직 제6식과 제7식만 능변계'라고 주장하는 교리적 전거로서『攝大乘論』제4권에서 '오직 의식만이 능변계다'라고 설했음을 예로 들었다. 그런데 여기서 '의식意識'이라는 말은 어원적으로 '의의 식(意之識)'을 뜻할 수도 있고 또한 '의 그 자체인 식(意卽識)'을 뜻할 수도 있다. 따라서 '의식'이란 제6의식과 제7말나식(意)을 통칭한 말이기 때문에 아법에 집착하는 제6·제7식의 심품을 능변계라고 한다고 하였다.『成唯識論』권8(T31, 45c26),『成唯識論述記』권9(T43, 541a11) 참조.

25 호법 등의 논사는 열 가지 이유를 들어서 '제6식과 제7식만이 능변계'라고 주장하였는데, 그 열 가지는 논리적으로 차례대로 이어지는 것이다. "오직 의식만을 능변계라고 설하기 때문이고, 의의意意 및 의식意識을 의식意識이라고 표현하기 때문이며. 계탁하고 분별하는 것이 능변계이기 때문이다. 아집과 법집은 반드시 혜慧와 함께 일어나기 때문이고, 두 가지 집착은 반드시 무명과 함께 일어나기 때문이다. 무명을 선성善性이라고 설하지는 않기 때문이고, 치癡와 무치無癡는 상응하지 않기 때문이다. 집착이 있음에도 공지空智에 도달하는 경우는 보지 못했기 때문이고, 유에 대한 집착과 무에 대한 통달이 함께 일어나지는 않기 때문이며, 일찍이 집착이 있음에도 훈습하는 것(能熏)이 아닌 경우는 없기 때문이다."『成唯識論』권8(T31, 45c25),『成唯識論述記』권9(T43, 541a11) 참조.

구에 맞추었다. 3) ㉢ 문장이 많이 누락된 듯하다. 『成唯識論』 권8(T31, 45c15)에 따를 때 '分別' 다음에 최소한 '遍計種種所遍計物'을 넣어야 전후 문맥이 분명해진다. 4) ㉣ 『成唯識論』 권8(T31, 45c16)에는 '彼所'가 '所妄'으로 되어 있고, 후자를 따랐다. 5) ㉤ 『成唯識論』 권8(T31, 45c22)에 따르면, '徧'은 '漏'의 오기다.

『심밀해탈경』에서는 (세 가지 상을) 허망분별상虛妄分別相 · 인연상因緣相 · 제일의상第一義相이라 하였다.[26] 【진제 삼장이 번역한 여러 논에서는 분별성分別性 · 의타성依他性 · 진실성眞實性이라 하였고, 『능가경』에서는 망상자성妄相自性 · 연기자성緣起自性 · 성자성成自性이라 하였는데, 번역가가 다르기 때문이다.[27]】

지금 '변계소집'이라 했는데, '변계'라고 거론한 의도는 '소집'을 취하려는 것이다.[28] '변계소집'의 경우는 의주석이고, '소집'을 '성性'과 대망할 경우는 지업석이니, '소집이 바로 성이기(所執卽性)'이기 때문이다.[29]

深密經云。虛妄分別相。因緣相。第一義相。【眞諦三藏所翻諸論。分別性。依他性。眞實性。楞伽經云。妄相自性。緣起自性。成自性者。譯家別故。】今言遍計所執者。擧遍計意。取所執。若遍計所執者。是依主釋。若以所執對性。卽持業釋。所執卽性故。

⊙ 의타기성依他起性

둘째는 의타기인데, 『섭대승론』에서는 다음과 같이 말한다. "의타기자성이란 실제로 식識만 있을 뿐이고 사의似義[30]가 현현하는 의지처라고 한

---

26 『深密解脫經』 권2(T16, 669c17) 참조.
27 구나발타라 역 『楞伽阿跋多羅寶經』 권1(T16, 487c5) 참조.
28 '변계소집'이라는 복합어는 '소집所執(집착된 대상)'을 지시하는 말이고, 앞의 '변계'는 뒤의 말을 한정하는 수식어일 뿐이다.
29 '변계소집성'이라는 복합어를 '변계+소집+성'의 관계로 분석했을 때, '변계+소집'의 관계는 '변계의 소집(遍計之所執)'으로 해석되므로 의주석依主釋에 해당하고, 다시 '소집+성'의 관계는 '소집이 곧 성(所執卽性)'으로 해석되므로 지업석持業釋에 해당한다.
30 사의似義 : '의義란 식에 현현된 대상(경계)을 가리킨다. 그런데 '사의似義'라고 한 것

다면, 어떻게 의타기가 이루어지고, 어떤 이유에서 의타기라고 이름하는가?[31] 자기의 훈습종자로부터 생겨나고, 타자(他)로서의 연緣에 의지해서 일어난 것이기 때문에 '의타기'라고 이름한다.[32] 생겨난 찰나 후에는 스스로 그렇게 머무는 공능은 없기 때문에 의타기라고 이름한다.[33~34]

세친은 다음과 같이 해석하였다. "자기 인因에서 생기는데, 생기고 나서는 잠시도 안주할 능력이 없기 때문에 의타기라고 한다.[35~36]

무성은 다음과 같이 해석하였다. "말하자면 변계소집의 명언훈습종자에서 생긴 것은, 자기 종자(自種)라는 타他에 의지해서 생겨나기 때문에 의타기라고 하니, 이것은 그 체가 타에 의지해서 생겨남을 말한 것이다.[37]

은, 그러한 '대상'이 실재하지 않는데(非有) 마치 그것이 실재하는 것처럼(似有) 나타난다는 의미에서 '대상과 유사한 것', 즉 '사의'라고 하였다.
31 유식唯識의 종지에 따르면, 대상(義 : 경계)의 영상은 변계소집이고, 그 대상이 현현하는 의지처로서의 '식識' 자체는 의타기이다. 그런데 오직 식만 있고 식이 그런 대상의 영상들이 현현하는 의지처로 간주된다면, 여기에는 '타에 의지한다(依他)'는 의미는 없는 듯하다. 따라서 '의타기' 자체가 어떻게 성립하는지, 또 어떤 이유에서 '의타기'라는 명칭을 부여했는지를 물은 것이다.
32 이전의 변계소집의 항목에서 원측이 협주에서 진술했듯, 이하의 두 가지 대답은 모두 의타기 자체의 성립과 의타기라는 명칭의 유래에 대해 총괄해서 답한 것일 수도 있고, 혹은 차례대로 전후의 질문에 답한 것일 수도 있다. 먼저 '자기 종자에서 생겨나고 타연他緣에 의지해 일어난 것이기 때문에 의타기라고 한다'고 대답하였는데, 이것은 논리적으로 쉽게 이해되지 않는다. '자기 종자에서 생겼는데 왜 타에 의지해 일어난 것인가' 하는 의문이 들기 때문이다. 여기서 '타他' 혹은 '타에 의지한다(依他)'는 말의 의미가 중요하다. 자세한 것은 이하의 세친과 무성의 해석 참조.
33 두 번째 대답은 '어떤 것도 자기 스스로 머무는 공능은 없기 때문'이라는 것인데, 다시 말하면 인연으로 생긴 것은 찰나생멸하기 때문에 그 자체로 머물 수는 없고 반드시 다른 연들에 의지해서 머물기 때문에 의타기라고 한다는 것이다.
34 『攝大乘論本』 권2(T31, 139a26).
35 세친은 매우 간결하게 본문의 요지만 제시하였다. 의타기 자체는 비록 자기 종자에서 생긴 것이긴 해도, 그 '머묾(住)'에 있어서는 타연他緣에 의지하기 때문에 '의타기'라고 이름한 것이다.
36 세친의 『攝大乘論釋』 권4(T31, 341a9).
37 무성에 따르면, '자기 종자에서 생겨난다(自種所生)'는 것이 바로 '타자로서의 연에 의지해서 일어난다(依他緣起)'는 것과 같다. 말하자면 변계소집의 훈습종자는 그 의타기의 식을 발생시키는 인因이고, 이 '인'은 식 자체에 대해서는 '타'이다. 그 체體가 자기

'생겨난 찰나 후에는 스스로 그렇게 머무는 공능은 있지 않다'고 했는데, 이것은 그 체가 타에 의지해서 머물게 됨을 말한 것이다. 이 두 가지 이유 때문에 의타기라고 이름한다."[38] 【'머문다'는 것은, 승군勝軍[39]의 주장에 의하면, 생겨난 찰나 이후에 별도로 '머무는(住)' 때를 건립하여 '타자에 의지해서 머문다(依他住)'고 한 것이다. 호법護法의 주장에 의하면, 생기는 찰나 잠시 작용이 있기 때문에 의미상으로 '머문다'고 설한 것이다.】

유위의 제법은 인에 의지하고 연에 의탁해야 생기할 수 있으므로 '의타기'라고 한다. 따라서 『유식삼십송』에서는 "의타기자성인 분별은 연으로 생겨난다."[40],[41]고 하였고, 호법은 '타자로서의 많은 연들에 의지해야 생기할 수 있으므로 의타기라고 이름한다'고 해석하였다.[42]

二者依他起. 攝大乘云. 若依他¹⁾自性. 實唯有識似義顯現之所依止. 云何成依他起. 何因緣故. 名依他起. 從自薰習種子所生. 依他緣生. 故名依他起. 生刹那後. 無有功能自然住故. 名依他起. 世親釋云. 從自因緣²⁾生. 生已無能蹔時安住. 名依他起. 無性釋云. 謂從遍計所執名言熏習種生. 依自種了他所生故. 名依他起. 此說彼體依他而生. 生刹那後無有功能自然住

종자라는 '타'에 의지해서 일어나기 때문에 '의타기'라고 이름한다는 것이다.
38 무성의 『攝大乘論釋』 권4(T31, 403b1).
39 승군勝軍(Ⓢ Jayasena): 서인도의 소랄타국蘇剌佗國 출신의 유식학자다. 계현戒賢에게서 『瑜伽師地論』을 배우고 안혜安慧에게서 성명聲明 및 대·소승의 논을 배웠다. 특히 무착無著의 『攝大乘論』에서 세웠던 '대승불설大乘佛說'의 논증식(量)에 과오가 있음을 인정하고, 새로 논증식을 세워 모든 대승경전이 부처님의 설임을 입증한 것으로 유명한데, 그것을 승군비량勝軍比量이라고 한다.
40 여기서 말한 '분별分別'이란 '대상을 인식하는 작용(緣慮)'에 속하는 모든 심·심소법을 가리킨다. 이러한 '분별' 자체는 다른 여러 연들에 의지해서 생기하는 것이므로 '의타기'라고 한다. 『成唯識論』 권8(T31, 46b6) 참조.
41 이것은 유식삼십송 중에서 제21송에 해당한다. 『唯識三十論頌』 권1(T31, 61a16) 참조.
42 이상은 『成唯識論』 권8(T31, 46b6) 참조.

者。此說彼體依³⁾而住。由此二因。名依他起。【所言住者。依勝軍義。生刹那後別立住時。名依他住。依護法宗。即生刹那。暫有用故。義說爲住】有爲諸法。依因託緣。而得生起。名依他起。故三十唯識云。依他起自性分別緣所生。護法釋云。依他衆緣而得生起。名依他起。

---

1) ㉠『攝大乘論本』권2(T31, 139a26)에 따르면, '他' 다음에 '起'가 누락되었다. 2) ㉠『攝大乘論釋』권4(T31, 341a10)에 따르면, '緣'은 잉자다. 3) ㉠『攝大乘論釋』권4(T31, 403b4)에 따르면, '依' 다음에 '他'가 누락되었다.

⊙ 원성실성圓成實性

셋째는 원성실성인데, 『섭대승론』에서는 다음과 같이 말한다. "무변이성無變異性 때문에······또 청정한 소연성(淸淨所緣性)이기 때문에, 모든 선법 중의 가장 수승한 자성(一切善法最勝性)이기 때문에, (이러한 이유에서) 최고의 승의(最勝義)가 됨으로 인해 원성실성이라 이름한다."⁴³

세친은 다음과 같이 해석하였다. 〈'무변이성 때문'이라고 한 것은 헛된 속임이 없음(無虛誑性)을 말하니, 마치 헛되이 속이지 않는 신하와 같다.⁴⁴ '최고의 승의가 됨으로 인해 원성실성이라 이름한다'고 했는데, 말하자면 청정한 소연성이고 가장 수승한 자성이기 때문에 원성실성이라 이름한다는 것이니, 마치 완전하게 이루어진 옷과 같다.⁴⁵〉⁴⁶

---

43 『攝大乘論本』권2(T31, 139b7).
44 '마치 속이지 않는 신하와 같다(如不虛誑臣)'는 문구는 현장 역 『攝大乘論釋』권4(T31, 341b2)에는 '如不虛誑性'이라고 되어 있다. '臣'을 '性'의 오기로 볼 수도 있지만, 여기서는 '헛되이 속이지 않는 것'의 실례를 든 것이기 때문에 원측 소의 문장 그대로 번역하였다. 참고로 진제 역 세친의『攝大乘論釋』권5(T31, 186c10)에는 '진실성眞實性(원성실성)'을 해석하면서 '마치 세간에서 말하는 진실한 친구와 같다(如世間說眞實友)'는 비유가 추가되어 있다.
45 '마치 완전하게 이루어진 옷과 같다(如圓成衣)'는 비유는 이전의 '마치 속이지 않는 신하와 같다(如不虛誑臣)'는 비유와 마찬가지로 진제 역과 현장 역 세친의『攝大乘論釋』에는 나오지 않는다. 그러나 이것도 '원만하게 성취된 것'의 실례를 든 것이므로 원측 소의 문장 그대로 번역하였다.
46 세친의『攝大乘論釋』권4(T31, 341b1) 참조.

무성은 "원만하게 성취된 진실(圓滿成就眞實)을 자성으로 삼기 때문이다."[47]라고 해석하였는데, 비유는 생략하고 설하지 않았으며 그 밖의 것은 세친의 해석과 동일하다.

三者圓成實性。攝大乘云。由無變異性故。又由淸淨所緣性故。一切善法最勝性故。由最勝義。名圓成實。世親釋云。由無變異性故者。謂無虛誑性。如不虛誑臣。[1] 由最勝義名圓成實者。謂由淸淨所緣性故。最勝性故。名圓成實。如圓成衣。[2] 無性釋云。圓滿成就眞實爲性。略不說喩。餘同世親。

1) ㉠『攝大乘論釋』권4(T31, 341b2)에는 '臣'이 '性'으로 되어 있으나, 원측 소를 따랐다. 자세한 것은 번역문 역주 참조. 2) ㉠ '如圓成衣'는 진제 역과 현장 역의 세친 『攝大乘論釋』에 모두 없는 문구이나, 원측 소를 따랐다. 자세한 것은 번역문 역주 참조.

『성유식론』에서는 다음과 같이 말한다. "두 가지 공에 의해 현현된 것[48]으로서, '원만하게 성취된 제법의 실성(圓滿成就諸法實性)'을 '원성실'이라 이름한다. 이것의 편만함(遍)과 영원함(常)과 체가 공허하거나 그릇되지 않음을 나타낸 것이고,[49] 자상自相·공상共相과 허공과 아我 등을 배제시킨

---

47 무성의『攝大乘論釋』권4(T31, 403c1).
48 "두 가지 공에 의해 현현된 것(二空所顯)"이란 아공我空·법공法空에 의해 현현된 '진여'를 말한다. 여기서 '이공소현'이란 말은 대승적 '공空'의 의미를 대변하는 것이다. 구역 경론에서는 '공 그 자체가 이치(空卽是理)'라는 의미에서 '공'이라고 표현하기도 하지만, 신역 경론을 중심으로 하는 법상학자들은 '공'과 '공성'을 구분한다. 말하자면 '진여'는 단지 아·법의 공함 혹은 아·법의 무無를 가리키는 것이 아니라 그러한 이공二空에 의해 비로소 현현되는 진실한 자성 혹은 이공의 이치(二空之理)이다. 따라서 '공[S] śūnya'과 구별해서 '공성空性[S] śūnyatā'이라고 표현한다. 원측의『仁王經疏』권1(T33, 379c12), 규기의『成唯識論述記』권1(T43, 234c17) 참조.
49 '원성실圓成實'이라는 단어는 아공·법공에 의해 현현되는 진여가 원만圓滿하고 성취成就되었으며 제법의 실성(諸法實性)이라는 것을 나타낸 말이고, '원만'이란 '편만하다'는 뜻과 같고, '성취'란 '영원하다'는 뜻이며, '실성'이란 체가 진실하여 공허하거나 그릇되지 않음을 뜻한다. 이하의 원측의 풀이(해)에서 이에 관한 자세한 설명이 이어진다.

것이다."⁵⁰

해 "두 가지 공에 의해 현현된 것"이라 한 것은 간략하게 체성을 나타낸 것이다. 세 가지 의미를 갖추고 있기 때문에 원성실이라 이름한다. 첫째는 '원만圓滿'이니, 즉 '편만하다(遍滿)'는 뜻을 나타낸 것이다. 이는 '색은 질애'라는 등의 자상과 구별시킨 것이다.⁵¹ 둘째는 '성취成就'이니, 즉 '영원하다(常)'는 뜻을 나타낸 것이다. 이는 모든 공상共相의 고苦·무상無常 등과 구별시킨 것이니, 고·무상 등은 비록 공상이지만 무상하기 때문이다.⁵² 셋째는 '제법의 실성實性'이니, 즉 '비어 있거나 속이지 않음(非虛詐)'을 나타낸 것이다. 이는 허공이나 외도가 (말하는) '아' 등과 구별시킨 것이니, (허공·아 등은) 비록 편만하고 영원하다고 해도 공허하고 그릇된 것이기 때문이다.⁵³

또 『성유식론』에서는 "무루의 유위법은 전도를 떠났고(離倒), 궁극적인 것이며(究竟), 뛰어난 작용이 두루 미치므로(勝用周遍) 또한 이런 이름을 얻는다.⁵⁴"⁵⁵고 하였다.

---

50 『成唯識論』 권8(T31, 46b10).
51 예를 들어 색은 '물리적 부피를 가짐으로써 서로 가로막는 성질', 즉 '질애質礙'를 자상으로 하는 것처럼 제법은 각자의 고유한 자상을 갖는다. 이 자상은 그 법체에 국한되지 그 밖의 것에는 통하지 않는다. 그런데 진여가 모든 것에 편만하다는 것은 그러한 의미의 자상과는 다르다는 것을 나타낸다.
52 원성실성은 모든 법에 관철되는 상이라는 점에서는 가령 '모든 것은 고이다' 혹은 '모든 것은 무상하다'고 할 때 그 모든 법에 공통되는 '고'나 '무상' 등과 같은 보편상(共相)들과 유사하기는 해도, 진여의 체가 '영원하다(常)'는 점에서 그런 무상한 공상들과는 구별된다.
53 무위법無爲法 중의 하나인 '허공'이나 외도들이 말하는 '영원한 아' 등도 모든 것에 편만하고 또 영원하다고 하지만, '편만하는 허공'은 실로 텅 빈 것이고, 외도들의 '영원한 아'는 그릇된 분별에 의해 생긴 그릇된 관념일 뿐이다. 그러나 '제법의 실성'은 실로 '모든 것에 편만하고 또 영원하다'는 점에서 허공이니 아와는 구별된다.
54 여기서 '무루의 유위법'이란 염정染淨의 아뢰야식 중에서 청정분을 가리키며, 이것을 삼성에서는 '정분의 의타(淨分依他)'라고 한다. 이 정분의 의타를 또한 원성실이라고도 하는데, 그것이 '전도를 떠난다(離倒)'는 등의 세 가지 의미를 갖기 때문이다. 이 정분 의타로서의 '원성실'은 '이공소현의 진여'와는 의미상 구별된다. 자세한 설명은 『成唯識

그런데 이『해심밀경』에서는 전자를 설하되 후자를 설한 것은 아니다.[56] (삼성 각각의) 이름을 붙인 것에 대해 설명하자면 모두 지업석이니, 변계소집 내지는 원성실이 곧 성性이기 때문이다.[57]

成唯識云。二空所顯圓滿成就諸法實性。名圓成實。顯此遍常體非虛謬。簡自共相虛空我等。解云。二空所顯者。略出體性。具三義故。名圓成實。一者圓滿。卽顯遍滿義。簡色是質礙等自相。二者成就。卽顯常義。簡諸共相苦無常等。雖是共相。卽無常故。三者諸法實性。顯非虛誑。簡於虛空外道我等。雖說遍常。是虛謬故。又成唯識云。無漏有爲。離倒究竟。勝用周遍。亦得此名。然此經中。說初非後。說得名者。皆持業釋。遍計所執。乃至圓成。卽是性故。

다. 차례대로 따로따로 해석함

경 제법의 변계소집상이란 무엇인가?

云何諸法遍計所執相。

論述記』권9(T43, 545b26) 참조.
55 『成唯識論』권8(T31, 46b12).
56 『成唯識論』에서 인용된 이전의 두 가지 해석 중에서, '원성실'이란 전자의 경우에는 '진여'에 해당하고, 후자의 경우에는 '무루의 유위법', 즉 '청정분의 의타(淨分依他)'에 해당한다. 『成唯識論』에서는 위의 인용문에 이어서 "지금 이 제21송에서는 전자를 설한 것이지 후자를 설한 것은 아니다."(같은 책 권8(T31, 46b13))라는 해석을 덧붙이는데, 원측 소에서도 이 문구를 그대로 적용해서 이 『解深密經』에서 말하는 '원성실'이란 진여를 가리킨 것이지, 청정분의 의타를 가리킨 것은 아니라고 하였다.
57 '변계소집이 곧 성이고(遍計所執卽性), 의타기가 곧 성이며(依他起卽性), 원성실이 곧 성이다(圓成實卽性)'라는 의미에서 변계소집성·의타기성·원성실성이라 이름한다. 이처럼 '성'이라는 단어와 그 앞의 수식어들의 관계가 모두 동격의 관계에 있는 복합어이므로 그 세 단어는 모두 지업석持業釋에 해당한다.

석 이하는 세 번째로 차례대로 따로 해석한 것이다. 세 가지를 따로 해석하였으므로 세 가지로 구분된다.

釋曰。自下第三次第別釋。別釋三。分爲三。

가) 변계소집상遍計所執相을 해석함

최초의 상을 밝힌 곳에서, 앞은 질문이고 나중은 대답이다.

就初相中。先問後答。

(가) 질문

이것은 질문에 해당한다.

此卽問也。

(나) 대답

경 일체법의 명가名假[58]로서 자성自性과 차별差別을 안립하고,[59] 내지는

---

58 명가名假 : 모든 법의 이름은 상相에 의거해서 가짜로 시설된 것이므로 '명가'라고 한다.
59 여기서 말하는 '자성自性과 차별差別'이란 바로 변계소집의 언어로 시설된 개념으로서, 자성이란 어떤 사물 자체의 체성體性을 가리키고, 차별이란 그것에 부여된 차별적인 의미(義)를 가리킨다. 변계소집의 언어로 시설된 것들은 크게 유정에 관한 용어들과 그 밖의 다른 존재들에 대한 용어로 구분될 수 있는데, 그 대표적인 것이 '아'와 '법'이다. 이 아와 법의 자성(체)과 차별(의)의 구분은 가령 판단에서의 주어와 술어 관계를 통해 분석될 수 있다. 예를 들어 '이것은 파랗다'라는 단순한 지각 판단에서, '이것'은 아직 분별이 가해지기 이전의 개별적인 법 자체(自性)를 가리키고, '파랗다'는 '이것'을 한정함으로써 차별시키는(差別) 역할을 한다. 그런데 어떤 개념이 주어와 술어 자

그에 따라 언설을 일으키게 하는 것을 말한다.

一¹⁾切法名假安立自性差別。乃至爲令隨起言說。

1) ⑳ '一' 앞에 경에는 '謂'가 있다.

석 이것은 대답이다. 말하자면 일체법에는 실재하는 자성은 없고 다만 허망한 정(妄情)을 따라서 명언名言으로 아·법의 자성을 가립하니, 예를 들면 '아'라고 말하거나 혹은 색 등의 아·법의 자성을 설하고, 혹은 가아假我를 설하거나 실아實我를 설하며, 혹은 보이는 색(可見色)과 보이지 않는 색(不可見色) 등의 아·법의 차별을 설하는 것과 같다.⁶⁰ 이와 같이 자성과 차별을 가립하고 나서 나아가 세상의 유정들로 하여금 그에 따라 언설을 일으키도록 한 것이다.

『성유식론』제8권에서는 다시 "(갖가지 변계되는 사물이란) 허망하게 집착되어진 온·처·계 등의 아와 법의 자성과 차별을 말하니, 이처럼 허망하게 집착된 자성과 차별을 변계소집자성이라고 총칭한다."⁶¹고 하였다.

리 중에서 어디에 놓이는지 정해진 것은 아니다. 동일한 개념이 자성이 되기도 하고 차별이 되기도 한다. 예를 들면 '이 꽃은 파랑다'와 '파랑은 색깔이다'라는 진술에서, '파랑'은 술어 자리에 놓일 때는 다른 것에도 통하는 보편 개념(共相)으로서 '이 꽃'을 한정하는 말이지만, 주어 자리에 놓일 때는 아직 분별되지 않는 그 자체로서 뒤의 술어에 의해 한정된다. 또 모든 존재를 다르마(dharma : 法)로 해체시킨 불교적 관점에서 보면, '이 꽃'도 파랑과의 관계에서는 자성이지만 그것을 이루는 극미와의 관계에서는 극미를 한정시키는 차별이다. 자성과 차별에 대해서는 규기의 『成唯識論述記』 권2(T43, 287c20)와 같은 책 권9(T43, 540b6) 참조.

60 불교도들처럼 색 등 오온五蘊의 상속에 대해 '가아假我'를 가립하거나 혹은 외도들처럼 영원불변의 실아實我를 가립하거나, 또 '색'이나 '성'이나 '향' 등처럼 제법의 자성에 해당하는 이름을 시설하는 것을 일컬어 '아법의 자성을 가립한다'고 한다. 한편, '색' 상에서 '보이는 색(可見色)'과 '보이지 않는 색(不可見色)' 등의 차별적 상을 시설하거나, 혹은 '성' 상에서 '듣기 좋은 소리(可意聲)'나 '듣기 싫은 소리(不可意聲)' 등의 차별적 상을 시설하는 것을 '색 등의 아법의 차별을 가립한다'고 하였다.

61 『成唯識論』 권8(T31, 45c16).

자성과 차별의 의미를 자세하게 설명하면, 세친과 무성의 『섭대승론석』 제4권의 설 및 『유가사지론』 제73권 등의 설과 같다.

釋曰。此卽答也。謂一切法無實自性。但隨妄情。名言假立我諸[1]自性。如說謂我。或說色等我法自性。或說假我。或說實我。或可見色不可見等我法差別。如是假立自性差別已。乃至爲令世間有情隨起言說。依成唯識第八。復云。謂所妄執蘊處界等。若我[2]若法[3]自性差別。此所妄執自性差別。總名遍計所執自性。廣說自性及差別義。如世親無性攝大乘釋第四卷說。及瑜伽論七十三等。

1) ㉯ '諸'는 '法'의 오기인 듯하다.   2) ㉯『成唯識論』권8(T31, 45c17)에는 '我'가 '法'으로 되어 있다.   3) ㉯『成唯識論』권8(T31, 45c17)에는 '法'이 '我'로 되어 있다.

나) 의타기상依他起相을 설명함

경 제법의 의타기상이란 무엇인가?

云何諸法依他起相。

석 이하는 두 번째로 의타기상을 설명한 것이다. 앞은 질문이고, 나중은 대답이다.

釋曰。此下第二辨依他起。先問後答。

(가) 질문
이것은 질문에 해당한다.

此卽問也。

(나) 대답

경 일체법의 연생하는 자성을 말한다. 즉 이것이 있으므로 저것이 있고 이것이 생하므로 저것이 생하는 것이니, 말하자면 무명은 행의 연이 되고 나아가서는 순전한 대고온大苦蘊을 불러내어 쌓는 것이다.

謂一切法緣生自性。則此有故彼有。此生故彼生。謂無明緣行。乃至招集純大苦蘊。

석 이것은 대답에 해당한다. 경문에 두 개의 절이 있다.

釋曰。此卽答也。文有兩節。

㉮ 총상으로 체를 나타냄

처음은 총상總相으로 체를 나타낸 것이니, 연을 따라 생긴 모든 번뇌煩惱·업業·생生의 잡염[62]을 말한다. 연을 따라 생겼기 때문에 모두 '의타依他(타에 의지함)'라고 이름하였다.

의타에 대해 일반적으로 논하면 본래 두 종류가 있다. 첫째는 잡염의 의타이고, 둘째는 청정의 의타이다. 따라서 『성유식론』 제8권에서는 다음

---

[62] 번뇌煩惱·업業·생生의 잡염 : '번뇌잡염'은 사실과 이치에 미혹한 번뇌를 가리키고, '업잡염'은 몸·입·마음으로 지은 선업과 악업의 모든 행위를 가리키며, '생잡염'은 태어나서 늙어 죽는 것을 말한다. 이 세 종류 잡염은 미혹의 인과를 나타낸 것으로, 번뇌에 의지하여 선악의 업을 짓고 업에 의지하여 삼계에서 고락의 과보를 받으면서 나고 죽는 일이 끊임없이 이어진다. 이 세 종류 잡염은 뒤의 「無自性相品」에서 삼성관三性觀에 의거해 삼무성三無性을 건립한 뜻을 해석하면서 다시 자세히 다루어진다.

과 같이 말한다. "유루와 무루는 모두 의타기이니, 타他로서의 많은 연에 의지해야 생기할 수 있기 때문이다."[63] 게송에서 '분별은 연으로 생긴 것'이라 한 것은 우선 염분染分의 의타를 설한 것임을 알아야 한다.[64],[65] 이 『해심밀경』에서도 또한 이러하니, 염분을 말한 것이지 정분淨分을 말한 것은 아니다.

初總相出體。謂從緣生一切煩惱業生雜染。從緣生故。皆名依他。汎論依他。自有二種。一者雜染。二者清淨。故成唯識第八云。有漏無漏。皆依他起。依他眾緣而得起故。頌言分別緣所生者。應知亦[1]說染分依他。此經亦爾。說染非淨。

1) 옘『成唯識論』권8(T31, 46b7)에 따르면, '亦'은 '且'의 오기다.

㉴ 사를 가리켜 따로 해석함

● '此有故彼有此生故彼生'에 대한 각 종파의 해석

"즉 이것이 있으므로……"라고 한 것은 사事를 가리키며 따로 해석한 것이다.

그런데 앞의 두 구에는 차이점이 있다.

---

[63] 많은 연에 의해 생기한 심·심소의 체體와 상분相分·견분見分들은, 범부(異生)·이승二乘의 유루의 심·심소인 경우든 무루의 심·심소인 경우든 모두 의타기에 속한다. 그것들은 다른 많은 연들에 의지해서 생기할 수 있기 때문이다. 『成唯識論述記』 권9(T43, 544c25) 참조.

[64] 유식삼십송 중 제21송에서 "의타기자성의 분별은 연으로 생긴 것이고,……(依他起自性。分別緣所生。……)"라고 하였다. 그런데 이 게송에서 '분별分別'이라 한 것은 유루·무루의 식識 중에서 '유루식'을 가리키며, '인연으로 생긴 것(緣所生)'이란 그 식 자체가 '타에 의지하는 것(依他)'임을 나타낸 말이다. 다시 말하면 유루와 무루의 식은 모두 의타기라고 불릴 수 있지만, 여기서는 우선 염분(유루)을 일컬은 것이니, 정분(무루)의 의타기의 식은 또한 원성실이라고도 이름하기 때문이다. 『成唯識論述記』 권9(T43, 544c25) 참조.

[65] 『成唯識論』 권8(T31, 46b5).

살바다종은 예를 들어 『구사론』 제9권에서 다음과 같이 말한다.

어째서 세존께서는 앞의 두 구, 말하자면 '이것에 의지해서 저것이 있고 이것이 생기므로 저것이 생긴다'고 설하셨는가?
십이연기가 결정적인 것임을 알도록 하기 위해서다. 무명에 의지해서 제행이 있을 수 있지만 무명을 떠나서는 제행은 있을 수 없다.
또 모든 지支의 전생傳生[66]을 나타내기 위해서다. 말하자면 이 지가 있음에 의해 저 지가 있을 수 있고 저 지가 생김으로 인해 그 밖의 지가 생길 수 있다.
또 삼제三際(과거·현재·미래)의 전생을 나타내기 위해서다. 말하자면 전제前際가 있음에 의해 중제中際가 있을 수 있고 중제가 생김으로 인해 후제後際가 생길 수 있다.
또 친연親緣(직접적인 연)과 전연傳緣(간접적인 연)의 두 가지 연을 나타내기 위해서다.[67] 말하자면 무명이 있고 무간으로 행을 발생시키거나, 혹은 전전력展轉力[68]에 의해 제행이 비로소 생기는 것을 말한다. 【한편에서는 다음과 같이 말힌다. 〈무명지無明支 이후에 곧 행지行支를 일으키는 것을 일컬어 '무간으로 행을 발생시킨다'고 하고, 무명을 일으키고 나서 다음에 무기심無記心을 일으키고 그 후에 행지를 일으키는 것을 일컬어 '전전하는 힘에 의해 제행이 비로소 생긴다'고 한다.〉 한편에서는 다음과 같이 말한다. 〈무명을 행과 대망시켰을 때는 '무간으로 생한다'고 하고, 무명을 식識 등과 대망시켰을 때는 '전전해서 생한다'고 한다.〉】

---

66 전생傳生 : 서로 의지해서 연속해서 발생하는 것을 말한다.
67 십이연기에서 무명無明은 바로 다음의 행지行支에 대해서는 직접적인 연(親緣)이 되어 주지만, 상호 간에 영향을 주며 연속적으로 일어난다(展轉)는 측면에서 보면 무명은 '행' 다음의 식識 등 제행諸行에 대해서는 간접적인 연(傳緣)이 된다.
68 전전력展轉力 : 상호 간에 영향을 주어 연속적으로 이어지게 하는 힘을 말한다.

어떤 다른 논사는 다음과 같이 해석하였다. 〈이와 같은 두 구는 무인론無因論과 상인론常因論 두 가지 이론을 논파하기 위해 설한 것이다.[69]〉 【이에 논파를 세운 것이 있으니, 구체적인 것은 그 『구사론』의 설명과 같다.[70]】

여러 궤범사軌範師[71]들은 해석하길, 이 두 구는 인·과의 부단不斷과 생生을 나타내기 위한 것이라 한다. 말하자면 무명이 단절되지 않음에 의해 제행도 단절되지 않고, 무명이 생김으로 인해 제행도 생길 수 있으니, 이와 같은 전전展轉에 대해 자세하게 설해야 할 것이다.[72]

이 두 구를 자세하게 분별하면 예를 들어 『순정리론』 제25권에서 설한 것과 같다.

言則此有故等者。指事別釋。然前二句。有差別者。薩婆多宗。如俱舍論第九卷云。何故世尊說前二句。謂依此有故[1] 彼有。此生故彼生。爲於緣起知決定故。依無明有諸行得有。非離無明可有諸行。又爲顯示諸支傳生。謂依此支有。彼支得有。由彼支生。[2] 餘支得生。又爲顯示三際傳生。謂依前

---

69 제법의 인과에 대해 연기론과 가장 대조되는 이론이 무인론無因論과 상인론常因論이다. 무인론이란 원인이 없이 생겨난다는 주장이고, 상인론이란 영원하고 유일한 원인에서 생겨난다는 주장이다. 이러한 두 가지 극단적 관점과 달리 다른 많은 연들에 의지해서 생겨난다고 주장한 것이 연기설이라는 것이다.

70 『俱舍論』에는 이 문장 뒤에 "즉 원인이 없이 제행은 있을 수 없으며, 영원한 자성自性이나 자아는 생인生因이 없기 때문에 제행을 낳을 수 없다."는 문장이 덧붙여 있는데, 원측 소에서는 생략되었다. 보광普光의 주석에 의하면, '이것이 있으므로 저것이 있다'는 것은 '원인이 없이 제행이 있다'고 하는 무인론無因論을 비판한 것이다. '이것이 생하므로 저것이 생한다'는 것은 '영원한 인에서 제행이 생긴다'고 하는 상인론常因論을 비판한 것이다. 여기서 '영원한 인'이란 수론數論에서 말하는 자성自性(S prakṛti)이나 승론勝論의 아我(S ātman) 등을 가리키는데, 이런 인에는 생인生因의 의미가 없다고 비판하였다. 보광 『俱舍論記』 권9(T41, 171c12) 참조.

71 궤범사軌範師: 범어 아사리阿闍梨(S ācārya)를 음역한 말로서, 제자를 가르치면서 자기 스스로는 제자의 본보기가 되는 사람들을 가리킨다.

72 이상은 『俱舍論』 권9(T29, 50c18) 참조.

際有。中際得有。由中際有。³⁾ 後際得生。又爲顯示親傳二緣。謂有無明。無明⁴⁾無間生行。或展轉力。諸行方生。【一云。無明支後。即起行支。名無間生行。起無明已。次起無記心。後起行支。名展轉力諸行方生。一云。無明望行。名無間生。無明望識等。名展轉生。】有餘師釋。如是二句。爲破無因常因二論。【此有立破。具如彼論。】軌範諸師釋。此二句爲顯因果不斷及生。謂依無明不斷。諸行不斷。卽由無明生故。諸行得生。如是展轉。皆應廣說。若廣分別。如順正理第二十五。

1) ⓖ『俱舍論』권9(T29, 50c19)에는 '故'가 없다. 2) ⓖ『俱舍論』권9(T29, 50c22)에 따르면, '生' 다음에 '故'가 누락되었다. 3) ⓖ『俱舍論』권9(T29, 50c24)에 따르면, '有'는 '生故'로 수정해야 한다. 4) ⓖ『俱舍論』권9(T29, 50c25)에 따르면, '無明'은 잉자다.

『유가사지론』 제10권에 의하면 다음과 같다. "🈷 어째서 '이것이 있으므로 저것이 있다'고 설했는가? 🈲 단절되지 않은 연으로 인해 그 밖의 것도 생길 수 있다는 뜻 때문이다.⁷³ 🈷 어째서 '이것이 생기므로 저것이 생긴다'고 설했는가? 🈲 무상한 연으로 인해 그 밖의 것도 생긴다는 뜻 때문이다.⁷⁴⁻⁷⁵

『잡집론』 제4권에 따르면 다음과 같다. "'상相'이라 한 것은,⁷⁶ 말하자면

---

73 둔륜의 『瑜伽論記』 권3(T42, 373a25)에 따르면, 처음 구는 '작용 없는 연으로 생한다(無作緣生)'는 것을 나타낸 것이다. 오직 연이 있음으로 인해 과법果法도 있을 수 있지만 그 연에 실체적 작용이 있어서 능히 과법을 생하게 하는 것은 아니기 때문이다. 이것을 일컬어 "단절되지 않는 연으로 인해 그 밖의 것이 생할 수 있다는 뜻"이라고 말한 것이다. 이러한 둔륜의 해석은 다음에 인용된 『雜集論』의 해석과 동일하다.
74 둔륜의 『瑜伽論記』 권3(T42, 373a25)에 따르면, 두 번째 구는 '무생법無生法이 인因이 되어 생겨난 법이란 전혀 성립할 수 없다'는 것을 나타낸 말이다. 자세한 것은 다음에 인용된 『雜集論』의 해석 참조.
75 『瑜伽師地論』 권10(T30, 326a27).
76 이 논에서는 "어떤 의미에서 연생을 관하는 것인가?(爲何義故觀緣生耶)"라는 질문에 대해 "상 때문에(相故)"라는 이유를 포함해서 열 가지 이유를 제시한다. 위의 인용문은 '상 때문에'라고 했던 말의 의미를 해석한 것이다.

무작연無作緣으로 생기기 때문이고, 무상연無常緣으로 생기기 때문이며, 세용연勢用緣으로 생기기 때문이라는 말이다. 이것이 연생의 상이다. 이러한 상 때문에 박가범께서는 '이것이 있으므로 저것이 있고 이것이 생기므로 저것이 생긴다'고 설하셨다. 말하자면 무명은 행의 연이 되고,……중간 생략……'이것이 있으므로 저것이 있다'는 것은 '작용 없는 연으로 생긴다'는 의미를 나타낸 것이다. 오직 연이 있기 때문에 과법도 있을 수 있지만, 연에 실체적 작용이 있어서 능히 과법을 생하는 것은 아니다. '이것이 있으므로 저것이 있다'는 것은 '무상한 연으로 생긴다'는 의미를 나타낸 것이니, 무생법無生法을 인으로 삼아 생겨난 법이란 조금도 성립하지 않는다.[77],[78]

依瑜伽論第十卷云。問。云何說言此有故彼有。答。由未斷緣。餘得生義故。問。云何此生故彼生。答。由無常緣。餘得生義故。依雜集第四云。相者。謂無作緣生故。無常緣生故。勢用緣生故。是緣生相。由此相故。薄伽梵說。此有故彼有。此生故彼生。謂無明緣行。乃至廣說。此有故彼有者。顯無作緣生義。唯由有緣故果法得有。非緣有實作用能生果法。此生故彼生者。顯無常緣生義。非無生法爲因故少所生法而成得[1]立。

1) ㉠『雜集論』권4(T31, 711b15)에 따르면, '成得'은 '得成'의 도치다.

"'무명은 행의 연이 되고……'라고 한 것은,[79] '세력이 작용하는 연으로

---

77 모든 유위법有爲法들이 무상한 인연에 의해 생겨났다 사라지는 것이라면, 무위법無爲法은 그런 무상한 인연에 의해 만들어진 것이 아니기 때문에 생하는 것도 아니고, 생하지 않기 때문에 멸하지도 않는다. 따라서 '불생불멸' 혹은 간단히 무생법無生法이라고 한다. 그런데 연생의 도리에서는 이런 무위법이 인이 되어 생한다는 의미는 성립하지 않는다.
78 『雜集論』권4(T31, 711b9).
79 이 문장은 바로 앞에 있는 『雜集論』의 인용문에 이어지는 것이다. 전후로 인용된 문장

생긴다'는 뜻을 나타낸 것이다. 비록 다시 제법은 (그 자체에) 작용도 없고 무상한 것임에도 (연이 됨된다.) 그러나 하나의 법이 연이 됨에 따라서 일체의 과가 생기는 것은 아니다. 그 이유는 무엇인가? 제법의 공능의 차별 때문이다. 예를 들어 무명의 힘 때문에 제행이 생길 수 있고 내지는 '생'의 힘 때문에 노·사도 있을 수 있다고 하는 것과 같다."[80]

자세하게 분별하면 예를 들어 『미륵보살소문론』 제5권에서 설한 것과 같다.

> 無明緣行等者。顯勢用緣生義。雖復諸法無作無常。然不隨一法爲緣故一切果生。所以者何。以諸法功能差別。[1] 如說[2] 無明力故。諸行得生。乃至生力故。得有老死。若廣分別。如彌勒菩薩所問論第五卷說。
>
> 1) ㉤ '別' 다음에 한 판본에는 '故'가 있다. ㉢『雜集論』 권4(T31, 711b17)에는 '故'가 있다. 2) ㉢『雜集論』 권4(T31, 711b17)에는 '說'이 '從'으로 되어 있다.

"순전한 대고온大苦蘊을 불러내어 쌓는 것이다."라고 한 것은 『구사론』에 의하면 다음과 같다. "이와 같은 '순전한(純)'이라는 말은 오직 행行만 있고 아我·아소我所는 없음을 나타낸 것이다. '대고온'이라는 말은 고의 적집에는 처음도 없고 나중도 없음을 나타낸 것이다. '쌓는다(集)'는 말은 모든 고온이 생겨남을 나타내려는 것이다."[81]

『대비바사론』 제24권에 따르면 다음과 같다. "다시 이 십이지연기법이

들은 모두 어떤 경에 나온 '박가범의 말씀(薄伽梵說)'을 해석한 부분인데, 그 말씀이란 지금 해석하려는 『解深密經』의 경문과 동일하다. 그런데 여기서부터는 "말하자면 무명은 행의 연이 되고……(謂無明緣行乃至……)"라는 문구에 대한 해석이고, 이하에서 원측이 별도로 이 경문을 해석하지는 않았기 때문에 이곳에서는 인용문의 문장을 분리하였다.
80 『雜集論』 권4(T31, 711b15).
81 『俱舍論』 권9(T29, 51b24).

란 뿌리가 있고 줄기가 있으며 가지가 있고 잎이 있으며 꽃이 있고 열매도 있으니, 마치 큰 나무와 같은 것이다. 이 중에서 뿌리는 무명無明과 행行을 말하고, 줄기란 식識과 명색名色을 말하며, 가지란 육처六處를 말하고, 잎은 촉觸과 수受를 말하며, 꽃이란 애愛와 취取와 유有를 말하고, 열매란 생生과 노사老死를 말한다. 이 십이지연기법이라는 나무는 어떤 경우는 꽃도 있고 열매도 있지만, 어떤 경우는 꽃도 없고 열매도 없다. 꽃도 있고 열매도 있다는 것은 이생異生(범부)과 유학有學을 말하고, 꽃도 열매도 없다는 것은 아라한을 말한다."[82]

『유가사지론』제10권에 따르면 다음과 같다. "🈵 십이연기 중에서 어떤 것들이 고통의 싹이고, 누가 고통의 싹을 지키고 키우며, 어떤 것들이 고통의 나무인가? 🈷 무명과 행이라는 연에 의해 이끌려 나온 '식'에서 '수'까지는 고통의 싹이고, '수'라는 연에 의해 이끌려 나온 '애'에서 '유'까지는 고통의 싹을 지키고 키우는 것이며, '생'과 '노·사'는 고통의 나무임을 알아야 한다."[83]

招集純大苦蘊者。依俱舍論。如是純言。顯唯有行無我我所。大苦蘊言。顯苦積集無初無後。集言爲顯諸苦蘊生。依大毗婆沙第二十四云。復次。此十二支緣起法。有根有莖。有枝有葉。有華有果。猶如大樹。此中根者。謂無明行。莖者。謂識名色。枝者。謂六處。葉者。謂觸受。華者。謂愛取有。果者。謂生老死。此十二支緣起法樹。或有華有果。或無華無果。有華有果者。謂異生及有[1]學。無華[2]果者。謂阿羅漢。依瑜伽第十云。問。於緣起中。何等是苦牙。[3] 誰守養苦牙。[4] 何等爲苦樹。答。無明行緣所引識乃至受。是苦牙。* 受緣所引愛乃至有。是守養苦牙。* 生與老死。當知是苦樹。

---

82 『大毘婆沙論』권24(T27, 122b18).
83 『瑜伽師地論』권10(T30, 328a20).

1) ㉥『大毘婆沙論』권24(T27, 122b23)에는 '有'가 없으나, 있어도 무방하다. 2) ㉤
『大毘婆沙論』권24(T27, 122b23)에 따르면, '華' 다음에 '無'가 누락되었다. 3) ㉥
『瑜伽師地論』권10(T30, 328a20)에 따르면, '牙'는 '芽'의 오기다. 4) ㉥ '牙'는 '芽'의
오기다. 이하도 동일하다.

● 『섭대승론』에 나온 열한 종류 의타기의 식識

『섭대승론』에 의하면 열한 가지 식을 기준으로 의타기를 설명한다. 따라서 『섭대승론』에서는 다음과 같이 말한다. "㊁ 이 중에서 무엇이 의타기상인가? 아뢰야식을 종자로 삼는 허망분별에 속하는 모든 식들을 말한다. 이것은 다시 무엇을 말하는가? 신身·신자身者·수자受者의 식識, 피소수식彼所受識, 피능수식彼能受識, 세식世識, 수식數識, 처식處識, 언설식言說識, 자타차별식自他差別識, 선취악취사생식善趣惡趣死生識이다.[84] 이 중에서 신·신자·수자의 식, 피소수식, 피능수식, 세식, 수식, 처식, 언설식은 명언훈습종자에서 비롯된 것이고, 자타차별식은 아견훈습종자에서 비롯된 것이며, 선취악취사생식이란 유지훈습종자에서 비롯된 것이다.……중간생략……이와 같은 것을 의타기상이라고 이름한다."[85]

---

84 이 『攝大乘論』의 문장은 「心意識相品」 가운데 '일체종자식'을 설명하면서 이미 인용되었다. 여기서 열거된 열한 가지 식을 다시 간단히 설명하면 다음과 같다. '신신身·신자身者·수자受者의 식識'이란 각기 몸과 몸을 가진 자와 수용하는 자에 대한 표상을 가리키는데, 법수로 나타내면 그 차례대로 신체를 이루는 안·이·비·설·신 등의 오계, 염오의染汚意 그리고 의계意界에 해당한다. '피소수식彼所受識'이란 육식에 의해 수용되는 대상에 대한 표상을 가리키는데, 법수로 나타내면 색·성·향·미·촉·법 등의 육경에 해당한다. '피능수식彼能受識'이란 육경을 수용하는 작용에 대한 표상을 가리키는데, 법수로 나타내면 안식 등의 여섯 가지 식을 가리킨다. '세식世識'이란 시간에 대한 표상을 말하고, '수식數識'이란 '1' 등과 같이 셈하는 수에 대한 표상을 말하며, '처식處識'은 마을·정원 등과 같은 공간에 대한 표상을 말한다. '언설식言說識'이란 각종 언어적 표상을 말하고, '자타차별식自他差別識'이란 자기와 타인의 차이에 대한 표상을 말하고, '선취악취사생식善趣惡趣死生識'은 천·인·아수라·축생·아귀·지옥의 중생들의 나고 죽음에 대한 표상을 말한다. 이에 대한 자세한 설명은 이하에 인용된 세친과 무성의 『攝大乘論釋』 참조.
85 『攝大乘論本』권2(T31, 137c29).

若依攝論。約十一識。明依他起。故攝大乘云。論曰。此中何者。依他起相。
謂阿賴耶識爲種子。虛妄分別所攝諸識。此復云何。謂身身者受者識。彼所
受識。彼能受識。世識。數識。處識。言說識。自他差別識。善趣惡趣死生識。
此中。若身身者受者識。彼所受識。彼能受識。世識。數識。處識。言說識。
此由名言熏習種子。若自他差別識。此由我見熏習種子。若善趣惡趣死生
識。此由有支熏習種子。乃至云。如是名爲依他起相。

세친은『섭대승론석』제4권에서 다음과 같이 해석하였다.

'신'이란 안 등의 오계를 말한다.
'신자'란 염오의染汚意[86]를 말한다.【무성은 "안식 등 오식의 소의所依인 의
계意界를 신자식身者識이라 한다."고 하였다.】[87]
'능수자能受者(수자)'란 의계를 말한다.【무성은 "제6의식의 소의인 의계를
수자식受者識이라 한다."고 하였다.】[88]
'피소수식'이란 색계 등 여섯 가지 외적인 계를 말하고, '피능수식'이
란 육식계를 말한다.[89]
'세식'이란 생사가 상속하면서 단절되지 않는 성질을 말한다.【무성은
"세식이란 (과거·현재·미래라는) 삼시의 영상이 사현似現하는 것을 말한다."고 하

---

86 염오의染汚意 : 유식종에서 세운 제7말나식의 별칭이다. 이 식은 항상 상속하는 식으
로서 제8아뢰야식의 견분見分을 대상으로 해서 아집我執을 일으키고, 항상 아치我癡·
아견我見·아만我慢·아애我愛 등 네 가지 번뇌와 상응하기 때문에 염오의 토대가 된
다.
87 신자식身者識에 대한 세친과 무성의 해석이 다른데, 인용문 다음에 이에 대한 원측의
풀이가 나온다.
88 수자식受者識에 대한 세친과 무성의 해석이 다른데, 인용문 다음에 이에 대한 원측의
풀이가 나온다.
89 피소수식彼所受識과 피능수식彼能受識에 대한 무성無性의 해석은 세친과 동일하다. 무
성의『攝大乘論釋』권4(T31, 399a17) 참조.

였다.】

'수식'이란 계산성(算計性)을 말한다.【무성은 "'일一' 따위의 세는 수의 영상이 사현하는 것을 말한다."고 하였다.】

'처식'이란 기세간을 말한다.【무성은 "마을·정원 등의 영상이 사현하는 것을 말한다."고 하였다.】

'언설식'이란 견·문·각·지에 의한 네 종류 언설을 말한다. 이와 같은 여러 식들은 모두 '알아야 할 소의(所知依)'에서 설했던 명언훈습의 차별을 인因으로 삼는다.

'자타차별식'이란 의지依止의 차별을 말한다.[90] 이것은 이전에 설했던 아견훈습의 차별을 인으로 삼는다.【무성은 "신身 등의 식에서 아집·아소집이 상속하면서 단절되지 않고 '나(我)'와 '나의 것(我所)'에 대해 집착하는 것을 말하니, '남(他)'과 '남의 것(他所)' 등과는 차별이 있기 때문이다."라고 하였다.】

'선취악취사생식'이란 태어나고 죽는 취趣의 갖가지 차별을 말하니, 이것은 이전에 말했던 유지훈습의 차별적 종자로 인한 것이다.【무성은 "천·인·나락가·방생·아귀의 죽고 태어나는 영상이 사현하는 것을 말한다."고 하였다.】[91]

자세한 것은 무성과 세친의『섭대승론석』제4권에서 설한 것과 같다.

世親攝論第四釋云。身。謂眼等五界。身者。謂染汙意。【無性云。眼等五識所依意界。名身者識也。】能受者。謂意界。【無性云。第六[1])識所依意界。名

---

90 각기 의지하는 신체(所依身)가 차별되는 것을 일컬어 '의지가 차별된다'고 하였다. 몸이 각기 개별적이기 때문에 '나'와 '나의 것'이라는 집착이 발생하고, 이로 인해 자타가 차별된다는 생각이 몸과 더불어 상속하게 된다.
91 이상은 세친의『攝大乘論釋』권4(T31, 338a12), 무성의『攝大乘論釋』권4(T31, 399a16)에서 인용된 것이다.

受者識。】彼所受識者。謂色等六外界。彼能受識者。謂六識界。世識者。謂生死相續不斷住。[2)] 【無性云。世識者。謂是[3)] 三時影現。】數識者。謂算計性。【無性云。謂似一等筭[4)] 數影現。】處識者。謂器世間。【無性云。謂似聚落薗[5)] 等影現。】言說識者。謂見聞覺知四種言說。如是諸識。皆用所知依中所說名言熏習差別爲因。自他差別識者。謂依此[6)] 差別。此用前說我見熏習差別爲因。【無性云。謂身等識。我我所執相續不斷。執我我所。他他所等有差別故。】善趣惡趣生死[7)] 識者。謂生死趣種種差別。此由前說有支熏習差別種子。【無性云。謂似天人及捺落迦傍生餓鬼死生影現也。】廣如無性世親釋論第四。

1) 옘『攝大乘論釋』권4(T31, 399a17)에 따르면 '六' 다음에 '意'가 누락되었다. 2) 옘『攝大乘論釋』권4(T31, 338a15)에 따르면, '住'는 '性'의 오기다. 3) 옘『攝大乘論釋』권4(T31, 399a19)에 따르면, '是'는 '似'의 오기다. 4) 옘『攝大乘論釋』에는 '筭'이 '算'으로 되어 있는데, 의미는 같다. 5) 옘『攝大乘論釋』에는 '薗'은 '園'으로 되어 있는데, 의미는 같다. 6) 옘『攝大乘論釋』권4(T31, 338a18)에 따르면, '此'는 '止'의 오기다. 7) 옘『攝大乘論釋』권4(T31, 338a20)에는 '生死'가 '死生'으로 되어 있다.

그런데 이 식들은 차별이 있다. 무성에 의하면, 안식 등 오식의 소의인 의계를 '신자식身者識'이라 하고, 제6의식의 소의인 의계를 '수자식受者識'이라 한다.

해 무성의『섭대승론석』의 뜻은, 안식 등 다섯 가지 식의 소의인 의계란 아뢰야식에 해당하니 이를 신자식이라 하고, 제6의식의 소의인 의계란 말나식에 해당하니 이를 수자식이라 한다는 것이다. 세친에 의하면, 이와는 상반된다. 제7말나식을 신자식이라 하고, 제8아뢰야식은 수자식이라 한다. 따라서 그의『섭대승론석』에서 '신자身者'란 염오의를 말하고, '수자受者'란 의계를 말한다고 한 것이다.

然此諸識。有差別者。若依無性。眼等五識所依意界。名身者識。第六意識所依意界。名受者識。解云。無性論意。眼等五識所依意界。卽是賴耶。名身者識。第六意識所依意界。卽是末那。名受者識。若依世親。與此相翻。第七末那。名身者識。第八賴耶。名受者識。故彼論云。身者謂染汙意。受者謂意界。

또 이 식들의 수에 차이가 있다. 양梁『섭대승론석』과 『성유식론』에 의하면, 모두 열한 개라고 한다. 『섭대승론』에 의하면 본래 두 개의 문장이 있다. 앞 문장에서는 열한 개라고 하였고, 뒤 문장에서는 열두 개라고 하였다. 말하자면 선취악취사생식善趣惡趣死生識을 두 가지로 나누었기 때문인데, 첫째는 선취악취식이고 둘째는 사생식이다. 따라서 그 논에서는 '업의 과보가 이숙한 것들이 무수하기 때문이고, 받게 되는 죽음과 태어남도 무수하기 때문'이라고 하였다.[92] (이에 대해) 무성은 '선취악취 및 사생'이라고 해석하였다.[93]

해 (무성이) 일부러 '및(及)'이라는 말을 설했기 때문에 열두 개로 여겼음을 알 수 있고, 세친은 해석하지 않았으므로 열한 개로 여긴 것인데, 이치에 어긋나는 것은 없다.

又此諸識數有差別。若依梁論及成唯識。皆云十一。若依攝大乘。自有兩文。前文十一。後文十二。謂開善趣惡趣死生識。以爲二故。一善趣惡趣識。

---

92 앞의 『攝大乘論』 인용문에서는 열한 번째 식을 '선취악취사생식善趣惡趣死生識'이라고 하였다. 그런데 같은 책 권2(T31, 138c6)에서는 세식世識 등을 비롯하여 뒤의 여섯 식의 차별이 생기는 이유를 설명하면서 마지막 '선취악취사생식'에 대해서는 "① 모든 좋은 업과와 좋지 않은 업과의 이숙을 수용함에 있어서의 차별은 무수하기 때문이고, ② 수용하게 되는 죽음과 태어남의 갖가지 차별이 무수하기 때문이다.(諸愛非愛業果異熟受用差別無數量故。所受死生種種差別無數量故。)"라고 하였다. 여기서 ① 선취악취의 차별과 ② 사생의 차별을 따로따로 설명하였으므로 '선취악취사생식'이라 한 것도 '선취악취식과 사생식' 두 가지를 가리킨다고 본 것이다.
93 무성은 '선취악취사생식'에 대해 '선취·악취'와 '사생'의 두 가지 식으로 구분해서 보았다는 것이다. 무성의 『攝大乘論釋』 권4(T31, 401b17) 참조.

二死生識。故彼論云。業果異熟無數量故。所受死生無數量故。無性釋云。善趣惡趣及與死生。解云。說故及言。故知十二。世親不釋。故爲十一。於理無違。

다) 원성실상圓成實相을 해석함

경 제법의 원성실상이란 무엇인가?

云何諸法圓成實相。

석 이하는 세 번째로 원성실상에 대해 해석하였다. 이 중에서 앞은 질문이고, 나중은 대답이다.

釋曰。自下第三釋圓成實。於中。先問後答。

(가) 질문
이것은 질문에 해당한다.

此卽問也。

(나) 대답

경 모든 법의 평등한 진여를 말한다.

謂一切法平等眞如。

석 이것은 대답에 해당한다. 이 중에 두 가지가 있다. 처음은 체를 바로 나타낸 것이고, 나중은 뛰어난 작용을 나타낸 것이다.

釋曰。此卽答也。於中有二。初正出體。後顯勝用。

㉮ 체를 바로 나타냄

이것은 처음에 해당한다. 말하자면 (원성실상은) 앞에서 설한 '모든 법에 편재하는 일미의 진여(遍一切法一味眞如)'를 체성으로 삼는다는 것이다.

『변중변론』에 의하면, 원성실성은 본래 두 종류가 있다. 따라서 그 논의 제2권에서 다음과 같이 말한다. "이 원성실성은 모두 두 종류가 있으니, 무위와 유위의 차별이 있기 때문이다. 무위의 (원성실성은) 진여·열반을 총괄해서 포함하니, 그것은 변이가 없기 때문에 원성실성이라 한다. 유위의 (원성실성은) 모든 성도聖道를 총섭하니, 그것은 경계에 대해 전도됨이 없기 때문에 또한 원성실성이라 한다."[94]

此卽初也。謂前所說遍一切法一味眞如。以爲體性。若[1]中邊。圓成實性。自有二種。故第二云。此圓成實。總有二種。無爲有爲。有差別故。無爲總攝眞如涅槃。無變異故。名圓成實。有爲總攝一切聖道。於境無倒故。亦名圓成實。

1) ㉑ '若' 다음에 '依'가 누락된 듯하다.

『섭대승론』에 의하면 원성실성은 본래 네 종류가 있다. 따라서 그 논에서는 다음과 같이 말한다.

---

[94] 『辯中邊論』 권2(T31, 469c6).

원성실자성이란 어떤 것이라고 알아야 하는가? 네 종류 청정한 법에 대해 설했음을 알아야 한다. 첫째는 자성自性의 청정함이니, 진여眞如·공空·실제實際·무상無相·승의勝義·법계法界를 말한다.[95] 둘째는 더러움을 떠난(離垢) 청정함이니, 이것(진여)이 모든 장애의 때(障垢)를 떠나 있는 것을 말한다.[96] 셋째는 이것(자성·이구의 청정)을 증득하는 도道의 청정함이니, 모든 보리분법菩提分法[97]과 (십)바라밀다[98] 등을 말한다. 넷째는 이 도를 발생시키는 경계의 청정함이니, 모든 대승의 오묘한 정법의 가르침을 말한다. 이 법의 가르침은 청정한 소연이기 때문에 변계소집자성이 아니고, 가장 청정한 법계에서 동등하게 흘러나온 것이기 때문에 의타기자성도 아니다.[99]

이와 같은 네 가지 법이 모든 청정한 법을 총괄해서 다 포함한다. 이

---

[95] 진여는 자성에 변이變異가 없으므로 범부의 지위에서도 역시 청정하다. 따라서 '자성청정'이라 한다. 이 진여는 공空 등과 같이 여러 이름으로 불린다. '의타기 상上에서의 변계소집의 무無'에 의해 현현되는 진실한 이치(理性)이므로 '공'이라 하고, 진실로(實) 궁극적인 것(究竟)이므로 '실제實際'라고 하며, 영원히 일체의 색 등의 상을 떠났으므로 '무상無相'이라 하고, 수승한 지혜(勝智)로 증득된 대상(義)이므로 '승의勝義'라고 하며, 일체의 정법淨法의 인因이기 때문에 '법계法界'라고 한다. 무성의 『攝大乘論釋』 권5(T31, 406b25) 참조.

[96] 이 진여가 번뇌장과 소지장이라는 더러움을 멀리 떠나 있는 것을 일컬어 '이구청정'이라 한다. 세친의 『攝大乘論釋』 권5(T31, 344a5) 참조.

[97] 보리분법菩提分法 : '보리분'이란 깨달음으로 인도하는 원인을 뜻하며, 삼십칠도품 三十七道品을 총칭하는 말이다. 이 서른일곱 가지 법은 모두 보리(깨달음)에 수순해서 나아가기 때문에 보리분법이라 부르는데, 구체적으로는 사념처四念處와 사정근四正勤과 사여의족四如意足과 오근五根과 오력五力과 칠각분七覺分과 팔지성도八支聖道 등을 가리킨다.

[98] 십바라밀다十波羅蜜多 : 시施·계戒·인忍·정진精進·선禪·반야般若의 육바라밀에다 방편方便·원願·력力·지智의 네 가지를 추가한 것인데, 이는 뒤의 「地波羅蜜多品」에서 상세하게 설해진다. 무성의 『攝大乘論釋』 권5(T31, 406c5) 참조.

[99] 계경契經 등의 십이분교十二分敎는 가장 청정한 법계에서 동등하게 흘러나오는 것으로서 변계소집성과 의타기성을 떠난 것이기 때문에 '원성실'이다. 이 정법의 교敎를 듣고서 앞서 말한 보리분법 등과 같은 청정한 도를 일으키기 때문에 이 교를 일컬어 "이 도를 내는 경계의 청정함"이라고 하였다. 세친의 『攝大乘論釋』 권5(T31, 344a9) 참조.

에 대해 두 개의 게송이 있다.

> (의타의) 생을 환과 같다 설하고
> 무라고 설한 것은 변계소집이네
> 네 종류 청정함을 설하여
> 원성실상이라 하였으니
> 자성과 이구의 (청정)
> 청정한 도와 소연
> 모든 청정한 법들은
> 모두 그 네 가지 상에 속하네[100]

자세한 것은 무성과 세친의 『섭대승론석』 제5권에서 설한 것과 같다.

若依攝大乘。圓成實性。自有四種。故彼論云。云何應知圓成實[1]性。應知宣說四淸淨法。一者自性淸淨。謂眞如空實際無相勝義法界。二離垢淸淨。謂卽此離一切障垢。三者得此道淸淨。謂 切菩提分法波羅蜜多等。四者生此境淸淨。謂諸大乘妙正法教。由此法教淸淨緣故。非遍計所執自性。最淨法界等流性故。非依他[2]自性。如是四法。總攝一切淸淨法盡。此中有二頌。幻等說於生。說無計所執。若說四淸淨。是謂圓成實。自性與離垢。淸淨道所緣。一切淸淨法。皆四相所攝。廣如無性世親釋論第五卷說。

1) ㉠『攝大乘論本』 권2(T31, 140b4)에는 '實' 다음에 '自'가 있다. 2) ㉠『攝大乘論本』 권2(T31, 140b11)에 따르면, '他' 다음에 '起'가 누락되었다.

이 『해심밀경』에서는 이상으로 따로따로 세 가지 법에 의거해 삼성의

---

100 『攝大乘論本』 권2(T31, 140b4).

뜻을 해석하였다. 『변중변론』 제2권과 『성유식론』 제8권에서는 사제四諦의 뜻에 의거해 통틀어 삼성을 해석하였다. 『잡집론』 제5권에서는 온·계·처의 삼과법문에 의거해서 통틀어 삼성을 해석하였다.

> 此經上來。別約三法。釋三性義。若依中邊第二。成唯識第八。約四諦義。通釋三性。若依雜集第五。約蘊界處三科法門。通說三性。

『대반야경』에서는 '일체법'에 의거해서 통틀어 삼성을 해석했는데, 무성의 『섭대승론석』 제4권에서는 다음과 같이 말한다.

> 예를 들어 『대반야바라밀다경』에서도 다음과 같이 설한다.
> 부처님께서 자씨보살에게 말씀하셨다.
> "만약 저 각각의 행상行相의 사事에 대해, 변계하면서 색이라 하고 수라고 하며 상이라 하고 행이라 하며 식이라 하고 내지는 모든 불법의 의지(佛法依止)라고 하거나, 이름(名)·형상(想)으로 시설하고 언설로 변계해서, 모든 색의 자성이라 하고 내지는 모든 불법의 자성이라 한다면, 이것을 변계소집의 색 내지는 변계소집의 모든 불법이라 이름한다.[101]
> 만약 다시 그러한 행상의 '사'에 대해, 오직 분별법성만 있다고 안립하고, 분별을 연으로 하여 여러 희론들을 일으키고 이름·형상을 가립하고 언설을 시설해서, 그것을 색이라 하고 내지는 그것을 모든 불법이라 한다면, 이것을 분별의 색 내지는 분별의 모든 불법이라 이름한다.[102]

---

[101] 이상의 장문은 매우 번쇄하지만 그 취지는 변계소집의 일체법에 대해 설명하려는 것이다. 각자가 경험하는 다양한 행상行相의 사물들에 대해, '색' 내지는 '불법'과 같은 다양한 언어적 시설들에 의거해서 일체법을 두루 헤아릴 때, 그 모든 법들은 다 변계소집에 해당한다.

[102] 이 문장의 취지는 의타기의 일체법을 설명하려는 것이다. 각자가 경험하는 다양한 행상의 사태들에 대해, '오직 분별 자체만 있다'고 아는 자가 어쨌든 그 분별을 계기로

모든 여래께서 세상에 출현하시든 세상에 출현하시지 않든 법성은 안립되어 있고 법계는 안립되어 있다. 저 변계소집의 색으로 인해, 이 분별의 색이 항항시恒恒時에 상상시常常時에 진여성이고 무자성성이며 법무아성이고 실제의 성품(實際之性)인 것을 일컬어 법성의 색이라 한다.[103] 내지는 저 변계소집의 모든 불법으로 인해, 이 분별의 모든 불법이 항항시에 상상시에……중간 생략……[104]인 것을 일컬어 법성의 모든 불법이라 한다."

자세한 것은 경에서 설한 것과 같다.[105]

若依大般若。約一切法。通釋三性。故無性釋論第四卷云。如大般若波羅蜜多經中亦說。佛告慈氏。若於彼彼行相事中。遍計爲色。爲受爲想。爲行爲識。乃至爲一切佛法依止。名想施設言說遍計。以爲諸色自性。乃至一切佛法自性。是名遍計所執色。乃至遍計所執一切佛法。若復於彼行相事中。唯有分別法性安立。分別爲緣。起諸戲論。假立名想施設言說。謂之爲色。乃至謂爲一切佛法。是名分別色。乃至分別一切佛法。若諸如來出現於世。若不出世。法性安立。法界安立。由彼遍計所執色故。此分別色。於常常時。於恒恒時。是眞如性。無自性性。法無我性。實際之性。是名法性色。乃至由彼遍計所執一切佛法故。此分別一切佛法。於常常時。於恒恒時。乃至是

해서, 색에서부터 내지는 불법에 이르는 다양한 언어적 시설들에 의거해서 일체법을 분별하는 경우, 그 일체법들의 본질은 모두 분별이라는 것이다. 여기서 '분별'이란 유식학 내에서는 특히 허망분별, 즉 의타기의 식識에 해당한다.

103 이 문장의 취지는 원성실성의 일체법을 설명하려는 것이다. 변계소집의 색 등과 대비해서 이 분별의 색 등은 언제 어디서나 진여성·무자성성·법무아성·실제라고 하는 측면에서는 이것을 일컬어 '법성의 색' 등이라 한다는 것이다. 이와 같이 언제 어디서나 진여성·무자성성 등이라는 점에서는 일체법은 모두 법성이고, 이 법성은 삼성 중에서 원성실성에 해당한다. 다음의 문장도 동일한 형식으로 되어 있다.
104 "중간 생략(乃至)"이라 한 것은 앞에 나왔던 "진여성이고 무자성성이며 법무아성이고 실제의 성품"이라는 문구가 생략된 것을 말한다.
105 무성의 『攝大乘論釋』 권4(T31, 399b28).

名法性一切佛法。廣說如經。

㈏ 뛰어난 작용을 나타냄

경 이 진여에 대해 모든 보살중들은 용맹하게 정진한 것이 인연이 되었기 때문에, (또) 이치에 맞게 작의하고 전도 없이 사유한 것이 인연이 되었기 때문에 통달할 수 있고, 이러한 통달을 점차로 닦고 쌓아서 나아가 무상정등보리에 이르러 비로소 원만을 증득하는 것이다.

於此眞如。諸菩薩衆。勇猛精進。爲因緣故。如理作意。無倒思惟。爲因緣故。乃能通達。於此通達。漸漸修集。乃至無上正等菩提。方證圓滿。

석 이것은 뛰어난 작용을 나타낸 것이다. 말하자면 진여에 대해, 모든 보살중들은 자량위에서는 용맹하게 정진하고 가행위에서는 전도 없이 사유하니, 이런 인연으로 견도위에서는 통달할 수 있고, 수도위에 머물면서 점차로 닦고 쌓아서, 구경위에 이르면 비로소 원만을 증득한다는 것이다.[106]

『유가사지론』 제73권에 의하면 그에 세 가지 작용이 있다. 첫째는 청정

---

[106] 여기서는 진여의 수승한 작용을 대승보살의 오위五位에 의거해서 해석하였다. 이 중에서 자량위資糧位란 십주十住·십행十行·십회향十迴向이라는 보살의 삼현위三賢位를 가리키며, 복덕福德·지혜智慧라는 조도助道의 자량資糧을 닦는 지위다. 가행위加行位란 난煖·정頂·인忍·세제일世第一의 지위에 있는 보살로서, 복덕과 지혜의 자량을 획득하여 더욱 공용을 가하여 수행하는 지위다. 견도위見道位란 통달위通達位라고도 하며 초지初地보살이 처음으로 진여의 이치를 깨닫고 무루의 지혜를 증득하는 지위다. 수도위修道位란 수습위修習位라고도 하며, 제2지에서 제10지까지의 보살들이 진여의 이치를 통달하고 나서 다시 반복해서 수습하면서 장애를 제거해 가고 근본지根本智를 닦는 지위다. 구경위究竟位란 지극히 청정하여 그보다 위가 없는 불과佛果의 지위다.

을 증득하는 작용이고, 둘째는 두 가지 속박에서 해탈하는 작용이며, 셋째는 공덕을 이끌어 내는 작용이다. 따라서 그 논에서는 "내지는 청정을 증득하게 하고, 모든 상박相縛과 추중박麤重縛[107]에서 벗어나게 하며, 또한 모든 공덕을 이끌어 내게 한다."[108]고 하였다.

해 순서대로 견도 등의 세 가지 도에 해당한다.[109]

釋曰。此顯勝用。謂於眞如。諸菩薩衆。資糧位中。勇猛精進。於加行位。無倒思惟。由此因緣。見道位中。乃能通達。住修道位。漸漸修集。至究竟位。方證圓滿。若依瑜伽第七十三。有其三用。一證得淸淨用。二解脫二縛二縛[1)]用。三引發功德用。故彼論云。乃至能令證得淸淨。能令解脫一切相縛及麤重縛。亦令引發一切功德。解云。如次卽當見等三道。

---
1) ㉮ '二縛'은 잉자인 듯하다.(編)

● 삼성에 대한 진제의 해석, 그에 대한 원측의 비판

그런데 이 삼상(삼성)의 체성을 (법수로 나타내자면 그 범위가) 넓기도 하고 좁기도 하여 여러 설들이 같지 않다.

우선 진제 삼장의 설에 따르면 다음과 같다. 〈제8아뢰야식을 의타기라고 하고, 안식 등 일곱 가지 식을 분별성(변계소집성)이라 하며, '의타기에서의 생이 없음(依他無生)과 분별성에서의 상이 없음(分別無相)'을 진실성(원

---

107 상박相縛과 추중박麤重縛 : '박'이란 번뇌를 뜻한다. '상박'이란 '대상(相分)'의 영상이 인식하는 마음(見分)을 구속하여 자유롭지 못하게 하는 것을 말한다. 이 상박으로 인해 인식되는 경계가 마치 환과 같음을 깨닫지 못한다. '추중박'이란 그 성질이 매우 단단하고 무거운 번뇌가 중생들의 몸과 마음을 속박하여 생사의 세계에 얽매이게 하는 것이다. 이로 인해 모든 것이 환과 같음을 깨닫지 못한다.
108 『瑜伽師地論』 권73(T30, 703b4).
109 진여의 세 가지 수승한 작용 중에, 견도見道에서는 청정을 증득하게 하고, 수도修道에서는 두 가지 속박에서 해탈하게 하며, 구경도究竟道에서는 모든 공덕을 이끌어 낸다는 것이다.

성실성)이라 한다.〉

해 또 안식 등 여덟 가지 식을 의타기라고 하고, (그 식들이) 변현해 낸 상분(所變相分)을 분별성이라 하며, '의타기에서의 생이 없음과 분별성에서의 상이 없음'을 진실성이라 한다.[110]

해 또 안식 등 여덟 가지 식의 견분·상분을 의타기라고 하고, 허망하게 집착된 경계는 분별성이며, '의타기에서의 생이 없음과 분별성에서의 상이 없음'을 진실성이라 한다.[111]

이상의 두 가지 풀이(**해**)와 같이, (진제의 해석은) 우선 이치에 맞지 않다. 안식 등 여덟 가지 식과 모든 상분 등은 연을 따라 생기는데, 어째서 편중해서 제8아뢰야식만 의타기라고 설하고 안식 등 일곱 가지 식은 분별성이라고 하는가? '분별성에서의 상이 없음과 의타기에서의 생이 없음'은 두 가지 자성과 다르지 않은데, 어떻게 그것을 설하여 진실성이라 하겠는가? 이와 같은 과실들은 모두 다 진술할 수 없다. 그 이외의 여러 설들도 번거로울까 봐 진술하지 않겠다.

> 然此三相體性寬狹。諸說不同。且依眞諦三藏說云。第八賴耶。名依他起。眼等七識。爲分別性。依他無生分別無相。爲眞實性。又解。眼等八識。爲依他起。所變相分。爲分別性。依他無生分別無相。爲眞實性。又解。眼等八識見分相分。名依他起。妄所執境。爲分別性。依他無生分別無相。爲眞

---

110 이 풀이에 따르면, 인연으로 생기는 식識 자체를 의타기라고 하고, 실재라고 허망하게 집착되는 경계의 상相을 분별성(변계소집)이라고 한다. 그런데 의타기의 '생'이라는 것도 뭇 인연의 화합으로 생하는 것이라서 자성이 없으므로 '무생無生'이라 하고, 분별성의 '경계의 상'은 본래 그 실체가 없는 것이므로 '무상無相'이라 한다. 이러한 의타기의 무생과 분별성의 무상을 일컬어 '진실성'이라 한다는 것이다.
111 이 풀이(**해**)에 따르면, 여덟 가지 식들이 현행하여 견분見分·상분相分으로 변현된 상태는 의타기로 간주할 수 있다. 이와는 달리 이전의 풀이에서는 '분별'을 본질로 하는 식識 자체는 의타기이고 견분·상분의 구조로 현현되면 이미 변계소집이다.

實性。如上兩解。理且不然。眼等八識及諸相分等從緣生。云何偏說第八賴耶。名依他起。眼等七識。爲分別性。分別無相依他無生。不異二性。如何說彼。名眞實性。如此等過。不可具陳。已外諸說。恐繁不叙。

● 여러 교에서 설한 삼성의 두 가지 문

이제 여러 교에서 설했던 삼성에 대해 진술하면, 총괄해서 두 개의 문이 있다.

첫째는 소집所執과 잡염雜染과 부도不倒의 문이다.[112] 말하자면 허망하게 집착된 실아實我·실법實法은 전혀 있는 것이 아니라 다만 허망한 정을 따라서 시설된 것이기 때문에 그것을 '유有'라고 말하니, 이와 같은 모든 것을 변계소집이라 이름한다. 모든 잡염된 유루의 법들로서 연을 따라 생긴 것을 의타기라고 이름하니, 인에 의지하고 연에 의탁해서 생길 수 있기 때문이다. 모든 유위법 중의 무루의 도제道諦 및 모든 무위법을 원성실이라고 이름하니, 두 종류는 모두 전도되지 않은 것이기 때문이다.

둘째는 소집所執과 연생緣生과 불변不變의 문이다.[113] 말하자면 허망하게 집착된 실아·실법 등은 정을 따라 있는 것이기 때문에 소집성이라 이름한다. 유루·무루의 모든 유위법들은 다 의타기다. 일체제법의 평등한 진여는 변하여 달라짐이 없기 때문에 원성실이라 이름한다.

今述諸敎所說三性。總有二門。一所執雜染不倒門。謂妄所執實我實法。都無所有。但隨妄情而施設故。說之爲有。如是皆名遍計所執。一切雜染諸有漏法。從緣生者。名依他起。依因託緣而得生故。一切有爲無漏道諦。及諸

---

112 첫 번째 문은 어떤 법이 집착되어진 것인가, 잡염된 것인가, 전도되지 않은 것인가를 기준으로 해서 변계소집과 의타기와 원성실을 구분한 것이다.
113 두 번째 문은 어떤 법이 집착되어진 것인가, 연으로 생긴 것인가, 변함없는 것인가를 기준으로 해서 변계소집과 의타기와 원성실을 구분한 것이다.

無爲。名圓成實。二種皆是不顚倒故。二所執緣生不變門。謂妄所執實我法
等。隨情有故。名所執性。有漏無漏一切有爲。皆依他起。一切諸法平等眞
如。不變異故。名圓成實。

이상의 두 문에 대해 여러 교설이 같지 않다.

본래 어떤 성교聖敎에서는 전자를 설하지만 후자는 설하지 않는다.[114] 예를 들면 『능가경』 제4권에서는 "대혜여, 정지正智와 여여如如(진여)[115]는 파괴될 수 없기 때문에 성자성成自性(원성실성)이라 이름한다."[116]고 하였다. 『변중변론』에서도 또한 이와 동일하게 설한다.

본래 어떤 성교에서는 후자를 설하지만 전자를 설하지 않는다.[117] 예를 들면 『유가사지론』 제74권에서는 다음과 같이 말한다. "문 두 번째 자성에는 (오법五法 중에) 몇 개가 속하는가? 답 네 개가 속한다. 문 세 번째 자성에는 몇 개가 속하는가? 답 한 개가 속한다."[118]

본래 어떤 성교에는 두 종류가 모두 갖추어져 있다.[119] 예를 들면 『성유

---

114 이하의 『楞伽經』의 인용문은 명名·상相·분별分別·정지正智·진여眞如라는 다섯 가지 법을 삼성에 배당시켜 설명한 것이다. 다섯 가지 법 중에 앞의 셋은 미법迷法이고, 뒤의 둘은 오법悟法인데, 특히 '정지'란 진여에 계합契合하는 지혜이고 '진여'란 그런 성인의 지혜에 의해 인식된 모든 언설을 떠나 있는 이치를 말한다. 이것을 삼성에 각기 배당시키면, 명과 상은 망상자성妄想自性(변계소집성)이고, 분별은 연기자성緣起自性(의타기성)이며, 정지와 진여는 성자성成自性(원성실성)이다. 원측에 따르면, 이런 『楞伽經』의 설명은 첫 번째 소집·잡염·부도의 문에서 삼성을 설한 것이다.
115 정지正智와 여여如如 : 미혹과 깨달음을 이루는 다섯 가지 법(五法) 중에서 정지正智·진여眞如를 가리킨다. 오법五法에 대해서는 앞의 각주 참조.
116 『楞伽阿跋多羅寶經』 권4(T16, 511b6).
117 이하의 『瑜伽師地論』의 인용문은 명·상·분별·정지·진여라는 다섯 가지 법들은 각기 변계소집성·의타기성·원성실성 중에 어디에 속하는가를 묻고 답한 것이다. 이 중에 명·상·분별·정지는 의타기에 속하고, 진여는 원성실에 속하며, 변계소집에 속하는 것은 하나도 없다. 원측에 따르면, 이런 『瑜伽師地論』의 해석은 두 번째 소집·연생·불변의 문에서 삼성을 설한 것이다.
118 『瑜伽師地論』 권74(T30, 704c24).
119 이하의 『成唯識論』의 인용문은 유식삼십송에서 '의타기자성의 분별은 연으로 생긴 것

식론』 제8권에서는 다음과 같이 말한다. "(게송에서) '분별(의타기의 식)은 연으로 생긴다'고 한 것은 우선 염분染分의 의타를 설한 것임을 알아야 하니, 정분淨分의 의타는 또한 원성실이기도 하기 때문이다. 혹은 염분·정분의 심·심소법들을 모두 '분별'이라 한 것이니, (대상을) 능히 연려緣慮하기 때문이다. 그렇다면 모든 염분·정분의 의타는 모두 여기에서의 의타기에 속하는 것이다."[120]

『섭대승론석』 제4권에서는 "둘째로 잡염·청정의 성질이 (일정하게) 성립하지 않는 타他에 의지하기 때문이다."라고 하였다. 【세친의 해석에서는 "이와 같은 의타기성은 변계하고 있을 때는 곧 잡염이 되고 분별이 없을 때는 곧 청정이 되므로, 이러한 이분二分으로 인해 하나의 자성으로 성립되지 않는다."[121]고 하였다. 무성이 해석한 뜻도 이 설명과 동일하다.】

지금 이 한 부의 (『해심밀경』은) 후자를 설한 것이지 전자를 설한 것은 아니니, 오직 진여만을 원성실성이라고 하기 때문이다. 혹은 전자를 설한 것이지 후자를 설한 것은 아니라고 볼 수 있으니, 오직 염법만을 연생緣生이라고 설하기 때문이다. 혹은 통틀어 두 가지 의미를 갖는다고 할 수도 있으니, 앞의 두 가지를 설하기 때문이다. 자세하게 분별하면 예를 들어 「삼성장三性章」과 같다.

이다'라는 제21송의 문구를 해석한 것이다. 여기에는 의타기에 대한 두 가지 학설이 나오는데, 한편에서는 염분의 의타에 속하는 심·심소법만을 의타기라고 하고, 한편에서는 염·정의 의타에 속하는 모든 심·심소법들을 의타기라고 한다. 원측에 따르면, 전자의 경우는 모든 잡염된 유루의 법들을 의타기라고 하고 모든 유위有爲의 무루의 도제道諦 및 모든 무위無爲를 원성실이라고 한 것인데, 이는 첫 번째 소집·잡염·부도의 문에 의거해서 삼성을 설한 것이다. 후자의 경우는 유루·무루의 모든 유위법들을 의타기라고 하고 모든 법의 평등한 진여를 원성실이라고 하는 것인데, 이는 두 번째 소집·연생·불변의 문에 의거해서 삼성을 설한 것이다.

120 『成唯識論』 권8(T31, 46b6).
121 세친의 『攝大乘論釋』 권4(T31, 341c26).

於上二門。諸教不同。自有聖教。說前非後。如楞伽經第四卷說。大慧。正
智如如者。不可壞故。名成自性。辨中邊論。亦同此說。自有聖教。說後非
前。如瑜伽論七十四云。問。第二自性幾所攝。答。四所攝。問。第三自性幾
所攝。答。一所攝。自有聖教。二種俱有。如成唯識第八卷云。分別緣所生。[1]
應知且說染分依他。淨分依他。亦圓成故。或諸染淨心心所法。皆名分別。
能緣慮故。是則一切染淨依他。皆是此中依他起攝。攝論第四云。二者依
他雜染淸淨性不成故。【世親釋云。由卽如是依他起性。若遍計時。卽成雜
染。無分別時。卽成淸淨。由二分故。一性不成。無性釋意。亦同此說】今此
一部。說後非前。唯說眞如圓成實故。或可說前非後。唯說染法。爲緣生故。
或可通有二義。前二說故。若廣分別。如三性章。

1) ㉠『成唯識論』권8(T31, 46b7)에 따르면, '生' 다음에 '者'가 누락되었다.

② 비유

경 선남자여, 마치 침침하고 어른거리는(眩瞖) 사람 눈에 있는 모든 침침하고 어른거림의 과환過患들과 같이 변계소집상도 이와 같음을 알아야 한다.

善男子。如眩瞖[1]人眼中所有眩瞖*過患。遍計所執相。當知亦爾。

1) ㉠『解深密經』권2(T16, 693a26)에는 '瞖'가 '瞖'로 되어 있고, 교감주에 따르면 '瞖'로 된 곳도 있다. 이하도 동일하다.

석 이하는 두 번째로 비유를 들어 거듭 해석한 것이다. 이 중에 두 가지가 있다. 처음은 어른거리는 눈(瞖眼)과 청정한 눈(淨眼)의 경계로 삼상의 비유를 밝힌 것이다. 나중의 "선남자여……" 이하는 파지가頗胝迦 보배 등 네 가지 사물로 비유를 든 것이다.

釋曰。自下第二擧喩重釋。於中有二。初明瞖淨眼境三相喩。後善男子下。
頗胝迦寶四事喩。

가. 예안과 정안의 경계로 삼상의 비유를 밝힘

전자 중에 세 가지 비유가 있으니 곧 세 가지로 구분된다. 처음은 '침침하고 어른거리는 눈의 과환'으로 비유한 것이고, 다음은 '침침하고 어른거리는 눈에 (나타난) 여러 형상'으로 비유한 것이고, 마지막은 청정한 눈의 본래 경계로써 비유한 것이다.

실례에는 두 개의 절이 있다. 처음은 비유의 말을 바로 밝힌 것이고, 나중은 법동유法同喩[122]를 든 것이다.

前中三喩。卽分爲三。初眩瞖過患喩。次眩瞖衆相喩。後淨眼本境喩。例有
二節。初正明喩說。後擧法同喩。

가) 침침하고 어른거리는 눈의 과환으로 비유함

이것은 첫 번째로 침침하고 어른거리는 눈의 과환으로 비유한 것이다. 이 비유의 뜻을 말하자면, 눈에 어른거림이 있고 곧장 안식 및 그 안식과 동시인 분별의식이 일어나면 이 두 가지 식이 두 번째 순간의 분별의식을 이끌어 냄으로써 '털'이나 '바퀴' 등이라는 이해를 일으킨다는 것이다.

그런데 털·바퀴에는 본래 두 종류가 있다. 첫째는 분별의식에 의해 계탁된 '실재의 털·바퀴(實毛輪)'[123] 등이니, 곧 이것을 설하여 '침침하고 어

---

[122] 법동유法同喩 : 원측 소에서는 '합合'이라고도 하며, 경문 중에서 이전의 비유들에다가 마지막으로 본래 주장하려 했던 교법을 결합시키는 대목을 가리킨다.
[123] '실재의 털·바퀴(實毛輪)'란 '실재한다'고 집착되었지만 사실은 비존재(無)인 변계소집성의 털·바퀴를 말한다. 이에 대조해서 그러한 집착의 대상(所緣)이 된 실질적 근거로서의 의타기의 영상들은 변계소집의 존재처럼 전혀 없는 것이 아니라 '마치 털·바퀴와 유사한 상(似毛輪相)'이라고 하였다.

른거리는 눈의 과환'이라 하였고, 이런 과환으로 소집성을 비유한 것이다. 둘째는 저 분별의식이 의지하고 의탁하는 '털·바퀴와 유사한 상(似毛輪相)'이니, 곧 이것을 설하여 '침침하고 어른거리는 눈에 (나타난) 여러 형상들'이라 하였고, 의타기를 비유한 것이다. 뒤에서 설한 것과 같다. 이 경에서는 '과환'으로 변계소집성을 비유하였기 때문에 "변계소집상도 이와 같음을 알아야 한다."고 하였다.[124]

혹은 침침하고 어른거리는 과환이란 침침하고 어른거림 (자체를) 과환이라고 설한 것이라고 볼 수도 있다. 이 뜻을 설하자면, 변계소집으로 인해 의타기가 생하는 것은 흡사 침침하고 어른거림으로 인해 털·바퀴 등이 나타나는 것과 같다.[125] 따라서 『유가사지론』 제73권에서는 "마치 눈에 어른거림 등의 과환이 있으면 곧 머리털·바퀴 등의 어른거리는 상이 현전할 수 있지만 그런 과환이 없으면 나타날 수 없는 것처럼, 다만 (취取의) 자성은 있어도 전도된 취는 없는 것이다.[126]"[127]라고 하였다.

---

124 '털이나 바퀴'는 이름만 있고 실체는 없는 허구를 비유하는 말이다. 그런데 이 털·바퀴에도 두 가지 측면이 있다. 첫째, 분별의식에 의해 '털' 혹은 '바퀴'라고 집착되었을 때는 그것은 변계소집성이다. 『解深密經』에서는 그것을 '침침하고 어른거리는 눈의 과환'이라고 했다. 여기서 침침하고 어른거리는 눈 자체가 변계소집이 아니라 그 눈에 생긴 과환이 변계소집성이다. 둘째, 분별의식에 의해 '털' 등이라고 집착되기 위해서는 그런 집착의 토대가 되는 어떤 영상이 있어야 하는데, 그것을 '털과 유사한 상'이라고 한다. 『解深密經』에서는 그것을 '침침하고 어른거리는 눈에 나타난 여러 형상들'이라 했다. 이 형상들은 의타기의 식識 안에 현현된 영상影像을 비유하는데, 이 영상 자체는 의타기에 속한다고 본 것이다.
125 이 견해에 따르면, 침침하고 어른거리는 병 자체가 과환이고, 이는 변계소집성에 해당한다. 그 침침하고 어른거리는 병으로 인해 '털'이나 '바퀴' 같은 허구가 나타나는데, 이는 의타기성에 해당한다. 이 비유에 따르면, 변계소집성으로 인해서 의타기성이 일어나는 인과 관계가 성립한다. 이것은 의타기의 '유사한 상'에 의지해서 변계소집의 '털' 등이라고 집착한다고 했던 이전의 해석과는 대조된다.
126 여기서 '취取'는 능취能取와 소취所取의 취를 가리킨다. 이 논에서는 취의 자성을 밝히는 가운데 무상취無相取에 대해 설명하면서, 다만 '파악한다(取)'는 사실만 있을 뿐 그 외의 전도된 상은 존재하지 않는다고 하였다. 『瑜伽師地論』 권73(T30, 701a12) 참조.

此卽第一眩翳過患喩。此喩意云。由眼有翳。便發眼識及眼識同時分別意識。由此二識。引生第二念中分別意識。作毛輪等解。然毛輪自有二種。一者分別意識所計實毛輪等。卽說此爲眼翳過患。以此過患喩所執性。二者卽彼分別意識所依所託。似毛輪相。卽說此爲眩翳衆相。喩依他起。如後當說。此用過患喩所執性故。言遍計所執[1)]當知亦爾。或可眩翳過患者。卽說眩翳。名爲過患。此意說言。由所執故。生依他起。似由眩翳現毛輪等。故瑜伽論七十三云。如眼若有翳等過患。便有髮毛輪等翳相。現前可得。若無彼患。便不可得。但有自性。無顚倒取。

1) ㉠ 경문에는 '執' 다음에 '相'이 있다.

문 어째서 의타기로 변계소집성을 비유하는가?[128]

답 청정함이 없는 색(無淨色)으로 원성실성을 비유하기도 하기 때문에 과실이 없다.

문 어른거리는 눈과 안식이 털이나 바퀴를 보는 것인가, 그렇지 않은가?[129]

해 시방의 여러 논사들은 본래 두 가지로 해석한다. 첫째, 안혜종(安慧宗)에서는 안근 등 오근도 털이나 바퀴나 두 번째 달(第二月)[130] 등을 인식한다고 한다. 따라서 『잡집론』에서는 '가말라(Ⓢ kāmalā)병으로 안근이 손상

---

127 『瑜伽師地論』 권73(T30, 701a16).
128 바로 앞에서 진술된 견해를 염두에 둔 질문이다. '침침하고 어른거림' 자체는 의타기이고 그로 인해 나타난 '털' 등은 변계소집의 허구라고 보는 것이 순리인데, 오히려 '어른거림' 등으로써 변계소집을 비유했기 때문에 이런 질문을 한 것이다.
129 감각 기관에 의지하여 발생한 오식은 직접 지각(現量)으로서 실재의 경계를 대상으로 삼는다고 하기 때문에 이런 질문을 한 것이다.
130 두 번째 달(第二月) : 정상적인 상태에서 눈은 하나의 달을 보지만, 눈을 무엇으로 압박하면 이중으로 보일 때가 있다. 이때 본래의 달 옆에 나타난 두 번째 달을 가리킨다. 그것은 가상의 달이지 실재의 달이 아니다. 이 두 번째 달의 비유는 인식에 그 형상은 나타나지만 실재가 아닌 것을 가리킬 때 곧잘 인용된다.

되면 청색을 황색으로 본다'고 하였다.[131] (둘째,) 호법護法 보살은 안식 등은 실재의 경계를 소연으로 삼아 일어난다고 말하니, 이는 현량이기 때문이다.[132]

구파瞿婆([S] Gopa) 논사의 『이십유식범본기二十唯識梵本記』[133]에 따르면 본래 두 가지 설이 있다. 한편에서는 다음과 같이 말한다. 〈오식은 오직 실재의 경계를 인식하는 것이다. 그러므로 『아비달마경』에서는 "안식 등이 실재의 경계를 소연으로 삼지 않고 일어나는 경우는 없다. 의식은 두 종류가 있으니, 실재와 비실재의 경계를 소연으로 삼는 것이다."라고 하였다.[134] 따라서 오식은 오직 실재의 경계를 대상으로 삼는다는 것을 알 수 있다.〉 한편에서는 다음과 같이 말한다. 〈오식도 역시 실재하지 않는 경계를 소연으로 삼는다. 그러므로 경에서는 "산란된 안근과 안식으로 인해 산란된 의식이 이끌려 나오고, 산란되지 않은 안근과 안식으로 인해 산란되지 않은 의식이 이끌려 나온다."고 하였다. 따라서 오식은 두 번째 달 및 허공꽃 등을 본다는 것을 알 수 있다.〉

이 경에서 말하는 '과환' 등의 문장은 앞의 세 가지 설에 따른 것이니, 준해 보면 알 수 있을 것이다.

問。如何依他喩所執性。答。無淨色喩圓成故。故無有失。問。瞖眼眼識見

---

[131] 안혜의 주장에 따르면, 감각 기관에 이상이 있다 해도 '털' 등이 시각적으로 보이는 한에서는 눈과 안식이 그것을 본 것이라고 한다. 그 근거로서 '눈이 손상되면……본다'는 문구를 인용한 것이다. 『雜集論』 권2(T31, 703b6) 참조.
[132] 호법의 주장에 따르면, 오식은 오직 실재하는 경계만 인식하므로 눈앞에 아른거리는 가짜 '털'이나 '바퀴'의 모양들은 의식의 차원에서 인식된 것이다.
[133] 구파瞿婆 논사의 『이십유식범본기二十唯識梵本記』: 『唯識二十論』에 대한 범본 주석서인 듯하다.
[134] 이와 동일한 문구가 규기의 『唯識二十論述記』 권1(T43, 983a20)에 인용되어 있다. 이에 따르면 이 인용문은 『阿毘達磨經』에 나오는 게송인데, 이 경이 어떤 경인지 알 수 없다.

毛輪不。解云。西方諸師。自有兩釋。一安慧宗。眼等五眼。[1] 亦緣毛輪第二
月等。故雜集云。迦末羅病。損壞眼根。見靑爲黃。護法菩薩說。眼等識緣
實境起。是現量故。瞿婆論師。十二[2]唯識梵本記中。自有二說。一云。五識
唯緣實境。是故阿毗達磨經云。無有眼等識。不緣實境起。意識有三[3]種。
緣實不實境。故知五識唯緣實境。一云。五識亦緣不實。是故經云。由亂眼
根及眼識。引亂意識生。由不亂眼及眼識。引不亂意識。故知五識見第二月
及空華等。此中所說過患等文。依前三說。准卽可知。

1) ㉠ '眼'은 '根'인 듯하다. 2) ㉠ '十二'는 '二十'의 도치다. 3) ㉠ '三'은 '二'의 오기
다. 다음에는 '實境과 不實境'이라는 두 종류만 나온다.

나) 침침하고 어른거리는 눈의 여러 형상으로 비유함

경 마치 (눈이) 침침하고 어른거리는 사람에게 침침하고 어른거리는 눈
의 여러 형상들, 혹은 머리털·바퀴·벌·파리·거승巨勝[135] 혹은 다시 청·
황·적·백 등의 상이 차별되게 현전하는 것처럼, 의타기상도 또한 이와 같
음을 알아야 한다.

如眩翳[1]人。眩翳*衆相。或髮毛輪蜂蠅巨勝。或復靑黃赤白等相。差別現
前。依他起相。當知亦爾。

1) ㉠『解深密經』권2(T16, 693a27)에는 '翳'가 '瞖'로 되어 있고, 교감주에 따르면
'瞖'로 된 곳도 있다. 이하도 동일하다.

석 두 번째는 '침침하고 어른거리는 눈의 여러 형상들'로 비유한 것이
니, 의타기상을 비유하면 또한 이와 같음을 알아야 한다. 말하자면 눈이
침침하고 어른거리는 사람에게 마치 털·바퀴처럼 나타난 상은 '실재가

---

135 거승巨勝 : 호마胡麻의 다른 이름으로서, 참깨나 검은깨를 총칭하는 말이다.

아니지만 실재와 유사하니(非實似實)', 따라서 의타기라는 '유가 아니지만 유와 유사한 것(非有似有)'을 비유한다면 또한 이와 같음을 알아야 한다는 것이다.

> 釋曰。第二眩瞖衆[1]喻。喻依他相。當知亦爾。謂眩瞖人。似毛輪相。非實似實。故喩依他起非有似有。當知亦爾。

1) ㉔ '衆' 다음에 '相'이 탈락된 듯하다.

다) 청정한 눈의 본래 경계로 비유함

경 마치 청정한 눈을 가진 사람은 눈의 침침하고 어른거리는 과환을 멀리 떠나 있어서 곧 이 청정한 눈의 본성이 작용하는 곳(所行)에는 산란된 경계가 없는 것처럼, 원성실상도 또한 이와 같음을 알아야 한다.

> 如淨眼人。遠離眼中眩瞖[1]過患。卽此淨眼本性所行。無亂境界。圓成實相。當知亦爾。

1) ㉠『解深密經』권2(T16, 693a29)에는 '瞖'가 '瞖'로 되어 있고, 교감주에 따르면 '瞖'로 된 곳도 있다.

석 세 번째는 청정한 눈의 본래 경계로 비유한 것이다. 말하자면 저 청정한 눈의 본래 소행경계(所行境)인 청색·황색 등의 색은 자성이 청정하여 털·바퀴 등과 같은 침침하고 어른거리는 과환이 없는 것처럼, 원성실성도 이와 같이 자성이 청정하여 '의타기에 있어서 소집성이 없는 것'임을 알아야 한다.[136]

---

136 인연을 따라 생하는 의타기의 식에 마치 아법我法과 유사하게 현현된 상들에 대해 언어를 시설하여 실아實我·실법實法이라고 집착할 때 그러한 집착된 대상은 '변계소집

釋曰。第三淨眼本境喩。謂彼淨眼本所行境。靑黃等色。自性淸淨。無毛輪
等眩翳過患。圓成實性。當知亦爾。自性淸淨。於依他起無所執性。

나. 파지가의 네 가지 사事로 비유를 듦

경 선남자여, 비유하면 청정한 파지가頗胝迦[137] 보배가 만약 파란 염색
과 합해지면 곧 제청帝靑·대청大靑[138] 마니보배의 상像과 유사해지는데, 그
릇된 집착으로 (그것을) 제청·대청 마니보배라고 취하기 때문에 유정을 미
혹시키고,

善男子。譬如淸淨頗胝迦寶。若與靑染色合。則似帝靑大靑末尼寶像。由耶[1)]
執耶[2)]帝靑大靑末尼寶故。惑亂有情。

1) ㉩ '耶'는 '邪'의 뜻이다. 2) ㉩ '耶'는 다른 곳에 '取'로 되어 있고, 이하도 동일하
다. ㉢『解深密經』권2(T16, 693b4)에 따르면, '取'가 바르다.

석 이하는 두 번째로 파지가 보배의 네 가지 색으로 비유한 것이다.
이 중에 두 가지가 있다. 처음은 네 가지 색의 비유를 자세하게 설명한 것

자성'이고, 의타기에 그러한 변계소집이 없음으로 인해 현현되는 참된 실재를 '원성실
성'이라 한다.
137 파지가頗胝迦(Ⓢ sphaṭika) : 이하의 원측의 해석에 따르면 이 지역에는 그에 해당하
는 이름이 없다. 그런데『一切經音義』권48(T54, 625a2) 등에 따르면, 이것은 수정水
精의 일종으로서 흰색이나 적색을 띠는 보배다.
138 제청帝靑·대청大靑 : 제석의 푸른 보석들을 가리킨다. 이 중에서 '제청'이란 인다라니
라因陀羅尼羅(Ⓢ indra-nīla) 또는 인다나라因陀尼羅라고 하며, 의역하면 천주대주天
主黛珠·골청鶻靑·제석청釋靑이라 한다. 범어 니라尼羅(Ⓢ nīla)는 청색이나 녹색
또는 검은 청색 등을 총칭하는 말이다. 둔륜의 해석에 따르면, 서방의 푸른 보석 중
에 어떤 것의 색은 제석의 파란색 보석과 유사한데, 이것은 흐린 청색(殘靑色)을 가리
킨다. '대청大靑(Ⓢ mahā-nīla)'은 그 중에서도 검푸른색(紺靑色)을 가리킨다. 둔륜의
『瑜伽論記』권20(T42, 774a17) 참조.

이다. 나중의 "이와 같이 덕본이여" 이하는 법동유를 든 것이다.

> 釋曰。此下第二頗胝迦寶四色喩。於中有二。初廣辨四喩。後如是德本下。
> 擧法同喩。

가) 네 가지 색의 비유를 자세히 설명함
전자 중에 네 가지 비유가 있으니, 곧 네 가지로 나뉜다.

> 前中四喩。卽分爲四。

(가) 파란색과 상응하는 경우의 비유
이것은 첫 번째로 파란색과 상응하는 경우로써 비유한 것이다. 경문에 다섯 개의 구절이 있고, 네 가지 의미를 함축하고 있으며, 뜻은 삼성을 비유하는 것이다.

경문에 다섯 개의 구절이 있다. 첫째, "청정한 파지가"란 의타기를 비유한다. 둘째, "만약 파란 염색과 합해지면"이라 한 것은 언설습기를 비유하는데, 이것은 의타기가 언설습기와 합해짐을 밝힌 것이다. 셋째, "곧 제청·대청 (마니보배의 상과) 유사해지는데"라고 한 것은 의타기에서 아·법을 분별함으로써 (훈성된) 명언종자의 힘으로 인해 내식內識에 있는데도 마치 외경外境처럼 현현하는 것을 비유한다. 넷째, "그릇된 집착으로 제청(·대청 마니보배라고) 취하기 때문에"라고 한 것은 그릇된 집착으로 인해 (제청 등이) 실유한다고 집착하는 것을 비유한다. 다섯째, "유정을 미혹시키고"라고 한 것은 그릇된 스승이 자기가 집착한 것을 가지고 유정을 미혹시켜서 실재라는 이해를 내게 하는 것을 비유한다.

네 가지 의미를 함축한다고 했는데, 이하의 결합시킨 문장에 준해 보면, 비유에는 네 가지 (의미가) 있다.[139] 첫째, "파지가"는 의타기를 비유한다. 둘째, "파란 염색과 합해지면"이라 한 것은 명언훈습이 의타기와 합해진 것을 비유한다. 셋째, "그릇된 집착으로······"라고 한 것은 저 집착하는 자(能執)를 비유한다. 넷째, 곧 저 집착된 대상(所執)이 정 속에서는 있지만 이치상으로는 없으니(情有理無), 이는 원성실을 비유한 것이다.

(비유의) 의취는 삼성이라고 했는데, 말하자면 "파란 염색과 합해지면······중간 생략······유정을 미혹시키고"라는 것은 변계소집성을 비유한 것이고, "파지가 보배"는 의타기성을 비유한 것이며, '실재하는 제청은 없다'는 것은 원성실성을 비유한 것이다.

이하의 세 가지 색의 비유도 모두 (앞에서 말한) 모든 의미를 갖추고 있으니, 이에 준해서 알아야 한다.

此即第一靑色相應喩。文有五節。義含四種。意喩三性。文五節者。一淸淨頗胝迦者。依[1]他起。二若與靑染色合者。喩言說習氣。此明依他起與言說習氣合。三卽似帝靑大靑等者。喩依他起。由我法分別名言種子力故。雖在內識。而似外現。四由耶[2]執耶[3]帝靑等者。此喩由邪執故執爲實有。五惑亂有情者。此喩邪師將己[4]所執。惑亂有情。令生實解。義含四者。准卜合文。喩中有四。一頗胝迦者。喩依他起。二與靑染色合者。喩名言熏習與依他合。三由耶[5]執耶[6]等。喩彼能執。四卽彼所執。情有理無。喩圓成實。言意三者。謂靑染色合乃至惑亂有情。喩所執性。頗胝迦寶。喩依他起。無實帝靑。喩圓成實。下三色喩。皆具諸義。准此應知。

---

1) ㉔ '依' 앞에 '喩'가 누락된 듯하다. 2) ㉔ '耶'는 '邪'의 뜻이다. 3) ㉔ '耶'는 '取'의 오기다. 4) ㉔ '已'는 '己'의 오기다. 5) ㉔ '耶'는 '邪'의 뜻이다. 6) ㉔ '耶'는 '取'의 오기다.

139 이전에 언급했던 비유들과 본래 주장하려 했던 교법을 결합시키는 문장, 즉 법동유法同喩의 경문을 가리킨다. 뒤의 "이와 같이 덕본이여, 마치 저 청정한 파지가에서 모든 염색染色들이 상응하듯, 의타기상에서 변계소집상의 언설습기가 상응하는 것도 또한 이와 같음을 알아야 한다."는 경문에 해당하는데, 이에 준해 볼 때 비유에 네 가지 의미가 내포되어 있다는 것이다.

"비유하면 청정한 파지가 보배"라고 한 것은 보배의 체를 나타낸 것이다. 이곳에는 그 이름이 없기 때문에 그것을 번역하지 않았다. 현응玄應 스님의 『일체경음의一切經音義』에서는 "여기 말로 수옥水玉(수정)이라 하거나 혹은 흰색 진주(白珠)라고 한다."[140]고 하였고, 『심밀해탈경』에서 '청정한 유리瑠璃'라고 하였는데, 번역가가 다르기 때문이다. 『구사론』에 의하면 묘고산왕妙高山王[141]은 네 가지 보배로 이루어졌으니, 금·은·폐유리·파지가를 말한다.[142] 이 파지가는 붉은색에 해당한다.[143] 또 그 논에서는 '일륜日輪 아랫면의 파지가 보배는 화주火珠로 이루어졌고 월륜月輪 아랫면의 파지가 보배는 수주水珠로 이루어졌다'고 하였다.[144]

이런 문장들에 준해 보면 그 파지가는 또한 여러 가지 색을 갖추고 있

---

140 『一切經音義』 권48(T54, 625a2). 이 책의 제48권부터는 현응玄應 스님이 신역 『瑜伽師地論』의 용어에 대해 설명한 것이다.
141 묘고산왕妙高山王 : 묘고산은 '산 중의 산'이기 때문에 '왕王'자를 붙여 '묘고산왕'이라 하였다. 이 산은 『俱舍論』 권11(T29, 57b7)의 게송에서 '소미로蘇迷盧(⑤ Sumeru)'라고 하였는데, 곧 수미산須彌山을 가리킨다.
142 『俱舍論』에 따르면, 묘고산은 산 자체가 네 가지 보배로 되어 있다. 북·동·남·서의 사면이 각기 차례대로 금과 은과 폐유리吠琉璃(청색 보석)와 파지가頗胝迦(수정)의 보배로 되어 있는데, 이 같은 보배의 위덕에 따라 그 색채가 허공에 나타난다. 따라서 섬부주贍部洲의 허공은 폐유리의 색깔(청색)과 유사하다. 또 이와 같은 보배들은 물(水)에서 생겨난 것이다. 말하자면 많은 유정들의 업의 증상력으로 인해 다시 큰 구름이 일어나 금륜 위에 비를 뿌리게 되면, 그 물방울은 수레바퀴만 하다가 쌓이고 쌓인 물이 세차게 파도치면 이윽고 여러 보배들의 종자 창고(種藏)가 되었다. 물이 보배를 능히 생기게 하므로 '종자'라고 하고, 물에서 보배가 출토되기 때문에 '창고'라고 하였다. 그리고 여러 가지 위덕을 갖춘 맹렬한 바람이 불어 그것을 뚫을 정도로 세차게 침에 따라 보배 등으로 변하여 생겨나게 된다. 『俱舍論』 권11(T29, 57b14), 『俱舍論記』 권11(T41, 185c19) 참조.
143 원측은 『俱舍論』에서 말한 '파지가'는 물에서 생긴 수정의 일종으로서 붉은색을 띤 것으로 간주했다.
144 일륜日輪(태양) 아랫면의 파지가 보배는 화주火珠로 이루어진 것으로서 능히 뜨겁게 하고 능히 비추며, 월륜月輪(달) 아랫면의 파지가 보배는 수주水珠로 이루어진 것으로서 능히 차갑게 하고 능히 비춘다. 이로 인해 능히 눈(眼)·몸(身)·열매(果)·꽃(花) 등에 대해 이익과 손해를 줄 수 있다. 『俱舍論』 권11(T29, 59a29) 참조.

지만, 지금 이 경에서는 우선 흰색을 들어서 네 가지 색과 대조시켰고, 이로 인해 다음의 문장에서는 흰색을 설하지 않은 것이다.[145]

> 譬如淸淨頗胝迦寶者。此出寶體。此處無名。故不翻之。應師經音云。此云水玉。或云白珠。深密經云。淸淨瑠璃者。譯家別故。若依俱舍。妙高山王。四寶所成。謂金銀吠瑠璃頗胝迦。此頗胝迦。卽當赤色。又卽彼云。日輪下面頗胝迦寶。火珠所成。月輪下面頗胝迦寶。水珠所成。准此等文。其頗胝迦。亦具衆色。今於此經。且擧白色。以對四色。由此下文。不說白色。

"만약 파란 염색과 합해지면"이라고 한 것은 색의 전변轉變을 밝힌 것이다. 말하자면 파지가가 파란색과 합해지면 곧 제청(파란색)이나 대청(검푸른색) 마니보배의 상과 유사해진다는 것이다.

"제청……"이란 제석천帝釋天의 파란색 및 검푸른색 보배를 말한다.

"마니보배"라는 것은 여기 말로 여의주如意珠라고 하니, 곧 파지가를 여의如意라고 이름한 것이다. 혹은 닮는 대상(所似)인 제청 등이 '마니'에 해당한다고 할 수도 있다.

"그릇된 집착으로……"라고 한 것은 세상 사람들이 유사한 것(似)을 실재라고 집착하여 타인에게 설해 주면서 유정들을 미혹시킨다는 것을 나타낸 것이다. 이 경문의 뜻을 설하자면, 아뢰야식이 아집·법집의 습기의 힘으로 인해 전변하여 아·법과 유사하게 나타나면 모든 유정의 부류들은 실아實我라고 집착하여 (다른) 유정들을 미혹시킨다는 것이다. 실제로 파지가에는 실재하는 파란색 등은 없으니, 아뢰야식에 변계소집성이 없는

---

145 이상의 여러 논들의 해석을 보면 파지가의 색깔은 흰색이나 붉은색 등 색이 일정하지 않은 보석으로 추측된다. 그런데 이 『解深密經』에서는 이 보석이 상응하는 색깔에 따라 색깔이 달라짐을 말하기 위해서 상응하는 색으로서 푸른색·붉은색·녹색·노란색 등을 들고 흰색은 들지 않았다. 따라서 이 경에서는 흰색의 파지가를 예로 든 것이다.

것도 이와 같음을 알아야 한다. 나중에 가서 분별할 것이다.

若與青染色者。明色轉變。謂頗胝迦與青色合。即似帝青大青末尼寶像。帝青等者。謂天帝釋青及大青。末尼寶者。此云如意珠。即說頗胝迦。名爲如意。或可所似帝青等。即是末尼。由耶[1)]執等者。顯諸世間執似爲實。爲他宣說。迷亂有情。此意說云。阿賴耶識。由我法執習氣力故。變似我法。諸有情類。執爲實我。惑亂有情。據實頗胝迦上。無實青等。於賴耶上。無所執性。應知亦爾。後當分別。

1) ㉠ '耶'는 '邪'의 뜻이다.

(나) 붉은색과 상응하는 경우의 비유

경 붉은 염색과 합해지면 곧 호박 마니보배의 상과 유사해지는데, 그릇된 집착으로 (그것을) 호박 마니보배라고 취하기 때문에 유정들을 미혹시키며,

若與赤染色合。則以[1)]虎魄[2)]末尼寶像。由耶[3)]執耶[4)]虎魄*末尼寶故。惑亂有情。

1) ㉠ 『解深密經』 권2(T16, 693b5)에 따르면, '以'는 '似'의 오기다. 2) ㉠ 『解深密經』 권2(T16, 693b6)에 '虎魄'은 '琥珀'으로 되어 있는데, 뜻은 같다. 이하도 동일하다. 3) ㉠ '耶'는 '邪'의 뜻이다. 4) ㉠ 『解深密經』 권2(T16, 693b6)에 따르면, '耶'는 '取'의 오기다.

석 두 번째는 붉은색과 상응하는 경우로 비유한 것이다.
『심밀해탈경』에서는 "(저 청정한 유리를) 붉은색 가운데 놓아두면 붉은 파두마波頭摩[146] 마니보배의 광명이 현전한다."[147]고 하였다.

釋曰。第二赤色相應喩。深密經云。置赤色中。卽出赤波頭摩尼[1]摩尼[2]寶光明現前。

1) ㊀『深密解脫經』권2(T16, 670a6)에 따르면, '尼'는 잉자다. 2) ㊀『深密解脫經』권2(T16, 670a6)에는 '尼' 다음에 '之'가 있다.

(다) 녹색과 상응하는 경우의 비유

경 만약 초록 염색과 합해지면 곧 말라갈다 마니보배의 상과 유사해지는데, 그릇된 집착으로 (그것을) 말라갈다 마니보배라고 취하기 때문에 유정들을 미혹시키고,

若與綠染色合。則似末羅羯多末尼寶像。由耶[1]執取末羅羯多末尼寶故。惑亂有情。

1) ㊀ '耶'는 '邪'의 뜻이다.

석 세 번째는 녹색과 상응하는 경우로써 비유한 것이다.
 "말라갈다末羅羯多(Ⓢ marakata)"는 이곳에는 그 이름이 없기 때문에 그것을 번역하지 않았다. 어떤 이는 다음과 같이 말한다. 〈이곳에서는 살색煞色의 보배라고 한다. 이 보배로 인해 모든 색깔들이 다 죽고 파괴되기 때문이다.〉[148] 『심밀해탈경』에서는 단지 '녹색'이라고 하였다.

釋曰。第三綠色相應喩。末羅羯多。此處無名。故不翻之。有說。此云煞色

---

146 파두마波頭摩(Ⓢ padma) : 붉은 연꽃(赤蓮)을 가리키는데, 여기서는 붉은 색깔을 말한다.
147 『深密解脫經』권2(T16, 670a5).
148 둔륜의 『瑜伽論記』 권20(T42, 774a22)에 실린 태泰 스님의 해석에서는 "이 지역의 살색 보배는 그 색이 녹색이다.(此方殺色寶。其色綠也。)"라고 하였다.

寶。由此寶故。煞一切色盡壞故。依深密經。但言綠色。

(라) 노란색과 상응하는 경우의 비유

경 만약 노란 염색과 합해지면 곧 금金의 상과 유사해지는데, 그릇된 집착으로 (그것을) 진짜 금의 상이라고 취하기 때문에 유정을 미혹시키는 것과 같다.

若與黃染色合。則似金像。由耶[1]執取眞金像故。惑亂有情。

1) ㉠ '耶'는 '邪'의 뜻이다.

석 네 번째로 황색과 상응하는 경우로써 비유한 것이다.『심밀해탈경』과는 차별이 있는데, 이 경에서는 '금의 상(金像)'이라고 하였고 그 경에서는 '금색 마니보배'라고 하였다.
나중의 세 종류 비유는 처음 것에 준해서 알 수 있을 것이다.

釋曰。第四黃色相應喻。與深密經。有差別者。此云金像。彼云金色摩尼之寶。後三種喻。准初可知。

나) 법동유法同喩를 듦

경 이와 같이 덕본이여, 마치 저 청정한 파지가에서 모든 염색染色들이 상응하듯, 의타기상에서 변계소집상의 언설습기가 (상응하는 것도) 또한 이와 같음을 알아야 한다.

如是德本。如彼淸淨頗胝迦上所有染色相應。依他起相上遍計所執相言說習氣。當知亦爾。

석 이하는 두 번째로 법동유法同喩를 든 것이다.

이상의 네 가지 의미와 결합시키므로 (법동유도) 네 가지로 구분된다. 첫째는 (이전의 비유를) 종자와 결합시킨 것이고, 둘째는 상(변계소집상)에 대한 집착과 결합시킨 것이며, 셋째는 의타기와 결합시킨 것이고, 넷째는 원성실과 결합시킨 것이다. 이러한 네 가지 의미와 (결합시켰는데,) 이전의 비유에서 경문은 다섯 구절이 있어도 의미는 네 가지를 함축하기 때문에 네 가지 의미를 앞의 비유의 문장과 결합시킨 것이다.

釋曰。自下第二擧法同喩。合上四義。卽分爲四。一合種子。二合相執。三合依他。四合成實。此之四義。於前喩中。文雖有五。義合有四。故以四義。合上喩文。

(가) 종자와 결합시켜 말함

이것은 처음에 해당한다.

그런데 이 네 가지 의미에 대해 본래 두 가지 설이 있다. 한편에서는 다음과 같이 말한다. 〈처음의 한 개는 집착의 연(執緣)을 비유한 것이고, 다음의 세 개는 차례대로 그 삼성을 비유한 것이다.〉[149] 한편에서는 다음과 같이 말한다. 〈처음의 두 개는 소집성을 비유한 것이니, 종자와 현행의 집착으로 말미암아 소집성을 이루기 때문이다.〉[150]

---

[149] 이 해석에 따르면, 법동유의 경문에서 이전의 비유를 '언설습기(종자)'와 결합시킨 것은 집착의 연을 나타내려는 것이고, 상집相執과 의타기와 원성실과 결합시켰다는 것은 차례대로 변계소집성과 의타기성과 원성실성을 나타내려는 것이다.

[150] 이 해석에 따르면, 법동유의 경문에서 '언설습기'와 '상집'을 언급한 것은 종자와 현행으로 나누어 변계소집성에 대한 집착을 비유한 것이고, 그 뒤의 두 가지 법동유는 이전의 해석과 동일하다.

이 경문은 처음 설에 해당한다. 말하자면 파지가에서 모든 염색들이 상응한다는 의미가 있기 때문에 파지가에서 청색과 유사한 형상이 현행하는 것처럼, 이와 같이 의타기에 있는 망집종자가 인연이 되기 때문에 아뢰야식에서 마치 색色·성聲 등과 유사한 의타기의 상이 현행한다는 것이다.

此卽初也。然此四義。自有兩說。一云。初一[1]執緣。次三如次喩其三性。一云。初二喩所執性。白[2]種現執。成所執故。此卽初也。謂於頗胝迦上。所有染色相應義故。頗胝迦上。似靑色像現。如是由依他上妄執種子。爲因緣故。於賴耶上。似色聲等依他相現。

1) 옌 '一' 다음에 '喩'가 누락된 듯하다. 2) 韓 '白'은 다른 곳에 '由'로 되어 있다.

(나) 상집相執과 결합시켜 말함

경 마치 저 청정한 파지가에 있는 모든 제청·대청과 호박과 말라갈다와 금 등에 그릇되게 집착하는 것처럼, 의타기상에서 변계소집상에 집착하는 것도 이와 같음을 알아야 한다.

如彼淸淨頗胝迦上, 所有帝靑大靑虎魄[1]末羅羯多金等耶[2]執。依他起相上遍計所執相執。當知亦爾。

1) 옌『解深密經』권2(T16, 693b13)에 '虎魄'은 '琥珀'으로 되어 있다. 2) '耶'는 '邪'의 뜻이다.

석 이하는 두 번째로 현행現行(변계소집상)에 대한 집착과 결합시킨 것이다. 말하자면 앞서 말한 집착의 종자로 인해 의타기로서의 색 등과 유사한 상들이 생길 수 있고, 현행에 대한 집착으로 인해 그것이 실재라고 집착한다는 것이다. 이런 의미 때문에, 이상의 두 단락의 뜻은 삼성 중에 변계소집성을 나타낸 것이다.

> 釋曰。此下第二合現行執。謂由前說執種子故。能生依他似色等相。由現執故。執彼爲實。由此義故。此上二段意。顯三中遍計所執。

(다) 의타기와 결합시켜 말함

경 마치 저 청정한 파지가 보배와 같이 의타기상도 또한 이와 같음을 알아야 한다.

> 如彼淸淨頗胝迦寶。依他起相。當知亦爾。

석 세 번째는 의타기와 결합시킨 것이다. 말하자면 파지가가 곧 청색 등과 유사해지듯이, 이와 같이 의타기는 종자로 인해 색·성 등과 유사한 갖가지 상으로 현현한다는 것이다.

> 釋曰。第三合依他起。謂頗胝迦。卽似靑等。如是依他。由種子故。似色聲等種種相現。

(라) 원성실과 결합시켜 말함

경 마치 저 청정한 파지가에서의 모든 제청·대청과 호박과 말라갈다와 진금 등의 상相은 상상시에 항항시에 진실함이 없고 무자성성인 것처럼,

> 如彼淸淨頗胝迦上。所有帝靑大靑虎魄[1]末羅羯多眞金等相。於常常時。於

恒恒時。無有眞實。無自性性。

1) ㉠『解深密經』권2(T16, 693b16)에 '虎魄'은 '琥珀'으로 되어 있다.

석 네 번째는 원성실과 결합시킨 것이다. 이 중에 두 가지가 있다. 처음은 앞의 비유를 거듭해서 든 것이고, 나중은 법동유를 해석한 것이다.

釋曰。第四合圓成實。於中有二。初重擧前喩。後釋法同喩。

㉮ 앞의 비유를 거듭해서 둚

이것은 처음에 해당한다. 파지가에는 실재의 청색 등이 없음을 일컬어 "진실함이 없고"라고 하였고, 또한 "무자성성無自性性"이라 하였다. 혹은 '진실함이 없다'는 것은 청색 등의 실재함을 부정한 것이고 '무자성성'이란 비록 청색 등의 실재는 없지만 파지가의 자성은 있다는 말일 수도 있다.[151]

此卽初也。於頗胝迦上。無實靑等。名無有眞實。亦名無自性性。或可無眞實者。遮靑等實。無自性性者。雖無靑等實。而有頗胝迦性。

㉯ 법동유를 해석함

경 곧 의타기상에 있어서 변계소집상은 상상시에 항항시에 진실함이

---

151 이 경에서 단지 '자성 없음(無自性)'이라 하지 않고 '무자성성無自性性'이라 한 것은 그러한 자성 없음에 의해 현현되는 진여의 이치, 즉 공성空性을 나타낸다. 이러한 공성은 단순한 '무無'를 뜻하는 것이 아니라 '참된 실재(眞實)'이다. 따라서 위의 비유는 '청색 등의 실체는 없어도 그에 의해 현현되는 파지가의 참된 자성은 있다'는 뜻으로 해석할 수도 있다는 것이다.

없고 무자성성이니, 원성실상은 또한 이와 같음을 알아야 한다.

即依他起相上。由遍計所執相。於常常時。於恒恒時。無有眞實。無自性性。
圓成實相。當知亦爾。

석 이것은 두 번째로 법동유를 해석한 것이다. 의타기에는 변계소집의 실아實我 등의 자성은 없으니, 이것을 무자성성이라 이름한다. 혹은 의타기에 변계소집의 실재는 없지만 무자성성은 있다는 말일 수도 있다.[152]

"상상시에 항항시에"라고 한 것에 대해 본래 두 가지 해석이 있다. 한편에서는 다음과 같이 말한다. 〈이전(前前)에도 없었으므로 '상상常常'이라는 말을 설했고, 이후(後後)에도 없을 것이므로 '항항恒恒'이라는 말을 설했다.〉 한편에서는 다음과 같이 말한다. 〈진실함이 없음을 나타내려고 '상상시'라고 하였고, 무자성성임을 나타내려고 '항항시'라고 하였다.〉

釋曰。此卽第二釋法同喩。於依他上。無有所執實我等性。卽此名爲無自性
性。或可於依他上。無有所執實。而有無自性性。於常常時及恒恒時者。自
有兩釋。一云。依[1]前前無故。說常常言。於後後無故。說恒恒言。一云。顯
無有眞實故。說常常有。[2] 無自性性故。言恒恒時。

1) ㉢ '依'는 '於'의 오기인 듯하다. '依前前無'는 뒤의 '於後後無'와 대구가 되기 때문이다. 2) ㉤ '有'는 '時'인 듯하다.

문 이 삼성三性과 칠진여七眞如는 어떻게 서로 연관되는가?

해 『성유식론』 제8권에서 설한 것과 같으니, 그 논에서 다음과 같이 설한다.

---

152 이전(㉮ 앞의 비유를 거듭해서 듦)과 동일한 문장 구조로 되어 있는데, 이 말의 의미에 대해서는 앞의 각주 151 참조.

이와 같은 삼성은 칠진여와 어떻게 서로 연관되는가? 칠진여라는 것은 다음과 같다.

첫째는 유전진여流轉眞如[153]이니, 유위법의 유전이라는 진실한 성품(實性)을 말한다. 【유위법에는 두 종류가 있다. 첫째는 (생·주·이·멸의) 네 가지 상으로 이루어졌기 때문에 유위라고 한다. 둘째는 번뇌로 이루어졌기 때문에 유위라고 한다. 이것은 번뇌로 이루어진 것에 해당한다.】

둘째는 실상진여實相眞如[154]이니, (인·법) 두 가지의 무아에 의해 현현된 진실한 성품을 말한다.

셋째는 유식진여唯識眞如[155]이니, 염법·정법의 '유식'이라는 진실한 성품을 말한다. 【지금 이곳에서는 '염법·정법이 오직 식일 뿐임'을 능히 관하는 지智'를 취해서 곧 진여라고 한 것이다.】

넷째는 안립진여安立眞如이니, 고제苦諦의 진실한 성품을 말한다. 다섯째는 사행진여邪行眞如이니, 집제集諦의 진실한 성품을 말한다. 여섯째는 청정진여淸淨眞如이니, 멸제滅諦의 진실한 성품을 말한다. 일곱째는 정행진여正行眞如이니, 도제道諦의 진실한 성품을 말한다.[156]

이 일곱 가지 진실한 성품은 원성실성에 속하니, 근본지와 후득지라는 두 가지 지혜의 경계이기 때문이다. 상相에 따라서 소속시키면,[157] 유

---

153 유전진여流轉眞如 : 생사윤회의 세계에서 모든 행行이 시작도 없고 끝도 없이 이어지는 것을 말한다. 이것은 초기불교에서부터 한결같이 받아들인 불교적 진리를 말한다.
154 실상진여實相眞如 : 모든 법에 내재한 인人·법法의 무아성無我性을 말한다. 이것은 대승의 반야사상에서 확립된 이공二空의 진리를 말한다.
155 유식진여唯識眞如 : 요별진여了別眞如라고 하며, 모든 유위법은 오직 식일 뿐이라는 '유식'의 진리를 가리킨다. 이것은 『解深密經』과 이 경의 사상을 받드는 요가행파에서 내세운 진리를 말한다.
156 이상의 안립安立·사행邪行·청정淸淨·정행正行의 네 가지 진여는 각기 고제苦諦·집제集諦·멸제滅諦·도제道諦의 진리를 나타낸다.
157 '상相에 따라서 소속시킨다'고 했는데, 앞의 일곱 가지 진여의 실성 자체는 언어를 떠난 원성실성이지만, 이 진여를 계탁의 대상으로 삼을 때는 그것들은 '증익된 상相', 즉

전·고제·집제 세 가지는 앞의 두 가지 자성에 속하니, 허망한 집착이거나 잡염이기 때문이다.[158] 그 이외의 네 개는 모두 원성실성에 속한다.[159]

問。此三性與七眞如。如何相攝。解云。如成唯識第八卷說。彼云。如是三性。與七眞如。云何相攝。七眞如者。一流轉眞如。謂有爲法流轉實性。【有爲有二種。一四相所爲。故名有爲。二煩惱所爲。故名有爲。此卽煩惱所爲。】二實相眞如。謂二無我所顯實性。三唯識眞如。謂染淨法唯識實性。【今此所取能觀染淨唯識觀智。卽是眞如也。】四安立眞如。謂苦實性。五邪行眞如。謂集實性。六淸淨眞如。謂滅實性。七正行眞如。謂道實性。此七實性。圓成實攝。根本後得二智境故。隨相攝者。流轉苦集三。前二性攝。妄執雜染故。餘四皆是圓成實攝。

『변중변론』제2권에서는 다음과 같이 말한다. "차별진실差別眞實[160]에는 대략 일곱 종류가 있으니, 유전과 실상과 유식과 안립과 사행과 청정과

마음에 의해 관념적으로 구축된 상으로 나타나므로 이 '상'과 삼성과의 연관을 다시 논하는 것이다.
158 일곱 가지 진여가 모두 삼성에 통한다고 해도 이치상으로 어긋나지는 않지만, 여기서는 특히 집착의 대상이 될 수 있는 경우를 앞의 세 가지 진여에 국한시켰고, 그 외의 네 가지 진여는 모두 원성실성에 속한다. 유전·고제·집제의 진여는 특히 허망한 집착의 대상이 되는 경우에는 변계소집성에 속한다. 이때 그렇게 집착하는 마음 자체는 오직 염분의 의타기이고, 또 그 마음에 나타나는 세 가지 진여의 모습(相)은 잡염된 것이기 때문에 의타기성에 속하기도 한다. 규기의 『成唯識論述記』권9(T43, 548c26) 참조.
159 『成唯識論』권8(T31, 46c19).
160 차별진실差別眞實 : 이 논에서는 변계소집자성과 의타기자성과 원성실성 등 세 가지를 '근본진실根本眞實'이라고 하였고, 이 세 가지 근본진실에 의거해서 일곱 가지 '차별진실差別眞實'을 건립한다. 그것이 이하에서 열거된 일곱 가지 진실이다. 이 중에서 유전·안립·사행은 변계소집성과 의타기성에 의거해 건립된 것이고, 실상·유식·청정·정행은 원성실성에 의거해 건립된 것이다.

정행을 말한다. 이 일곱 가지 진실이 세 가지 근본진실根本眞實에 의거해 건립된 것에 대해 어떻게 알아야 하는가? 게송으로 말한다. 유전과 안립과 사행은 처음의 두 가지에 의거해서 (건립되고,) 실상과 유식과 청정과 정행은 나중의 하나에 의거해서 (건립되네)."¹⁶¹

『현양성교론』제3권과 『유가사지론』제77권에서도 이에 준해서 소속시켰는데, 이치에 어긋나는 것은 없다.¹⁶²

辨中邊論第二卷云。差別眞實。略有七種。謂流轉。實相。唯識。安立。邪行。淸淨。正行。云何應知。此七眞實。依三根本眞實立耶。頌曰。流轉與安立。邪行依初二。實相唯識淸。¹⁾ 正行依後一。顯揚論第三。瑜伽七十七。應准此攝。於理無違。

1) ㉑『辯中邊論』권2(T31, 470a8)에는 '淸'이 '淨'으로 되어 있다.

그 다음에 또 묻는다.¹⁶³

삼성三性과 오사五事¹⁶⁴는 어떻게 서로 포섭되는가? 여러 성스런 가르

---

161 『辯中邊論』권2(T31, 470a2).
162 『顯揚聖教論』권3(T31, 493b10), 『瑜伽師地論』권77(T30, 725b17) 참조.
163 이하에서는 질문과 그에 대한 네 종류 해석이 제시된다. 여기에서 가령 "『瑜伽師地論』제74권의 설에 따르면"이라든가 "『辯中邊論』제2권의 설에 따르면" 등과 같이 출처를 밝히는 문구를 제외하면, 그 밖의 문장은 『成唯識論』권8(T31, 46c29)과 대부분 일치한다.
164 오사五事 : 미혹과 깨달음의 본바탕을 이루는 다섯 가지 법으로서 명名·상相·분별分別·정지正智·진여眞如를 가리킨다. 이 중에 앞의 셋은 미혹의 세계를 이루는 미법迷法이고, 뒤의 둘은 깨달음의 세계를 이루는 오법悟法이다. '명'이란 현상계에 안립된 가명假名을 말한다. '상'이란 유위법이 각기 인연으로 생겨나서 현상적으로 차별적 모습을 나타낸 것이다. '분별'이란 앞에서 말한 상과 명의 두 가지로 인해 분별하는 마음을 일으켜서 허망한 생각을 일으키는 것이다. '정지'란 진여에 계합契合하는 지혜를 말하고, '진여'란 성인의 지혜에 의해 인식되는 것으로서 모든 언설을 떠나 있는 이치를 말한다. 『瑜伽師地論』권72(T30, 696a1) 참조.

침에서 상호 포섭 관계를 설했는데, 일정하지 않다.

첫째, 『유가사지론』 제74권의 설에 따르면 의타기성은 저 상相·명名·분별分別·정지正智를 포섭하고, 원성실성은 저 진여를 포섭하며, 변계소집성은 다섯 가지 사를 포섭하지 않는다. 그 논에서는 다음과 같이 설한다. 〈유루의 심법·심소법이 소전所詮과 유사하게 변현된 것을 '상'이라 이름하고, 능전能詮과 유사하게 변현된 것을 '명'이라 시설하며,[165] 변현해 내는 마음(能變心)을 '분별'이라 건립하였다. 무루의 마음 등은 희론을 떠나 있기 때문에 다만 '정지'라고 총칭하였고 능전·소전이라 설하지는 않는다. 네 가지(상·명·분별·정지)는 연을 따라 생기기 때문에 모두 의타기성에 속한다.〉[166]

둘째, 『변중변론』 제2권의 설에 따르면, 의타기성은 상·분별을 포섭하고, 변계소집성은 오직 저 '명'만 포섭하며, 정지와 진여는 원성실성에 포섭된다. 그 논에서는 다음과 같이 설한다. 〈유루의 심·심소의 상분을 '상'이라 하고 그 밖의 것은 '분별'이라 한다. 변계소집성은 전혀 체가 없기 때문에, 비실재(非有)임을 나타내기 위해 '명'이라 가설한다. 정지·진여 두 가지는 전도가 없는 것이기 때문에 원성실에 속한다.〉[167]

셋째, 『능가경』 제7권의 설에 따르면, 의타기성은 오직 '분별'만 포섭하고, 변계소집성은 저 상·명을 포섭하며, 정지와 진여는 원성실성에 포섭된다. 그 경에서는 다음과 같이 말한다. 〈유루의 심과 심소의 상분·견분 등을 '분별'이라 총칭하니, 그것들은 허망분별을 자성으로 삼기 때문이다. 변계소집의 능전·소전은 정情을 따라서 '상'과 '명'이라는 두

---

[165] 번뇌 있는 마음에 언어에 대한 표상이 나타나면 이것을 능전能詮, 즉 명명이라 하고, 그 언어에 의해 지시되는 대상의 표상이 떠오르면 이것을 소전所詮, 즉 상相이라고 한다는 것이다.
[166] 이상의 내용은 『瑜伽師地論』 권74(T30, 704c23) 참조.
[167] 이상의 내용은 『辯中邊論』 권2(T31, 469c27) 참조.

가지 사事로 건립된 것이다.〉[168]

넷째, 세친의 『섭대승론석』 제5권의 설에 따르면, '명名'은 의타기성에 속하고 '의義(대상·경계)'는 변계소집에 속한다. 저 유루의 심법·심소법의 상분·견분 등은 '명'의 세력으로 인해 변계의 대상(所遍計)을 이루기 때문에 '명'이라 하였다. 변계소집은 '명'을 따라서 멋대로 (대상을) 헤아린 것인데, 체가 실제로 있지 않으므로 '의'라는 이름을 가립한 것이다.[169]

앞의 네 가지 교에서 설해진 오사와 삼성의 상호 포섭 관계에 대해 문장은 비록 차이가 있어도 의미가 어긋나는 것은 아니다. 호법 보살은 처음의 설을 뛰어난 것으로 선택했으니, (삼성이 서로) 잡란되지 않기 때문이다.[170]

---

168 이상의 내용은 『入楞伽經』 권7(T16, 557c23) 참조.
169 『成唯識論』에 인용된 이 문구는 세친의 『攝大乘論釋』 권5(T31, 343b9)의 다음과 같은 문장에 의거한 것이다. "명은 의타기이고 의는 변계소집이다. 의타기는 명의 세력으로 인해 소변계所遍計(변계되는 대상)를 이루기 때문이다.(名爲依他起. 義爲遍計所執. 以依他起. 由名勢力. 成所遍計故.)" 세친은 의타기와 변계소집의 관계를 '이름(名)'과 그에 의해 지시되는 '대상(義)'의 관계에 의거해서 설명하였다. 그런데 『成唯識論』에서는 세친이 말한 '명'이란 단지 명언名言 자체만 가리키는 것이 아니라 포괄적으로 "유루의 심법·심소법의 상분·견분 등"을 총칭한다고 해석하였다. 왜냐하면 이것들은 모두 '명언의 세력(名勢力)'에 의해 대상(義)을 현현해 내어 계탁하기 때문이다. 이러한 설명은 의타기의 식識과 명언습기名言習氣(명언종자)의 관계에 대한 독특한 유식학적 교리를 전제로 한 것이다. 여기서 말한 '언어의 세력'이란 바로 명언습기에 해당하며, 『成唯識論』 등에서는 이름(名)을 매개로 사유하는 제6식의 활동뿐만 아니라 이름을 매개로 하지 않는 그 밖의 7식의 활동으로 형성된 습기들을 총칭해서 '명언습기'라고 한다.(이에 관한 자세한 설명은 이전의 「心意識相品」의 '삼습기三習氣'에 대한 해석과 역주 참조.) 유식의 교리에서 제6식뿐만 아니라 그 밖의 7식의 비언어적 인식활동들도 '명名의 세력'에 규정되는 것으로 보는 이유는, 그것들이 경계를 현현시키는 작용이 마치 말(言說)이 그 지시 대상(所詮法)을 현현시키는 작용과 유사하기 때문이다. 따라서 세친은 유루의 식들의 견분·상분들이 일차적으로는 모두 '명언의 세력'을 따라 대상(義)를 현현해 내는 작용이고, 그것을 모두 '명'이라 통칭하였으며, 또한 그것은 인연으로 생한 것이므로 의타기라고 이름한다고 한 것이다.

次後又問。三性五事相攝云何。諸聖敎說相攝不定。一瑜伽七十四說。依他
性攝彼相名分別正智。成圓實性攝彼眞如。遍計所執不攝五事。彼說有漏
心心所法。變似所詮。說名爲相。似能詮現。施設爲名。能變心等。立爲分
別。無漏心等。離戲論故。但總名正智。不說能所詮。四從緣生。皆依他攝。
二依辨中邊第二卷說。依他起性。攝相分別。遍計所執。唯攝彼名。正智眞
如。圓成實攝。彼說有漏心及心所相分名相。餘名分別。遍計所執。都無體
故。爲顯非有。假說爲名。二無倒故。圓成實攝。三依楞伽經第七卷說。依
他起。唯攝分別。遍計所執。攝彼相名。正智眞如。圓成實攝。彼說有漏心
及心所相見分等。總名分別。虛妄分別爲自性故。遍計所執能詮所詮。隨情
立爲名相二事。四依世親攝大乘論第四[1)]卷說。名屬依他起性。義屬逼[2)]計
所執。彼有漏心心所法相見分等。由名勢力成所遍計。故說爲名。遍計所
執。隨名橫計。體實非有。假立義名。如前四敎所說五事三性相攝。文雖有
異。而義無違。護法菩薩。取初爲勝。不雜亂故。

---

1) ㉠ '四'는 '五'인 듯하다. 이와 유사한 문구는 『攝大乘論釋』 권5(T31, 343b9)에 나
온다. 2) ㉠ '逼'은 '遍'의 오기다.

다시 묻는 말이 나온다.

여러 성교에서는 오상五相이 있다고 설하는데, 이것과 삼성은 어떻게
상호 연관되는가?[171]

---

170 『成唯識論』 권8(T31, 47a18) 참조.
171 성교에서 설한 오상五相이란 ① 능전能詮의 상, ② 소전所詮의 상, ③ 상속相屬의 상,
④ 집착執著의 상, ⑤ 불집착不執著의 상을 말한다. 이 인용문에서는 이 오상을 앞의
인용문에서 말한 상相·명名·분별分別·정지正智·진여眞如 등의 오사五事, 그리고
변계소집·의타기·원성실 등의 삼성三性과 연관시켜 다시 상호 간의 포함 관계를 논
하였다. 먼저 오사를 오상과 연관시켰을 때, 오사는 ① 어떤 것은 능전의 상이고 ②
어떤 것은 소전의 상이다. 또 ③ 이 능전과 소전이 서로 소속되는(相屬) 상이 있고, 그
소속 관계에 대해 ④ 집착하는 상과 ⑤ 집착하지 않는 상의 차이가 있다. 이하의 인용

소전所詮·능전能詮[172]은 각기 삼성을 갖추고 있다.

말하자면 허망하게 계탁된 대상은 최초의 자성(변계소집)에 속한다.[173]

상相·명名·분별分別은 그 대응되는 경우에 따라 소전이기도 하고 능전이기도 하며, 의타기성에 속한다.[174]

진여眞如·정지正智는 그 대응되는 경우에 따라 소전이기도 하고 능전이기도 하며, 원성실성에 속한다. 왜냐하면 후득지가 능전의 상을 변사變似해 내기 때문이다.[175]

문에서는 오사가 오상 중에서는 어디에 소속되고, 또 삼성 중에서는 어디에 소속되는지를 설명한 것이다.

[172] 소전所詮·능전能詮 : 능전이란 무엇을 현현시키는 수단으로서의 언어 자체를 가리키고, 소전이란 그 언어에 의해 현현되는 대상(의미)을 가리킨다.

[173] 허망하게 계탁된 것(妄所計)이면 소전의 모든 법(所詮諸法)과 능전의 모든 명(能詮諸名)은 다 변계소집성에 해당한다.

[174] 이전의 오사五事 중에서는 분별分別이란 인연으로 생기는 식識에 해당하고, 또 이 식은 명·상의 결합 관계에 의거해서 작동하기 때문에 분별·명·상은 모두 의타라고 하였다. 이 세 가지는 어떤 경우에는 능전이고 어떤 경우에는 소전인데, 이에 대해 규기는 "상·명·분별이라는 세 가지 사 중에서 분별의 전부(全)는 (소전의 상이다.) 상·명의 일부(少分)는 소전의 상이니, 명도 역시 소전이기 때문이다. 상·명의 일부는 능전의 상이니, 명도 역시 상이기 때문이다."라고 하였다. 먼저 분별의 전부를 소전이라고 했는데, 여기서 분별이란 모든 식識들, 즉 심·심소법의 총칭이다. 이 심·심소법들은 반드시 '명'에 의거해 작동하는데, 명이 능전이라면 이 명의 세력하에 있는 분별은 소전이다. 가령 '식의 자성은 요별了別이다'라고 할 때 능전의 명으로 인해 이 요별이 현현될 수 있기 때문에 요별 자체는 소전이라고 하였다. 다음에 명과 상의 경우, 본래적 의미에서는 명은 대상(義)을 현현시키므로 능전이고 상은 그에 의해 현현되는 영상이므로 소전이라고 해야 한다. 그러나 경우에 따라서는 명이 또한 소전이기도 하고 상이 또한 능전이기도 하다. 예를 들어 '세간에서 아무개(某甲)는 매우 명리名利가 있다'고 말하는 경우처럼, 이름이 또한 현현되는 대상이 되기도 하기 때문에 '명도 역시 소전이다(名亦所詮)'라고 하였다. 또 능전의 명을 상분相分·견분見分에 대응시켜 보면 명은 '상분'에 속하는데, 이때는 능전의 명 그 자체가 상이기 때문에 '명도 역시 상이다(名亦是相)'라고 하였다. 규기의 『成唯識論述記』 권9(T43, 550a12), 여리如理의 『成唯識論疏義演』 권11(X49, 821b21) 참조.

[175] 오사五事 중에서 진여眞如와 정지正智는 원성실성에 해당한다. 이 두 가지 중 어떤 것은 능전이고 어떤 것은 소전이다. 이에 대해 규기는 "진여眞如 전부와 정지正智의 일부는 소전이다. 정지의 일부는 능전이니, 근본지는 능·소를 떠난 것이지만 후득지는 또한 능전의 상을 변사變似해 내는 경우가 있기 때문이다."라고 하였다. 말하자

(소전과 능전) 두 가지가 '서로 소속되는 상(相屬相)'은 오직 처음의 성(변계소집성)에 속하니,[176] 의義와 명名은 고정적으로 서로 소속된다고 허망하게 집착하기 때문이다.

그 '집착하는 상(執著相)'은 오직 의타기이니, 허망분별을 자성으로 삼기 때문이다.[177]

'집착하지 않는 상(不執著相)'은 오직 원성실이니,[178] 무루지無漏智 등을 자성으로 삼기 때문이다.[179]

『유가사지론』 제81권에서는 두 가지 성은 소전이고 변계소집성은 능전이라고 하였고,[180] 그 논의 제74권과 『현양성교론』 제16권에서는 능전과 소전이 모두 삼성에 통한다고 하였다.[181] 자세하게(委細) 분별하면, 구체적

면 진여 그 자체는 정지에 의해 현현되는 대상이므로 진여의 전부가 소전이라고 하였다. 또 그 진여를 증득한 정지의 체體는 진여와 분리되지 않고 평등하기 때문에 정지의 일부는 소전이라고 하였다. 또 정지 중에서 후득지의 경우는 분별이 있는 지智로서 명名·구句·문文과 같은 언어적 표상을 변현해 내기 때문에 능전에 해당한다고 하였다. 규기의 『成唯識論述記』 권9(T43, 550a16), 여리如理의 『成唯識論疏義演』 권11(X49, 821c12) 참조.

176 이것은 위에서 말한 오상 중에서 ③ 상속相屬의 상에 대해 언급한 것이다. 하나의 이름(名 : 能詮)과 그에 해당하는 의미(義 : 相, 所詮)가 고정적으로 서로 소속된다(相屬)고 집착하는 것은 오직 변계소집성에 속한다.
177 이것은 위에서 말한 오상 중에서 ④ 집착執著의 상에 대해 언급한 것이다. 명名과 의미(義 : 相)가 고정적으로 소속된다(相屬)고 허망하게 집착한다고 할 때(③), 이러한 집착 자체(能執著)는 허망분별虛妄分別의 식識을 자성으로 삼는 것이고, 그 허망분별 자체는 의타기에 속한다. 『成唯識論述記』 권9(T43, 550a25) 참조.
178 이것은 위에서 말한 오상 중에서 ⑤ 불집착不執著의 상을 말한다. 무루의 이지二智와 그와 동시에 현행한 심품의 상분·견분 및 무위법들에는 능전의 명과 소전의 법이 필연적으로 소속된다고 하는 집착의 상이 없으므로 원성실에 속한다. 『成唯識論述記』 권9(T43, 550a29) 참조.
179 『成唯識論』 권8(T31, 47a20).
180 『瑜伽師地論』 권81(T30, 751a21) 참조.
181 『瑜伽師地論』 권74(T30, 706a15)와 『顯揚聖教論』 권16(T31, 559b19) 참조.

인 것은 가령 『성유식론』 제8권의 소疏와 같다.[182]

復有問言。諸聖教中。說有五相。此與三性相攝云何。所詮能詮。各具三性。謂妄所計。屬初性攝。相名分別。隨其所應。所詮能詮。屬依他起。眞如正智。隨其所應。所詮能詮。屬圓成實。後得變似能詮相故。二相屬相。唯初性攝。妄執義名定相屬故。彼執著相。唯依他起。虛妄分別爲自性故。不執著相。唯圓成實。無漏智等。爲自性故。瑜伽八十一。二性是所詮。遍計所執性是能詮。第七十四。顯揚十六。能詮所詮。皆通三性。委細分別。其如唯識第八卷疏。

(2) 관하는 사람에 의거해 선교보살에 대해 설명함

경 다시 덕본이여, 상·명의 상응을 연으로 해서 변계소집상을 알 수 있고,

復次德本。相名相應。以爲緣故。遍計所執相。而可了知。

석 이하는 두 번째로 관하는 사람에 의거해서 '선교보살'에 대해 설명한 것이다. 이 중에 두 가지가 있다. 처음은 장행으로 자세히 해석한 것이고, 나중은 게송으로 간략히 설한 것이다.

釋曰。自下第二依能觀門。[1)] 明善巧菩薩。於中有二。初長行廣釋。後以頌略說。

---
1) ㉠ '門'은 '人'의 오기인 듯하다. 이전의 과목 분류에서는 '約能觀人明善巧菩薩'이라 하였다.

---
182 『成唯識論述記』 권9(T43, 550a7) 참조.

① 장행으로 자세히 해석함

전자 중에 두 가지가 있다. 처음은 삼상에 대해 간략히 설명하면서 중생들에게 알라고 권한 것이다. 나중은 앞서 말한 삼상에 의거해 관문을 바로 나타낸 것이다.

또 해석을 구분하면 두 가지가 된다. 처음은 관문을 바로 설명한 것이고, 나중의 "이와 같이 덕본이여" 이하는 이전의 관문을 거듭 표시해 놓고 앞의 질문에 대답한 것이다. 전자 중에 세 가지가 있다. 처음은 보살이 삼성에 대해 앎을 밝힌 것이다. 다음의 "선남자여" 이하는 삼성에 대해 알기 때문에 삼상도 안다는 것이다. 마지막의 "선남자여" 이하는 삼상을 알기 때문에 염법을 끊고 정법을 증득한다는 것이다.

비록 두 가지 과목이 있기는 하지만, 우선 후자에 의거해 해석하겠다.

前中有二。初略辨三相。勸物令知。後依前三相。正顯觀門。又釋卽分爲二。初正辨觀門。後如是德本下。重牒前觀。以答前問。前中有三。初明菩薩了知三性。次善男子下。知三性故了知三相。後善男子下。知二相故斷染證淨。雖有兩科。且依後釋。

가. 관문을 바로 설명함

가) 보살이 삼성을 아는 것에 대해 설명함

이것은 첫 번째로 (보살이) 삼성에 대해 앎을 밝힌 것이다. 삼성이 구별되기 때문에 (경문도) 세 가지로 구분된다.

此卽第一了知三性。三性別故。卽分爲三。

(가) 변계소집성遍計所執性을 아는 것에 대해 해석함

이것은 처음에 해당한다.

말하자면 소전의 상相과 능전의 명名이 서로 소속되는 것(相屬)을 연으로 해서 허망하게 집착된 상이 변계소집임을 알 수 있다는 것이다.[183] 따라서 『유가사지론』 제73권에서는 다음과 같이 말한다. "문 변계소집자성은 어떤 것을 연으로 해서 알아야 하는가? 답 상과 명의 상호 결합을 연으로 해서 알아야 할 것이다."[184]

자세하게 분별하면 『삼무성론』에서 설한 것과 같으니, 그 논의 제1권에서는 다음과 같이 말한다. 〈분별성(변계소집성)이란 체상體相이 있지 않으니, 명名 등의 다섯 가지 법에 속하는 것이 아니기 때문이다. 외인이 말한다. 체상이 없다면 어떻게 분별하는가?[185] 답한다. 단지 이름(名)만 있고 대상(義)은 없다. 어째서인가? 예를 들면 세상 사람들이 대상에 대해 이름을 건립하면 범부들은 이름에 집착해서 대상의 자성(義性)을 분별하여 '이름이 곧 대상의 자성이다'라고 말하니, 이것을 전도라고 한다. 다만 분별만 있고 실체는 없는 것이다.[186] 어째서인가? 이 이름과 대상은 서로에게 객客이기 때문이다.[187] 어떻게 그렇다는 것을 알 수 있는가? 세 가지 의

---

183 가령 '소'라는 단어가 소의 형상을 떠올리게 하듯이, 하나의 이름(名)은 특정한 형상(相)과 결합됨으로써 무엇을 지시하는 언어적 기능을 한다. 모든 사물은 이러한 명과 상의 결합 관계에 의해 우리에게 알려지지만, 이러한 결합 관계는 필연적인 것은 아니다. 그러나 범부의 정情에서는 이러한 명과 상의 결합을 필연적이고 고정된 것이라고 집착된다. 따라서 보살은 이러한 명과 상의 결합 관계를 계기로 하여 허망하게 집착된 상들의 본질은 결국 변계소집성임을 알아야 한다는 것이다.

184 『瑜伽師地論』 권73(T30, 703b5).

185 이 논에서 '분별성分別性'이라 한 것은 변계소집, 즉 두루 분별된 대상(所分別)을 말한다면, 이 질문에서 '분별'이라고 한 것은 분별하는 작용(能分別), 즉 의타기의 허망분별로서의 식識을 가리킨다. 분별되는 대상의 실체가 전혀 없다면 '분별한다'는 것은 어떤 것인가라고 물은 것이다.

186 가령 '소'라는 이름을 매개로 하여 '소'라는 대상을 분별할 때, 그 '소'에 해당하는 실체는 없고 다만 '소'라고 분별하는 식識만 있다는 말이다.

187 이름(名)과 대상(義)이 서로에게 객客이라는 것은 이름과 대상 간에는 서로 간에 필연

미가 있기 때문에 이런 이치를 알 수 있다. 첫째는 이름 이전에는 앎(覺)이 생기지 않는다.[188] 둘째는 체가 여럿이 되는 모순이 생기는 과실이 있다.[189] 셋째는 체가 뒤섞여 버리는 모순이 생기는 과실이 있다.[190])[191] 구체적인 것은 그 논에서 설한 것과 같다.

『섭대승론』에서도 『삼무성론』과 동일하게 설한다.[192]

此卽初也。謂所詮相與能詮名。互相繫屬。以爲緣故。妄所執相。遍計所執。而可了知。故瑜伽七十三云。遍計所執自性。緣何應知。答。緣於相名相屬應知。若廣分別。如三無性論。彼第一云。分別性者。無有體相。名等五法所

적인 연관 관계가 있는 것이 아니라 다만 일시적 편의에 따라 결합시킨 것임을 나타내는 말이다.
188 첫 번째 이유로 『三無性論』에서는 "이름에 앞서 지가 생기지 않는다.(先於名智不生。)"고 하였고, 원측 소에는 "이름 이전에는 앎이 생기지 않는다.(一名前覺不生。)"고 하였다. 의미는 동일하다. 이름과 대상의 결합이 필연적이지 않다는 첫 번째 근거로서, 우리의 모든 분별은 본질적으로 이름을 매개로 하여 작동하는 것으로서 이름을 알기 전에는 어떤 앎(覺)이 이루어지지 않는다는 사실을 들었다. 가령 갓난아기나 짐승처럼 언어를 잘 모르는 부류들에게는 그런 지식이 생겨나지 않는다. 따라서 이 지식은 무엇보다 이름과 결부된 어떤 것에 대한 것이지 대상 자체와 일치하는 것은 아니다.
189 두 번째 이유로는 『三無性論』에서는 "하나의 대상에 여러 이름이 있기 때문(一義有多名故)"이라고 하였고, 원측 소에서는 "체가 여럿이 되는 모순이 생기는 과실(多體相違失)"이라고 하였다. 의미는 동일하다. 만약 하나의 이름과 대상이 필연적 결합 관계에 있다면, 가령 하나의 대상을 가리키는 이름들이 여러 개일 경우에는 각각의 이름들에 해당하는 별개의 대상들이 존재해야 한다는 모순을 지적한 것이다.
190 세 번째 이유로는 『三無性論』에서는 "이름이 일정하지 않기 때문(名不定故)"이라 하였고, 원측 소에서는 "체가 뒤섞여 버리는 모순이 생기는 과실(雜體相違過)"이라고 하였다. 의미는 동일하다. 이것은 앞의 두 번째 경우와 상반되는 예를 들어서, 하나의 이름이 여러 대상을 가리키는 경우에 생기는 모순점을 지적한 것이다. 만약 이름과 대상이 필연적 결합 관계에 있다면, 이 경우에 하나의 이름에 해당하는 여러 대상들의 혼합체가 존재해야 한다는 모순이 생긴다.
191 이상은 『三無性論』 권1(T31, 867c29)의 내용을 요약한 것이다.
192 『三無性論』에서 이름과 대상의 불일치 관계를 논하기 위해 제시된 세 가지 이유는 『攝大乘論本』 권2(T31, 140a14)에서도 동일하게 언급된다.

不攝故。外曰。無體云何分別。答。但有[1]無義故。何以故。如世間於義中立名。凡夫執名。分別義性。謂名卽義性。此爲顚倒。但有名[2]分別無實體故。[3] 何以故。此名及義。互爲客故。云何知然。由三義故。此理可知。一名前覺不生。[4] 二多體相違失。[5] 三雜體相違過。[6] 具如彼論。攝大乘論。同三無性。

1) ㉯『三無性論』권1(T31, 868a10)에 따르면, '有' 다음에 '名'이 누락되었다. 2) ㉯ 『三無性論』권1(T31, 868a13)에 따르면, '名'은 잉자이다. 3) ㉯『三無性論』권1(T31, 868a13)에는 '故'가 없고, 삭제해야 전후 문맥이 더 자연스럽다. 4) ㉯『三無性論』 권1(T31, 868a17)에는 '一名前覺不生'이 '一者先於名智不生'이라고 되어 있는데, 의미는 동일하므로 전자를 따랐다. 5) ㉯『三無性論』권1(T31, 868a21)에는 '二多體相違失'이 '二者一義有多名故'라고 되어 있는데, 의미는 동일하므로 전자를 따랐다. 6) ㉯『三無性論』권1(T31, 868a24)에는 '三雜體相違過'가 '三者名不定故'라고 되어 있는데, 의미는 동일하므로 전자를 따랐다.

(나) 의타기성依他起性을 아는 것에 대해 해석함

경 의타기상에서 변계소집상에 집착한 것을 연으로 해서 의타기상을 알 수 있으며,

依他起[1]上遍計所執相執。以爲緣。[2] 依他起相。而可了知。

1) ㉯『解深密經』권2(T16, 693b22)에는 '起' 다음에 '相'이 있는데, 교감주에 따르면 없는 판본도 있다. 2) ㉯『解深密經』권2(T16, 693b23)에 따르면, '緣' 다음에 '故'가 누락되었다.

석 이것은 의타기성에 대해 (아는 것을) 해석한 것이다.
말하자면 변계소집상에 집착하는 분별을 연으로 해서 의타기성이 생기할 수 있다는 것이다.[193] 따라서 『현양성교론』 제16권에서는 "의타기자성

193 변계소집상에 집착하고 분별한 것을 연으로 해서 훈습이 이루어지고 언어적 종자가 성취되면, 이 종자가 다시 허망분별虛妄分別, 즉 의타기의 식識을 생기시키는 원인이 된다. 이처럼 의타기상에서의 변계소집상에 집착하고 분별한 것이 연이 됨으로써 의

에서 처음의 자성(변계소집성)에 집착하기 때문에 훈습을 일으키고 곧 잡염을 이룬다."[194]고 하였다.

또 '변계소집상에 대해 일으킨 집착 때문에 이 의타기상을 알 수 있다'고 하였는데, '집착하는 마음(能執)'은 연을 따라 생기기 때문이다. 따라서 『불성론』 제2권에서 다음과 같이 말한다. "문 의타기성은 어떤 인연으로 성립할 수 있는가? 답 분별성(변계소집성)에 집착하는 것을 연으로 해서 현현할 수 있는 것이다."[195]

釋曰。此釋依他。謂執遍計所執相分別。以爲緣故。依他起性。而得生起。故顯揚第十六云。於依他起自性。執著初自性故。起於熏智。[1] 則成雜染。又云。於所執相所起執故。應可了知是依他起。若能執者。從緣生故。故佛性論第二卷云。問曰。依他起性。緣何因故得成耶。答曰。緣執分別性。故得顯現。

---

1) ㉔ 『顯揚聖教論』 권16(T31, 559c13)에 따르면, '智'는 '習'의 오기다.

문 의타기는 염染과 정淨에 통하는데, 어째서 단지 '변계소집상에 대한 집착을 연으로 해서 의타기성을 알 수 있다'고 말하는가?

(답) 이 힐난을 회통시켜 해석하자면 예를 들어 『유가사지론』 제74권에서 설한 것과 같다. 따라서 그 논에서는 다음과 같이 말한다. "문 만약 의타기자성이 또한 정지正智에 속하기도 한다면, 어째서 앞에서는 '의타기자성은 변계소집자성에 대한 집착을 연으로 해서 알 수 있는 것이다'라고 설했는가?[196] 답 그 뜻은 오직 의타기자성의 잡염분을 설한 것이지 청

타기상이 생기하는 것임을 알아야 한다는 것이다.
194 『顯揚聖教論』 권16(T31, 559c12).
195 『佛性論』 권2(T31, 794b18).
196 오사五事 중에서 진여眞如와 정지正智는 원성실성에 속한다. 그런데 이 『解深密經』

정분을 설한 것은 아니다. 청정분은 저 집착 없음을 연으로 해서 알 수 있는 것이다."[197]

問。依他起通染及淨。如何但言所執相執。以爲緣故。依他起性。而可了知。會釋此難。如瑜伽論第七十四說。故彼云。問。若依他起自性。亦正智所攝。何故前說。依他起自性。緣遍計所執自性執。應可了知。答。彼意唯說依他起自性雜染分。非淸淨分。若淸淨分。當知緣彼無執。應可了知。

(다) 원성실성圓成實性을 아는 것에 대해 해석함

경 의타기상에서 변계소집상에 대한 집착 없음을 연으로 해서 원성실상을 알 수 있다.

依他起相上遍計所執相無執。以爲緣故。圓成實相。而可了知。

석 이것은 원성실성을 (아는 것에 대해) 해석한 것이다.[198]

등에서는 '정분의 의타淨分依他'를 또한 원성실이라고 하는데, 가령 성도聖道 등과 같은 무루의 유위법들은 이 정분의타이면서 동시에 원성실이라고도 이름한다. 이처럼 성도에서 일으킨 무루의 '정지' 등은 의타기에 속하고, 전도나 집착을 멀리 떠남으로써 생겨난 것이다. 따라서 이런 의타기상도 '변계소집성에 대한 집착을 연으로 해서 생기한다'고 알아야 하는가라고 반문하였다.

197 『瑜伽師地論』권74(T30, 704c25).
198 이하에는 '원성실성을 안다'는 것에 대해 세 가지 해석이 제시되었다. 원측의 평가에 따르면, 마지막 해석은 교리적으로 어긋난다. 그리고 첫 번째와 두 번째 해석의 차이는 '상相'에 의거해서 해석했는가 혹은 '도道'에 의거해서 해석했는가에 따른 것이다. 이것은 두 번째 해석의 전거로 제시된 『瑜伽師地論』 인용문에서 "청정을 증득하는 (도道에) 의거해 설한 것이지 상相에 의거해 설한 것은 아니다."라는 말에서 짐작할 수 있다. 이에 의거해 볼 때, 첫 번째 해석은 '상'에 의거한 해석이다. 그에 따르면, '의타기에서 변계소집상의 없음(無)'을 통해서 현현되는 진실한 상이 바로 원성실상이

말하자면 '의타기에서 변계소집상의 없음'이라는 것으로써 진실(원성실)을 나타낼 수 있기 때문에 '집착 없음(無執)'이라 한 것이다. 따라서 『유가사지론』 제73권에서는 "'변계소집자성이 의타기자성에는 끝내 실재하지 않음'을 연으로 해서 (원성실성을) 알아야 한다."[199]고 하였다.

혹은 '집착 없음'이란 성도聖道에 해당하니, 집착하지 않기 때문에 '집착 없음'이라 했다고 볼 수도 있다. 이 말의 뜻은, 집착하지 않는 도를 인因으로 해서 청정한 원성실성을 증득할 수 있다는 것이다. 따라서 『유가사지론』에서는 다음과 같이 말한다. "세존께서 그 밖의 경에서 '변계소집자성에 집착하지 않음을 연으로 해서 이 자성을 알아야 한다'고 설하신 것은 청정을 증득하는 (도道에) 의거해 설한 것이지 상相에 의거해 설한 것은 아니다."[200]

해 "그 밖의 경"이란 이 경(『해심밀경』)을 말한다. "청정을 증득하는 (도에) 의거해 설한 것"이란 내적으로 진여를 증득하는 성도聖道에 의거해서 증득되는 이치를 나타냈다는 것이다. 혹은 성도의 힘으로 염법을 끊고 청정한 진여를 증득하니, 증득하는 도(能證道)에 의거해 증득되는 이치(所證理)를 나타냈다고 볼 수도 있다. "상에 의거해 설한 것은 아니다."라고 했는데, 이 문장은 '변계소집상을 버림에 의해서 원성실을 나타낸 것은 아니다'라는 말이다. 이전의 설에 따르면, '그 밖의 경'이란 그 밖의 다른 경을 가리킨다.

어떤 이는 다음과 같이 말한다. 〈'집착 없음'이란 집착하는 마음(能執)으로서의 의타기성과 집착되는 대상(所執)으로서의 분별성(변계소집성)이 없

고, '집착 없음'이라 한 것도 그러한 '변계소집된 상의 없음'을 가리키는 것이다. 두 번째 해석은 '도'에 의거한 해석이다. 그에 따르면, '의타기에서 변계소집상에 대한 집착 없음'이라는 것은 바로 무루의 성도聖道를 가리키는 말이고, 그런 성도를 연으로 해서 증득되는 것이 바로 원성실상이다.

199 『瑜伽師地論』 권73(T30, 703b9).
200 『瑜伽師地論』 권73(T30, 703b10).

기 때문에 '집착 없음'이라 하였다. 따라서 『불성론』에서는 다음과 같이 말한다. "**문** 진실성(원성실성)은 어떤 인연으로 성립할 수 있는가? **답** 분별성과 의타기성이 끝내 있는 바가 없음으로 인해 현현하는 것이다."201〉

해 번역가의 오류다. 의타기를 버리는 것은 자기가 종지로 삼는 『유가사지론』 등과는 위배되기 때문이다.

釋曰。此釋圓成實。謂於依他起上無所執相。以顯眞實。故言無執。故瑜伽七十三云。緣遍計所執自性。於依他起自性中。畢竟不實。應知。或可無執。卽是聖道。不執著故。名爲無執。此意說云。不執著道。以爲因故。證得淸淨圓成實性。故瑜伽云。世尊。於餘經中。說緣不執著遍計所執自性應知此性者。依得淸淨說。不依相說。解云。餘經者。卽此經也。依得淸淨者。依內證得眞如聖道。顯所證理。或可由聖道力。斷染證得淸淨眞如。依能證道。顯所證理。不依相說者。此文不依遣所執相顯圓成實。若依前說。言餘經者。指所餘經。有云。無執者。無能執依他及所執分別。故言無執。故佛性論云。問曰。眞實性緣何因得成。答曰。由分別依他。極無所有。故得顯現。解云。譯家謬也。遣依他起。違自所宗瑜伽等故。

나) 삼성을 알기 때문에 삼상도 앎

경 선남자여, 만약 보살들이 제법의 의타기상에서 여실하게 변계소집상을 알 수 있다면, 곧 여실하게 모든 무상無相의 법을 알 수 있다.

善男子。若諸菩薩。能於諸法依他起相上。如實了知遍計所執相。卽能如實了知一切無相之法。

---

201 『佛性論』 권2(T31, 794b20).

석 이하는 두 번째로 삼성三性을 알기 때문에 삼상三相을 안다는 것이다. 세 가지 상이 같지 않으므로 곧 (경문도) 세 가지로 구분된다.

釋曰。此下第二知三性故。了知三相。三相不同。卽分爲三。

(가) 소집성을 알기 때문에 무상을 앎

이것은 첫 번째로 소집성을 알기 때문에 '상이 없음(無相)'을 안다는 것이다. 말하자면 이전에 설했던 것처럼 상相·명名의 상응을 연으로 해서, 변계소집의 명·상은 가립된 것이고 실재의 자성은 없다는 것을 여실하게 알고, 이로 인해 곧 모든 변계소집이라는 무상無相의 법에 대해 여실하게 알 수 있다는 것이다.[202]

此卽第一知所執故了知無相。謂如前說相名相應。以爲緣故。如實了知遍計所執名相假立無實自性。由此。卽能如實了知一切所執無相之法。

(나) 의타기성을 알기 때문에 잡염상을 앎

경 만약 보살들이 여실하게 의타기상을 안다면, 곧 여실하게 모든 잡염상의 법을 알 수 있다.

若諸菩薩。如實了知依他起相。卽能如實了知一切雜染相法。

석 이것은 두 번째로 의타기성을 알기 때문에 잡염상을 안다는 것이

---

[202] 집착의 대상이 되는 상相을 모두 변계소집이라 하는데, 본래 그러한 상이 없음(無相)을 알 때 '변계소집을 여실하게 안다'고 할 수 있다는 것이다.

다. 말하자면 상집相執에서 일어난 것이 모두 의타기임을 알 수 있다면 곧 잡염법이 바로 의타기임을 알 수 있다는 것이다.[203]

전자는 총괄적으로 관한 것이고 후자는 개별적으로 관한 것이니, 전후의 두 가지 상도 이에 준해서 알아야 한다.[204]

또는 처음은 자성自性에 의거해서 의타를 관觀하는 것을 설명하였고, 나중은 차별差別에 의거해서 의타를 관하는 것을 설명했다고 한다.[205]

또는 전자는 진소유성盡所有性에 의거한 것이고, 후자는 여소유성如所有性에 의거한 것이라 한다.[206]

> 釋曰。此卽第二了依他故知雜染相。謂能了知從相執起皆是依他。卽能了知雜染是依他起。前是總觀。後是別觀。前後二相。准此應知。又云。初約自性。辨依他觀。後約差別。辨依他觀。又云。前依盡所有性。後是如所有性。

---

203 상相(변계소집)에 집착하는 분별들에 의해 종자가 훈습되고, 다시 이 종자로부터 의타기의 허망분별虛妄分別, 즉 식識이 생긴다는 것을 안다면 '의타기의 잡염법에 대해 여실하게 안다'고 할 수 있다는 것이다.
204 '전자'란 "만약 의타기상을 여실하게 알 수 있다면"이라는 경문이고, '후자'란 그 다음의 경문인데, 전자는 총괄적 관이고 후자는 개별적 관이라고 하였다. '전후의 두 가지 상'이란 변계소집과 원성실을 가리키고, 전후로 진술된 변계소집과 원성실에 관한 경문도 이에 준해 해석할 수 있다는 것이다.
205 이 해석에 따르면, "만약 의타기상을 여실하게 알 수 있다면"이라는 경문이 의타기 자체(自性)에 의거한 진술이라면 다음 문구는 그 의타기에 부여된 차별적 의미(差別)에 의거해서 진술되었다는 것이다.
206 이 해석에 따르면, "만약 의타기상을 여실하게 알 수 있다면"이라는 경문은 전체로서의 제법, 즉 진소유성盡所有性에 대한 진술이고, 뒤의 문장은 그것들의 내적 본질을 뜻하는 여소유성如所有性에 대한 진술이다. 진소유성과 여소유성은 뒤의 「分別瑜伽品」에서 지관止觀의 네 종류 소연所緣을 설하면서 다시 자세히 해석한다.

(다) 원성실성을 알기 때문에 청정상을 앎

경 만약 보살들이 여실하게 원성실상을 안다면, 곧 여실하게 모든 청정상의 법을 알 수 있다.

若諸菩薩。如實了知圓成實相。卽能如實了知一切淸淨相法。

석 이것은 세 번째로 원성실성을 알기 때문에 청정상을 안다는 것이다. 말하자면 변계소집에 대한 집착 없음을 연으로 해서, 곧 모든 청정한 법들이 모두 원성실성임을 알 수 있다는 것이다.

釋曰。此卽第三了圓成實知淸淨相。謂遍計所執無執。以爲緣故。卽能了知諸淸淨法皆圓成實。

다) 삼상을 알기 때문에 염법을 끊고 정법을 증득함

경 선남자여, 만약 보살들이 의타기상에서 여실하게 무상의 법을 안다면, 곧 잡염상의 법을 끊어 없앨 수 있다.

善男子。若諸菩薩。能於依他起相上。如實了知無相之法。卽能斷滅雜染相法。

석 이하는 세 번째로 삼상을 알기 때문에 염법을 끊고 정법을 증득한다는 것이다. 이 중에 두 가지가 있다. 처음은 '무상'을 알아서 잡염법을 끊는 것이고, 나중은 잡염법을 끊기 때문에 청정법을 증득하는 것이다.

釋曰。此下第三知三相故斷染證淨。於中有二。初了知無相。斷雜染法。後斷雜染故證得清淨。

(가) 무상을 알기 때문에 잡염법을 끊음

이것은 처음에 해당한다.

그런데 무상법無相法에 대해 본래 세 가지 해석이 있다.[207]

한편에서는 다음과 같이 말한다. 〈소집성은 정情을 따라서 '있다'고 말하지만 이치상으로는 없는 것이니, 그 상相은 언제나 없기 때문에 '무상'이라 한다. 따라서 『변중변론』에서는 "변계소집은 이것의 상이 본래 없기 때문에 무상이라 한다."[208]고 하였다.〉

이 해석에 따르면, 무상법을 알 수 있기 때문에 의타기성의 잡염상雜染相의 법이 곧 생길 수 없으니, 따라서 '잡염상의 법을 끊을 수 있다'고 설한 것이다. 집착된 것(所執)이 없으면 잡염상의 법은 생길 수 없기 때문이다.[209] 따라서 『유가사지론』 제74권에서는 다음과 같이 말한다. "〈문〉 변계소집자성은 몇 가지 작용(業)을 할 수 있는가? 〈답〉 다섯 가지다. 첫째는 의타기자성을 생기게 하고, 둘째는 그 자성에 대해 능히 언설을 일으키며, 셋째는 보특가라집(인집人執)을 생기게 하고, 넷째는 법집法執을 생기게 하

---

[207] 이하에서는 경문에서 "무상無相의 법"이라 한 것에 대해 세 가지 해석을 제시하였다. 첫 번째 해석에 의하면, 변계소집상에 있어서 본래 상이 없음을 일컬어 '무상'이라 한 것이다. 두 번째 해석에 의하면, 진여는 일체의 차별적 상이 없음을 일컬어 '무상'이라 한 것이다. 세 번째 해석에 의하면, 앞의 두 가지 의미의 무상을 모두 취하여 '무상'이라 한 것이다.
[208] 『辯中邊論』 권2(T31, 469b1).
[209] '소집이 없으면 의타의 잡염법이 생길 수 없다'는 것은, 이전에 이미 설명했듯, 변계소집의 상에 집착하는 분별로 인해서 잡염법의 습기習氣(종자)가 훈습되어 이루어지고, 이 습기로부터 다시 의타의 잡염법들이 생기기 때문이다. 이러한 맥락에서 이하 『瑜伽師地論』에서도 변계소집의 다섯 가지 업業 중의 하나로 '의타기자성을 생기게 한다'고 하였다.

며, 다섯째는 그 두 가지 집착의 습기와 추중을 섭수하는 것이다."²¹⁰

此卽初也。然無相法。白¹⁾有三釋。一云。卽所執性。隨情說有。據理卽無。相常無故。故名無相。故中邊云。遍計所執。此相本無。故名無相。若依此釋。謂能了知無相法故。依他起性雜染相法卽不得生。故說能斷雜染相法。若無所執。雜染相法。不得生故。故瑜伽論七十四云。問。遍計所執自性。能爲幾業。答。五。一能生依他起自性。二卽於彼性能起言說。三能生補特伽羅執。四能生法執。五能攝受彼二種執習氣麤重。

1) ㉘ '白'은 '自'의 오기다.

한편에서는 다음과 같이 말한다. 〈'의타기에서의 변계소집성의 없음'에 의해 현현되는 진여는 모든 상들을 떠났으므로 '무상'이라 한다. 따라서 『섭론』에서는 '진여는 모든 색 등의 상을 영원히 떠났으므로 무상이라 한다'고 하였다.²¹¹ 또 『광백론』에서는 "또 참된 공(眞空)의 이치는 있음과 없음 등 일체법의 상을 떠났으므로 '무상'이라 한다."²¹²고 하였다.〉

이 해석에 따르면, (진여의) 무상법을 알 수 있기 때문에 곧 의타기성의 잡염상의 법을 끊어 없앨 수 있다는 말이다.

一云。依他起上無所執性所顯眞如。離諸相故。名爲無相。故攝論云。眞如永離一切色等相故。故名無相。又廣百論云。眞如空理。¹⁾離有無等一切法相。故名無相。若依此釋。謂能了知無相法故。卽能斷滅依他起性雜染相法。

1) ㉘ 『大乘廣百論釋論』 권6(T30, 217a27)에는 '眞如空理'가 '又眞空理'로 되어 있다. 이 논에서는 '眞空'을 언급한 것이므로 '眞如'를 '又眞'으로 수정하였다.

---

210 『瑜伽師地論』 권74(T30, 705c4).
211 무성의 『攝大乘論釋』 권5(T31, 406c2) 참조.
212 『大乘廣百論釋論』 권6(T30, 217a27).

한편에서는 다음과 같이 말한다. 〈변계소집성과 원성실성을 모두 '무상'이라 한 것이다. 이전의 두 가지 의미에 따르기 때문이다.〉

이 해석에 따르면, 변계소집인 무상법을 알기 때문에 원성실성인 무상의 법에 깨달아 들어갈 수 있고, 원성실성에 깨달아 들어갈 수 있으므로 곧 의타기성의 잡염상의 법을 끊어 없앨 수 있는 것이다. 따라서『유가사지론』제74권에서는 다음과 같이 말한다. "<문> 관행하는 자가 진실 그대로 변계소집자성에 대해 깨달아 들어갈 때라면, (그에) 수순해서 어떤 자성을 깨달았다고 말해야 하는가? <답> 원성실자성이다. <문> 관행하는 자가 (그에) 수순해서 원성실자성을 깨달았을 때는 어떠한 자성을 제거해 버린다고 말해야 하는가? <답> 의타기자성이다."[213]

一云。所執圓成。皆名無相。前二義故。若依此釋。謂能了知遍計所執無相法故。卽能悟入圓成實性無相之法。由能悟入圓成實故。卽能斷滅依他起性雜染相法。故瑜伽七十四云。問。若觀行者。如實悟入遍計所執自性時。當言隨入何等自性。答。圓成[1]自性。問。若觀行者。隨入圓成[2]自性時。當言除遣何等自性。答。依他起自性。

1) ㉮『瑜伽師地論』권74(T30, 705b5)에 따르면, '成' 다음에 '實'이 누락되었다.   2) ㉮『瑜伽師地論』권74(T30, 705b6)에 따르면, '成' 다음에 '實'이 누락되었다.

(나) 잡염법을 끊기 때문에 청정법을 증득함

<경> 만약 잡염상의 법을 끊어 없앨 수 있다면, 곧 청정상의 법을 증득할 수 있다.

213『瑜伽師地論』권74(T30, 705b4).

若能斷滅雜染相法。卽能證得淸淨相法。

석 이것은 두 번째로 잡염을 끊기 때문에 열반을 증득한다는 것이다. 말하자면 잡염법을 끊어 없앴기 때문에 곧 청정한 열반을 증득할 수 있다는 것이다.

釋曰。此卽第二斷雜染故證得涅槃。謂由斷滅雜染法故。卽能證得淸淨涅槃。

● 문답으로 삼상관을 거듭 설명함

문 이 삼상관三相觀은 어떤 지위에 의거해서 설한 것인가? 지전地前에 있다면 어떻게 잡염상의 법을 끊을 수 있겠는가? 반드시 무루의 도道라야 비로소 끊을 수 있기 때문이다. 지상地上에 있다면 초지에 들어갈 때 이공二空의 이치를 증득하는데, 어떻게 먼저 두 가지 자성에 대한 관을 일으키겠는가?

問。此三相觀。依何位說。若在地前。如何能斷雜染相法。要無漏道。方能斷故。若在地上。入初地時。證二空理。如何先起二性觀耶。

해 이 삼상관은 두 가지 지위로 구분된다. 처음의 두 가지 자성에 대한 관찰은 가행위加行位에 의거해 사심사四尋思·사여실지四如實智를 짓고,[214]

---

[214] 유식의 다섯 종류 계위 중에 두 번째인 가행위加行位에서는 사심사四尋思를 닦아서 사여실지四如實智를 획득한다. '사심사'란 가행위에서 명명·의의·자성自性·차별差別 등의 네 가지 법이 '가립된 존재이고 실제로는 없음(假有實無)'을 관찰하는 관법을 말한다. 명명이란 색色·수受 등과 같은 능전能詮으로서의 이름을 가리키고, 의의란 그런 이름에 의해 드러나는 소전所詮의 체사體事를 가리킨다. 자성自性이란 색色·수受 등의 각각의 체를 가리키고, 차별差別이란 색·수 등이 갖는 차별적 상相과 용用을 가리킨다. 보살은 이 사심사관을 통해 네 가지 법이 단지 가립된 것일 뿐임을 관함으로

세 번째 원성실성에 대한 관찰은 십지의 지위에서 하는 것이다. 그러므로 무착의 『섭대승론』에서는 삼성관三性觀을 건립해서 이 경의 뜻을 해석하였는데, 그 논의 제6권에서 다음과 같이 논한다.[215]

解云。此三相觀分成兩位。初二性觀。依加行位。作四尋思四如實智。第三圓成。在十地位。是故無著攝大乘論。立三性觀。釋此經意。彼第六卷。論云。

논 이와 같이 보살은 '의언사의상意言似義相'[216]을 깨달아 들어가기 때문에 변계소집성을 깨달아 들어가고, '유식唯識'을 깨달아 들어가기 때문에 의타기성을 깨달아 들어간다.[217]

원성실성을 깨달아 들어간다는 것은 어떤 것인가? 만약 '의언意言은 법을 청문함으로써 훈습된 종류이고 오직 식만 있다'는 생각(想)마저 이미 제거했다면, 이때 보살은 이미 '의義'라는 생각마저 제거하였으므로

써 인발된 네 종류 지혜를 '사여실지'라고 한다. 원측에 따르면, 초지 이전(地前)의 단계에서 닦는 이러한 사심사관과 사여실지는 삼성 중에서 변계소집자성과 의타기자성을 관찰하는 것이다.

215 이하의 인용문은 본래 무착의 『攝大乘論本』 권2(T31, 143a9)에 나오는데, 원측 소에서 "저 논의 제6권"이라 한 것은 세친의 『攝大乘論釋』 권6(T31, 351c11)과 무성의 『攝大乘論釋』 권6(T31, 415c15)을 가리킨다.
216 의언사의상意言似義相 : 변계소집의 상을 가리킨다. 의언이란 '언어'를 가리키는데, 이것은 언제나 '의식'과 결합되어 작동하기 때문에 앞에 '의意'라는 글자를 붙였다.('의언'에 대한 자세한 해석은 규기의 『成唯識論述記』(T43, 468a1) 참조.) 변계소집의 상이란 바로 이 언어의 지시 대상으로 현현한 것인데, 그것은 마치 대상(義)과 유사하게 현현하지만 그런 대상이 실재하지는 않기 때문에 '사의似義'라고 하였다.
217 원측에 따르면, 이 논에서 말한 의언사의상意言似義相과 유식唯識에 대한 관찰은 초지 이전의 가행위의 단계에서 변계소집자성과 의타기자성을 관하는 것을 말한다. 이 단계에서도 만법유식萬法唯識의 관점에서 명名·의義 등 네 가지 법이 '가립된 존재이고 실제로는 없음(假有實無)'을 관하여 여실지如實智를 획득하기는 하지만, 이것은 유루의 지혜로서 아직은 참된 유식의 이치(眞唯識理)에 머무는 것은 아니기 때문에 원성실자성을 관하는 것은 아니다.

일체의 '사의似義'가 생겨날 여지가 없다. 따라서 '사유식似唯識' 또한 생겨날 수 없다.[218] 이런 인연으로 인해, '모든 대상의 무분별적 이름(一切義無分別名)'[219]에 머문다면, 【'무분별적 이름'이란 능전能詮으로서의 진제라는 평등법의 이름이다. 소전所詮으로서의 진여는 '모든 대상의 무분별적 이치(一切義無分別理)'이다. 지금 그 능전의 이름은 소전(진여)을 따라 이름 붙였기 때문에 '무분별적 이름'이라 하였고, 이 소전의 진여는 능전(이름)을 따라 지목되기 때문에 '무분별적 이름'이라 하였다.】 법계 안에서 곧 현견現見을 얻고 (그와) 상응하며 머물게 된다.[220] 이때 보살에게는 '평등하고 평등한 소연·능연의 무분별지'[221]가 이미 생기하였으니, 이로 인해 보살이 원성실성을 이미 깨달아 들어갔다고 이름한다.

이 문장에 준해 보면, 원성실관圓成實觀은 오직 초지 이상에서 하는 것

---

218 초지 이전의 단계에서는 사심사관을 닦아서 '언어적 표상들은 법을 들음으로써 훈습된 종류들로서 실제로 오직 식만 있다'고 하는 여실지를 획득하는데, 아직은 관하는 마음(觀心)에 무엇을 증득했다는 생각이 남아 있으므로 유소득有所得의 관이다. 그러나 초지 이상에서는 '내상(義)들은 오직 식이 변현해 낸 표상에 불과하다'는 생각도 제거해 버리기 때문에 더 이상 사의似義가 현현하지 않고 또한 '사유식似唯識'도 현현하지 않는다. '유식'이라는 생각도 사라진 무소득無所得의 경지를 진유식眞唯識이라고 한다면, '유식'이라는 생각이 남아 있는 유소득有所得의 경지는 단지 '유식과 유사한 것'일 뿐이므로 '사유식似唯識'이라고 하였다.
219 모든 대상의 무분별적 이름(一切義無分別名) : 이것은 '진여'라는 이름을 가리킨다. 일체법은 이름이 시설되는 의지처로서 그 이름들에 의해 지시되는 대상(의미)이기 때문에 '모든 대상(一切義)'이라고 하였다. 그런데 모든 이름들은 일반적으로 그에 의해 분별되는 것(所分別)이 있지만, '진여'라는 이름에 의해서는 전혀 분별되는 것이 없다. 따라서 '모든 대상의 무분별적 이름'이라고 하였다. 무성의 『攝大乘論釋』 권6(T31, 416a3)과 세친의 『攝大乘論釋』 권6(T31, 351c28) 참조.
220 '현견을 얻어서 상응하며 머문다'는 것은 진여를 내적으로 증득하여 그와 상응해서 승해勝解를 일으킨다는 말이다. 무성의 『攝大乘論釋』 권6(T31, 416a9) 참조.
221 평등하고 평등한 소연·능연의 무분별지 : 원성실성을 증득한 보살의 무분별지에는 인식하는 마음(能緣)과 인식되는 대상(所緣)의 차별에 대한 관념이 더 이상 현전하지 않기 때문에 '평등하고 평등하다(平等平等)'고 하였다. 무성의 『攝大乘論釋』 권6(T31, 416a10) 참조.

이다. 따라서 『성유식론』 제9권의 게송에서는 "만약 이때 소연에 대해 정지正智가 전혀 얻는 바가 없다면, 이때 유식에 머무는 것이니 이취二取의 상을 떠났기 때문이네.[222],[223]"라고 하였다.

> 如是菩薩。悟入意言似義相。故悟入遍計所執性。悟入唯識故。悟入依他起性。云何悟入圓成實性。若已滅除意言聞法熏習種類唯識之想。爾時菩薩。已遣義想。一切似義。無容得生。故似唯識。亦不得起。[1] 由是因緣。住一切義無分別名。【無分別名者。能詮眞諦平等法名。以所詮眞如。是一切義無分別理。今能詮名從所詮立名。名無分別名。此所詮眞如從能詮立目。故云無分別名。】於法界中。便得現見相應而住。爾時菩薩。平等平等所緣能緣無分別智。已得生起。由此菩薩。名已悟入圓成實性。卽准此文。圓成實觀。唯在地上。故成唯識第九頌云。若時於所緣。智都無所得。爾時住唯識。離二取相故。

1) ⓥ『攝大乘論本』 권2(T31, 143a13)에는 '起'가 '生'으로 되어 있다.

나. 앞의 관문을 거듭 표시해 놓고 앞의 질문에 답함

경 이와 같이 덕본이여, 보살들이 변계소집상과 의타기상과 원성실상을 여실하게 알기 때문에, 모든 무상의 법과 잡염상의 법과 청정상의 법을 여실하게 아는 것이다.

> 如是德本。由諸菩薩。如實了知遍計所執相依他起相圓成實相故。如實了

---

222 이 게송은 유식삼십송 중의 제28송으로서, 보살의 통달위通達位에 대한 설명이다. 보살이 무분별지로 소연의 경계에 대해 어떠한 언어적 희론의 심상들도 일으키지 않으니, 이때를 일컬어 그가 유식唯識의 참된 승의성(眞勝義性)에 진실로 머문다고 한다.
223 『成唯識論』 권9(T31, 49c16).

知諸無相法雜染相法淸淨相法。

석 이하는 두 번째로 관문을 거듭 표시해 놓고 두 가지 질문에 대답한 것이다.[224] 이 중에 두 가지가 있다. 처음은 관문을 거듭 표시한 것이고, 나중의 "이 정도는 되어야" 이하는 두 가지 질문에 바로 답한 것이다.

釋曰。自下第二重牒觀門。以答二問。於中有二。初重牒觀門。後齊此已下。正答二問。

가) 관문을 거듭 표시함

전자 중에 두 가지가 있다. 처음에는 '삼성을 알기 때문에 삼상을 안다'는 것을 표시해 놓았고, 나중에는 '삼상을 알기 때문에 곧 염법을 끊고 정법을 증득한다'는 것을 표시해 놓았다.

前中有二。初牒知三性故了知三相。後牒知三相故卽斷染證淨。

(가) 삼성을 알기 때문에 삼상을 안다는 것을 표시해 놓음

이것은 첫 번째로 '삼성을 알기 때문에 삼상을 안다'는 것을 앞에 표시한 것이니, 위에 준해서 알 수 있을 것이다.

此卽第一牒上知三性故了知三相。准上可知。

---

224 두 가지 질문이란 이 품 서두에 제시된 덕본보살의 두 가지 질문, 즉 "어느 정도 되어야 제법의 상을 잘 아는 선교보살이라 하고, 여래께서는 어느 정도 되어야 그에 대해 제법의 상을 잘 아는 선교보살이라고 시설하십니까?"라는 질문을 가리킨다.

(나) 삼상을 알기 때문에 염법을 끊고 정법을 증득함을 표시해 놓음

경 무상의 법을 여실하게 알기 때문에 모든 잡염상의 법을 끊어 없애고, 모든 잡염상의 법을 끊어 없애기 때문에 모든 청정상의 법을 증득하는 것이다.

> 如實了知無相法故。斷滅一切雜染相法。斷滅一切染相法故。證得一切淸淨相法。

석 이하는 두 번째로 '삼상을 알기 때문에 염법을 끊고 정법을 증득한다'는 것을 표시해 놓은 것이다. 말하자면 '변계소집의 무상'의 의미를 알기 때문에 전전하여 점차 원성실성을 증득하게 되고, 이로 인해 청정한 열반을 증득하는 것이다.
해 또는 변계소집의 무상이 진여임을 알기 때문에 잡염법을 끊고 열반의 과를 증득할 수 있는 것이다.

> 釋曰。自下第二牒上知三相故斷染證淨。謂由了知遍計所執無相義故。展轉漸證圓成實性。由斯證得淸淨涅槃。又解。了知遍計所執無相眞如故。能斷雜染證涅槃果也。

나) 두 가지 질문에 바로 답함

경 이 정도는 되어야 제법의 상을 (잘 아는) 선교보살이라 이름하니, 여래는 이 정도는 되어야 그에 대해 제법의 상을 (잘 아는) 선교보살이라고 시설한다.

齊此。名爲於諸法相善巧菩薩。如來齊此。施設彼爲於諸法相善巧菩薩。

석 이것은 두 번째로 앞의 관문에 의거해서 두 가지 질문에 대답한 것이다. 말하자면 부처님은 앞서 말한 삼성을 잘 아는 보살중들에 의거해서 '선교보살'이라 이름하였고, 여래는 이 선교보살에 의지해서 성교를 시설하여 '선교보살'이라 이름하였다는 것이다.

그런데 이러한 보살의 선교의 분한分限에 대해 여러 설들이 같지 않다.

한편에서는 십신十信 이상을 모두 선교보살이라고 한다.

한편에서는 십회향十迴向 중의 열 번째 회향은 가행도加行道라고 하니, 곧 그 지위에 의거해서 사심사四尋思와 사여실지四如實智를 일으키기 때문에 (선교보살이라고 한다).

한편에서는 초지 이상은 청정한 진여와 세속의 상을 증득하기 때문에 (선교보살이라고 한다).

釋曰。此卽第二依上觀門以答二問。謂佛依上了知三性諸菩薩衆。卽說名爲善巧菩薩。如來依此善巧菩薩施設聖敎。名爲善巧菩薩。然此菩薩善巧分限。諸說不同。一云。十信已上。皆名善巧。一云。十迴向中第十迴向。名加行道。卽依彼位。起四尋思如實智故。一云。初[1]已上。證清淨如及俗相故。

1) ㉯ '初' 다음에 '地'가 탈락된 듯하다.

② 게송으로 간략히 설함

경 이때 세존께서 이런 의미를 거듭해서 펼치시고자 게송으로 말씀하셨다.

爾時世尊。欲重宣此義。而說頌曰。

석 이하는 두 번째로 게송으로 간략히 설한 것이다. 이 중에 두 가지가 있다. 처음은 송문을 발기한 것이고, 나중은 게송으로 간략히 설한 것이다.

釋曰。自下第二以頌略說。於中有二。初發起頌文。後擧頌略說。

가. 송문을 발기함
이것은 처음에 해당한다.

此卽初也。

나. 게송으로 간략히 설함

경 무상의 법을 알지 못하면
　　잡염상의 법을 끊을 수 없고
　　잡염상의 법을 끊지 못하기 때문에
　　미묘한 청정상의 법의 증득을 무너뜨리네

若不了知無相法　雜染相法不能解[1)]
不斷雜染相法故　壞證微妙淨相法

---
1) ㉠『解深密經』권2(T16, 693c11)에 따르면, '解'는 '斷'의 오기다.

제행의 여러 과실을 관하지 못하면
방일[225]의 과실이 중생을 해치고

해태²²⁶로 인해 주법住法에 없고 동법動法에 있으니
놓쳐서 무너뜨림을 가엾다 하리라

　　不觀諸行衆過失　　放逸過失害衆生
　　懈怠住法動法中　　無有失壞可憐愍

석 이것은 두 번째로 게송으로 간략히 설한 것이다. 이상의 장행에서는 '삼성을 아는 공덕'을 순석順釋²²⁷하였는데, 이 게송은 '무상을 알지 못하는 과실'을 반현反顯²²⁸한 것이다. 어째서 이러한 반석·순석을 설하였는가? 이치상 실제로는 장행과 게송에 모두 반석과 순석이 있지만 간략하게 하려고 각기 한쪽만을 들어서 영략影略의 방법으로 서로 나타낸 것이다.²²⁹ 『심밀해탈경』에 따르면 게송과 장행이 모두 순석인데, 이는 번역가가 다르기 때문이다.

　두 개의 게송이 있으므로 두 가지로 구분된다. 처음에 한 송이 있는데,

225　방일放逸: 수번뇌의 하나로서, 방탕하거나 빙중하는 것을 말한다. 이 방일로 인해 염품染品을 막고 정품淨品을 닦지 못하게 된다. 『成唯識論』 권6(T31, 34b17) 참조.
226　해태懈怠: 수번뇌의 하나로서, 선품善品을 닦고 악품惡品을 끊는 일을 게을리하거나 소홀히 하는 것을 말한다. 『成唯識論』 권6(T31, 34b11) 참조.
227　순석順釋: 뒤의 반현反顯과 대비되는 말로서, 설정된 주제에 대해 바른 이치에 수순해서 차례대로 해석해 주는 방식을 말한다. 지금까지 장행의 해석에서는 제법의 상에 대해 잘 알고 관행하는 것이란 어떤 것인지를 순리대로 해석해 주었기 때문에 '순석'이라고 하였다.
228　반현反顯: 반석反釋과 같은 말이다. 앞의 순석順釋과는 반대로 설정된 주제를 설명하기 위해 이치에 맞지 않는 경우를 가정해서 그것이 필연적으로 부당한 결과에 이르게 됨을 보여주는 것을 말한다. 이 게송에서는 이치와는 어긋나게 제법의 상에 집착하고 행동할 경우 그로 인해 초래될 부정적 결과를 설했기 때문에 '반석'이라고 하였다.
229　장행에서는 이치에 맞는 경우에 대해 해석하고 이치에 반하는 경우에 대해서는 생략했으며, 게송에서는 이치에 반하는 경우를 해석하고 이치에 맞는 경우는 생략하였다. 이처럼 장행과 게송에서 각기 한쪽은 들고 한쪽은 생략한 것은 영략影略이므로 사실상 순석과 반석을 모두 제시했다는 것이다.

이것은 '무상을 알지 못한 과실'을 바로 읊은 것이다. 뒤의 한 송은 '온갖 행의 과실을 관하지 못함'에 대해 거듭 해석한 것이다.

> 釋曰。此卽第二以頌略說。上來長行。順釋了知三性德。此頌反顯不了無相失。如何說此反順釋者。理實長行及頌。皆有反順。爲存略故。各據一邊。影略互顯。依深密經。頌及長行。皆順釋者。譯家別故。有其二頌。卽分爲二。初有一頌。正頌不了無相失。後之一頌。重釋不觀衆行失。

가) 무상을 알지 못함에 따른 과실을 바로 읊음

앞의 게송에 두 가지가 있다. 처음의 두 구는 '알지 못함'을 들어서 '잡염을 끊지 못하는 과실'을 나타낸 것이다. 나중의 두 구는 '염법을 끊지 못함'에 의거해서 '원성실성을 증득하지 못하는 과실'을 나타낸 것이다.

'무너뜨린다(壞)'는 것은 '놓쳐서 무너뜨린다(失壞)'는 말이다. 말하자면 염법을 끊지 못하기 때문에 미묘한 진여라는 청정상의 법의 증득을 놓쳐서 무너뜨린다는 것이다. '놓쳐서 무너뜨린다'는 것은 '증득할 수 없다'는 뜻이다.

> 前中有二。初之二句。擧不了知。顯不斷雜染失。後有二句。約不斷染。顯不證圓成失。壞謂失壞。謂不斷染故。失壞證得微妙眞如淨相法也。失壞者。是不能證義。

나) 온갖 행을 관하지 못함에 따른 과실을 거듭 해석함

뒤의 게송을 해석한 곳에 가면 문장은 두 가지로 구별된다. 처음의 두 구는 방일放逸의 과실을 밝힌 것이고, 나중의 두 구는 해태懈怠의 과실을 밝힌 것이다.

"제행의 여러 과실을 관하지 못하면……"이라 한 것은, 말하자면 우치

愚癡로 인해 제행의 과실을 관찰하지 못하고 마침내 방일하는 마음을 일으켜서 중생에게 손해를 끼친다는 것이다.

"해태로 인해 주법에 없고 동법에 있으니……"라고 했는데, 이것은 두 번째로 해태의 과실을 밝힌 것이다. 말하자면 '해태'란 과실의 원인이자 공덕의 장애이다. '주법住法'이란 열반에 해당하니, 상주하면서 멸하지 않기 때문에 '주住'라고 하였다. '동법動法'이란 생사의 법이니, 전에 생겼다가 후에 멸하면서 삼유三有에서 유전하기 때문에 '동법'이라 하였다.

해 또는 '주법'이란 선정(定)이고, '동법'이란 산란散亂이다.

"(주법에) 없고 (동법에) 있으니 놓쳐서 무너뜨림을 가엾다 하리라."라고 했는데, 말하자면 해태로 인해 '주법'에는 없고 '동법'에만 있게 되고, 이러한 '없고 있음'으로 인해 (청정법의 증득을) 놓쳐서 무너뜨리게 되며, 놓쳐서 무너뜨리기 때문에 심히 가엾다 할 만하다는 것이다. '놓쳐서 무너뜨림(失壞)'에 대해 자세히 해석하면, 예를 들어 『유가사지론』 제36권과 제73권의 설과 같다.

【『심밀해탈경』에서는 다음과 같이 말한다. "여실하게 제법을 알면 곧 염법의 상을 버리고, 염법의 상을 버리고 나서 청정법을 증득하네. 유위의 과실을 관하지 못하면 해태와 방일이 해를 끼치니, 제법이 항상 부동하여 상을 떠났음을 안다면 보살이라 하네."[230]】

就釋後頌。文別有二。初之二句。明放逸失。後有二句。明懈怠失。言不觀諸行衆過失等者。謂由愚痴。不能觀察諸行過失。遂起放逸。傷害衆生。言懈怠住法動法中等者。此明第三[1]懈怠過失。謂懈怠者。過失之因。功德之障。言住法者。卽是涅槃。常住不滅。故名爲住。言動法者。是生死法。前生後滅。流轉三有。故名動法。又解。住法者是定。動法者是散亂。言無有失壞可憐愍者。謂由懈怠故。於住法無。於動法有。由是無有。故成失壞。由

---

230 『深密解脫經』 권2(T16, 670b12).

失壞故。甚可憐愍。廣釋失壞。如瑜伽論第三十六及七十三。【深密經云。如實知諸法。卽捨染法相。捨染法相已。證於淸淨法。不觀有爲過。懈怠放逸害。諸法常不動。離相名菩薩也。】

---

1) ㉑ '三'은 '二'의 오기다.

찾아보기

가나伽那 / 138
가라라柯羅邏 / 130, 135
가라라歌羅羅 / 138
가법假法 / 113
가하나伽訶那 / 135
가행위加行位 / 258, 307
갈라람羯羅藍 / 125, 130, 133, 134
갈라람위羯羅藍位 / 127, 132, 133
개도의開導依 / 91
거울과 영상 / 185, 189, 191, 192
건남鍵南 / 133, 134
건남위鍵南位 / 132, 133
견도위見道位 / 258
견見·문聞·각覺·지知 / 202
견분見分 / 194
견실堅實 / 135
견취견取見 / 102
견후堅厚 / 134
결생상속結生相續 / 106, 127, 209
『결정장론決定藏論』 / 80
경부종經部宗 / 198
경안輕安 / 102, 103
계금취견戒禁取見 / 102
고제苦諦 / 284
공空 / 233, 254
공덕림功德林 / 217
공상共相 / 202, 234
공상종자共相種子 / 143

공성空性 / 233, 282
공통적 소의(通依) / 159
과능변果能變 / 193
과보식果報識 / 130
과보果報의 아리야 / 80
과성果性 / 155
과의 전변(果變) / 193
광혜보살廣慧菩薩 / 67
교풍巧風 / 137
구경위究竟位 / 258
구생俱生 / 127
구생아집俱生我執 / 108
구식九識 / 86
「구식장九識章」 / 82
「구식품九識品」 / 80
구유의俱有依 / 91
구전俱轉 / 105, 162~164, 183
구파瞿婆 논사의 『이십유식범본기二十唯識 梵本記』 / 268
궁생사온窮生死蘊 / 207
궤범사軌範師 / 242
극희지極喜地 / 83
근본번뇌根本煩惱 / 102
근본의根本依 / 92
근본지根本智 / 100
근본진실根本眞實 / 285
근본혹根本惑 / 102
근위根位 / 132, 133
근의 의지처(根所依處) / 127
근根·진塵·아我·식識 / 81, 85

기세간器世間 / 143, 144

나락가那落迦 / 117
난생卵生 / 77, 121
난식亂識 / 225
내집수內執受 / 98, 143, 145
노년위老年位 / 140
능변계能遍計 / 227
능생각수能生覺受 / 150
능수자能受者 / 248
능의能依 / 159, 186
능장能藏 / 87, 88, 154, 155
능전의 교법(能詮之敎) / 218
능전能詮의 상 / 289
능집수能執受 / 144
능취能取 / 225
능훈能熏 / 187

대당 삼장大唐三藏 / 82, 134
대수석帶數釋 / 87, 107, 224
대수혹大隨惑 / 102
대원경지大圓鏡智 / 100
대천大天 비구 / 152
대청大靑 / 271
덕본德本 / 217
도거掉擧 · 혼침昏沈 · 불신不信 · 해태懈怠 · 방일放逸 · 산란散亂 · 부정지不正知 · 실념失念 / 102

도제道諦 / 284
독자부犢子部 / 119
동경근同境根 / 91
동류인同類因 / 161
동법動法 / 317
동분同分 / 127, 165, 167, 168, 170, 171, 173, 176~181
동시同時 · 동경同境의 유분별의식 / 164
동연의식同緣意識 / 92
동자위童子位 / 140
두 번째 달(第二月) / 267
등류과等流果 / 161
등무간연等無間緣 / 91
등무간연의等無間緣依 / 91

마니보배 / 275
마하승기부摩訶僧祇部 / 152
말나식末那識 / 84
말라갈다末羅羯多 / 277
망상자성妄相自性 / 229
망상자성妄想自性 / 262
망집습기妄執習氣 / 99
멸제滅諦 / 284
명名 / 287, 288, 290
명가名假 / 236
명名 · 상相 · 분별分別의 세 종류 습기 / 113
명名 · 상相 · 분별分別 · 정지正智 · 진여眞如 / 262, 286
명名 · 색色 / 131
명색名色 / 133
명언名言 / 288

명언습기名言習氣 / 106, 107, 111, 116, 288
모든 대상의 무분별적 이름(一切義無分別名) / 309
모든 법에 편재하는 일미의 진여(遍一切法一味眞如) / 253
모든 선법 중의 가장 수승한 자성(一切善法最勝性) / 232
모숙위耄熟位 / 140
묘각위妙覺位 / 161
묘고산왕妙高山王 / 274
묘관찰지妙觀察智 / 96, 104
무간멸의無間滅依 / 89
무간멸의無間滅意 / 89
무구식無垢識 / 81, 86, 158, 161
무근無根 / 128
무변이성無變異性 / 232
무분별지無分別智 / 100
무상無相 / 254, 300, 303
무상법無相法 / 304, 306
무상연無常緣 / 244
무상취無相取 / 266
무생법無生法 / 244
무성無性 / 215
무소득無所得 / 309
무식속無識屬 / 168
무아를 관하는 지(無我觀智) / 166
무업분無業分 / 177
무인론無因論 / 242
무자성성無自性性 / 281~283
무작연無作緣 / 244
무집수無執受 / 145, 146
무참無慚・무괴無愧 / 102
무표색無表色 / 110

무해無解 / 80
무해식無解識 / 80
물과 파랑 / 185, 188, 189, 194
미륵종彌勒宗 / 79
미세수면微細隨眠 / 84

반현反顯 / 315
발라사구鉢羅賖佉 / 133, 134
발라사구위鉢羅賖佉位 / 132, 133
발모조위髮毛爪位 / 132, 133
방생傍生 / 117
방일放逸 / 315, 316
번뇌煩惱・업業・생生의 잡염 / 239
범우凡愚 / 207
법계法界 / 254
법동유法同喩 / 194, 195, 279, 283
법성심法性心 / 79
법주지法住智 / 196~199
법처의 실색(法處實色) / 99
변계遍計 / 225, 226
변계소집遍計所執 / 226, 261, 288, 290
변계소집상遍計所執相 / 223, 235, 236, 300
변계소집성遍計所執性 / 212, 224, 287, 291, 294
변계소집자성遍計所執自性 / 226, 237
변사變似 / 85
변집견邊執見 / 102
변행심소遍行心所 / 101
별경심소別境心所 / 102
보리분법菩提分法 / 254
보리유지菩提留支 / 79

본식本識 / 193
본질本質 / 114
본질상분本質相分 / 112
본질本質·영상影像 / 112
부정업不定業 / 117
부진근扶塵根 / 98, 127, 142, 146, 209
분별分別 / 287, 290
분별근分別根 / 92
분별성分別性 / 229, 260, 294
분별아집分別我執 / 108
분忿·한恨·부복·뇌惱·질嫉·간慳·광誑·
  첨諂·해害·교憍 / 102
불생법不生法 / 169
불집착不執著의 상 / 289, 291
비량比量 / 96
비밀선교秘密善巧 / 197
비집수非執受 / 149, 150
비천非天 / 118
빈려과頻蠡果 / 138
빈바과頻婆菓 / 138
빈바라 과일(頻婆羅菓) / 138

사思 / 101, 111
사견邪見 / 102
사량思量 / 64
사방四謗 / 81
사비량似比量 / 96
사생四生 / 122
사심사四尋思 / 307
사여실지四如實智 / 307
사유명思惟名 / 108

사유식似唯識 / 309
사의似義 / 229, 309
사지四智 / 84
사진四塵 / 150
사행진여邪行眞如 / 284
사현량似現量 / 96
살가야견薩迦耶見 / 110, 111, 147
살바다종薩婆多宗 / 117, 167, 197
삼무성三無性 / 215
삼상三相 / 223, 301
삼상관三相觀 / 307
삼선도三善道 / 119
삼성三性 / 159, 212, 215, 218, 256, 259,
  261, 283, 284, 286, 289, 290
삼성관三性觀 / 308
삼습기三習氣 / 107
삼자성三自性 / 158
삼현위三賢位 / 258
상相 / 287, 290
상想 / 101
상相·명名·분별分別의 언설희론습기言說
  戲論習氣 / 142
상박相縛과 추중박麤重縛 / 259
상분相分 / 194
상상相狀 / 212, 224
상상시常常時 / 283
상속相續의 상 / 289, 291
상위방相違謗 / 81
상응법相應法 / 186
상응심相應心 / 79
상인론常因論 / 242
상좌부上座部 / 152
상집相執 / 279, 280, 302
생인生因 / 242

생장生藏 / 137
선교善巧 / 68
선교보살善巧菩薩 / 69, 204, 313
선심소善心所 / 102
선취善趣 / 119
선취악취사생식善趣惡趣死生識 / 114, 115, 247, 249, 251
성문장聲聞藏 / 78
성소작지成所作智 / 94
성자성成自性 / 229, 262
성취成就 / 234
세간世間 / 74
세식世識 / 114, 115, 247, 248
세용연勢用緣 / 244
소년위少年位 / 140
소변계所遍計 / 227
소수혹小隨惑 / 102
소연所緣 / 186
소연경所緣境 / 94
소의所依 / 90, 159, 186
소의근所依根 / 90
소의신所依身 / 156
소의처所依處 / 146
소장所藏 / 87, 88, 154~156
소전所詮 · 능전能詮 / 290
소전所詮의 상 / 289
소전의 의미(所詮之義) / 218
소지所知 / 158
소지의 所知依 / 158
소지장所知障 / 84
소집所執과 연생緣生과 불변不變의 문 / 261
소집所執과 잡염雜染과 부도不倒의 문 / 261

소집성所執性 / 89
소집수所執受 / 145
소취所取 / 225
소행所行 / 67
소훈所熏 / 187
손감방損減謗 / 81
수受 / 101
수도위修道位 / 258
수론數論 / 242
수번뇌隨煩惱 / 102
수생受生 / 124
수생위受生位 / 141
수습위修習位 / 258
수식數識 / 114, 115, 247, 249
수옥水玉 / 274
수자受者 / 250
수자식수자식受者識 / 248, 250
수전리문隨轉理門 / 83
수혹隨惑 / 102
숙장熟藏 / 137
순석順釋 / 315
습기習氣 / 107
습생濕生 / 77, 121
승군勝軍 / 231
승군비량勝軍比量 / 231
승론勝論 / 242
승의勝義 / 254
승의근勝義根 / 98, 127, 142, 150, 209
승의의 선교보살(勝義善巧菩薩) / 204
승해勝解 / 102
시설施設 / 69
식識 / 64
식이 없는 안(無識眼) / 165
식이 있는 안(有識眼) / 165

신분身分 / 77, 106
신身·신자身者·수자受者 / 115
신身·신자身者·수자受者의 식識 / 114, 247
신자身者 / 250
신자식身者識 / 248, 250
실법實法 / 113
실상진여實相眞如 / 284
실재의 털·바퀴(實毛輪) / 265
실제實際 / 254
심心 / 64, 157, 200
심尋·사伺 / 104
심心·의意·식識 / 187
심의식心意識 / 64, 205
십바라밀다十波羅蜜多 / 254
십수면十隨眠 / 102
십이분교十二分教 / 254
십이지연기법十二支緣起法 / 245

아견습기我見習氣 / 111, 113
아귀餓鬼 / 117
아뢰야阿賴耶 / 105, 154, 200
아뢰야식阿賴耶識 / 154, 186, 200
아말라식阿末羅識 / 161
아소락阿素洛 / 117, 118
아소집我所執 / 108
아집我執 / 108
아집습기我執習氣 / 106, 108
아치我癡·아견我見·아만我慢·아애我愛 / 103
아타나阿陀那 / 84, 105, 153, 200

아타나식阿陀那識 / 80, 152, 162, 195, 200, 206, 208
악취惡趣 / 119
안립진여安立眞如 / 284
안위공동安危共同 / 149
안혜종安慧宗 / 81
알부담遏部曇 / 133
알부담頞部曇 / 134
알부담위遏部曇位 / 132, 133
알부타頞浮陀 / 138
알호타頞呼陀 / 135
양量과 비량非量 / 96
언설명言說名 / 108
언설식言說識 / 114, 115, 247, 249
업종자業種子 / 108
업풍業風 / 135
여래지경如來智鏡 / 101
여소유성如所有性 / 302
여유분餘有分 / 172, 177
여의주如意珠 / 275
연기자성緣起自性 / 229, 262
연생緣生 / 243, 244
연생하는 자성(緣生自性) / 239
연을 지니는 변현(有緣變) / 194
열 가지 상의 수승수승어(十相殊勝殊勝語) / 158
열 가지 수승(十殊勝) / 158
열 가지 유색처有色處 / 99
열 종류 평등성(十種平等性) / 97
열한 종류 의타기의 식識 / 247
염念 / 102
염라왕취閻羅王趣 / 120
염마왕琰摩王 / 120
염분染分의 의타 / 240, 263

염분染分의 의타기성 / 159
염오의染汚意 / 115, 248
염오의 말나末那 / 84
염오染汚의 소의 / 92
염오染汙의 아리야 / 81
염위染位 / 86
염정染淨의 아뢰야식 / 234
영략影略 / 315
영상影像 / 111, 114
영상상분影像相分 / 112, 194
영해領解 / 75
영해위嬰孩位 / 140
오근五根 / 146
오사五事 / 286, 289, 290
오상五相 / 289
오식의 소연(五識所緣) / 94
오온세간五蘊世間 / 74, 75
오음세간五陰世間 / 75
오조교의五條敎義 / 152
우중세간五衆世間 / 75
오취五趣 / 117, 118
오취업五趣業 / 117
외적인 무분별의 기세간상(外無分別器相) / 98, 143
요별了別 / 64
욕欲 / 102
용맹龍猛 / 78
원만圓滿 / 234
원만한 의지처의 성취(圓滿依止成就) / 127
원성실圓成實 / 233, 234, 261, 291
원성실상圓成實相 / 223, 252, 270, 303
원성실성圓成實性 / 212, 232, 253, 284, 287, 290, 298, 309
유類 / 127

유근有根 / 128
유근신有根身 / 99, 143, 156
유근有根의 동분同分 / 127, 129
유루의 말나식末那識 / 103
유루의 오식五識 / 101
유루의 의식意識 / 103
유루의 종자 / 143
유루종자有漏種子 / 99
유마油麻 / 138
유분有分 / 172, 177
유성有性 / 215
유성有性·무성無性 / 215
유소득有所得 / 309
유식唯識 / 308
유식성唯識性 / 89
유식속有識屬 / 168
유식진여唯識眞如 / 284
유신견有身見 / 102, 111, 146, 147
유애有愛 / 146
유업분有業分 / 177
유전진여流轉眞如 / 284
유지습기有支習氣 / 106, 108, 111, 113, 115
유집수有執受 / 145~148
육단肉團 / 135
육도六道 / 77, 119
육정六情 / 137
육취六趣 / 77, 117, 119, 122
응혈凝血 / 134
응활凝滑 / 135
의意 / 64, 87, 91, 228
의義 / 288
의계意界 / 115
의리義利 / 73

의사업意思業 / 111
의생신意生身 / 122
의식意識 / 228
의언사의상意言似義相 / 308
의義·유정有情·아我·요了 / 85
의주석依主釋 / 87, 109, 213
의처依處 / 145, 146
의타依他 / 89, 239
의타기依他起 / 230, 231, 240, 260, 261, 288, 291
의타기상依他起相 / 223, 238, 269, 301
의타기성依他起性 / 212, 229, 287, 290, 296
의타기의 상분相分·견분見分 / 225
의타성依他性 / 229
이생지異生地 / 199
이숙과異熟果 / 115, 161
이숙식異熟識 / 158, 160
이취二取 / 227
인人 / 117
인과因果 / 161
인능변因能變 / 193
인다라니라因陀羅尼羅 / 271
인성因性 / 155, 156
인연因緣 / 90, 115
인연상因緣相 / 229
인연의因緣依 / 90
인의 전변(因變) / 193
일체一切 / 212
일체법상一切法相 / 212, 213, 218
일체종자一切種子 / 106
일체종자식一切種子識 / 106, 206, 208
일체종자심식一切種子心識 / 124
일체지지一切智智 / 208

자교상위自教相違 / 82
자량위資糧位 / 258
자상自相 / 202
자상自相·공상共相 / 233
자성自性 / 236, 242, 302
자성산동自性散動 / 102
자성산란自性散亂 / 102
자성自性·차별差別 / 227
자증분自證分 / 194
자타차별식自他差別識 / 114, 115, 247, 249
작의作意 / 101
잡염상雜染相 / 301, 303, 306
장藏 / 154, 155
장식藏識 / 87, 93, 97
적백赤白 / 130
적집積集 / 157, 200
전도의 연(顚倒緣) / 126
전변轉變 / 193
전생傳生 / 241
전식轉識 / 186
전연傳緣 / 241
전전력展轉力 / 241
전전화합展轉和合 / 129~131
정定 / 102
정력자亭歷子 / 138
정분淨分의 의타 / 234, 263, 298
정분淨分의 의타기성 / 159
정분淨分의 제8식 / 86
정식왕靜息王 / 121
정위淨位 / 86
정지正智 / 287, 290
정체지正體智 / 100, 203

정행진여正行眞如 / 284
제법의 실성實性 / 234
제일의상第一義相 / 229
제종아타나식諸種阿陀那識 / 207
제종자식諸種子識 / 207
제청帝靑 / 271
제6식의 소연 / 95
제6의식 / 228
제7말나末那 / 87
제7말나식末那識 / 92, 97, 228
제7말나식의 소연 / 96
제7식 / 64, 84
제7아타나식阿陀那識 / 80
제8식 / 64, 84
제8식의 정분淨分 / 97, 161
제8아뢰야식 / 87
제8아뢰야식의 소연 / 98
제8아뢰야식의 정분淨分 / 86
제8아리야식阿梨耶識 / 80
제8정식淨識 / 97
제9아마라식阿摩羅識 / 81, 86, 161
종성이 없는 유정(無性有情) / 207, 209
종자種子 / 90, 107
종자식種子識 / 105, 106
종자의 종자依 / 90
주법住法 / 317
주처세간住處世間 / 75
중년위中年位 / 140
중동분衆同分 / 127
중생세간衆生世間 / 75
중수혹中隨惑 / 102
중온中蘊 / 122
중유中有 / 122, 126
중유신中有身 / 122

중유의 마지막 마음(中有末心) / 126
중유의 마지막 몸(中有末身) / 127
중음中陰 / 122, 136
증상연上緣 / 115
증익방增益謗 / 81
증장(滋長) / 157
지극히 원만하게 갖추어진 자(極滿足者) / 136
지분支分 / 134
지업석持業釋 / 87, 212, 213
지지枝枝 / 135
직접적 소의(親依) / 159
진나陳那 / 96
진소유성盡所有性 / 302
진실성眞實性 / 229, 260
진여眞如 / 254, 290
진유식眞唯識 / 309
진제眞諦·속제俗諦 / 215
진제 스님 / 80, 84, 86, 134, 161, 181, 259
진제의 『기記』 / 67, 201
진제의 해석 / 260
진지眞智 / 95
질다質多 / 157
집기集起 / 64, 157
집수執受 / 99, 141~144, 146, 148~151, 153, 209
집수된 것(所執受) / 143
집수법執受法 / 150
집수執受의 납식納息 / 147
집수執受의 색色 / 149
집장執藏 / 87, 88, 146, 147, 154, 155
집제集諦 / 284
집지執持 / 80, 145, 152, 153, 209
집지식執持識 / 207

집착執著의 상 / 289, 291
집취執取 / 153, 209

차별差別 / 236, 302
차별진실差別眞實 / 285
창포瘡疱 / 132
채집採集 / 157
처식處識 / 114, 115, 247, 249
처태위處胎位 / 140
천天 / 117
청변淸辨 / 78
청정분의 의타(淨分依他) / 235
청정상淸淨相 / 303
청정진여淸淨眞如 / 284
청정한 소연성(淸淨所緣性) / 232
체상體相 / 212
체성體性 / 88, 224
촉觸 / 101
촉觸·작의作意·수受·상想·사思 / 103
출생위出生位 / 140
취取 / 266
취적종성趣寂種性 / 207
취혈聚血 / 132
친연親緣 / 241
칠진여七眞如 / 283, 284

타법처墮法處 / 99
타법처의 소현실색(墮法處所現實色) / 99

탐貪·진瞋·치癡·만慢·의疑·견見 / 102
태결胎結 / 135
태생胎生 / 77, 121
태장팔위胎藏八位 / 132
털·바퀴 / 265
털·바퀴와 유사한 상(似毛輪相) / 266
통달위通達位 / 258, 310
통상팔위通相八位 / 140

파두마波頭摩 / 276
파라사구波羅捨佉 / 135
파지가頗胝迦 / 271, 274
파차불투로부婆嗟弗妬路部 / 119
팔식八識 / 87
평가정의評家正義 / 117
평등성지平等性智 / 97
평등한 진여(平等眞如) / 252
폐시閉尸 / 133~135, 138
폐시위閉尸位 / 132, 133
포胞 / 134
표의表義 / 110
표의명언表義名言 / 107
피능수식彼能受識 / 114, 115, 247, 248
피동분彼同分 / 165, 167, 168, 170, 171, 173, 176~181
피소수식彼所受識 / 114, 115, 247, 248

합合 / 194

항항시恒恒時 / 283
해성解性의 아리야 / 80, 81
해태懈怠 / 315, 316
행상行相 / 186
허망분별虛妄分別 / 225, 227
허망분별상虛妄分別相 / 229
현경顯境 / 110
현경명언顯境名言 / 107
현량現量 / 94, 202
현응玄應 스님 / 274
형색形色 / 110

형위形位 / 132, 133
혜慧 / 102
혜원慧遠 / 80
호법종護法宗 / 82
화생化生 / 77, 121
화합和合 / 134
환희지歡喜地 / 83
후득지後得智 / 100, 203
훈습熏習 / 187
희론戱論誇 / 81
흰색 진주(白珠) / 274

원측圓測
(613~696)

스님의 휘諱는 문아文雅이고 자字는 원측圓測이며, 신라 국왕의 자손이다. 3세에 출가해서 15세(627)에 입당하였다. 처음에는 경사京師의 법상法常과 승변僧辯 등에게 강론을 들으면서 중국 구舊유식의 주요 경론들을 배웠다. 정관 연간正觀年間(627~649)에 대종문황제大宗文皇帝가 도첩을 내려 승려로 삼았다. 장안의 원법사元法寺에 머물면서 『비담론毗曇論』, 『성실론成實論』, 『구사론俱舍論』, 『대비바사론大毘婆沙論』 등 고금의 장소章疏를 열람하였다. 현장玄奘이 귀국한 이후에는 『유가사지론瑜伽師地論』, 『성유식론成唯識論』 등을 통해 신新유식에도 두루 통달하였다. 서명사西明寺의 대덕이 된 이후부터 본격적 저술 활동에 들어가서 『성유식론소成唯識論疏』, 『해심밀경소解深密經疏』, 『인왕경소仁王經疏』 및 『관소연론觀所緣論』, 『반야심경般若心經』, 『무량의경無量義經』 등의 소疏를 찬술하였다. 지금은 『인왕경소』 3권과 『반야바라밀다심경찬般若波羅蜜多心經贊』 1권, 그리고 『해심밀경소』 10권만 전해진다. 말년에 역경에 종사하다 낙양洛陽의 불수기사佛授記寺에서 84세로 생을 마감하였다. 후대에 중국 법상종法相宗의 양대 산맥 중 하나인 서명파西明派를 탄생시킨 장본인으로 추앙받았다.

옮긴이 백진순

이화여자대학교 사회학과와 동 대학원 철학과 석사과정을 거쳐, 연세대학교 대학원 철학과에서 「『성유식론成唯識論』의 가설假說(upacāra)에 대한 연구」로 박사학위를 받았다. 현재는 동국대학교 불교학술원 조교수로 재직 중이다. 주로 중국 법상종의 유식 사상에 대한 논문들을 발표하였고, 역주서로 『인왕경소仁王經疏』가 있으며, 공저로 『인물로 보는 한국의 불교 사상』 등이 있다.

증의 및 윤문
ABC사업 역주팀